SENHOR REPÚBLICA

CARLOS MARCHI

SENHOR REPÚBLICA

A vida aventurosa de TEOTÔNIO VILELA,
um político honesto

1ª edição

EDITORA RECORD
RIO DE JANEIRO • SÃO PAULO
2017

CIP-BRASIL. CATALOGAÇÃO NA PUBLICAÇÃO
SINDICATO NACIONAL DOS EDITORES DE LIVROS, RJ

M265s Marchi, Carlos
Senhor República: a vida aventurosa de Teotônio Vilela, um político honesto / Carlos Marchi. - 1ª ed. - Rio de Janeiro: Record, 2017.
il.

Inclui bibliografia e índice
ISBN: 978-85-01-10922-4

1. Vilela, Teotônio, 1917-1983. 2. Brasil - Política e governo - 1964-1985. 3. Políticos - Brasil - Biografia. I. Título.

17-40038

CDD: 923.2
CDU: 929:32(81)

Copyright © Carlos Marchi, 2017

Todos os direitos reservados. Proibida a reprodução, armazenamento ou transmissão de partes deste livro, através de quaisquer meios, sem prévia autorização por escrito.

Texto revisado segundo o novo Acordo Ortográfico da Língua Portuguesa.

Direitos exclusivos desta edição reservados pela
EDITORA RECORD LTDA.
Rua Argentina, 171 - Rio de Janeiro, RJ - 20921-380 - Tel.: (21) 2585-2000.

Impresso no Brasil

ISBN 978-85-01-10922-4

EDITORA AFILIADA

Seja um leitor preferencial Record.
Cadastre-se em www.record.com.br e receba informações sobre nossos lançamentos e nossas promoções.

Atendimento e venda direta ao leitor:
mdireto@record.com.br ou (21) 2585-2002.

*A Yonara,
minha irmã temporã,
com amor.*

"Eis por que a salvação do povo é a primeira máxima das leis, a fonte de onde derivam todas as outras."

Frei Joaquim do Amor Divino Caneca

"Quem luta contra nós tonifica nossos nervos e aguça nossas habilidades. Nosso adversário é quem mais nos ajuda."

Edmund Burke, em Reflections on the Revolution in France

"Quando o povo teme o governo, existe uma tirania; quando o governo teme o povo, existe liberdade."

Thomas Jefferson

Sumário

Prefácio — Eliane Cantanhêde   11

1 Túnel do tempo   15
2 Vida de engenho   33
3 Pelos ares brasileiros   59
4 Um usineiro udenista   85
5 O preço da liberdade   115
6 Nero sem as labaredas   139
7 No fio da navalha   163
8 Os bolsões da ditadura   193
9 A geografia guardada na retina   215
10 Um barco, três comandantes   237
11 Reformistas e porra-loucas   257
12 A reconciliação   285
13 Mergulho no ABC   311

14 O sopro do amor tardio	337
15 Sua verdade absoluta	361
16 A hora de descer na curva	391
Agradecimentos	415
Depoimentos	417
Referências bibliográficas	419
Índice onomástico	423

Prefácio
Eliane Cantanhêde

O que esperar de um menino que cresceu entre cavalos com nomes pomposos como Presidente, Governador e General, mas, ao ganhar o seu primeiro cavalo, um imponente corcel negro, o batiza de Escravo? Assim era Teotônio Vilela, um dos dez filhos do Capitão Sinhô e de Dona Bilinha e o único a não concluir um curso universitário. Um irmão cardeal, outro médico, todos e todas com lustrosos diplomas, mas lá vai ele, irreverente, alma indomável, ser boiadeiro na vida, até se tornar o filho mais famoso da família e entrar para a história como "o Menestrel das Alagoas", que enfrentou a ditadura militar como um radical arauto das Diretas Já.

Como boiadeiro, foram dias e noites, ano após ano, misturado aos peões da fazenda, dormindo ao relento, comendo o que tinha, laçando reses, tomando cachaça, curtindo a pele sob o sol inclemente do sertão. Mas sem jamais abandonar os bons livros, particularmente uma das principais obras de Jean-Jacques Rousseau, *Do contrato social*, uma espécie de bíblia do seu "liberalismo social" — e da sua não religião.

Homem dos extremos, do cavalo Presidente ao cavalo Escravo, da falta de diploma à leitura de Rousseau, da vida na Casa-Grande às aventuras da Senzala, Teotônio "montava em ideias e saía por aí", como bem definiu o autor deste *Senhor República*, Carlos Marchi, um dos jornalistas mais talentosos e um dos textos mais impecáveis da minha geração.

E foi montando em ideias e saindo por aí que Teotônio trocou o sertão das boiadas pela Brasília do Congresso Nacional e atravessou todo o espectro ideológico, desde o conservadorismo das usinas nordestinas, passando pelo liberalismo de Rousseau, evoluindo para um liberalismo cada vez mais social (de quem conhece, de alma, coração e vivência, os que têm sede e fome), até se deixar levar, literalmente por amor, pelas utopias esquerdistas dos anos 1980.

Na prática, essa travessia cruzou também as siglas partidárias. Da conservadora e rural UDN à Arena da ditadura, até o salto triplo para o MDB de combate ao regime e dali para a fundação do PMDB, meses depois, com o fim do bipartidarismo. Sempre apaixonado e apaixonante, grandiloquente, capaz de discursos eruditos em plenário e de estonteantes cambalhotas na vida.

Casado com Lenita, com sete filhos (inclusive o ex-senador e ex--governador Teotônio Vilela Filho), cativava amigos em ondas, de Fafá de Belém a Henfil, e viveu um romance tardio e intenso, não com uma moça qualquer, mas uma à altura do superlativo Teotônio: Maria Luíza Fontenele, do Partido Comunista Revolucionário (PRC), depois da ala mais à esquerda do PT e, enfim, primeira mulher eleita prefeita de capital no Brasil.

Marchi mergulhou na vida e na alma de Teotônio com o intuito de revelar e decifrar esse personagem espetacular, de rara força moral e política, mas também para caminhar com ele pelos porões da ditadura, pelos estertores do regime militar, pelos bastidores e conchavos das Diretas Já, revivendo momentos, declarações, discursos, movimentos, manifestações e, muito particularmente, personagens. Grandes personagens, que souberam abrir a porta certa da história, vencendo medos e conveniências.

Estão aqui, movendo-se, questionando-se, Ulysses Guimarães, Tancredo Neves, Fernando Henrique Cardoso, Severo Gomes, Pedro Simon, Paulo Brossard... E estão aqui, também, os grandes personagens do outro lado, desde o general Ernesto Geisel e suas idas e vindas na abertura política, o general João Figueiredo e sua decantada apatia política e Petrônio Portella, o negociador por excelência, até Romeu Tuma, o chefe da polícia capaz de esconder Teotônio no banco de trás do próprio carro para um dos muitos encontros proibidos à época, com o emergente líder sindical Luiz Inácio Lula da Silva, preso pelo regime.

Desde aprender sobre o belíssimo estado de Alagoas, suas disputas de território, sua opção pela cana-de-açúcar e sua política eternamente passional, até desembarcar numa Brasília amordaçada e viajar pela resistência sobretudo em São Paulo, este livro de Carlos Marchi nos conduz por uma história de lutas e de afirmação que parece tão distante, mas é ainda tão presente — e não acabou.

A tão suada e tão pacífica queda da ditadura não foi um fim, foi apenas um começo. Trinta anos depois, a miséria de tantos ainda dói e envergonha. Ainda há muito o que articular e consertar para que centro, esquerda e direita possam enfim construir um país de fato democrático, justo, inclusivo e apaixonante como sonhou Teotônio Vilela, o homem que mostrou, na prática, que o amor e a política movem montanhas.

1
TÚNEL DO TEMPO

— Pra onde você vai, cabra?

A tonitruante voz de barítono podia parecer ameaçadora, mas sempre verbalizava a aspereza do tom com uma maneira suave e afetuosa, em especial quando falava com amigos. Esses dois elementos eram inconfundíveis e só uma pessoa os sabia juntar com tanta leveza; olhei para o lado e o vi. Andava lentamente pelo tapete azul, passos cuidadosos apoiados na bengala, chapeuzinho de brim sobre a cabeça careca, face encovada que exibia o bigode ralo, gravata mal-ajambrada no colarinho, o sorriso permanente de saudação aos amigos presente nos lábios. Era uma tarde morna, sem muito movimento no Senado, eu saía do Comitê de Imprensa, bem ao lado da construção circular, em mármore branco, onde se encerra o plenário da Casa. Sorri também e respondi que buscava novidades, mas o desânimo na minha frase me condenou e deixou-o entrever que a possibilidade de produzir notícia naquele dia lento era remota. Teotônio Vilela voltou a falar:

— Então vem comigo pra ver uma coisa bonita.

Entramos no "túnel do tempo", a passagem que liga o plenário aos gabinetes dos senadores, andar lento no rumo do escritório do senador Pedro Simon, seu recôndito e inevitável pouso no Senado depois que seu segundo mandato terminara, poucos meses antes, no início de 1983. No caminho, explicou que acabara de chegar do Rio de Janeiro, onde fizera uma gravação, mas não disse sobre o quê nem onde. Pensei que gravara mais um programa de televisão, mais uma entrevista bombástica, daquelas que faziam tremer as estruturas da ditadura agonizante. Nos últimos tempos, Teotônio era constantemente convocado para essas entrevistas, atropelava a censura velada e até mesmo a pressão que o governo militar despejava sobre as emissoras de televisão para desestimular que o convidassem. Por um lado, a ditadura já não tinha a força de antes; por outro, Teotônio se tornara uma atração nacional. Onde quer que aparecesse e falasse, havia ampla e entusiasmada plateia pronta a ouvi-lo e aplaudi-lo.

Entramos no escritório e encontramos o chefe de gabinete de Simon, Nísio Tostes, um homenzarrão de 1,90m e 100 quilos, dono de uma doçura que contrastava com seu corpanzil de atleta e uma admiração por Teotônio que promovia demorados e caudalosos cumprimentos. Ultrapassados os salamaleques, Teotônio pediu-lhe que conseguisse um gravador. Simon entrou no gabinete ao mesmo tempo que uma funcionária trazia o gravador; lentamente, como se tivesse engendrado uma misteriosa encenação dramática, Teotônio tirou uma fita cassete do bolso do paletó, inseriu-a no nicho do gravador e apertou o *play*. Começaram a surgir acordes de uma canção, e não o som duro de uma entrevista, como pensáramos. Era um arranjo retumbante desde o início e logo reconhecemos a voz de Fafá de Belém. Surgiram os primeiros versos de uma canção que nunca tínhamos ouvido: "Quem é esse viajante, quem é esse menestrel, que espalha esperança e transforma sal em mel..."

(Claro, era nítido que a voz era de Fafá de Belém, mas que música era aquela e o que ela expressava, quem era homenageado em sua letra?) Começou a bater uma leve intuição quando ela entoou o verso — "De quem é essa ira santa, essa saúde civil..." Olhei de soslaio para Nísio e ele, um ser profundamente emocional, tinha os olhos marejados; instantaneamente, à minha revelia, vi meu controle emocional se esbagaçar e os meus também se inundaram; Simon resistia um pouco mas sua longa experiência com as emoções da política logo o abandonou e seus olhos também marejaram. No fim da canção, a voz de Fafá saiu de cena e ficou apenas o acompanhamento de fundo. Nesse momento, surgiu a voz de Teotônio:

— Esta música é a melodia do povo. Sinto-me dentro dela porque venho fazendo da minha vida o roteiro da liberdade.

Ouvi um soluço forte de Nísio. Comecei a chorar. Simon entregou os pontos e as lágrimas correram pela face, misturaram-se aos pelos do bigode. Refestelado numa cadeira estofada, Teotônio nos olhava e ria, como se gozasse aquela saudade prematura, sem fazer ruído, só ria, num esgar afetuoso, sentindo o prazer de ser amado.

As nossas não eram ainda lágrimas de dor, eram lágrimas de celebração, como se nos tivesse tocado que aquela canção falasse de esperança, não de tristeza. Mesmo irreversivelmente doente, Teotônio, aquele vulcão de energia, suscitava esperança, jamais tristeza.

* * *

No começo de 1983, Fafá de Belém saíra da gravadora Polygram e procurava repertório para seu primeiro CD na Som Livre. Numa tarde, ao chegar de viagem e entrar no seu apartamento da rua Haddock Lobo, nos Jardins, em São Paulo, foi diretamente olhar a correspondência acumulada. Entre os envelopes, havia um, pardo, subscritado a mão, com uma letra que ela conhecia bem — era de seu bom amigo e poeta Fernando Brant, letrista de Milton Nascimento. Abriu e encontrou um breve bilhete manuscrito por Fernando e uma fita cassete. O bilhete dizia: "Só você pode gravar." A fita cassete era um demo de uma música nova, ali cantada por Milton, acompanhado apenas por violão.

Nem guardou as malas; foi diretamente para o aparelho de som, colocou a fita e ligou o *play*. Gostou da música nos primeiros acordes, mas não entendeu o sentido da letra, que falava num dito personagem de Alagoas. Absorta, pensou: "Será que é uma homenagem ao Djavan?" Lembrou-se de que ela e Djavan tinham começado juntos no mesmo disco, que trazia a trilha sonora da novela *Gabriela*. Continuou a ouvir a música, que tocou sua sensibilidade. Quando acabou, concluiu que o personagem da canção não era Djavan. E logo imaginou-se a cantar aquela música com um arranjo que fosse envolvente e, portanto, só poderia ser feito por seu amigo Wagner Tiso, parceiro da dupla que a havia composto. Cansou-se de tentar adivinhar "quem é esse", bordão por quem a letra tanto clamava.

Pegou o telefone e ligou para Brant, que desfez o mistério:

— Fafá, essa música é uma homenagem a Teotônio Vilela!

— O Teotônio da anistia?

— Sim, o Teotônio da anistia.

Ela se precaveu:

— Mas ele não é da Arena?

O partido do governo não era mais a Aliança Renovadora Nacional, a Arena, tinha mudado seu nome para Partido Democrático Social (PDS), mas Teotônio saíra da Arena quatro anos antes para ingressar no Movimento Democrático Brasileiro, o velho e aguerrido MDB, e naquele momento era filiado a seu sucedâneo, o Partido do Movimento Democrático Brasileiro (PMDB). Fernando completou:

— Não, Fafá. A gente precisa conversar sobre Teotônio Vilela.

Fafá frequentara alguns palanques da oposição, mas não estava atualizada sobre os últimos movimentos da política brasileira e muito menos sobre aquele tal Teotônio, que se fazia merecedor de uma canção hagiográfica composta por Milton e Brant. Fernando não deixou para depois: começou a explicar ali mesmo, pelo telefone, o sentido daquela música. E, à medida que falava, Fafá entendia melhor a canção, que trafegava entre a cabeça e o coração, na voz melancólica de Milton.

Fernando Brant não contou a Fafá, mas a ideia de compor a canção nascera em conversas com amigos do PCdoB. Brant estava na área de influência do partido juntamente com Henfil, atesta hoje o dirigente Haroldo Lima. O partido não lhe fez um pedido objetivo para compô-la, mas a ideia era que a canção, depois de gravada por um(a) cantor(a) de sucesso se tornaria uma alavanca importante na campanha presidencial de Teotônio, quando ela fosse a público. Brant nunca relatou essas ideias colaterais a Milton Nascimento, que compôs a música.

Sugeriu que pedissem o arranjo a Wagner Tiso e Brant aprovou na hora. Ali, durante o telefonema, ela decidiu que a música integraria o seu novo disco e começou a imaginar passagens da gravação. Por exemplo, decidiu que tinha de começar com um grito, que seria um símbolo da libertação do cidadão brasileiro ou de comemoração da chegada da democracia. Tiso concordou em fazer o arranjo e logo começaria a escrevê-lo. Convocou o grupo Roupa Nova para fazer o acompanhamento.

Uma assessora assustou Fafá, alertou-a de que aquela música podia "dar problemas"; afinal, o Brasil ainda vivia uma ditadura, embora o combalido Governo Figueiredo tropeçasse nas crises política e econômica, mas os radicais continuavam ali, à volta, rosnando e babando. Fafá considerou prudente levar "o problema" a João Araújo, diretor da Som Livre e pai de Cazuza. João não fez objeção, pelo contrário, ficou emocionado com a canção e a ideia de incluí-la como carro-chefe do novo disco de Fafá. Mais do que aprovar a música no disco, João aprestou-se a assistir à gravação. Perguntou quando Fafá pretendia colocar voz; seria na semana seguinte.

Numa tarde de agosto de 1983, no estúdio da Som Livre, na rua Assunção, em Botafogo, Fafá tinha acabado de botar voz quando Teotônio adentrou o estúdio, amparado em sua bengala, acompanhado por Miro e João.

Nos últimos tempos, por mais que tivesse participado algumas vezes de comícios da oposição, Fafá sempre lembrava a recomendação do pai e avaliava cuidadosamente cada aproximação com políticos de muita evidência. Ela não conhecia Teotônio — nunca o tinha visto até então — e ignorava, naquele momento, o grau de sinceridade que pautava sua pregação civilista; afinal de contas, ele fora filiado à velha e golpista União Democrática Nacional (UDN), apoiara o regime de 1964, integrara a Arena e era um usineiro alagoano e os políticos, ah, os políticos não seriam todos iguais? Depois veria que não, que os políticos não são todos iguais, nem são todos desonestos, nem são todos insinceros, nem todos são demagogos.

Quando foi apresentada a Teotônio, a primeira coisa que ela observou naquele senhor alquebrado, com dificuldades notórias para andar, apoiado na bengala, careca da quimioterapia, foi que ele tinha uma contagiante energia. Teotônio e Miro vinham da consulta com Thomas Green Morton; Fafá sempre tivera restrições a curandeiros milagrosos, mas impressionou-se com o odor de almíscar que envolvia Teotônio, um patchuli muito forte, que se acentuava quando ele se emocionava e chegava a inundar o estúdio inteiro. Adiante, quando a conversa ficava amena, o odor quase desaparecia; e logo ficava intenso quando a emoção aflorava em Teotônio. Fosse o que fosse, aquele fenômeno a fazia situar aquela conversa e aquele personagem num patamar místico. Conversaram muito num canto do estúdio, Fafá, Teotônio, Brant (que Fafá convidara para assistir à gravação), Tiso, Miro e João. Uma equipe de reportagem do *Fantástico* filmou a conversa, que iria ao ar dias depois.

Teotônio pediu para ouvir a música recém-gravada. A gravação fora feita, como permitia a tecnologia da época, em três pistas. Segundo esse sistema, era gravada uma primeira base, depois uma segunda e, por fim, uma terceira. Depois os técnicos cotejavam e escolhiam qual seria coberta com cordas. O grito que Fafá imaginou no começo sugeria um aboio e isso foi suficiente para despertar a primeira grande emoção no velho boiadeiro Teotônio, cujo maior prazer era contar histórias dos campos do agreste e ouvir — e cantar

— aboios. Fafá o inserira na abertura sem pensar o que ele poderia sugerir e sem saber que Teotônio fora boiadeiro na juventude e que, até então, amava aboios (aliás, não se dera conta disso até a entrevista que concedeu para esse livro, em outubro de 2016; e, quando eu lhe contei, por alguns minutos ela ficou em silêncio e seus olhos ficaram marejados).

Quando acabou de ouvir a canção, Teotônio disse:

— Eu gostaria de falar algumas coisas. Posso?

Ele queria dizer que queria inserir uma fala dele na gravação. Não era um pedido convencional; só em ocasiões excepcionais uma música tinha uma parte falada e, no arranjo de Tiso, não havia previsão para isso. Todos ficaram entre surpresos e perplexos com o pedido, por um momento, sem saber o que dizer. Fafá olhou para João, mas, antes que ele se manifestasse, respondeu:

— Claro!

Logo se decidiu que a fala entraria antes do encerramento e Fafá faria um bordado vocal incidental ao fundo. Miro se adiantou e propôs:

— Teotônio, vou rabiscar algumas palavras que eu acho oportunas na sua fala.

Teotônio olhou para Miro e disse:

— Escreva.

Sob um silêncio questionador, o cheiro de almíscar inundou o ar; ameaças de antecipadas lágrimas brotaram em todos os interlocutores. Miro escrevia, os outros esperavam. Quando Miro acabou, Teotônio disse a Fafá:

— Você pode levar o papel lá pra dentro, que eu tenho de andar apoiado na minha bengala?

Fafá entrou com ele no estúdio 1 da Som Livre, sentou-o numa cadeira, ajeitou o microfone, botou o papel numa mesinha e voltou para o aquário onde todos estavam.

Teotônio não precisou olhar para o papel. Falou de improviso e, sem que ninguém medisse a segundagem, sem que ninguém orientasse a cronometragem, falou exatamente no tempo disponível na gravação:

> Esta música é a melodia do povo. Sinto-me dentro dela porque venho fazendo de minha vida o roteiro da liberdade. Sinto-a como qualquer cidadão, em qualquer recanto deste país, como uma verdadeira oração e um apelo ao amor, à esperança, ao trabalho e à coragem.

Quando ele acabou, o aquário era um poço de comoção. Choravam todos — Fafá, Miro, Brant, João, Tiso. Todos se levantaram para buscar Teotônio à porta da sala de gravação. "Ficou bom?" As pessoas aprovaram a fala em uníssono. Ele deu uma gargalhada, Fafá deu outra, daquelas longas e escrachadas que ela costuma dar e que viraram sua marca. Feliz, Teotônio falou: "Minha filha, vou lhe dizer uma coisa. A nossa gargalhada junta pode fazer tremer o chão deste país."

A canção "Menestrel das Alagoas" entrou solta no disco, não se compatibilizava com as outras, não se encaixava no todo. O disco se chamava *Salinas* — o nome de uma praia de Belém que era a preferida de Fafá. Na capa, Fafá aparece nua, deitada numa poça d'água, uma pose muito pouco política e duvidosamente receptiva para uma homenagem a um homem público singular do cenário político brasileiro; no encarte, aí, sim, há uma respeitosa foto da cantora com Teotônio.

* * *

Envolver-se com política era um movimento natural na vida de Fafá. Na educação recebida pela menina Maria de Fátima Palha de Figueiredo, a caçula numa família de quatro filhos de classe média alta de Belém, dois elementos estiveram sempre presentes: a política e a música. Do lado da família da mãe, todos eram fanaticamente *baratistas*, adeptos de Joaquim de Magalhães Cardoso Barata, o maior líder político da história do Pará. O avô materno foi o primeiro juiz do interior, designado por

Barata, interventor nomeado pelo ditador Getúlio Vargas. O tio Pedro Moura Palha, seu padrinho, foi senador e deputado pelo velho Partido Social Democrático (PSD) do Pará, também aliado de Barata; em 1966, quando os antigos partidos foram extintos, fez a opção mais difícil: bandeou-se para o MDB e chegou a presidir a legenda oposicionista no Pará. Já o pai era radicalmente anti-Barata.

O confronto de ideias e vinculações se fazia todos os sábados: a partir das 11 horas, na casa da família, juntavam-se em volta de uma garrafa de uísque o tio senador, o governador (e depois prefeito de Belém) Luís de Moura Carvalho, Hélio Gueiros (que também seria governador do Pará, senador, deputado e prefeito de Belém), Barbalhão (Laércio Barbalho, pai do hoje senador Jáder Barbalho), todos admiradores de Barata, e Joaquim Figueiredo. A discussão era sempre sobre política. Quando se cansavam do debate, começava uma roda de violão que varava o dia. No fim, colocavam na vitrola um disco de jazz que chegara pela via marota da base aérea americana. Política e música povoaram, assim, o cotidiano da menina Maria de Fátima.

* * *

A primeira lição prática que a política deu a Maria de Fátima foi dolorosa. No começo dos anos 1960, a família mudou-se para São Paulo, onde o pai foi trabalhar na filial do Banco da Amazônia junto com Bordalo, um amigo que eles sabiam pertencer ao Partido Comunista Brasileiro (PCB). Em 1º de abril de 1964, angustiado com a tensão política e sabedor de que o amigo estava em má situação, o pai de Fafá foi esperar Bordalo na entrada do Edifício Planalto, onde morava a família Figueiredo, uma joia desenhada pelo arquiteto João Artacho Jurado, próximo à Praça da República, no Centro de São Paulo. Dali os dois viram, assustados, os tanques militares que desciam a avenida Nove de Julho. Bordalo não suportou aquela cena: teve um enfarte fulminante e morreu na calçada, à entrada do prédio. Aos 7 anos, a menina Maria de Fátima entendeu que política provocava tragédias.

Uma semana depois, quando Maria de Fátima voltou às aulas, a professora cobrou sua ausência nos dias anteriores. Ela explicou que faltara porque o Brasil sofrera um golpe militar e que agora o país vivia uma ditadura. A professora mandou-a para a diretoria. Lá, Maria de Fátima revelou quem lhe ensinara aquilo: "Meu pai." Um assustado Joaquim teve de comparecer à escola para dar constrangidas e temerárias explicações sobre o que andara ensinando à filha. Não por causa disso, a família logo voltaria para Belém, onde, nos anos seguintes, Maria de Fátima testemunhou o desaparecimento de vários amigos de seus irmãos mais velhos. Um deles morreria atirado da torre de televisão de Brasília por agentes da repressão. Ficaria ainda mais claro para Maria de Fátima que, além de provocar tragédias, a política matava pessoas.

Em 1970, a família mudou-se novamente, desta vez para o Rio de Janeiro. E ela se surpreendeu então com a alienação das pessoas com os efeitos da ditadura. No Colégio Mallet Soares, onde estudava, ninguém era ensinado que o Brasil vivia uma ditadura militar, que as pessoas eram presas por pregar contra a tirania, que muitas delas eram torturadas e mortas. Esse era um assunto tabu para a grande maioria e, no colégio, para professores e alunos. Na época, a casa de Maria de Fátima tornou-se um ponto de encontro para reuniões musicais de músicos e compositores que tinham vindo de Belém e eram amigos de seus irmãos. De manhã, todos se encontravam na praia, mas o encontro mais habitual era nas noites, na casa da família Figueiredo, até porque muitos dos músicos e compositores caroneavam lá o jantar que seu curto orçamento nem sempre permitia desfrutar nas repúblicas da Lapa em que moravam.

A casa da família, por óbvio, não era um "aparelho" da esquerda, mas lá se falava de política. O melhor amigo de seus irmãos, Paulo André Barata, era um compositor paraense que amadurecia sua obra; e ele atraía outros músicos, principalmente o mineiro Wagner Tiso e o carioca Mauro Senise, todos em busca de emplacar seus sucessos. O primeiro grande amigo de Maria de Fátima também era mineiro:

um jovem 14 anos mais velho do que ela, ensimesmado, tímido. Seu nome era Milton Nascimento, mas todos o chamavam de Bituca; Maria de Fátima o chama assim até hoje. Ele falava pouco, mas tocava um violão primoroso nas parcerias com Paulo André. E sua voz parecia uma cantoria do céu.

A família voltou mais uma vez a Belém e Maria de Fátima manteve o hábito prazeroso de juntar-se aos amigos para cantar nas noites. Como ela era menor de idade, a turma ia para o bar de um amigo que fechava as portas; e lá dentro o grupo cantava e tocava até altas horas. Naquele bar de portas fechadas ela acabou descoberta por um produtor que convenceu seu pai a permitir que ela voltasse para o Rio, agora sozinha, para seguir carreira musical. Autorização dada, como Maria de Fátima não poderia ser nome de cantora em lugar algum do mundo, ela ganhou um nome artístico que, de início, odiou — Fafá de Belém.

* * *

Na carreira musical, Fafá continuou a mesma Maria de Fátima que fora na adolescência. Não vivia ofertando opiniões sobre política, mas sempre que alguém lhe pedia uma opinião, dava, sempre com franqueza. Aconteceu assim em 1982, numa entrevista no programa *Roda Viva*, da TV Cultura. Eram tempos de abertura e de eleições, as primeiras eleições livres para governador desde 1965. De repente, a entrevista enveredou pela política e alguém perguntou: "Você vota em quem?" Pergunta feita, resposta dada: "Meu título é do Rio. Mas se morasse em São Paulo, votaria no senador Franco Montoro (para governador) e no sociólogo Fernando Henrique Cardoso (para senador)." (Fafá confundiu-se: Fernando Henrique fora candidato ao Senado em 1978 e ficou na suplência de Montoro; assumiria o Senado em 1983, exatamente na vaga de Montoro, que renunciara para assumir o governo estadual, para o qual fora eleito em 1982.) Imediatamente, a luz do estúdio se apagou e a TV Cultura, controlada pelo governo estadual, então comandado por Paulo Maluf, saiu do ar. Não voltaria: mais tarde, alguém veio comunicar que a entrevista e o programa estavam encerrados.

No dia seguinte, João Dória, então assessor de Montoro, ligou para ela e a convidou para um comício do candidato oposicionista em Jacareí. Relatou que outros artistas e personalidades também participariam, entre eles Dina Sfat, Regina Duarte, Irene Ravache, Ruth Escobar, além de Fernando Henrique. Ela pensou na tradição familiar, no tio senador do MDB, em Bordalo, nos amigos dos seus irmãos assassinados pela ditadura — e aceitou.

Chegou ao comício meio sem jeito, sem saber o que dizer ou fazer, e logo o ex-deputado Almino Affonso puxou conversa; disse que era nortista, como ela, mas de Manaus, não de Belém, e que era pai de um colega de profissão dela (o titã Sérgio Brito). Fafá ficou mais à vontade. Logo percebeu que todos aqueles artistas estavam ali para expressar um engajamento genuíno na luta contra a ditadura militar. Depois teria uma compreensão mais refinada daquele processo: intelectuais e artistas cumpriam, na verdade, um dever de consciência ao falar ao povo, recomendar caminhos, pregar a democracia e pedir voto para a oposição.

A certa altura, deram-lhe um microfone. Ela falou muito e, segundo muitos depoimentos, falou bem. No dia seguinte, o pai telefonou. "Fátima, vejo que você está fazendo política. Cuidado com isso!" E continuou: "Escolha bem as pessoas que terá a seu lado." Fafá ouviu respeitosamente, mas Jacareí seria só um começo; a partir dali, ela se engajou em incontáveis campanhas políticas, sempre da oposição, sem nunca receber cachê e, em muitos casos, pagando ela própria as passagens de seus músicos.

* * *

Restava pouco tempo de vida a Teotônio, mas dali por diante ele e Fafá ficaram amigos encantados. Não é demais dizer que Fafá foi a derradeira musa platônica de Teotônio e tinha o dom de fazê-lo derreter-se de emoção e melhorar instantaneamente quando sua inconfundível gargalhada avisava que ela chegara para visitá-lo ou mesmo quando o disco, posto no aparelho de som da UTI improvisada no velho casarão do bairro Gruta de Lourdes, em Maceió, tocava *Menestrel das Alagoas*. Quando a ouvia, ele se sentia homenageado, engrandecido, feliz, e o efeito do aparecimento dela provocava uma melhoria mais eficaz do que as obrigatórias doses de morfina que lhe aplicavam para aplacar as dores do câncer renitente e terminal.

Muitas vezes, quando ele piorava, Teotônio Filho ligava para Fafá e pedia que ela fosse vê-lo. Fafá desembarcava em Maceió e Teotônio se renovava. Os dois ficavam horas sentados, conversavam de tudo — política, açúcar, usina, vaquejadas, música, aboios, menestréis, eleições diretas. Numa das vezes em que ela foi, Teotônio estava mal, muito mal, num quase coma. Os filhos discutiam se valia a pena convocar mais uma vez a ação do paranormal Thomas Green Morton, a quem ele recorrera como alternativa de desespero. Teotônio Filho era a favor, José Aprígio, contra. Para fazer uma invocação a distância, Morton cobrava um valor correspondente a 10 mil dólares, na época. Venceu o sim e o filho Elias correu a depositar o dinheiro.

Às 18 horas, uma fita de vídeo com o rito de meditação de Morton foi inserida numa TV colocada no quarto; à mesma hora, de Pouso Alegre, a mais de dois mil quilômetros, Thomas complementaria a oração. No quarto de Teotônio, em Maceió, Fafá assistiu ao rito e conta um ato impressionante: no vídeo, Thomas invocava ventos e, no mesmo momento, ventos uivantes começaram a açoitar a casa. No fim do rito, surgiu do nada e inundou o quarto o mesmo cheiro de almíscar, fortíssimo, que tinha, meses antes, impregnado o estúdio da Som Livre.

Vários amigos foram avisados de que, naquele dia, às 18 horas deveriam estar num lugar de paz e silencioso e, à hora aprazada, mentalizar a figura de Teotônio. Nesse dia, o advogado e então deputado

Marcelo Cerqueira estava em Nova Friburgo e, à hora marcada, pediu a seu cicerone, o então prefeito Paulo Azevedo, que o levasse a uma igreja. Azevedo estranhou e perguntou-lhe se abandonara as ideias comunistas. Exatamente às 18 horas, o ambiente da igreja foi tomado por um intenso perfume de patchuli, enquanto luzes, como se fossem dezenas de lâmpadas estroboscópicas, espocavam na abóbada. Em Maceió, Teotônio estava desfalecido quando a cerimônia começou e no fim do estranho rito acordou e pediu uma refeição.

* * *

Em 27 de novembro de 1983, no mesmo dia em que o Partido dos Trabalhadores (PT) fendia a unidade das oposições e tentava sozinho assenhorear-se da campanha nacional pelas eleições diretas com um fracassado comício na Praça Charles Müller, no Pacaembu, em São Paulo, Fafá apresentava o show do seu novo disco, com a música-homenagem a Teotônio, às 19 horas, no Teatro Guaíra, em Curitiba. Terminado o show, foi para o hotel, ligou a televisão e, no *Fantástico*, assistiu à notícia de que Teotônio acabara de falecer em Maceió. Ficou paralisada longos minutos, mas logo se refez e começou a ligar para as companhias aéreas, em busca de um voo para São Paulo, de onde poderia partir para Maceió. Não havia mais voo naquela noite.

Fez a mala, fechou a conta no hotel, chamou um táxi e viajou de carro toda a noite/madrugada, diretamente para o Aeroporto de Congonhas, em São Paulo. No antigo balcão redondo de atendimento, comprava uma passagem para Maceió quando o sindicalista Luiz Inácio Lula da Silva, que três anos antes fundara o PT, cutucou-a no ombro e disse que podia dispensar a passagem, pois o governador Montoro cedera dois aviões da Vasp — ainda uma estatal paulista, à época — para transportar as pessoas a Alagoas. Um sairia de Congonhas e outro do Rio e ambos passariam por Brasília.

Na triste viagem, foram todos juntos no mesmo avião — Fernando Henrique, Lula, a então deputada Cristina Tavares, Almino Affonso, Montoro e muitos outros políticos. Do aeroporto de Maceió foram diretamente para o velório, onde estava todo o Brasil político, muitos que até não eram aliados ou admiradores de Teotônio, e uma inesperada multidão de alagoanos, como se ali estivesse sendo chorado um *pop star*. Fafá percebeu, a um canto da sala, discreto e cabisbaixo, Fernando Collor, então prefeito de Maceió.

O calor do verão entrante era sufocante, quase insuportável, e intermináveis discursos de homenagem se sucediam, feitos por políticos acalorados sob terno e gravata — o deputado Ulysses Guimarães, presidente do PMDB, o governador de Minas, Tancredo Neves, Montoro e outros. Fafá saiu no momento em que Tancredo discursava. No caminho até o carro, um homem agarrou com força o seu braço, expressão vazia e olhos avermelhados de choro. Disse-lhe abúlico:

— E agora?

Era um nordestino pobre, gente do povo, pele curada, vincada de sol. Ele repetiu:

— E agora, a senhora vai falar por nós?

No primeiro momento ela não entendeu o que ele queria dizer. E o homem:

— Não temos mais ninguém. Ele foi embora... A senhora vai falar por nós?

Ele deixava claro que entendera a romaria política de Teotônio como alguma coisa que poderia melhorar a vida dele e do povo menos favorecido; e que, no súbito desaparecimento de Teotônio, alguém próximo a ele tinha de empalmar seu discurso civilista, senão todos ficariam ao sereno da imprevidência. O homem soltou seu braço, Fafá entrou no carro e foi para a casa da Gruta de Lourdes. Pensava no significado da fala daquele homem; percebeu que a coisa não podia parar por ali. E que, no sepultamento daquele homem que acendera tantas esperanças, o fechamento de sua tumba não devia ter o significado de bloquear as possibilidades da sua luta.

Os filhos de Teotônio foram chegando à casa, o grupo, quase sem conversar, tomou todas as garrafas de cachaça que havia.

No fim da tarde os irmãos se juntaram e presentearam Henfil (o quadrinista Henrique Souza Filho) com o relógio de Teotônio. Disseram que ele merecia ter uma lembrança daquele que fora tão seu amigo. Henfil ficou emocionado e disse que não merecia o presente. No dia seguinte, 28 de novembro, ainda em Maceió, escreveu a seguinte carta aos irmãos Vilela:

> Meus irmãos, minhas irmãs,
>
> Estive pensando, comovido como todo palhaço sabe se comover (rindo), no gesto de vocês.
> Sabem duma coisa?
> Eu mereço, sim! Foi com inteira justiça que vocês me deram a joia. Ninguém amou o Tonho mais que eu!
> Agora poderei olhar para o relógio e perpetuá-lo sempre, dizendo HORA! HORA! HORA!
> Vocês foram lindos comigo!
>
> Henfil Brandão Vilela

(Quando queria contestar ou ironizar alguém, Teotônio tinha a mania de dizer "Ora, ora, ora". E Henfil costumava assinar bilhetes atribuindo-se o sobrenome "Brandão Vilela" e a chamar os filhos de Teotônio de "irmãos" e "irmãs").

* * *

Passaram-se uns dias. Fafá ligou para Teotônio Filho e lhe propôs organizar uma grande manifestação pelas eleições diretas em Maceió no dia 1º de janeiro de 1984. Era a data da confraternização universal e a forte lembrança de Teotônio pairava em todos os ambientes populares. Téo discordou. Achava que uma manifestação no dia seguinte ao réveillon pegaria meio mundo de ressaca — e fracassaria. É bem possível que tivesse razão. Fafá falou, então, com o senador pernambucano Marcos Freire. Os dois alinhavaram uma manifestação em Olinda em 4 de janeiro, com as bênçãos de dom Hélder Câmara; de São Paulo os dois viajaram a Olinda para conversar com o prefeito José Arnaldo Amaral, que estava no PMDB, mas era do Partido Comunista do Brasil (PCdoB). Havia um impasse: o prazo era curto para propagandear o comício e encher de povo o Largo de São Bento.

Fafá ligou para João Araújo, na Som Livre, e blefou: disse que faria um show gratuito de lançamento de seu disco em Olinda e, para tanto, precisava de chamadas na TV Globo de Pernambuco. João mandou providenciar as chamadas e a TV Globo — que nos meses subsequentes não cobriria as manifestações das Diretas Já em seus telejornais — anunciou fortemente o show de lançamento do disco de Fafá de Belém, que, na verdade, escamotearia o primeiro comício suprapartidário pelas Diretas Já. O cartunista Henfil, que também fora grande amigo de Teotônio, idealizara o mote das Diretas Já e deu a Fafá a ideia de, ao cantar o *Menestrel*, soltar uma pomba branca como símbolo da pureza democrática.

Uma multidão lotou o largo. Fafá cantou o *Menestrel*; na hora em que entrou a voz de Teotônio, ela soltou a pomba branca e abriu-se à vista do público um enorme painel criado por Henfil, com o mote "De pé pelo Brasil, Diretas Já!" e o desenho esguio da figura de Teotônio erguendo a bengala, como se fosse um quixote nordestino, tão magro quanto seus aliados incondicionais — a Graúna, o bode Francisco Orellana e o capitão Zeferino, heróis impolutos da caatinga e das liberdades gerais.

* * *

Fafá ficaria indissoluvelmente ligada à campanha das Diretas Já e esteve em todos os grandes comícios que arrebataram as maiores manifestações políticas da história do Brasil. Ganhou o apelido de "musa das Diretas", que o jornalista Augusto Nunes lhe dera e que era disputado ferozmente por outras moças das artes. Em todos os comícios, ela lembrava a figura singular de Teotônio, cantava o "Menestrel" e soltava, em todas as ocasiões, uma pomba branca que seu fiel segurança Blota comprava no box 32 do Mercadão de Pinheiros, em São Paulo. Superado o trauma da derrota das Diretas na votação do Congresso, ela se engajaria na campanha civilista de Tancredo Neves para a Presidência da República.

Três dias antes da posse de Tancredo, ela recebeu um telefonema de Armando Nogueira, diretor de Jornalismo da Rede Globo. Ele queria exibir no dia da posse o Hino Nacional Brasileiro entoado por uma cantora popular, como parte de uma campanha para resgatar os símbolos pátrios, como o hino e a bandeira. Armando explicou que convidara outra cantora famosa e que ela fizera muitas exigências que o prazo curto tornava inexequíveis — como a pretensão de ser acompanhada por uma orquestra sinfônica. Fafá aceitou na hora. Armando explicou a Fafá que já tinha gravado uma base com o violonista e maestro Waltel Blanco e um coral de crianças e que agora precisava inserir uma voz de mulher. Ela aceitou. Ele fez blague:

— Quer uma sinfônica também?

Não, Fafá não queria uma sinfônica; queria uma gravação em que o hino fosse cantado solto, sem ritmo marcado, entoado com suavidade. À capela. Armando perguntou:

— Quando você pode gravar?

A gravação teria de ser naquele mesmo dia porque ela viajaria no dia seguinte para Brasília, onde pretendia assistir à posse de Tancredo. Assim foi feito. A performance foi feita à capela, mas no dia 15 de março simplesmente não foi exibida porque Tancredo não tomou posse. O hino à capela, que era para engrandecer o grande momento da posse do primeiro presidente civil desde 1964, acabou por servir-lhe de mortalha.

2
VIDA DE ENGENHO

Em 4 de outubro de 1501, ao passar pelo que no futuro seria o litoral brasileiro, o navegador florentino Américo Vespúcio avistou a foz de um grande rio e o batizou de São Francisco, porque a data era consagrada ao santo. Essa era a regra seguida pelos nautas que navegavam para o Reino de Portugal, sempre sob o sagrado patrocínio da Ordem dos Cavaleiros de Nosso Senhor Jesus Cristo ou simplesmente Ordem de Cristo, a nova instituição religiosa criada no início do século XIV pelo papa João XXII e que herdaria os valores e as informações estratégicas dos templários. Reza a lenda alagoana, no entanto, que a razão para dar esse nome teria sido outra que não a data: ao ver o rio, Vespúcio vira também o que imaginou ser um errante frade franciscano à beira-mar. E, ao se aproximar mais da terra, percebeu que o frade fora uma miragem — não havia, nem poderia haver, àquela altura da história, um frade à vista, a errar pela praia, sem ser imediatamente apresado e devorado pelos caetés (da família tupi) ou pelos abaticoaras (da família tapuia), que dominavam aquela região cheia de lagoas.

Os registros anotados pela frota de Pedro Álvares Cabral, um ano antes, parecem apontar, à altura do que é hoje a Barra de São Miguel, uma elevação bem no interior do continente que seria o cume da Serra da Nacêa, em local próximo ao (hoje) município de Anadia. Esses primeiros registros históricos ainda não mencionavam o nome do estado que ali nasceria — Alagoas, esse, sim, derivado das muitas lagoas que lhe bordam o litoral.

No processo de colonização que se seguiria, os portugueses logo detectaram que o terreno alagoano era propício ao cultivo da cana-de-açúcar. As primeiras plantações minimamente organizadas datam da segunda metade do século XVI, quando Duarte Coelho Pereira começou a desenvolver a Capitania de Pernambuco, outorgada a ele pelo rei dom João III, que incluía o hoje território alagoano. No fim do século XVI, uma segunda expedição, chefiada por Cristóvão Lins, fez amizade com os índios potiguares e criou a vila de Porto Calvo, onde Cristóvão passou a residir com a mulher, Adriana de Holanda. A partir dali, Cristóvão promoveu ações militares para expulsar agrupamentos de franceses que haviam se fixado no litoral alagoano e fundou sete engenhos de moenda de cana, cinco deles no território que hoje é Alagoas.

* * *

Quando os holandeses invadiram a Capitania de Pernambuco, em 1630, a ocupação se refletiu fortemente na colonização do território que hoje é Alagoas. A ocupação foi mais intensiva em Recife e Olinda e no território hoje pertencente a Pernambuco, mas os holandeses buscaram estender seus domínios até o atual território alagoano, ao sul, atraídos pelos números prósperos da produção local de açúcar. À época, já havia dezenas de engenhos nas cercanias de Porto Calvo, Penedo, Santa Luzia do Norte, São Miguel e Camaragibe, que a colonização portuguesa transformara em ricos centros de atividade agrícola e comercial. Nessa época, Alagoas se tornara uma extensão natural, embora secundária, da ocupação holandesa em Pernambuco. Se os holandeses ocuparam parcialmente o território alagoano, logo após a invasão holandesa Matias de Albuquerque liderou uma significativa migração para o futuro território alagoano de pernambucanos que fugiam do jugo holandês. Sem ser o centro da invasão, Alagoas acabou palco de muitas lutas da guerra de expulsão dos holandeses — Domingos Fernandes Calabar, o suposto traidor que renegou o domínio português e optou pela aliança com os holandeses, era de Porto Calvo, que hoje fica em território alagoano, próximo à divisa com Pernambuco.

A colonização portuguesa se espraiava pelo litoral e penetrava pouco no interior, como de resto aconteceu em outras regiões brasileiras. O interior permaneceu povoado por indígenas que fugiram da ocupação do litoral, mas a partir de começo do século XVII se tornaria refúgio natural de escravos fugidos das capitanias de Pernambuco e da Baía de Todos os Santos (que abrangia, em sua maior parte, o atual estado da Bahia). Esses escravos fugidos de fazendas próximas ao litoral convergiram para muitos quilombos estruturados no vale entre os rios Mundaú e Paraíba, na Zona da Mata alagoana.

O interior de Alagoas era quase inalcançável, à época, pelas forças caçadoras de escravos. Os limites da Zona da Mata, a mais ou menos cem quilômetros do litoral, ficavam suficientemente distantes e cercados por acidentes geográficos, com sucessivos morros, o que dificultava a penetração das expedições que buscavam apreender escravos fugidos e estabelecia, assim, uma proteção natural para os ajuntamentos de negros fugidos.

O que hoje chamamos de República ou Quilombo dos Palmares foi, na verdade, uma sucessão de pequenos aldeamentos negros — não existia um quilombo único, mas vários agrupamentos, em sequência. Essa República dos Palmares se situava no vale entre os rios Mundaú e Paraíba, nas fraldas da Serra da Barriga, e se esparramava entre os atuais municípios de União dos Palmares e Viçosa. Esses dois rios correm para o litoral e não desaguam no mar, mas vão contribuir para a formação das duas lagoas próximas a Maceió: o Paraíba forma a lagoa Manguaba e o Mundaú, a do mesmo nome.

As informações orais que chegavam às fazendas orientavam os negros fugidos a seguirem as margens de um desses dois rios; depois de aproximadamente oitenta quilômetros de caminhada (ou, mais rapidamente, de canoa, se conseguissem uma), os negros fugidos começavam a topar com os mocambos dos primeiros ajuntamentos dos quilombos. À medida que consolidavam seus núcleos populacionais no vale, os quilombolas empurravam os indígenas — que havia dezenas de anos também tinham migrado do litoral para o interior, também para fugir das tentativas de escravização dos portugueses — para o agreste, onde não havia água nem matas nem caça. Como os negros tinham técnicas mais avançadas do que os índios, preponderavam naturalmente nos terrenos que iam ocupando.

A República dos Palmares viveu o seu auge na segunda metade do século XVII, logo após o fim da dominação holandesa na Capitania de Pernambuco. A Cerca Real do Macaco, ou simplesmente Macaco, a capital de Palmares, era o principal agrupamento e tinha 1.500 casas e 8 mil habitantes. Era muito bem fortalecida e ficava num local aproximado de onde hoje está União dos Palmares, afirma o médico e historiador Alfredo Brandão, primo de Teotônio, e resistiu por mais de um século a vários assédios de milícias portuguesas e holandesas. O segundo ajuntamento era Santo Amaro, 54 quilômetros a noroeste de Serinhaém, com uma extensão de seis quilômetros e 5 mil habitantes. Subupira era o terceiro ajuntamento, nas cabeceiras do rio Satuba, a 36 quilômetros da Cerca Real do Macaco. Havia mais oito povoações importantes — Osenga, Zumbi, Acotirene, Tabocas, Danbrabanga, Andalaquituche, Alto Magano e Curiva (mais tarde Acotirene e Tabocas se juntaram na povoação de Sabalangá). Ao todo, imagina-se que o conjunto de quilombos abrigasse um máximo de 30 mil negros.

Expedições holandesas desferiram dois ataques aos quilombos, mas demoraram a entender a estratégia militar dos quilombolas. Os negros fixavam seus mocambos (uma vila rudimentar, com um ajuntamento de barracos) ao longo do vale entre os rios Paraíba e Mundaú. Para instalar seus sítios, escolhiam locais de mata densa, onde havia fartura de madeira, frutos e caça, as terras eram mais férteis e o ajuntamento ganhava abrigo mais seguro contra as expedições militares dos brancos. A ocupação do vale lhes dava um ganho geopolítico — os dois rios funcionavam como um caminho natural de ida e volta até as lagoas e o litoral. Por eles, os negros navegavam para fazer incursões rápidas de saque em fazendas de toda a região circundante. Os dois rios eram também o curso natural seguido pelos negociantes que vendiam armas e alimentos essenciais aos quilombos. Por fim, a existência dos rios orientava a rota dos escravos que fugissem das fazendas próximas ao litoral.

O grande ataque foi promovido em 1645 por uma expedição militar holandesa comandada pelo capitão Jan Blaer, que chegara ao Brasil em 1630, acompanhando a missão militar que invadira Olinda e depois Recife. Sua tropa listava três oficiais além dele, uma companhia de soldados holandeses e o grosso de soldados mamelucos e indígenas. A descrição de Blaer explica muito bem a razão do ataque — a continuada fuga de escravos para Palmares fazia escassear a mão de obra dos engenhos de açúcar de toda a região, inclusive os que eram operados diretamente pelos holandeses. Ele relatou:

> Ao amanhecer do dia 21 chegamos à porta ocidental de Palmares, que era dupla e cercada de duas ordens de paliçadas; arrombamo-la e encontramos do lado interior um fosso cheio de estrepes em que caíram ambos nossos corneteiros; (...) um dos nossos corneteiros, enraivecido por ter caído nos estrepes, cortou a cabeça a uma negra (...). Este Palmares tinha igualmente meia milha de comprido (...); as casas eram em número de 220 [*esse número deve se referir a alguma povoação menor, não à Cerca Real do Macaco*] e no meio delas erguia-se uma igreja, quatro forjas e uma grande casa de conselho; havia entre os habitantes toda a sorte de artífices e o seu rei os governava com severa justiça, não permitindo feiticeiros entre a sua gente (...); o rei também tem uma casa distante dali duas milhas com uma roça muito abundante, a qual casa fez construir ao saber da nossa vinda, pelo que mandamos um dos nossos sargentos com 20 homens a fim de prendê-lo; mas todos tinham fugido.

A Cerca Real do Macaco estava deserta. Blaer encontrou apenas alguns negros nas redondezas, sem disposição para lhe fazer combate. Ele distribuiu pequenos grupos de soldados para caçar os palmarinos na mata em volta. A expedição de Blaer, no entanto, voltou praticamente sem ver o inimigo. Quando se retirou, os negros reconstruíram Macaco e voltaram a ocupá-la. A estratégia militar dos negros era de sempre recusar o combate frontal e direto, porque tinham armas menos letais e de menor alcance. Por isso, eles preferiam fugir para o interior das florestas, que dominavam bem e onde o inimigo não tinha coragem de penetrar, e se escondiam lá até o ataque arrefecer. Na verdade, a capital de Palmares só seria definitivamente vencida em 1695, depois de muitos anos de tentativas para montar expedições poderosas. O comandante da expedição que atacou e dizimou os quilombos, o paulista Domingos Jorge Velho, preparou longamente a guerra que faria. Primeiro, se aliou aos índios que tinham sido expulsos daquela região pelos negros e prometeu que eles recobrariam suas terras depois da derrota dos quilombos. Não lhe foi difícil negociar com indígenas já que ele mesmo era um descendente de índios da região de Santana do Parnaíba, em São Paulo.

Mas sua aliança não se limitou aos índios. Ele também negociou com os chefes de algumas menores povoações de negros que não os incomodaria se eles parassem de fornecer soldados à República dos Palmares. Prometeu-lhes que eles poderiam continuar a viver ali se ficassem distantes da guerra.

Forjada a aliança, os índios formaram o grosso da sua infantaria que atacou a Cerca Real do Macaco. Depois de os quilombos serem dizimados, Velho cumpriu a promessa e entregou as terras aos índios, assim como não incomodou as povoações de negros que se distanciaram da guerra. Os remanescentes negros e índios das lutas de Palmares passaram, então, a conviver em relativa paz.

Esses agrupamentos sociais formariam os núcleos originais da Viçosa. Nas artérias de Teotônio, nascido 222 anos depois da extinção da Cidade Real do Macaco e da República de Palmares, corria uma inevitável mistura de sangues branco, índio, negro e caboclo, herança de gente intimorata, acostumada a enfrentar guerras, pois já as tinha vivido de todas as formas, negros contra índios, índios contra brancos e brancos contra negros. E na receita da formação sociocultural do caboclo não existia a palavra medo.

* * *

Quando os holandeses foram expulsos do Brasil, a moderna cultura de plantio e colheita da cana-de-açúcar e da fabricação de açúcar mudou-se com eles para as Antilhas. A produção de açúcar na Capitania de Pernambuco estagnou. Já na segunda metade do século XVII a economia açucareira na Capitania de Pernambuco (que abrangia Alagoas) começou a entrar em declínio. A saída dos empreendedores holandeses não só provocou recuos na produção brasileira: sua ação produtiva em terras antilhanas criou um forte concorrente para o açúcar nordestino no mercado mundial. Essa concorrência foi muito impactante para os produtores brasileiros, por duas razões. A primeira é que os holandeses vendiam o açúcar antilhano na Europa a preços mais baixos do que o açúcar brasileiro/português; a segunda é que os holandeses controlavam os meios de transporte e o comércio na Europa, e aproveitavam essa condição para favorecer a colocação do próprio produto.

Com essas vantagens estratégicas e comerciais não foi difícil para os holandeses dominar o mercado consumidor europeu. Ao longo dos anos seguintes, desatou-se na antiga Capitania de Pernambuco uma crise devastadora. Essa crise se agravou no século XVIII, quando os portugueses/brasileiros começaram a redirecionar toda a sua atenção e energia à busca de ouro em Minas Gerais.

Alagoas, então, voltou a viver um pobre cotidiano de colonização. A formação das vilas alagoanas voltou a se dar nas redondezas dos principais engenhos de cana; assim ocorreu, por exemplo, com as vilas de Camaragibe, São Luís do Quitunde e Porto de Pedras. Os vários engenhos das terras de Miguel Gonçalves Vieira, um provedor da Fazenda Real que ganhou uma sesmaria na costa que vai de Santo Antônio do Mearim até a enseada de Pajuçara (hoje, famosa praia turística da capital alagoana), que incluía a Lagoa do Mundaú, estão na origem de Maceió. Ali, na mesma Lagoa do Mundaú, como sucessora de Vieira, a família Vilela tem, na localidade chamada Cumbe, um sítio onde Teotônio costumava desafogar suas tensões e que pertence a ela até hoje.

A sucessão de grandes latifúndios dados em sesmarias estabeleceu as bases da monocultura alagoana e nordestina. Alagoas estava em pior situação por ficar esprimida entre dois grandes centros — o complexo Recife/Olinda, ao norte, e Salvador, ao sul. Só seria designada comarca em 1711 e apenas em setembro de 1817 foi desligada de Pernambuco; contava, nessa ocasião, com oito vilas e uma população de cem mil habitantes, distribuída por dez freguesias. Sua economia era baseada numa grande escala de plantio da cana e produção de açúcar e em menor escala em plantações de algodão, fumo e milho, além da exploração de riquezas vegetais, em especial madeiras. Suas terras eram incrivelmente férteis, como contou Gilberto Freyre:

> O massapê (...) tem profundidade. É terra doce sem deixar de ser terra firme: o bastante para que nela se construa com solidez engenho, casa e capela. Nessas manchas de terra pegajenta foi possível fundar-se a civilização moderna mais cheia de qualidades, de permanência e ao mesmo tempo de plasticidade que já se fundou nos trópicos. A riqueza do solo era profunda: as gerações de senhores de engenho podiam suceder-se no mesmo engenho; fortalecer-se; criar raízes em casas de pedra e cal; não era preciso o nomadismo agrário que se praticou noutras terras, onde o solo era menos fértil, esgotado logo pela monocultura, fez do agricultor quase sempre um cigano à procura de terra virgem.

A colonização alagoana experimentou modelos bem diversos em suas mesorregiões — o litoral, então coberto pela Mata Atlântica (e hoje quase toda devastada); o agreste, um território interiorano médio de terras férteis; e o sertão, mais ao fundo do estado, onde se espalha a caatinga. A primeira fase da colonização foi a ocupação das terras próximas ao litoral, com o uso da força escrava. Depois, a ação colonizadora foi pouco a pouco se embrenhando no agreste, empurrando sempre os índios para os fundões de Alagoas, até que foram bater na aridez do sertão.

A exploração agrícola já ocupava os limites territoriais do agreste, quase junto do sertão, quando, em meados do século XIX, começaria a se formar a família Brandão Vilela.

* * *

Viçosa — à qual os alagoanos se referem como "a Viçosa" (não se vai "a" Viçosa, vai-se "à" Viçosa) — entrou no mapa da colonização em 1790, quando o português Manuel Francisco, um morador de Marechal Deodoro, recebeu a determinação de criar uma cultura de algodão na região do Riacho do Meio, um afluente do rio Paraíba, em pleno agreste. Ele cumpriu a tarefa; foi para os limites da Zona da Mata, depois da qual tudo é sertão, abriu um roçado, plantou algodão e descobriu que a terra era extraordinariamente fértil.

Em volta da roça de Manuel Francisco, havia vários núcleos habitacionais de negros remanescentes de Palmares e índios de várias tribos que tinham sido beneficiadas pela promessa de Domingos Jorge Velho. A notícia do sucesso da roça de Manuel logo se espalhou com o vento — portugueses e brasileiros de Marechal Deodoro e Santa Luzia do Norte resolveram migrar para aquela nova possibilidade de promissão. O que era um roçado logo viraria uma pequena vila.

A terra era fértil, mas a região apresentava contínuos acidentes geográficos, era plena de elevações e vales, de difícil locomoção e complicada para a exploração agrícola manual. Essas características tinham ajudado os negros fugidos a formar quilombos estrategicamente protegidos, mas complicavam a exploração da terra pelo homem branco, acostumado às facilidades da planura no litoral. Quase três séculos depois, essas dificuldades estariam entre as razões pelas quais Teotônio Vilela, um de seus filhos mais ilustres, tomaria uma decisão que mudaria completamente a sua vida — mudar sua usina de lugar, da serra para a planície.

Viçosa seria elevada à categoria de vila quarenta anos depois da chegada de Manuel Francisco, já em 1831. Originalmente, os habitantes da região foram os índios cambembes, um ramo da família dos caetés, indígenas que eram excelentes tocadores de pife (pífano) feito de taboca e que, num delírio registrado pelo começo da colonização portuguesa ao tempo em que ainda viviam no litoral, haviam sido responsáveis pelo apresamento do indigitado bispo dom Pero Fernandes Sardinha, depois devidamente devorado em rito antropofágico.

Quando passaram a viver no interior, os cambembes começaram a ter constantes enfrentamentos com os cariris e outras tribos da família tapuia que tinham sido empurrados para a caatinga. Essas guerras aconteciam porque, como a área da Viçosa está no limite da Zona da Mata, os índios da caatinga adentravam a região nos períodos de seca duradoura, em busca de água e caça, invadindo o até então território exclusivo dos cambembes.

Desde a fundação, a Viçosa foi um ponto de referência para sustentar o avanço da colonização. Por situar-se no extremo da Zona da Mata alagoana, limítrofe com o sertão, tornou-se refúgio natural dos sertanejos mais pobres, tangidos para a área vizinha. Com eles repetia-se o fenômeno que fora vivido pelos índios — tentavam escapar das secas, da falta d'água, da impossibilidade de plantar e das dificuldades de manter uma criação. Para fugir da miséria secular perambulavam entre o sertão e o agreste.

À volta da Viçosa multiplicavam-se as pequenas fazendas, muitas dotadas de rudes engenhos de açúcar, os banguês, movidos a água ou por animais. Uma delas pertencia ao português José Martins Ferreira, que migrara de Recife para fugir das perseguições de brasileiros aos lusos que hesitavam em reconhecer a declaração de independência feita em

1822 por dom Pedro I. Esses portugueses personificavam os episódios conhecidos como "mata-marinheiros" (os portugueses, vindos d'além--mar, eram apelidados de "marinheiros"). Em 1840, Ferreira construiu, em sua Fazenda Mata Verde, o segundo engenho da Viçosa, o Boa Sorte, que seria herdado pela família Brandão Vilela e nela se manteria até 1970, quando Teotônio o fechou, embora mantendo a fazenda, para construir a Usina Seresta na planície. A Fazenda Mata Verde e o Engenho Boa Sorte seriam as ambiências nas quais se assentaria a dinastia dos Brandão Vilela; ali se passaria a infância de Teotônio.

Ferreira enriquecera na primeira metade do século XIX, num incrível golpe de sorte. O coronel Epaminondas Gracindo, chefe político da Viçosa e patriarca da família (da qual são descendentes, por um lado, o ator Paulo Gracindo e, por outro, os irmãos Vladimir e Guilherme Palmeira, o primeiro, importante líder estudantil nos anos 1960 e o segundo, ex-senador e ex-governador de Alagoas), era um homem culto e conectava-se ao mundo desenvolvido pela assinatura de jornais franceses e americanos. Um dia, leu num jornal francês que as Antilhas produziriam naquele ano uma supersafra de açúcar, o que apontava para uma inevitabilidade: o preço do açúcar brasileiro desabaria. Para minorar seu prejuízo, Epaminondas ofereceu a Ferreira, um homem esperto, mas analfabeto e desinformado, três de seus engenhos por um preço bem abaixo do que, de fato, eles valiam. Ferreira os comprou. No mês seguinte, um furacão devastou as plantações canavieiras das Antilhas e o preço do açúcar disparou na Europa. Ferreira ficou rico. Diz-se em Alagoas que esse foi um raro caso de enriquecimento proporcionado pela ignorância.

Desde o século XIX, Teotônio era um nome muito comum na Viçosa. Por volta de 1860, o presidente da Câmara Municipal era o capitão Theotonio Torquato Brandão; duas gestões depois, o presidente foi o coronel Theotonio Santa Cruz de Oliveira. O capitão Theotonio, já desfrutando da patente de tenente-coronel, seria também o comandante da guarnição da Guarda Nacional da Viçosa. Essas altas patentes da Guarda Nacional, aliás, designavam também os chefes políticos locais em todo o interior brasileiro, já que seus comandantes eram, em geral, os homens mais ricos e poderosos do local; com o comando, passavam a deter, também, o poder de polícia, o mandar prender e o mandar soltar, o mandato legal para perseguir os adversários e proteger os aliados.

Quando o século XIX chegava ao fim, Viçosa era uma cidade pequena no limite da Zona da Mata alagoana, com uma pujante economia centrada na criação de gado e no plantio da cana-de-açúcar, tudo isso animado por fortes inflexões culturais e políticas. Antes que o século terminasse, e por incrível que possa parecer, a cidade tinha um jornal rebelde. Mantido por assinaturas de viçosenses atilados e pelo apoio do esclarecido fazendeiro e capitão Quintiliano Vital dos Santos, *O Camponez* defendia a agricultura, mas fazia isso de forma peculiar, perfilhando decididamente a luta contra a escravidão. Num editorial, vaticinou:

> Vae desaparecer a escravidão; e é justo que se lave essa mancha em nossas instituições; mas também é justo que não se deixe fenecer à falta de recursos aqueles que da agricultura tirarão os meios de subsistência para si e suas famílias e engrossarão as rendas públicas.

Finalmente veio a abolição e *O Camponez*, em novo editorial, enalteceu as virtudes e a coragem da princesa Isabel. No número seguinte, recebeu uma ducha de água fria, na forma de carta de uma assinante que o jornal corajosamente publicou:

> Anciosa [sic] esperava a abolição dos escravos, mas nunca pensei que os estadistas do meu infeliz paiz o fizessem sem indenização. (...) Vejo-me reduzida a carregar água e lenha sem poder assinar jornaes, mesmo porque, sobrecarregada com o grosseiro serviço de cozinha e lavagem de roupas, não me sobrará mais tempo para ler.

No fim da carta, a missivista pedia o cancelamento da sua assinatura.

* * *

No fim do século XIX, a Fazenda Mata Verde e o Engenho Boa Sorte, deixados por Ferreira, pertenciam a José Aprígio Vilela, o avô de Teotônio. Nessa época Viçosa era a maior economia do interior e a segunda cidade do estado em importância. Esse poderio econômico se centrava na cana-de-açúcar, cuja lavoura suplantara amplamente o ciclo do algodão, e na criação de gado. José Aprígio, essencialmente um pecuarista, passou a vida criando bois e plantando cana e algodão, enquanto somava, sempre que uma oportunidade surgia, mais pedaços de terra a seu quinhão inaugural. Em 1891, as linhas da The Alagoas Raillway Limited chegaram à Viçosa e abriram uma racional possibilidade de escoamento do açúcar produzido na região. Na primeira década do século XX, o pai de Teotônio, Elias Brandão Vilela, herdou do pai a Mata Verde, já com setecentos hectares, e o Boa Sorte.

Ali, na Mata Verde, Isabel, a mãe de Teotônio, conhecida como dona Bilinha, pariu seus dez filhos, cinco homens e cinco mulheres, dos quais Teotônio foi o sétimo e dom Avelar Brandão Vilela, que seria cardeal-primaz do Brasil, o quinto. Elias era conhecido como Capitão Sinhô — o significativo apelido referenciava duas vezes um homem de mando, tanto pelo "capitão" quanto pelo "sinhô".

Teotônio tinha traços caucasianos, mas seus cabelos lisos, negros, sempre indomáveis, podiam significar traços genéticos de uma possível origem indígena, quem sabe, cambembe. E não só o cabelo: seu desassombro e sua coragem pessoal invulgar também pareciam derivar de uma referência genética singular, possivelmente advinda da herança indígena. Ele nasceu no coração de uma região que misturava em altos teores as culturas indígena e negra, no epicentro dos quilombos negros que vicejaram no século XVII e das mais ferozes tribos indígenas que já houvera no Nordeste.

O velho Elias não era um coronel sertanejo abrutalhado. Da mesma forma que Epaminondas Gracindo, assinava os jornais de Recife e de Maceió, os quais recebia com atraso considerável, mas assim mesmo podia neles acompanhar as variações no preço do açúcar e, melhor de tudo, saber as notícias da capital e do mundo, curiosidades que transmitia aos filhos. A par disso, sempre estimulou os filhos a estudar. Nesse campo, Teotônio não deu as melhores respostas; foi ser boiadeiro, depois usineiro e, por fim, político; tentou estudar, não deu muito certo. Dos outros filhos, três foram religiosos: além de dom Avelar, Nair foi freira franciscana e Francisca, monja beneditina. Oswaldo foi médico. Todos, menos Teotônio, completaram a universidade.

Dona Bilinha era muito religiosa e ensinava o catecismo aos filhos; na rotina diária da casa, passava às empregadas Luísa e Antônia as orientações do dia e depois se sentava a uma máquina manual, para costurar roupas para os filhos enquanto, ao mesmo tempo, passava lições de alfabetização aos três, Teotônio, Avelar e Rubens, como já havia ensinado os mais velhos e depois ensinaria os mais novos. A vida inteira Teotônio rememoraria esta cena — a mãe costurava enquanto fazia perguntas sobre o catecismo e cobrava respostas.

Ele sempre ia bem no trato com as letras, mas tinha dificuldades com os números e, principalmente, com a multiplicação, confessaria muito tempo depois. Mas dava especial atenção ao aprendizado da cultura da terra com os trabalhadores da fazenda. Prestava atenção à forma como eles operavam o plantio, a colheita e a moenda do engenho, quando plantar e quando colher, como cortar a cana e tratar o terreno depois, como operar a moenda e tratar a garapa. Aprendeu a montar e a entender o cavalo como o melhor amigo na fazenda; Teotônio amou os cavalos.

O resultado dos esforços de Elias para que os filhos estudassem apareceria cedo. Quando Teotônio nasceu, em 1917, seu irmão José Aloysio, 14 anos mais velho, era já um dos principais poetas da Viçosa, usava o pseudônimo de Osório de Olivares. Um de seus poemas de destaque foi "A cruz na estrada", no qual descreve o paradoxo de um jagunço, personagem convencional do interior alagoano, frente à cruz do assassinado que executara, uma cena que era comum na violenta Viçosa, então fronteira viva do faroeste brasileiro:

> No silêncio da noite amortalhada
> De uma grande tristeza commovente,
> A luz prateada
> Vem consolar aquella cruz da estrada,
> Aquela cruz tão triste e tão dolente.
>
> A sua história dolorida
> Todo mundo a conhece, bem ou mal!
> E é crença verdadeira
> Que por um motivo banal,
> Ali, no meio da estrada,
> Vindos ambos da feira,
> Um caboclo matou o camarada.
>
> E é por isto que alli em desalinho
> Repousa aquela cruz na beira do caminho.
>
> E fitando o esplendor azul do céo,
> O caboclo, esquecendo os males seus,
> Passando por ali tira o chapéo
> E diz assim: — Louvado seja Deus!

* * *

Teotônio aprendeu com Mestre André, um mestiço que era vaqueiro de seu pai, a desconfiar das coisas que acontecem sem uma explicação aparente. Mestre André sabia de quase tudo, mas ninguém conseguiu explicar-lhe que bicho era aquele que, enorme, apavorante, num dia de céu azul, passou deslizando silenciosamente no céu sobre a Mata Verde. Olhos arregalados, Mestre André mirou o céu, perplexo, e passou sua incerteza apavorada para o menino Teotônio, dúvida nos olhos esbugalhados, como se tivesse presenciado o primeiro ato do fim do mundo. Só algum tempo depois alguém de mais saber sobre as coisas estranhas do mundo moderno lhe explicou que aquela máquina voadora se chamava zepelim, vinha de muito longe e ia mais longe ainda, estava a caminho de Recife e, a seguir, da quase inalcançável Europa (mas aí a explicação já fugia à compreensão de Mestre André, que não conseguia dimensionar o que era Europa).

Naqueles dias, recordaria muito tempo depois Teotônio, Capitão Sinhô perguntou a Mestre André se teria coragem de embarcar naquele bichão. "O céu é de Deus e dos passarinhos", proferiu ensimesmado o sertanejo, que exercitou na resposta o melhor da sabedoria santa do agreste. Embarcava não. De jeito nenhum. Nunquinha de São Nunca.

Vida afora, Teotônio sempre se lembrou do negro Alexandre, coveiro da Viçosa e, nas horas vagas, porta-bandeira de zabumba nas festas, o que significava ser o organizador das grandes chegganças. Nas apresentações, Alexandre rodopiava a noite inteira, sem descanso, como se quisesse expurgar as almas penadas dos defuntos que sepultara durante aquele ano. Ali, na Praça Apolinário Rebelo, como um mestre-sala do passado, girava e girava, centralizava a atenção dos populares, fazia inflar ao vento o estandarte que carregava, para encantamento do menino Teotônio. No dia seguinte, sem tristeza aparente, como quem cumpre uma missão sagrada, voltava ao cemitério para enterrar os mortos da vez. Alexandre disputava a atenção do populacho com Otávio Soares Gago, o orador oficial da cidade, que, nas festas, organizava o tradicional leilão de prendas e a chegança dos Reis Magos a caráter e comandava o início dos foguetórios.

Na sua vida de fazenda, Teotônio coletou três grandes ensinamentos. O primeiro foi amar os cavalos como se fossem uma extensão vigorosa e necessária do próprio corpo do cavaleiro; o segundo, não gostar de cachorros, nem grandes nem pequenos, nem de raça nem vira-latas (embora um de seus melhores axiomas tivesse como personagem a coragem do cachorro de boiadeiro); e, terceiro, a tratar cada boi do rebanho como se fosse seu único tesouro.

Amar os cavalos era natural, numa terra agreste e longínqua, para cuidar de boiadas esparsas e rebeldes; ali, quem não dominasse a arte de cavalgar não ia longe. Dava a seus cavalos nomes pomposos, como Presidente, General, Governador, como se eles fossem os comandantes do binômio cavaleiro-cavalgadura, invencível dupla que singrava as pradarias da Zona da Mata. Mas quando resolveu ser boiadeiro, aos 23 anos, fez tudo ao revés: deu a seu cavalo, a melhor montaria que teve na vida, um belíssimo corcel negro mestiço de árabe comprado em Palmeira dos Índios, o nome de Escravo.

Já na velhice, Teotônio contou uma cisma que no começo teve com Escravo. Reza a lenda do sertão que todo cavalo negro com uma mancha branca era um animal traiçoeiro — e Escravo tinha uma estrela branca na testa. Mas nunca lhe fez qualquer sinal de traição. "Aquele cavalo parecia adivinhar minhas intenções. Aceitava, dobrando a parada, os desafios que eu encarava. Saltava qualquer vala, entrava em qualquer mato, perseguia qualquer boi."

Teve três rios que continuamente passaram em sua vida. Dois caseiros: o Paraíba do Meio e um pequeno afluente dele, chamado Riacho das Pedras, que cortava o banguê do seu pai; e o terceiro, o São Francisco, que seria o limite de suas aventuras de boiadeiro, divisa máxima de suas longas viagens para comprar boi magro. "Todo menino precisa de um rio na infância. O rio é muito mais importante do que o mar. Você nunca alcança intimidade com o mar, aquele mistério. O rio, não. O rio é companheiro", contaria num depoimento.

Aprendeu que as boas colheitas dependiam sempre da quantidade de chuvas no inverno; por isso, todo ano esperava as chuvas com sua fé que transitava ambígua entre um ateísmo disfarçado e uma religiosidade um tanto envergonhada. Mas deliciava-se o ano inteiro com as festas religiosas — Natal, Dia de Reis, Semana Santa e as festas juninas de Santo Antônio, São João e São Pedro. O Natal, na Viçosa, era comemorado com um pastoril, encenação que reproduzia a primeira noite de Jesus em Belém; nele, as meninas dançavam, vestidas de pastoras, anjos ou borboletas, e cantavam textos que rememoravam a vida em Jerusalém, segundo a imaginação dos letristas religiosos nordestinos.

Assim, por ouvir o padre contar ou por puro imaginar, construíam um cenário que juntava jumentos, bezerros, vacas e um bebê recém-nascido emprestado pela mãe para, na festa, encarnar um vivíssimo Menino Jesus. Mais tarde, rojões saudavam a Missa do Galo, celebrada pelo pároco na igreja local. No Dia de Reis se iniciava o ciclo dos reisados, no qual um personagem, Mateus, representava um arlequim da roça, com uma fantasia espalhafatosa, e usava um apito para orientar o desfile dos guerreiros. A procissão era liderada pelo mestre, que entoava versos de loas aos proprietários das fazendas e cobrava a adesão dos assistentes, percorria os engenhos e pedia esmolas.

Nada, no entanto, foi mais marcante na infância de Teotônio do que o espocar do milho recém-plantado, milagre que a vida da roça lhe proporcionou. Nas madrugadas, três dias após o plantio, ele levantava da cama, corria para as roças de terreno argiloso onde o milho fora semeado e colava o ouvido ao chão. De repente, que nem pipoca ao estourar na panela, de sob a terra, ouvia o "ploquete-ploquete-ploquete" — era o grão que arrebentava e reiniciava o ciclo vital, para transformar-se em planta outra vez.

A infância na Mata Verde também lhe deixou uma coleção de ensinamentos sobre a natureza. Com o mestre carpinteiro Antônio Pé d'Água, lavrador da fazenda e perito contador de histórias da roça, Teotônio aprendeu os nomes das árvores da floresta e descobriu que cada uma delas tem a própria personalidade, como se fossem gente. Decorou as melhores aplicações para a pindoba, a balsa, a tatajuba, o pau d'arco e o jacarandá. Já maduro, com elas na memória, lamentava que a civilização tivesse trocado as madeiras pelos metais na elaboração dos utensílios, na contramão de uma tendência que, no fim do século XX, realçaria a proteção ambiental às matas.

Assim como as árvores, aprendeu os nomes das flores. Para ele, as mais bonitas da natureza eram a flor da jurubeba, sem odor, pequena, sem grandes ornatos e, além do mais, roxa; e a flor do mulungu, que desabrocha em novembro, de cor coral e ramada, também conhecida como bico-de-papagaio. A maior serventia do mulungu é o chá de suas folhas, segundo a farmacopeia popular brasileira: serve como diurético, hipotensivo, antitussígeno, sedativo, anti-inflamatório e bactericida. Já o chá de jurubeba tem propriedades auxiliares no tratamento de problemas digestivos e do fígado e Teotônio guardaria com interesse essa singular lembrança porque a aprendeu com os matutos que bebiam de forma industrial os chás nada sagrados da cana-de-açúcar — como ele próprio faria mais adiante — e depois recorriam ao chá de jurubeba para curar a ressaca e amenizar o mal-estar.

Aprendeu os nomes dos pássaros, que cores tinha cada família deles, como cantavam, em que época cada um deles cantava mais agudo ou mais grave e o significado de cada canto.

* * *

Na segunda década do século XX as coisas começaram a mudar com mais velocidade. Chegavam a Alagoas os primeiros automóveis e se tornava imperioso abrir estradas. Cobrir os 86 quilômetros da Viçosa a Maceió seria, num futuro breve, menos desconfortável: em vez dos três dias de viagem em lombos de cavalos e burros, os mais ricos podiam agora sonhar com lúdicas viagens em carros importados trazidos de navio, embarcados nos portos do Rio e de Santos, que trilhassem as estradas do futuro. Seis anos antes de Teotônio nascer, o legendário alagoano Delmiro Gouveia já construíra duas rodovias, uma que ligava Pedra a Santana e outra de Palmeira dos

Índios a Quebrangulo, com uma vicinal que atingia, mais ao norte, Garanhuns, já em Pernambuco. Nessa época, a Fazenda Mata Verde ainda não tinha energia elétrica; a iluminação precária das casas era feita com velas e lampiões. As moendas do engenho eram giradas por juntas de bois. E também as estradas de rodagem ainda não existiam, embora houvesse a ferrovia. Havia tão somente caminhos para serem trilhados por jumentos, cavalos e carroças.

Nessa época, Capitão Sinhô comprou uma casa na Viçosa e se mudou com a família quando os meninos atingiram a idade de estudar de forma menos improvisada. Teotônio e alguns irmãos foram inscritos no que de melhor em ensino havia na cidade — a escola informal do professor José Domingues, um baiano sonhador, enciclopedista autodidata, que ensinava de tudo a meninos de idades variadas. Durante dois anos, Teotônio frequentou suas aulas, assimilou seus ensinamentos e ouviu seus discursos incisivos, como preparatório para ingressar no ginásio, no Liceu Alagoano, em Maceió. Ia para as aulas de tamanco de madeira do mulungu, o calçado mais comum de sua infância.

Aprendia uma salada educacional — do português ao grego, do latim à matemática, da geografia à história e até rudimentos de filosofia. José Domingues transmitia caoticamente uma algaravia de informações que, com sua avidez de conhecimento, lera ou aprendera em algum momento de sua vida. Suscitava sonhos nos meninos quando relatava histórias de guerras entre gregos e troianos, assírios e babilônios, as pirâmides do Egito, um mundo de irrepreensíveis personagens fantásticos que passaram a povoar a mente de Teotônio.

Até o fim da vida, Teotônio exaltaria o papel do professor José Domingues e atribuiria a ele o dar-lhe a primeira e extraordinária dimensão de mundo — o salto da rudeza empírica para o conhecimento real. A partir das aulas de José Domingues, Teotônio passou a voar; no dizer de uma antiga namorada, Maria Silva, ganhou naquelas aulas o sentimento de que deixara de ser um menino da Viçosa para começar a se tornar um cidadão do mundo. Já imerso na guerra da política, muitos anos depois, diria, numa feliz paráfrase, proferida nos mais angustiantes momentos de enfrentamento com a ditadura militar, que não era um senador de Alagoas, era um senador do Brasil. No fundo, sentia-se um senador do mundo.

Poucos anos depois, quando foi fazer o ginásio na capital, Teotônio testemunhou, no cais de Maceió, a chegada da primeira "baratinha" Ford, comprada pelo coronel Chico União. O coronel viajara ao Rio de Janeiro e lá se impressionou com a baratinha vermelha para dois passageiros no banco dianteiro e mais dois em um banco de trás, que se revelava magicamente quando era aberta a tampa do que parecia ser um maleiro; comprou uma a peso de ouro e viajou na frente, para esperá-la em Maceió. Enquanto aguardava a chegada do carro, contratou um chofer e o paramentou com um uniforme tradicional — bata branca, quepe militar, óculos de proteção, luvas de pelica — pois projetava trafegar com ela até União dos Palmares, onde vivia. Quando correu a notícia de que a primeira baratinha seria desembarcada na cidade, boa parte da população de Maceió acorreu ao cais para ver aquele carro conversível, símbolo da ciência humana.

Vestido com um terno branco de linho HJ, o coronel orientou o desembarque; cercada de cuidados, como se fosse uma joia rara — e ali, de fato, era —, a baratinha, que faiscava de nova, foi posta pelo guindaste na rua fronteiriça; o chofer assumiu pomposamente a sua posição, o coronel aboletou-se ao lado e ordenou um triunfal passeio pela cidade, durante o qual o orgulhoso proprietário acionava a buzina constantemente, como se fosse necessário fazer barulho para atrair a atenção do povaréu para aquele lindo bólide vermelho.

No dia seguinte, o coronel foi aconselhado a não enfrentar a esburacada estrada até União dos Palmares, porque a baratinha provavelmente não suportaria os solavancos. Não se aperreou: mandou trazer um carro de bois, encaixou a baratinha em cima, mandou amarrá-la bem, sentou-se no banco da frente daquele carro inerme e comandou uma viagem de três dias até sua cidade. Sempre que via um ajuntamento de gente buzinava aquele inovador fonfom.

* * *

Aos 13 anos, em 1930, Teotônio foi matriculado no internato do Colégio Nóbrega, em Recife, à época uma das melhores escolas do Nordeste, para fazer o curso científico. Lá, os alunos eram numerados e ele ganhou o número 53. Do Nóbrega, nunca esqueceria as longas imersões na biblioteca, onde formatou as bases de sua cultura literária. Leu Píndaro, Plutarco, Santo Agostinho; e Alexandre Dumas, Machado de Assis, Camilo Castelo Branco, Miguel de Cervantes, Ramalho Ortigão. Talvez não tenha entendido à risca tudo o que leu, mas começou a perceber o que era literatura e a dimensão do que deveria aprender. Aproveitou a flexibilidade de critérios dos padres, que adotaram desde cedo as obras dos escritores que participaram, poucos anos antes, da Semana de Arte Moderna — contos e poesias de Oswald e Mário de Andrade, versos de Manuel Bandeira. E também desfrutou de um gesto desavisado dos padres — manter, numa biblioteca supostamente destinada a jovens, um exemplar de *Do contrato social*, de Jean-Jacques Rousseau, que era considerado subversivo pelo pensamento conservador da época. Teotônio o devorou. Aparentemente, assimilou muito do livro, porque passou a vida a repetir o que lera.

Numa solenidade da escola, foi eleito orador pelos colegas e pareceu-lhe indicado salpicar o seu discurso com o condimento à época subversivo de Rousseau. Estava ali o começo de tudo, os primeiros desenhos de sua adesão aos princípios do liberalismo que culturaria em sua vida política, muito mais adiante. Escreveu o discurso e teria de submetê-lo à censura do padre-diretor da escola, mas o diretor, um homem tolerante, resolveu restringir o seu poder de veto a algumas recomendações incisivas.

— Cuidado com as extravagâncias literárias, jovem.

Teotônio o acalmou:

— Não vou mexer com ninguém. É uma festa.

Mas o conteúdo do discurso era uma bomba sem rastilho para os padrões estreitos da época. "Fiz um discurso contra a sociedade, as instituições, enumerei os seus pecados graves e terminei pedindo a adoção do pacto social de Rousseau", relataria um maduro Teotônio, já nos anos 1980. Foi quase esganado pelos padres. Levaram-no à diretoria para enfrentar uma comissão formada para julgar o seu ato rebelde; ficou sentado a um canto enquanto os padres deliberavam o rigor do castigo. A comissão decidiu pela expulsão, faltava apenas colher a opinião do ausente padre Antônio Gonçalves, um frade obeso que era o tesoureiro da escola. Exatamente por essa função — era quem viabilizava criteriosamente os orçamentos, quem recebia e quem pagava — o padre Gonçalves era a opinião crucial. Foram buscá-lo para finalizar o veredicto. Ele entrou, ouviu um breve relato sobre a gravidade do ato e as razões da comissão, levantou-se da cadeira e proclamou:

— Teotônio Brandão Vilela, espere aqui.

Foi à sua sala buscar anotações; óculos pendurados na ponta do nariz, voltou com uns papéis e proferiu seu voto:

— Botar este menino pra fora? Este, não! O pai dele paga em janeiro as mensalidades do ano inteiro!

Fez uma pausa e emendou:

— Tem mais uma coisa. Deem uma olhada nas notas dele. Pode ser rebelde, mas as notas dele são ótimas. Expulsem aqueles que não pagam e que, além do mais, são burros. Este aqui ninguém vai expulsar!

Anistiado, Teotônio continuou no Colégio Nóbrega.

Ter lido Rousseau com tanto zelo, a ponto de impressionar-se com sua obra e citá-lo tão jovem, talvez tenha inoculado nele um vírus: a racionalização política que Rousseau plantara ao pregar o igualitarismo como um dado social prevalentemente natural à democracia.

Se já acontecera lá atrás com frei Joaquim do Amor Divino Caneca, o fenômeno pode ter-se repetido com Teotônio, que diria, vida afora, professar um liberalismo social.

À época, Teotônio também leu alguma coisa de Karl Marx — e discordou profundamente do que lera, embora seja razoável supor que alguma influência deve ter ficado, tingindo sua convicção liberal com um olhar social acurado, de uma forma que ele estaria sempre mais próximo de um social liberalismo do que do liberalismo clássico. Anos mais tarde contaria num depoimento que aquelas leituras lhe forneceram bom insumo para refletir sobre a realidade brasileira. Tinha, sim, percebido que as contradições e desigualdades tão flagrantes e abusadas na sociedade brasileira eram dolorosas, injustas e, a seu juízo, pontuavam vergonhosamente a violência social que marcaria o Brasil. Escolheu, ao ler Gilberto Freyre — embora essa não fosse a intenção do autor —, ver o Brasil pelo lado da senzala, dos trabalhadores da fazenda, e não da casa-grande, onde ele próprio vivera com os pais. "Eram obras por vezes fascinantes, é verdade, mas totalmente erradas porque justificavam a violência que existiu, que existe e existirá no Brasil", diria num depoimento dos anos 1980.

O sociólogo Fernando Henrique Cardoso registra que Alagoas tinha três classes: a plutocracia, representada pelos donos de usinas; a oligarquia, que são os políticos e a estrutura de poder; e a plebe ignara, que sofre. "A cultura alagoana não tem nada de libertária, é estatal, ocupa e empolga o poder, toma conta do quintal", observa. Para ele, o mais estranho na formação de Teotônio é como ele se transformou no político libertário, contra as regras, que montava em ideias e saía por aí. "Ele e frei Caneca eram a mesma alma", constata o ex-presidente.

Desde a vida no banguê do pai e mundo afora, Teotônio sempre tratou todos da mesma maneira, independentemente da classe social, do nível cultural e do patamar de riqueza. Um dia, durante a ditadura militar, seu amigo Luiz Cavalcante, conhecido como major Luiz, que era general da reserva e seria governador e senador de Alagoas, lhe perguntou se ele não tinha medo dos generais. Para responder, Teotônio se lembrou de seus tempos de boiadeiro: "Sou como cachorro de boiadeiro, que vê todo mundo do seu próprio tamanho e por isso tem coragem de pular no focinho de touro bravo."

3
PELOS ARES BRASILEIROS

Num domingo em que foi passear no cais do Pina, num dos braços da foz do rio Capiberibe, em Recife, Teotônio viu maravilhado pousar na água o Dornier Wall da companhia aérea Sindikat Condor, que começara a operar em fevereiro de 1930 a linha Rio de Janeiro–Natal, de voos comerciais de passageiros e carga, com várias escalas na rota, uma delas em Recife. O primeiro voo pousou no Recife em 1926, quando outro Dornier Wall, pilotado pelo capitão espanhol Ramón Franco (irmão do general Francisco Franco, que seria ditador da Espanha a partir do fim dos anos 1930), pousou na bacia do Pina. No ano seguinte, a companhia Latecoère, depois denominada Aeropostale (que seria o embrião da Air France), inaugurou um serviço aeropostal entre Rio de Janeiro e Recife. Na mesma época, aviões da Sindikat Condor e da Panamerica (que depois teria seu nome comercial simplificado para Panair) intensificariam os voos de passageiros e de correios para Recife.

Quando o menino Teotônio viu o Dornier Wall pousar na bacia do Pina a linha aérea já não era tão novidade, mas ainda assim o cais ficava cheio de gente para ver a chegada. O hidroavião pousava no rio e, quando a amerissagem se concluía, uma lancha da Condor atracava no avião e era feito um cuidadoso desembarque dos poucos passageiros, então trazidos pela embarcação para uma estação de embarque próximo ao Cais de Santa Rita, exatamente onde hoje estão as duas marcantes torres gêmeas da orla de Recife.

Teotônio testemunhou toda essa aventura desbravadora dos céus de Recife — e se apaixonou por aqueles veículos maravilhosos, que roncavam assustadoramente, e por aquelas figuras lendárias que os pilotavam, usando um gorro de couro e um par de óculos que traziam sempre colados à testa e nunca colocavam para cumprir a função de proteger os olhos. A paixão o levou a fazer ali uma opção de vida: não seria nem advogado nem médico nem engenheiro nem qualquer outra coisa que antes pensara ser — seria aviador.

* * *

Como aprender a pilotar um bichão daqueles? Que extraordinária sensação sentiria quem o pilotava? Essas perguntas povoavam de forma obsessiva o imaginário de Teotônio e ele as repetia aqui e ali, até descobrir que o caminho mais curto para um jovem brasileiro virar piloto era tornar-se oficial do Exército. À época, não fora criada ainda a Aeronáutica e a Aviação era uma das cinco armas do Exército brasileiro, ao lado de Infantaria, Cavalaria, Artilharia e Engenharia. Para formar-se em uma delas num curso de três anos e depois virar oficial, era preciso cursar a Escola Militar do Realengo, criada em 1913, e que ficava, como indicava o nome, no bairro do Realengo, na Zona Oeste do Rio de Janeiro.

Primeiro, ele contou ao pai o substantivo de seu projeto de futuro — queria ser aviador. O pai se entusiasmou com tanta ambição de modernidade. Em seguida, contou que, para ser aviador, precisava cursar a Escola Militar, no Rio de Janeiro, e se tornar oficial do Exército. Aí o velho Elias murchou. Convencer o pai a custear a longa viagem e a estada na capital federal não era uma tarefa difícil; ele dispunha de recursos e queria que os filhos estudassem. O mais complicado era dizer a ele que o propósito era estudar para se tornar militar. Capitão Sinhô detestava padres e militares; tudo o que ele queria na vida é que seus filhos nunca escolhessem carreiras feitas na caserna e na igreja. Incrédulo com a revelação, o velho Elias perguntou a Teotônio com um indisfarçável e quase patético ar de tragédia:

— Para ser piloto você vai ter de virar militar?

Teotônio minimizou o drama que ameaçava desencadear-se sobre a conversa:

— Vou ter de ser soldado mas isso não tem importância. Importante é ser aviador.

E o velho Elias, com total menosprezo:

— Como é que não tem importância? Meu Deus, ser soldado não é nada!

Teotônio acabou por dobrar o pai e, aos 18 anos, pegou um ita da Companhia de Navegação Lloyd Brasileiro no porto de Maceió e foi conhecendo cidades novas no trajeto, ou, pelo menos, seus portos, já que o ita fazia incontáveis escalas — Salvador, Caravelas, Ilhéus, Vitória — até adentrar maravilhado a baía da Guanabara.

No Rio, seus primeiros movimentos foram para buscar uma pensão onde se hospedar e descobrir um professor particular que o treinasse para enfrentar o rigoroso exame de ingresso na Escola Militar. Chegou a uma pensão barata em Laranjeiras ao mesmo tempo que outro rapaz, um gaúcho chamado Mário David Andreazza, que, por extrema coincidência, também almejava cursar a Escola Militar. Os dois combinaram a partilha de um quarto para caber em seus frugais orçamentos. Ficaram muito amigos, a ponto de Teotônio, que tinha melhores condições à época, emprestar-lhe roupas para saírem nas noites cariocas. Muitos anos mais tarde, quando os dois galgaram altos postos políticos, Teotônio diria que o colega de quarto fora, acima de tudo, "um bom companheiro de malandragens nas noites do Rio". A amizade duraria a vida inteira, embora num dado momento cada um tenha escolhido um lado; ainda assim, quando um precisou do outro a velha fraternidade urdida nas noites do Rio prevaleceria, mais de trinta anos depois.

Naquele quarto de pensão, em 1936, estudaram juntos meses a fio e, no dia do exame, foram juntos para a Escola, onde um sargento alinhou os candidatos num pátio. Era dia de sol a pino, o calor de Realengo, espremido entre Bangu e Marechal Hermes, Zona Oeste do Rio de Janeiro, não era um calor qualquer. Teotônio, embora acostumado ao sol da Zona da Mata alagoana, sentiu-se à beira de uma insolação; pegou uma folha do jornal que carregava debaixo do braço, montou um "chapéu de almirante" como dona Bilinha lhe ensinara na infância e com ele cobriu a cabeça. Um coronel chegou para fazer um breve discurso aos jovens, viu aquele bibico improvisado, achou que era troça e espinafrou o adolescente alagoano, com a rispidez típica do tratamento castrense. Teotônio deu uma resposta atrevida e reclamou do tempo de exposição ao sol. O coronel o expulsou da prova — adeus, Escola Militar do Realengo. Nunca receberia o Espadim do Sabre de Caxias, a identidade do cadete, passo inicial para sentá-lo, um dia, na nacela de um avião.

Mas nem assim ele esqueceria a paixão pelo voar: já usineiro, cortava os ares do Nordeste em todas as direções num avião Paulistinha de um piloto de Maceió, que sempre alugava. Pouco antes de morrer confessou seu maior sonho — varar o espaço a bordo de uma nave. Chegou a delirar: "Se houver uma viagem espacial e permitirem a entrada de um estranho velho e doente, eu corro para me inscrever."

Andreazza tinha uma opção para a hipótese de ser reprovado: seria pianista. Dissera a Teotônio: "Meu futuro está garantido. Serei oficial do Exército ou pianista de cabaré." Ao que Teotônio ironizava: "Você só pode ser pianista do quinto cabaré da Lapa." E muito tempo depois, Teotônio lembrou seu vaticínio com nova ironia sobre o amigo: "Felizmente os cabarés da Lapa escaparam do pianista Andreazza."

* * *

Expulso da Escola antes do ingresso, Teotônio não tinha opção à vista. Restou-lhe mergulhar na boêmia do Rio de Janeiro. Descobrira seus mistérios e suas delícias numa noite em que fez companhia a um grupo de ricaços alagoanos que fora ao Rio para contatos de negócio. À noite, os ricaços o levaram a boates que proporcionavam alegria extrema e prazer sem fim — e ele nem precisou pagar a companhia das ilustres damas de cabaré. Lá dentro, fez amizade com as meninas e com a dona da "pensão" e a partir daí as portas da casa estariam sempre abertas para ele. Contava às moças as histórias fantasiosas da Viçosa, algumas recolhidas nas aulas do professor José Domingues, outras ouvidas dos vaqueiros da Fazenda Mata Verde — e elas adoravam o exotismo dos personagens e dos acontecimentos.

Revelado o milagre inesgotável das noites cariocas, ele não queria outra vida. Passou a ser assíduo nas "pensões" da rua Conde de Lages, paralela à rua da Lapa, onde atendiam muitas princesas noturnas, em companhia do inseparável amigo Andreazza. Teotônio levava certa desvantagem quando chegavam, porque Andreazza atraía a atenção das mulheres por seus atributos físicos; mas quando a conversa se aprofundava, Teotônio descontava a vantagem. "Era um mundo, a seu modo, refinado. Em lugar dos motéis de hoje, havia pensões e algumas acolhiam mulheres lindíssimas. Eu ainda hoje me recordo de uma mulher chamada Vilma, que era uma paixão permanente de todos nós", relataria anos depois. Além de Vilma, percorreu e dedilhou infindáveis mulatas de vários endereços mais ou menos suspeitos, subiu e desceu morros e acabou diretor da Gafieira Aliança, nas Laranjeiras, o ponto supremo de seu curto currículo de malandragem carioca.

O jovem Teotônio ia muito ao Cassino da Urca e ao Assirius, o bar-boate-restaurante do Teatro Municipal. Ali enfrentava a "concorrência" de rapagões da Polícia Especial ou de jogadores de futebol, que se impunham aos olhares femininos por seu vigor físico. Percebeu que poderia suplantá-los da mesma forma que antes usava para neutralizar Andreazza, bravateando as histórias da Viçosa, as lendas de lobisomens da mata alagoana, combinadas com fantasias das conquistas bélicas dos assírios e cartagineses, resgatadas das aulas do professor José Domingues, e utopias imaginadas nos seus sonhos de ser aviador. As moças ignoravam os latagões e embarcavam nas míticas parábolas alagoanas de Teotônio.

Participou de inúmeros protestos contra a ditadura getulista e foi perseguido pela polícia do capitão Filinto Müller. Jamais esperaria que trinta anos depois fosse compartilhar com seu antigo perseguidor a bancada da Arena no Senado, em Brasília. Nos primeiros meses, negou-se a falar com Müller, mas depois achou que persistir nisso seria uma tolice constrangedora, afinal estavam juntos no mesmo partido. Passou a cumprimentá-lo seca e formalmente, mas fugia de conversas informais e até mesmo evitava aparteá-lo em discursos no plenário.

Durante o dia, frequentava as livrarias José Olympio e São José, no Centro, onde participava de intermináveis conversas sobre literatura em rodas frequentadas por José Lins do Rego, Álvaro Lins, Alceu de Amoroso Lima (Tristão de Ataíde) e outros. Imberbe e juvenil, ouvia muito mais do que falava e isso lhe serviu para aprender muito sobre literatura. Nas livrarias, ficou amigo do conterrâneo Aurélio Buarque de Hollanda, sete anos mais velho e à época já renomado; teve a pretensão de sugerir-lhe novidades para seu dicionário, mencionando exemplos da terminologia sertaneja da Zona da Mata e do agreste alagoano que Aurélio, apesar de alagoano, não conhecia bem. Sem frequentar curso preparatório, fez vestibular para engenharia na Escola Politécnica, embora nunca tivesse pensado em ser engenheiro, mas não foi aprovado. Arranjou trabalho na prefeitura do Rio e fez um concurso para fiscal do Imposto de Renda, no qual também não passou.

Naqueles dias de incerteza recebeu uma carta em que o Capitão Sinhô lhe cobrava desempenho e realizações e relatava que lhe seria custoso, dali em diante, manter a mesada. Não regateou. Foi à sede do Lloyd Brasileiro, comprou a passagem de volta a Maceió num ita.

O pai ficou triste quando o viu chegar, cara de homem, e não mais do menino que partira três anos antes. Estava com 23 anos, não se formara e não tinha profissão, nem que fosse militar ou padre.

— Meu filho, o que você veio fazer aqui? Trabalhar na enxada? Cuidar de boi?

* * *

Até então Teotônio nunca fora premido a tomar grandes decisões na vida. Pelo contrário, nas ocasiões graves, fora surpreendido por decisões alheias que desabaram sobre sua cabeça, tanto no episódio do Colégio Nóbrega quanto na expulsão precoce da Escola Militar do Realengo e nas provas em que sofrera reprovação. Mas agora era bem diferente. O olhar terno do pai parecia uma leitura antecipada da incerteza que o envolvia naquele momento, sem expectativa na vida; e esse paradoxo, a ternura quase piedosa do pai e a incerteza dos rumos da vida, o fez entender que deveria tomar, ali, naquele momento, a primeira grande decisão de sua vida — e esta decisão seria cruzar a modesta pinguela que se oferecia à sua frente. Restava-lhe uma única direção viável, a de ser boiadeiro, negociar com bois. Sim, iria cuidar de bois, comprá-los, transportá-los, acomodá-los para engorda nas terras do pai e, afinal, vendê-los.

Capitão Sinhô concordou um pouco contrariado porque desde cedo vira em Teotônio o filho com potencial e coragem para ser alguém importante na vida. Mas acreditou que ele pudesse ser bem-sucedido como boiadeiro porque não tinha medo de trabalho, era um ás no lombo de um cavalo e um dos melhores laçadores de garrotes da Fazenda Mata Verde. Emprestou-lhe quatro contos de réis e lhe cedeu dois de seus melhores vaqueiros, Luizinho e Mané Vaqueiro, para formar sua tropa de conduzir boiadas; colocou no negócio, para ajudar, um tropeiro xará, também chamado Teotônio, e o vizinho Luiz Eduardo, que tinha agudo tino comercial para ajudá-lo na compra e venda de bois. Com sua tropa,

Teotônio começou a viajar, sempre a cavalo, para comprar bois em Sergipe e na Bahia e tanger a boiada até a Viçosa. Chegava às margens do rio São Francisco, onde estavam as grandes fazendas que criavam boi e o grande mercado que aguardava as missões comerciais do novo boiadeiro.

Teotônio logo percebeu um nicho no negócio. À época, ainda não havia barragens e o rio era cheio de ilhas que o gado acessava com facilidade na estação seca. Mas quando chegava a estação das chuvas essas ilhas se tornavam inacessíveis, boiadas inteiras perdiam contato com as margens e ficavam isoladas. Os fazendeiros não tinham muito o que fazer — ninguém tinha coragem de romper a torrente larga do São Francisco em plena cheia para retirar os bois de lá.

Teotônio percebeu que isso significava um negócio ousado, mas fácil — boiada isolada numa ilha, em meio à inundação do inverno, era boiada incerta. Seria recuperada, depois de passada a enchente, ou seria tragada pelas águas? A insegurança derrubava o preço de compra daqueles bois e os fazendeiros preferiam vender mais barato um boi isolado numa ilha do que correr o risco de perdê-lo na torrente fluvial. Dois requisitos eram essenciais para essa estratégia: primeiro, um destemor pessoal invejável; segundo, um cavalo de absoluta confiança. E isso Teotônio e seus companheiros de tropa tinham de sobra.

Na Mata Verde, Teotônio recebia diariamente o *Jornal do Brasil*, que aprendera a ler em sua estada carioca. E quando o *JB* anunciava cheia no alto São Francisco, ele ligava o sinal de alerta: sabia que trinta dias depois a inundação assolaria o baixo São Francisco, lá na altura dos sertões baiano e sergipano. Convocava Luizinho e Mané Vaqueiro para selar os cavalos, preparava o jumento que levava a carga de manutenção — charque, farinha puba, pimenta, fogareiro, querosene, vários litros de cachaça e, para os momentos especiais, livros. Os três partiam para o São Francisco, na região entre Piranhas e Penedo. Cavalgavam, paravam nas fazendas e indagavam se havia gado à venda. Às vezes adentravam o lado baiano, às vezes o sergipano, mas quase sempre seguiam as margens do São Francisco cheio.

Não era difícil encontrar uma fazenda onde bois ficavam isolados nas ilhas do São Francisco. Quando localizava uma boiada perdida numa ilha, Teotônio calculava o número de reses e o peso médio aproximado, fechava um negócio provisório com o fazendeiro perplexo com sua audácia, pois iria comprar um boi incerto; batido o martelo, ele e seus companheiros iam para a margem do rio, onde ele calculava a velocidade da torrente e as distâncias matemáticas previsíveis entre a margem e a ilha. Antes de desfechar a proeza, ele e seus vaqueiros tomavam um litro de cachaça. Convenientemente calibrados, Teotônio contratava canoeiros para orientar o curso do nado de cavalos e bois e, montado em Escravo, entrava nas águas revoltas do rio seguido por Luizinho e Mané Vaqueiro, ante os olhares esgazeados do fazendeiro e de seus vaqueiros.

O curso do nado dos cavalos deveria ser uma diagonal que calculadamente fosse bater na margem da ilha onde estavam os bois. Para efetuar essa diagonal enfrentando a corrente, eles deveriam partir de dois ou três quilômetros antes da ilha — antes de ser corajoso, era um cálculo rigorosamente temerário. Mas sempre dava certo. Atingida a ilha, os três juntavam a boiada, escolhiam um boi magro e cansado, levavam-no para a outra margem da ilha, sangravam o bucho e jogavam-no na água para atrair as piranhas — era o infalível boi de piranha.

Corriam para o outro lado da ilha e forçavam a boiada a entrar na torrente, acompanhando o vaqueiro que ia na frente, e nadar em diagonal até a margem seca. Era uma tarefa bem mais difícil do que a primeira etapa porque, além de safar-se das águas, ainda tinham de orientar os bois naquele nado quase desesperado, com a ajuda dos canoeiros. Saíam da água três ou quatro quilômetros adiante, contavam os bois e acampavam para descansar — eles próprios, os cavalos e a boiada — três ou quatro dias. Descanso cumprido, tangiam a boiada no rumo da Viçosa, União dos Palmares, Quebrangulo ou

Bom Conselho, onde vendiam as reses para fazendeiros da região. Quando a boiada estava muito magra, era levada para engorda na Fazenda Mata Verde.

Às vezes, enquanto tangia seu cavalo, ia lendo os livros que levava. Ele não perdia tempo. Sua vida era tanger boi, beber, namorar e ler. Não era a profissão dos sonhos de Teotônio, mas era uma escolha que, se não rendesse dinheiro — e quase sempre rendia —, daria satisfação e o fazia feliz. Ele não sabia, mas havia outro ganho: garimpava histórias que contaria o resto da vida, em que descrevia a si mesmo como um personagem bucólico: "Eu sabia laçar boi, sabia conversar com a boiada." Vida afora, se alguém quisesse deixar Teotônio feliz, que lhe cantasse um aboio ou lhe pedisse para cantar um — ele sabia vários. "Eh, iá-iá, uê, filho de vaca preta, onça pintada não come; quem casa com mulé feia não tem medo de outro homem. Boi, boi", cantava ele com um largo sorriso feliz, como se seu grande desejo na vida fosse ser um eterno boiadeiro.

* * *

O aboio é a canção do vaqueiro, o contraponto vocal à convocação do berrante ou à demarcação por assobios, que conduz a boiada pradaria afora. Em singela definição, um vaqueiro disse certa vez que aboio é "um canto que o gado entende". No *Dicionário musical brasileiro*, Mário de Andrade explicou o aboio:

> O marroeiro [vaqueiro] conduzindo o gado nas estradas, ou movendo com ele nas fazendas, tem por costume cantar. Entoa um arabesco, geralmente livre de forma estrófica, destituído de palavras as mais das vezes, simples vocalizações, interceptadas quando senão por palavras interjectivas, "boi êh boi", boiato etc. O ato de cantar assim chama de aboiar. Ao canto, chama de aboio.

O ritmo do aboio é necessariamente lento, para se harmonizar com a andadura da boiada. Contam que o aboio em versos, como os que Teotônio citava, é uma modalidade de origem moura que desfia temas agropastoris e que foi trazida para o Brasil por escravos que antes tinham servido na Ilha da Madeira.

O Teotônio que adorava uma vaquejada se tornou um boiadeiro à vera — um cavalo, uma sela, destro manuseio dos arreios, vestimenta de couro, ele pegava o rumo do São Francisco e parava nas fazendas para perguntar se o dono queria vender garrotes. Comprava e formava uma boiada que tangia pelas estradas de terra, sob chuva e sol, muitas vezes por quarenta ou cinquenta dias, dormindo debaixo de árvores. Nos matos e nas beiras de rio, comia variantes da cozinha sertaneja, das quais a mais comum era o "quarenta": faça um cuscuz grolado e deixe ferver; acrescente milho ralado num ralador de lata furada por prego, jogue uns pedaços de charque favado, meio gordo, meio magro, um pouco de sal. Coma a exótica mistura com farinha puba.

Quem já comeu diz que dá uma resistência varonil ao vaqueiro. Uma variação mais simples é feita com leite. Na primeira fervura do leite, joga-se farinha puba na panela com um pouco de sal e se mexe sem parar. A mistura vira um mingau grosso, altamente energético. Tudo sempre acompanhado por uma boa cachaça de cabeça. Depois de comer e tomar sua aguardente o vaqueiro está pronto para tocar gado enquanto houver luz do sol.

Nos acampamentos, a tropa de Teotônio acordava de madrugada e a primeira providência era lavar o cavalo no riacho mais próximo. Teotônio entendia que essa ablução era, por um lado, um rito profundamente purificador, como se consagrasse o animal em agradecimento pelos serviços prestados durante o dia anterior; por outro, na prática, lavar o cavalo no frio da madrugada dava uma energia extraordinária ao animal e soltava sua musculatura. O cavalo precisava ser banhado, o boiadeiro, não. Teotônio ficava dias sem tomar banho e encarava isso como normal: "Vaqueiro não é de tomar banho", explicava.

Passou a vida a se gabar dessa época: era um homem completamente livre, que escolhia a direção que sua sensibilidade indicasse, dormia sob um céu frequentemente estrelado, mas transitava sob sol ou chuva, comprava o que entendia certo, vendia quando lhe aprouvesse, tudo guiado pela intuição, e não mais que isso. Vez por outra o fazendeiro que lhe vendia gado o convidava a dormir na fazenda; era uma noite de casos contados de lá, casos contados de cá, que enriqueciam seu repertório infindável de histórias do sertão. Adquiria alguns garrotes aqui, algumas novilhas acolá; quando o número de cabeças chegava ao limite do que podiam tanger, voltava para casa com a sua nova boiada. Sentia clara saudade quando, já velho, relatava seu primeiro ofício, em especial na hora de avaliar e definir o preço de cada garrote, uma negociação mercantil básica que o encantava; nesse mister, especializou-se em calcular no olho quantas arrobas pesava cada garrote que pretendia comprar. Comprava e invariavelmente o vendedor, que, satisfeito com o negócio, queria mostrar gentileza, convidava os vaqueiros para almoçar ou jantar, o que sempre era precedido pela prova da cachaça produzida no lugar.

Teotônio nunca esqueceria uma fazenda no povoado de Teixeiras, no município de Igreja Nova, onde sempre parava para comprar garrotes. A casa-sede era uma bela construção do século XVII, do tempo da colonização holandesa, com uma ampla varanda à frente. Os homens ali sentavam e tomavam cachaça, enquanto as mulheres da casa iam buscar água no poço: "Eu achava todas elas lindas, de pernas muito bem-feitas, o que para mim é fundamental. E tinham uma leveza incrível ao carregar os potes cheios, na volta. O peso do pote dá faceirice ao movimento dos quadris, um movimento da natureza." Durante cinco anos, Teotônio se dedicou inteiramente ao ofício de comprar e vender bois — comprava mais ao sul, vendia perto de casa, mais ao norte.

Quando ganhou mais experiência no negócio, percebeu que suas boiadas emagreciam na viagem de volta para a Viçosa, o que reduziria seus ganhos na venda imediata. Aplicou então o conhecimento adquirido na observação cotidiana da Fazenda Mata Verde: no inverno (estação das chuvas no Nordeste), os bois engordavam rapidamente se fossem mantidos no pasto da milhã, um tipo de capim que brota nas chuvas e engorda um novilho em quatro meses. Passou a comprar mais garrotes no começo da estação chuvosa, de forma a chegar à Viçosa quando as chuvas já caíam copiosas e a milhã já havia crescido.

Era a época certa também para comprar: nas chuvas, os fazendeiros ficavam temerosos de perder reses com as cheias dos rios e vendiam mais barato. Levava as boiadas que trazia do sul para seu sítio de 15 hectares, o Sabalangá, que nas chuvas ficava verde de uma milhã tenra e alta. Em quatro meses engordava o novo rebanho e saía a vender com um lucro notável — ganhava na compra e ganhava na venda. Descobriu um artifício que atraía compradores: o gado alagoano, em geral, era um crioulo autêntico, por eles chamados de "pé-duro", um garrote de baixo peso e pequeno porte, sem rudimento de raça; ao comprar mais ao sul, na Bahia, encontrava reses raceadas de zebu, que encantavam os pecuaristas alagoanos porque serviriam para melhorar os seus plantéis.

* * *

Ao dar nome ao Sítio Sabalangá, que ficava junto à Usina Boa Sorte, Teotônio quis homenagear, mais do que a República dos Palmares, o próprio Zumbi, último Grande Chefe que comandou a Cidade Real do Macaco até o seu fim. Sabalangá era o nome do lugar onde Zumbi, ao fugir do cerco das tropas de Domingos Jorge Velho, em 1695, próximo à Serra Dois Irmãos, acompanhado por seus últimos guerreiros, travou a derradeira e desigual batalha. Mais do que uma homenagem, Teotônio quis, talvez, simbolizar o reconhecimento de um dos mais vigorosos momentos da cultura alagoana, aquele em que negros fugidos do cativeiro estabeleceram, nos limites da Zona da

Mata, uma comunidade com fundamentos virtualmente democráticos e republicanos, num tempo em que os europeus não conheciam nada melhor do que monarquias absolutistas.

A experiência dos Palmares contribuiria decisivamente para a formação da cultura alagoana. Durante noventa anos — foi o mais longo enfrentamento bélico do reino português em sua história — os negros acantonados nos Palmares montaram um quase-país, uma cidade fortificada com vários mocambos nos arredores, comandados por um Grande Chefe eleito pela comunidade (o mais conhecido foi Ganga Zumba, que aceitou um acordo com o governador da Capitania de Pernambuco e foi sucedido por Zumbi), um primoroso conjunto de leis e uma eficaz estrutura militar. Só usou instrumentos autoritários a partir da ascensão de Zumbi, quando viveu a iminência de uma guerra sem fim e as circunstâncias impuseram um regime mais rigoroso para proteger a cidade e evitar traições.

Contra eles, quase duas dezenas de expedições foram enviadas pelo reino português e pelos invasores holandeses e só a comandada por Domingos Jorge Velho, conseguiu desmantelar a chamada Troia Negra. Palmares resistiu durante quase um século porque seus chefes eram magníficos estrategistas militares — a cada ataque português ou holandês, os negros retiravam-se para a mata, onde os atacantes não se arriscavam. Quando os inimigos se retiravam, os negros voltavam e reconstruíam seus mocambos. Nos enfrentamentos, quase sempre fustigavam as tropas europeias com táticas de guerrilha.

Essa "república" extemporânea se localizava em vários pontos da Capitania de Pernambuco, mas sua "capital" — a Cidade Real do Macaco — ficava na Serra da Barriga, muito próximo, a sudoeste, da atual União dos Palmares e a poucos quilômetros da atual Viçosa. As lembranças e o legado de Palmares ficaram impregnados na cultura local e seguramente orientaram o comportamento e a forma de pensar de Teotônio.

No início do século XX, um grupo de caçadores encontrou vários esqueletos no lajeado que ficava ao pé de um penhasco da Serra Dois Irmãos, um deles estava sem o crânio — o que seria uma indicação do corpo de Zumbi. A história logo ganhou léguas de mito; dizia-se que aquelas eram as ossadas do general negro e seus últimos guerreiros. Estudiosos locais lembraram que, na época em que Zumbi foi morto, o então governador de Pernambuco, Caetano de Mello e Castro, contou em carta ao imperador dom Pedro II de Portugal a queda da Cidade Real do Macaco e a morte de Zumbi e relatou que sua cabeça fora decepada e exposta num poste nos destroços da antiga capital de Palmares para assustar os negros e inibir futuras rebeliões. (A versão não era correta. Após sua morte, o corpo de Zumbi foi levado pelas tropas de Domingos Jorge Velho até Porto Calvo para colher depoimentos que comprovassem sua identidade. Depois dos testemunhos comprovarem que era Zumbi, a cabeça foi decepada e levada a Recife para exibição pública. O corpo foi enterrado em Porto Calvo.)

* * *

Teotônio contava que os boiadeiros alagoanos do passado, como ele, compartilhavam com seus vaqueiros as dificuldades da viagem, comiam da mesma comida, dormiam nos mesmos descampados, corriam os mesmos riscos. Quando descansavam, cantavam juntos as mesmas cantigas, conversavam como se fossem parceiros de classe. O mesmo, dizia ele, ocorria na plantação da cana e na fabricação do açúcar e essa seria diferença essencial entre as culturas do açúcar de Pernambuco e de Alagoas. Nos dois estados o açúcar sempre usou mão de obra escrava, mas em Alagoas, dizia ele, o dono trabalhava junto. "Na Viçosa, o açúcar também funcionava com base no braço negro mas sem a ostentação pernambucana. Aqui todos trabalhavam, o que é uma característica importante na formação da sociedade alagoana", disse certa vez. "Os senhores de engenho trabalhavam juntos porque não tinham mão de obra suficiente. Participavam do trabalho e a diferença de classes era muito menor do que as enormes diferenças de Pernambuco", concluiu, no que talvez fosse sua mais edulcorada reflexão sobre relações entre o senhor e o escravo em sua terra.

Há, claro, que relativizar. Quando chegavam do trabalho, Teotônio ia dormir na casa-grande e os vaqueiros em suas choupanas; os vaqueiros ganhavam a paga pelo trabalho e o fazendeiro ficava com os lucros (ou com os prejuízos, se houvesse). Mas o fato é que, entre os vaqueiros, Teotônio não se sentia diferente. José Figueiredo, pai do ex-deputado e ex-ministro Aldo Rebelo, ex-presidente da União Nacional dos Estudantes (UNE), foi vaqueiro de Teotônio na Fazenda Maria Lia. Aos oito anos, o menino Aldo cobrava do pai que o deixasse estudar; um dia, José levou o menino a Teotônio e contou-lhe o dilema. Com Aldo agarrado a sua perna, disse: "Eu sempre esperei que este menino me ajudasse na lida com a terra, mas ele só pensa em estudar. E não tenho como pagar a escola dele." Na hora, Teotônio tomou a decisão de bancar os estudos de Aldo, até que terminasse a faculdade. Assim aconteceu. Quando morreu precocemente, José Figueiredo já nem trabalhava mais na Fazenda Maria Lia. Mas por um bom tempo Teotônio pagou à viúva o salário que antes José recebia, até que ela conseguisse um emprego para criar os oito filhos, o mais velho (o próprio Aldo) com nove anos e a mais nova com apenas três meses. Quando Aldo começou, afinal, a estudar, todo ano Teotônio lhe dava os livros exigidos pela escola.

Aldo foi um aluno destacado e, ainda na faculdade, já vinculado ao PCdoB, foi o primeiro assessor qualificado do então jovem deputado estadual Renan Calheiros. Era ele quem redigia os discursos de Renan, que tinha uma ligação forte com o partido no qual também militava seu irmão Renildo. Não era uma relação desinteressada; o PCdoB tinha bons quadros em Alagoas e comandava um eficaz esquema de boca de urna, que elegia muita gente, além de manter sempre acesa uma agenda de palestras para jovens. Mais tarde, quando a campanha de Aldo para a presidência da UNE enfrentou problemas (o candidato tinha de viajar pelo Brasil para pedir votos), Teotônio bancou as passagens aéreas que tornaram Aldo onipresente e imbatível. Quando empalmou a UNE, o PCdoB introduziu a eleição indireta mediante a participação de delegados e nunca mais deixou o poder na UNE.

Os dois foram amigos próximos e até aliados na luta pela anistia e pela Constituinte, mesmo no tempo em que Teotônio ainda era da Arena, o partido político da ditadura militar. Muito tempo depois, o PT acusaria Teotônio Filho, então senador e presidente do Partido da Social Democracia Brasileira (PSDB), por problemas ocorridos na Fundação Teotônio Vilela, que fora criada e era mantida pela família em Maceió. De fato, a Fundação tinha problemas financeiros, causados por um executivo contratado pela família para geri-la. O PT sabia disso mas preferiu explorar a situação, acusando frontalmente aquele que então era o presidente nacional do PSDB e requerendo um depoimento dele no Senado. Quando Teotônio Filho chegou à sala da comissão que o ouviria, Aldo o esperava na porta; enlaçou seu braço no dele e os dois entraram juntos, como a dizer às pessoas ali presentes: o que o atingir me atinge também.

* * *

Aos 28 anos, um Teotônio quase rico deu-se conta de que era hora de buscar outro projeto de vida. Com a poupança que amealhara no negócio de compra e venda de bois, planejou montar uma usina de açúcar. Sua família tinha a cultura do engenho rudimentar, mas uma usina era uma indústria muito mais sofisticada. Durante um ano e meio ele estudou a estrutura de uma usina, o maquinário requerido, a tecnologia, os investimentos necessários, a capacidade de moagem, a quantidade de açúcar que poderia produzir, as possibilidades de escoamento da produção e as variações de mercado. Em 1944, montou uma sociedade com o pai, o irmão José Aloysio, o mais velho, e alguns tios. Além dos capitais dos sócios, Teotônio conseguiu um financiamento de 2.500 cruzeiros no Instituto do Açúcar e do Álcool (IAA), uma autarquia federal fundada em 1933 para coordenar toda a atividade sucroalcooleira (que fixava a cota de moagem de cada usina e comprava todo o açúcar produzido por elas), mais financiamentos de bancos para construir a usina. Comprou o maquinário de uma usina de Sergipe que havia fechado. Enfrentou enorme dificuldade para colocar todas aquelas máquinas, as caldeiras imensas, na carroceria de um caminhão e transportá-las por estradas interioranas dos anos 1940 até Palmeira dos Índios; lá, transferir a carga para um trem que ia no rumo da Viçosa e, por fim, fazer mais uma baldeação na estação da Viçosa para percorrer mais 3 quilômetros em caminhão até a fazenda.

Mas o capítulo mais complicado foi convencer os sócios a hipotecar suas terras para liberar os empréstimos — eles não estavam acostumados a pegar financiamentos em bancos e achavam um desaforo dar suas terras como garantia. Teotônio gastou muito a paciência para explicar minúcias do empreendimento e provar aos sócios que tudo daria certo. A nova usina, que substituía o velho engenho da família e herdou-lhe o nome, Boa Sorte, usaria toda a cana plantada na fazenda do pai e ainda compraria a produção de outros fornecedores na vizinhança para produzir 250 mil sacas anuais de açúcar, a cota que lhe fora destinada pelo IAA.

A inauguração foi uma festa. Teotônio convocou cantadores das redondezas da Viçosa, promoveu uma grande vaquejada e, no dia aprazado, puxou o apito da sirene que sinalizava a primeira moagem de cana. Por muitos meses, enquanto controlava o fornecimento de cana e o funcionamento da usina, ele dormiu em boleias de caminhão e em lombos de cavalo. No segundo ano de funcionamento, a Boa Sorte experimentou a primeira crise e assustou os sócios, mas Teotônio, com seu instinto empresarial, pegou mais empréstimos nos bancos e honrou os pagamentos. No terceiro ano, o preço internacional do açúcar subiu e deu uma boa folga à usina. Mas a grande crise viria no quarto ano de funcionamento, em 1951.

* * *

Desde o tempo em que fora boiadeiro, Teotônio descobrira a boêmia na Viçosa. Assinava ponto no lendário bar Trovador Berrante — que existe até hoje —, do seu amigo Zé do Cavaquinho. A amizade dos dois era química fina: eles deram liga desde o primeiro dia, ambos bons contadores de histórias e Zé do Cavaquinho, ademais, exímio cavaquinista, como expressa o apelido. "Quando Teotônio chegava, o bar era dele", resumiu um dia o primo Antônio Leite. Tanto era que duas ou três vezes por ano ele trazia empregados da usina para promover uma faxina em regra no salão do bar, tirar teias de aranha e pintar as paredes envelhecidas.

Puxava as conversas, centralizava as histórias, comandava as bebidas, determinava o repertório de Zé do Cavaquinho — exigia que ele sempre tocasse "A deusa da minha rua", composta em 1939 por Newton Teixeira e Jorge Faraj e que, apesar de linda, esperara por três anos a primeira gravação, de Sílvio Caldas. No fim, pagava a conta — dizem que nunca, em nenhuma ocasião, deixou que outro participante da mesa pagasse. Às vezes pagava com cheque sem fundos, mas Zé do Cavaquinho era tolerante com as penduras porque sabia que, no fim das contas, mesmo que demorasse semanas, acabaria recebendo. Dizer "no fim", no caso, pode traduzir uma imprecisão: quando Teotônio se sentava numa mesa do Trovador Berrante não era coisa para horas, era papo para dias, varava noite e dia. Tinha vez que durava três dias.

Sua relação com Zé do Cavaquinho tornou-se lendária no eixo Viçosa-Maceió. Certa vez Teotônio estava no Trovador Berrante, Zé do Cavaquinho tocava e todos bebiam. Pelas tantas, lembrou-se que assumira o compromisso de entregar umas reses no matadouro. Saiu, montou em Escravo, foi à Fazenda Mata Verde, reuniu a boiada, tocou na estrada, entregou no matadouro e, horas depois, voltou ao Trovador Berrante. Entrou e viu Zé do Cavaquinho sentado à mesma cadeira, na cantoria. Não resistiu:

— Zé, já fui na Mata Verde, trouxe uma boiada, vendi no matadouro e você continua na mesma cadeira, tocando o mesmo violão?
E Zé:
— Teotônio, a sua boiada não vai passar de um osso roído na mesa de um qualquer. Mas minha música vai continuar embalando as almas até a eternidade.
Teotônio sorriu e admitiu, como um cantador vencido:
— Luizinho, tira a sela do cavalo e vamos começar tudo de novo!
E, com Teotônio de bolso cheio do dinheiro arrecadado com as reses vendidas, começaram outra bebedeira que duraria mais três dias.
Na mesa de Teotônio, no começo, bebia-se muita cachaça, mas ao longo do tempo ele categorizou a bebida para uísque White Horse, que apreciava. Mais uns meses, voltou atrás e estabeleceu que ali só se beberia cachaça Flor do Alambique, a mais nobre das produzidas no entorno da Viçosa. Tempos depois, voltou ao White Horse. Um e outro eram sempre acompanhados por um tira-gosto convencional: pedaços de queijo regados a sal. A muito sal, como gostava Teotônio.
Nas mesas do Trovador Berrante ele e seus amigos planejavam as vaquejadas — e quando uma vaquejada ia acontecer, o preparo começava na quinta e só acabava na segunda. A vaquejada não era uma decisão simples. Sua preparação requeria muita discussão e muito esmero; primeiro, havia que selecionar os melhores vaqueiros, de Pernambuco à Bahia, e mandar convidá-los a participar, com a data já prevista. Quando as respostas chegavam, havia que preparar os churrascos e as buchadas para oferecer nas barracas e, principalmente, separar a bebida — centenas de garrafas de cachaça, que seriam devidamente esvaziadas nos três dias que duraria a festa. E selecionar os garrotes mais espertos, que fariam o papel de caça nas corridas de laço e derrubada pelo rabo.
Numa dessas vaquejadas, no sítio do primo Antônio Leite, houve de tudo, até "moças" bonitas que desfilaram montadas em pelo, apenas de calcinha e sutiã. Era praxe que apenas os homens assistiam às

vaquejadas — as esposas ficavam em casa. Do sexo feminino, só as moças. A vaquejada misturava o pagão com o sagrado. No primeiro dia, as moças faziam o desfile pagão, seminuas sobre os cavalos; no dia seguinte, vinha o desfile sacro, a procissão do Bonfim, comandada pelo pároco da Viçosa. Teotônio participava de tudo, pois era bom laçador, destro derrubador de garrotes e ágil gerente de desfiles das moças.

Enquanto ele foi solteiro, ninguém precisava receber explicações por suas festas boêmias intermináveis, mas depois de casado isso incomodava Lenita, sua esposa, embora ela nunca lhe tivesse feito uma cobrança direta. Uma amiga dela explicou: "Quando Teotônio casou, disse para Lenita: 'Meu bem, não me pergunte nunca de onde eu vim nem para onde eu vou'. Ela nunca perguntou. Ele podia sumir três, quinze dias que ela o recebia sempre da mesma maneira. Viveu a vida inteira em função da vida dele."

No dia do casamento, 10 de julho de 1948, de manhã cedo Teotônio ainda estava na Viçosa resolvendo pendências na usina. Quando montou em seu cavalo já sabia que na noite anterior uma chuva diluviana inundara o rio Paraíba. Cobriu a cavalo os setenta quilômetros até a cidade de Pilar, onde constatou que a ponte no rumo de Maceió tinha sido levada pelas águas. Na outra margem, amigos que tinham ido buscá-lo acenavam preocupados — como cruzar aquela torrente? Era o caso de reeditar os velhos tempos em que cruzava a torrente do São Francisco para pegar bois nas ilhas, mas agora o seu cavalo estava extenuado. Teotônio não se aperreou: conseguiu uma corda comprida, amarrou uma ponta a uma árvore e atirou a ponta solta para a outra margem, onde também foi atada a um tronco. Agarrou-se à corda e atravessou o rio sendo lambido pela torrente. Na outra margem, pegou um cavalo descansado e conseguiu chegar a tempo em Maceió. Mas acabou se casando com um terno emprestado, pois a roupa do casamento, que levava numa bolsa a tiracolo, ficara encharcada.

Antes as desculpas eram o bar, os amigos e as vaquejadas; depois, a política. Teotônio saía para uma reunião e voltava dias depois. Por vezes, chegava à casa durante a madrugada e pedia jantar para ele e, muitas vezes, para vários amigos. Lenita acordava a cozinheira e as duas iam para a cozinha fazer comida. Como não tinha constrangimentos com as madrugadas, Teotônio conversava animadamente até de manhã. De certa feita, sumiu durante vários dias e, quando chegou, perguntou surpreso a Lenita:

— Meu amor, você me abandonou?

Zé do Cavaquinho era muito parecido e essa sintonia talvez explicasse a boa química da amizade entre os dois. Zé morava em Palmeira dos Índios e certa vez foi à Viçosa para uma festa. Foi ficando, foi ficando e ficou — por quarenta anos. Nunca mais voltou.

* * *

Helena Quintella Cavalcanti, a Lenita, era uma moça de fino trato, culta, moderna, de boa família, filha de um prestigiado advogado de Maceió, José Quintella Cavalcanti. Aos 18 anos, em 1941, à mesma época em que Teotônio abandonara os estudos e era um desenvolto boiadeiro da Viçosa, ela planejava estudar medicina em Recife, mas o pai não deixou; à época, era incomum mulheres irem viver sozinhas em outra cidade, mesmo que fosse para estudar. Recusou fazer o curso de direito ou o de letras, que o pai estimulava. Mas em fevereiro de 1942, quando submarinos alemães torpedearam navios mercantes brasileiros nas costas do Nordeste e o envolvimento brasileiro no conflito se tornou inevitável, a guarnição do Exército em Maceió, o 20º Batalhão de Caçadores, organizou um curso de enfermagem. Helena inscreveu-se; em junho, foi diplomada. Um mês depois foi convocada pelo hospital de Maceió para ajudar no tratamento dos sobreviventes do navio *Baependy*, torpedeado em 15 de agosto na costa de Sergipe pelo U-507, um submarino comandado pelo *Korvettenkapitän* alemão Harro Schacht. No ataque morreram 270 das 306 pessoas que viajavam no navio, 60 delas tripulantes.

O *Baependy* era um navio de transporte de passageiros de 115 metros de comprimento e deslocava 4.800 toneladas. Curiosamente, era de fabricação alemã, construído no estaleiro Blohm&Voss, de Hamburgo, em 1899. Helena e suas irmãs Nylda e Hermé, também diplomadas enfermeiras, ajudaram no atendimento dos feridos. Os submarinos alemães começaram a torpedear navios mercantes nas costas brasileiras em fevereiro, mas em agosto cinco navios mercantes brasileiros foram torpedeados e afundados, com centenas de mortos. Como resposta, o Brasil declarou guerra ao Eixo em 31 de agosto.

Em tempos de paz, Helena era uma artista. Desenhava, pintava e bordava bonecas de pano, barro e porcelana e esculpia entalhes com esmero. Aos 13 anos, em 1936, esculpiu um saci-pererê em madeira e o enviou por correio ao escritor Monteiro Lobato; dias depois, recebeu dele uma carta com elogios e agradecimentos. Para completar, escrevia poesias apaixonadas, mesmo sem ter ainda encontrado o seu príncipe encantado. No convívio com oficiais e médicos americanos em Maceió aprendeu a falar inglês correntemente, de tal forma que serviria de intérprete para oficiais dos EUA. Era excelente nadadora; frequentemente era vista em braçadas largas na travessia Porto-Praia da Avenida. Para completar, estava entre as melhores tenistas de Maceió.

Lenita era uma das moças mais galanteadas da capital até o dia em que cruzou com o jovem usineiro Teotônio. Quando se viram pela primeira vez em Maceió, Teotônio fez-lhe uma corte acintosa — no terreno dos galanteios ele era sempre assim, direto e "matador" —, sem grandes resultados. Na segunda, ela saltava de um bonde em Penedo, onde costumava passar férias na casa da amiga Marina, quando viu o usineiro Teotônio a tanger uma boiada dentro da cidade. De longe, ele também a viu e se aproximou a galope para insistir na corte malsucedida. Desta vez, funcionou e ali começou o namoro.

No início, as pessoas advertiram-na: "Ele não é um bom partido, é um homem de noitadas." Ela não queria acreditar, mas sofria com a triste fama atribuída a quem lhe fazia tão insistente corte. Um dia, quando chegava à barbearia Elite, em Maceió, ele encontrou Lenita na calçada e os dois ficaram conversando. Esse fato tão singelo virou uma hecatombe de fofocas: foram contar à mãe que ela conversava na rua com um homem com perigosa fama de boêmio. "Como é que você fica conversando com Teotônio na porta de uma barbearia?", cobrou a mãe, como se conversar na calçada com o pretendente fosse um ato imoral.

Os dois se casaram em 1948 e teriam sete filhos — José Aprígio, Teotônio Filho, Rosana, Maria Helena, Janice, Maria Fernanda e Elias. Em família, todos ganharam afetuosos apelidos diminutivos, menos José Aprígio, que sempre foi Zé Aprígio (nome herdado do pai de Teotônio), e Elias, cujo nome já curto não comportava uma abreviatura; os outros eram Téo, Zana, Lena, Nice e Nanda.

Aquele seria um ano de ouro na vida de Teotônio: em 1948, acabaram-se a vida de boiadeiro e as longas aventuras sertão afora, atrás de gado novo. Além do casamento com Lenita, ele consolidou sua Usina Boa Sorte, filiou-se à UDN e começou sua atividade política na Viçosa.

Lenita adorava cinema e, quando o videocassete chegou a Maceió, passou a colecionar um invejável acervo de filmes em fitas VHS. Gostava de música; a trilha sonora de sua vida escalava Frank Sinatra, Nat King Cole, Chico Buarque de Holanda e Altemar Dutra. Nos bailes, dançava a noite inteira com Teotônio.

Quando fizeram trinta anos de casados, em 1978, Teotônio escreveu-lhe um de seus mais belos textos românticos, em que confessava seu lado agreste e o contrastava com o lado ilustrado de Lenita:

> Esta tem sido a sua missão em minha vida — mudar a rudeza das coisas. Nem sempre se ama uma coisa pelo que ela é, mas pelo que significa para nós. Amar o belo pelo belo é apenas um ato de exaltação comum, mas amá-la pelas suas profundas identidades particulares conosco é penetrar na sua essencialidade e praticar um ato de amor. (...) Noutras palavras, amar é preciso. E amando, Lenita, é que você vence as minhas deficiências e imprime o selo das suas bondades sobre as crises de minhas vicissitudes.

Terminou com uma delicada manifestação de amor: "Beijos do seu amor de trinta anos."

Quando Lenita morreu, em 9 de janeiro de 1982, Teotônio reuniu os sete filhos e lhes disse:

— Sempre fui um homem muito estradeiro, mas estejam certos de uma coisa: de filhos, só tenho vocês.

Era uma prova do amor e do respeito — como ele os considerava e praticava — por Lenita.

4
UM USINEIRO UDENISTA

Teotônio estudara bem o negócio do açúcar para certificar-se de que poderia gerir um negócio daquele porte e daquela natureza, o que seria meio caminho andado para a Usina Boa Sorte dar certo. Mas não contou com a alternância dos ciclos naturais do capitalismo, como a incerteza gerada pelas oscilações de preço no mercado internacional do açúcar em 1951; nesse ano, uma crise mundial atingiu em cheio a produção açucareira do Brasil. Quando a distribuição de lucros começou a minguar, os sócios da Boa Sorte passaram da reclamação à cobrança, temerosos de um malogro que não lhes permitisse honrar os financiamentos bancários feitos e, no corolário das cobranças, ver suas terras, dadas em garantia, sequestradas pelos bancos.

De fato, com o preço do açúcar desabado, os usineiros foram encostados na parede e os plantadores de cana, seus fornecedores, entraram em pânico — toda a cadeia da produção se fragilizara. Teotônio sentiu-se impelido a dar uma resposta a seus sócios, porque antes lhes dera a palavra de que o negócio navegaria sempre de velas enfunadas. As velas murcharam e a crise não deixava entrever solução. Ele preferiu, então, resgatar a palavra de crença que depositara no negócio, ao convencer os sócios; pegou novos financiamentos nos bancos, dando suas próprias terras como garantia, comprou as cotas dos outros acionistas e passou a ser o proprietário único da Boa Sorte.

A crise do açúcar em 1951 era apenas mais uma das tantas que rondavam o ciclo do açúcar brasileiro desde a Colônia. As coisas mudaram muito entre o século XVII, quando começou a aventura açucareira, e o século XX: a competição acirrou-se, a modernização se tornou indispensável e a produtividade se impôs como um elemento vital. A indústria açucareira do Brasil se arrastava havia séculos no atraso tecnológico, não só da Boa Sorte, mas de todas as usinas alagoanas, com a conhecida lentidão e o desmazelo com que o Brasil costuma, historicamente, se preparar para enfrentar as concorrências internacionais.

A coisa já não funcionava mais como na Colônia, quando o açúcar da Capitania de Pernambuco encantava a Europa, que pagava alto preço por ele sem discutir. No correr do tempo, além de piorar seus números de exportação, o açúcar foi perdendo valor em sua participação na pauta das exportações brasileiras: caíra de uma média de 32,2%, em 1821/1830, para apenas 1,4% cem anos depois, em 1921/1930. Ideias para modernizar a forma de produzir eram discutidas e até implantadas no Sudeste, mas não chegavam ao Nordeste, ou, se chegavam, eram ignoradas, porque se revelavam caras e complexas. As fortes ondas migratórias de europeus no fim do século XIX tomaram o rumo da economia regional que mostrava melhor capacidade de expansão, São Paulo e adjacências. Entre 1822 e 1932, entraram no Brasil quatro milhões e 582 mil estrangeiros (a imensa maioria após 1889) e metade deles fixou-se em São Paulo.

Em 1933, depois de concluir que Pernambuco e Alagoas haviam, dramática e irremediavelmente, perdido o acesso ao mercado internacional e que isso demandava um reposicionamento da indústria açucareira do país, o governo getulista criou o IAA. O novo Instituto operava com o objetivo declarado de equilibrar a produção e o consumo internos, assim como as parcelas exportáveis; para tanto, definiu cotas de produção para cada produtor e para cada usina. Mas esses objetivos e números — é claro, senão o Brasil não seria o Brasil — desde o início começaram a ser turvados pelas influências políticas de cada produtor ou de cada estado, e a ideia do equilíbrio produtivo foi sendo adiada. No âmbito internacional, o Brasil não conseguia mais se impor como grande produtor.

Em 1953, o Acordo Internacional do Açúcar definiu que os países produtores teriam cotas de exportação, as quais seriam moduladas pela capacidade de compra dos países importadores. O Acordo destinou ao Brasil uma cota de exportação de 100 mil toneladas, enquanto Cuba, com um território pouco mais extenso do que Pernambuco, foi brindada com 2,25 milhões de toneladas e a República Dominicana, do tamanho do Espírito Santo, com 600 mil toneladas. O Brasil recusou-se a assinar o tratado internacional e então foi premiado com uma majoração de sua cota para 175 mil toneladas, uma quantidade bem acima da média de exportações entre 1948 e 1962 (96 mil toneladas anuais). Esse acordo, que se seguiu à crise de 1951, era muito pouco estimulante para alguém que planejava insistir sozinho na Usina Boa Sorte. De todo modo, o Brasil denunciou o Acordo em 1955 e voltou a se filiar em 1958, quando foi aquinhoado com uma cota de 600 mil toneladas.

Nessa época, acentuava-se a definição de novos padrões de produção. O Brasil, que tivera 18.148 engenhos em 1938, teria apenas 12.096 alguns anos depois da crise, em 1965. Mas isso não era determinante. Preocupante era a abertura de uma enorme fenda modernizante entre o açúcar de usina (centrifugado e branco) e o açúcar de engenho (não centrifugado e escuro, o popular demerara). O mercado preferia, logicamente, o açúcar de usina. Teotônio teve a percepção desse corte — e foi justamente essa percepção que o fez transformar o velho engenho em usina, para alçar-se ao novo padrão industrial. Mas ele não percebera outro vetor: os terrenos em torno da Boa Sorte, nos quais era plantada a cana-de-açúcar nela moída, eram acidentados, pontilhados de elevações e vales. E os manuais da mecanização da agricultura canavieira — o carro-chefe da modernização — informavam que ela só seria aplicável com eficácia em terrenos com uma declividade máxima de 12%. No decorrer dos anos 1960, com os tombos que levaria, ele entenderia afinal que uma nova mecânica de produção chegava aos canaviais brasileiros para ficar: a colheita mecanizada.

* * *

No começo do Engenho Boa Sorte tudo fora bem mais tosco: a cana-de-açúcar cortada manualmente nas redondezas, geralmente plantada em baixios para aproveitar a facilidade de irrigação, era moída no engenho. A partir dos anos 1960, a Usina Boa Sorte precisava de mais campos e mais cana, porque ampliara sua capacidade de moagem. As plantações foram deslocadas para as margens de rios, o que facilitava a irrigação e a lavagem da cana colhida. Mas todo o serviço ainda era manual: o trabalhador guiava com as mãos o arado movido a boi para abrir as valetas, nas quais corria naturalmente a água direcionada para irrigar a cana; na parte enxuta, bem ao lado, era plantada a cana.

Na colheita, usavam-se dois métodos, ambos anacrônicos. Num deles, o batedor batia na palma da cana com um porrete para podá-la e deixar nu o caule da cana; no outro, ateava-se fogo ao canavial, para consumir a palha e deixar a cana nua e negra. Nos dois casos, na ação seguinte entrava em cena o cortador, que torava as canas e as amarrava em feixes com a palha que ficara no chão ou com pequenos cordames que levava na cintura. O administrador pesava os feixes numa balança rústica, sem muita precisão, e anotava o quantitativo cortado por cada trabalhador; esse total apontaria sua paupérrima remuneração. Depois, tudo era colocado num gambito de junco em forma de V, encaixado no lombo de burros e levado até a beira da estrada ou ao sopé do morro, onde um velho caminhão recebia a carga.

* * *

Na Viçosa, como na maioria dos lugares, os políticos não eram homens com fama de boêmios nem frequentavam bares que se tornavam conhecidos (e, em muitos casos, evitados) por serem palcos de memoráveis bebedeiras e eventuais conflitos. Na região, o político era um homem de respeito, reservado, conselheiro das pessoas, relata Flaubert Torres, um dos melhores amigos de Teotônio (embora filho do seu maior adversário local na política viçosense, e hoje sogro de Elias, o mais novo dos Vilela). Teotônio precisava se adaptar a esse modelo ou inventar uma fórmula, porque até então sua fama era de beberrão contumaz.

Como tinha dinheiro, começou a estimular valores locais — financiava a banda de música, patrocinava o pastoril e as cheganças, organizava o carnaval, preparava e custeava as vaquejadas — e isso o fez muito querido na cidade. Não fazia isso por pensar em ser candidato a algum cargo mais adiante; fazia porque podia, porque sabia e porque gostava. Tanto assim que participava animadamente da maioria dos eventos que financiava. E acabou por entrar na política não pelo lado sério e formal da sociedade, mas pelo lado malandro, tomando cachaça com os marginalizados da Viçosa. Os políticos antigos se postavam a distância: os eleitores tinham de ir a eles para fazer seus pedidos. Com Teotônio funcionava ao revés, era ele quem ia às pessoas para compartilhar suas alegrias com elas.

Teotônio Filho conta que até hoje encontra no interior pessoas que se lembram de Teotônio, não como um mito, mas como um parceiro inesquecível de vivências. Nas ruas do interior, pessoas do povo contam histórias mágicas de Teotônio. Numa delas, um vaqueiro lembrou a bebedeira que, numa data distante, Teotônio armara com seu pai. Outro relatou a história bizarra de uma bravata de bêbado: Teotônio contava vantagens de seu cavalo Presidente, dizia que com ele atravessava torrentes (o que era verdade) e que podia galopar na Lua (o que representava uma possibilidade altamente questionável). Um vaqueiro de prontidão na plateia o desafiou a subir a cavalo na mesa de bilhar do bar. Aposta feita, dinheiro cruzado, Teotônio montou Presidente, cavalgou para dentro do bar e, gloriosamente, fez seu cavalo, numa manobra espetaculosa, subir na mesa de bilhar, o que teria provocado uma ovação admirada. Essa história com aparência de caso de pescaria se tornou mitológica na região.

Boa parte de seus primeiros votos veio da admiração que provocava com suas proezas sertanejas, sua coragem temerária no lombo da montaria e sua resistência para entornar doses cavalares de cachaça, varando noites, dias e madrugadas. Ajudou-o muito o hábito de conversar com todos como se fosse um deles. Não era, é claro, uma conversa de iguais. Teotônio era usineiro e o vaqueiro com quem trocava prosa continuaria a ser um mero tocador de bois. Mas o fluir fácil da conversa, a terminologia parecida, a identidade dos gostos e o domínio similar dos jargões davam a impressão de que não havia diferença hierárquica de classe entre os dois.

* * *

Seu primeiro passo na vida política foi, ainda em 1948, ajudar o tio Manuel Vilela a fundar o diretório municipal da UDN na Viçosa. Não foi só a Viçosa que ganhou um diretório municipal da UDN naquela época. Era estratégia do partido se estruturar em todo o Brasil. Em Alagoas, o diretório estadual foi criado e diretórios municipais foram instalados nos municípios mais importantes. A UDN passou a existir na Viçosa, em Maceió, Penedo, Arapiraca, Palmeira dos Índios e Santana do Ipanema. Esse trabalho pretendia sustentar uma candidatura do partido na eleição para governador, em 1950, e, naturalmente, apoiar localmente o candidato à Presidência da República pelo partido que enfrentaria o retorno de Getúlio Vargas.

Por que Teotônio escolheu a UDN? A primeira e mais óbvia resposta é que ele não ingressou na vida partidária para fazer carreira política, mas para compor um grupo que defendesse os interesses da região e os negócios dos fazendeiros e donos de engenho de açúcar. Escolher a UDN, para ele, fora um caminho natural, pois seu tio era o principal líder do partido na Viçosa. Por três razões cruciais, ele não escolheria o PSD, partido antagônico à UDN. A primeira – e mais óbvia – foi que ele não tinha nenhum vínculo pessoal ou negocial com os pessedistas alagoanos. A segunda foi que em Alagoas o PSD era comandado pelo clã dos Góes Monteiro, que dominava a política local com mão de ferro (o que Teotônio rejeitava com mais ardor). A terceira foi que a UDN, naquele momento, expressava as expectativas de liberdade que brotaram com a Segunda Grande Guerra e com a derrota das forças nazifascistas. Ao fim da guerra, os vitoriosos aliados, EUA e Inglaterra à frente, representavam a democracia e a liberdade, enquanto as forças nazifascistas significavam a tirania. E a UDN estava alinhada com esse espírito libertário que o fim da guerra fez ecoar pelo mundo. O PSD não era evidentemente uma representação do Eixo nazifascista, mas era constituído por forças egressas da ditadura getulista, que Teotônio aprendera a abominar e a identificar com a falta de liberdade.

Em Alagoas, o domínio da oligarquia dos Góes Monteiro vinha desde o início da ditadura getulista. O oligarca-mor da família era o general Pedro Aurélio, um militar que tinha impressionante folha corrida: fora comandante das tropas federais no combate à Revolução Constitucionalista de São Paulo em 1932, ministro da Guerra [*antiga denominação do ministro do Exército*] de Getúlio Vargas em 1934/5, importante colaborador na implantação do Estado Novo, chefe do Estado-Maior do Exército entre 1937 e 1943, quando comandara a elaboração da primeira versão da doutrina de segurança nacional que nortearia, muitos anos depois, o golpe militar de 1964.

De suas importantes posições militares, no Rio, Góes Monteiro influenciava o manejo do poder em seu estado natal: entre 1941 e 1945, dois de seus irmãos, Ismar e Edgar, foram nomeados para governar Alagoas. Em 1947, um terceiro, Silvestre Péricles, fora eleito para governar durante o quadriênio até 1951, quando o próprio general se elegera senador. A oligarquia familiar se eternizava e era preciso fortalecer o papel da oposição, encarnada pela UDN.

* * *

No pleito de 1950, a UDN apresentou como seu candidato a governador Arnon de Mello, um jovem jornalista que voltara do Rio de Janeiro para fazer política em Alagoas. Depois de uma campanha empolgante, ele alcançou uma vitória surpreendente com 61% dos votos. Na base de tudo, no entanto, estava minucioso trabalho de estruturação da UDN na capital e nas principais cidades de Alagoas. O candidato era bom, mas foi a organização partidária que ganhou a batalha.

No fim do governo Arnon de Mello a UDN adquirira novos horizontes em Alagoas. Nas eleições de 1954, para senador, deputados federais e estaduais, enfrentou uma forte coligação que juntou PSD, Partido Trabalhista Brasileiro (PTB), Partido Democrata Cristão (PDC), Partido Socialista Brasileiro (PSB), Partido Social Progressista (PSP) e Partido Republicano (PR). Mas ainda assim conseguiu resultados expressivos: elegeu os dois senadores (Antônio de Freitas Cavalcanti e Rui Palmeira, que derrotaram os irmãos Silvestre Péricles e Ismar Góes Monteiro), cinco dos nove deputados federais (o PSD de Góes Monteiro elegeu apenas um) e 16 dos 35 deputados estaduais, entre eles o jovem Teotônio Vilela, que em sua primeira disputa eleitoral ficou em nono lugar na legenda, com 1.387 votos.

Era uma vitória esmagadora, com um único senão — o deputado federal mais votado no estado fora o jovem Sebastião Muniz Falcão, de tendência notoriamente populista, que três anos depois seria eleito governador de Alagoas e abriria uma guerra partidária que terminaria com um pedido de *impeachment*. O deputado estadual mais votado foi da UDN — José Marques da Silva, um médico benfeitor de Arapiraca que seria assassinado três anos depois, em fevereiro de 1957. O assassinato de Marques da Silva desaguaria no *impeachment* de Muniz Falcão e na chacina na Assembleia Legislativa de Alagoas, no dia em que o relatório do deputado estadual Teotônio Vilela seria votado.

Muniz Falcão era um pernambucano que viera jovem para Alagoas, em 1941, convocado para a equipe do então interventor Ismar Góes Monteiro. Como delegado regional do Trabalho, o papel de Falcão seria fiscalizar com rigor as condições oferecidas pelas empresas do estado a seus operários, em especial as usinas de açúcar — coisa que, até então, autoridade nenhuma tivera coragem de fazer. Ismar visava a atingir os usineiros alagoanos, que nunca haviam cumprido um décimo dos mandamentos da legislação trabalhista criada poucos anos antes por Getúlio. Na verdade, ele queria importunar os usineiros que, em sua maioria, não se alinhavam com o clã Góes Monteiro e, quem sabe, fazê-los mudar de posição; ou então criar uma situação política que os enfraquecesse ou atemorizasse. Nas duas situações, a pretensão era consolidar o poder quase incontrastável da sua família.

Com o fim do ciclo de Vargas, Falcão retornou a Pernambuco mas pouco depois, em 1947, estava de volta a Alagoas, convocado agora pelo governador eleito, Silvestre Péricles. Ganhou prestígio com seu estilo populista ao comandar ações espetaculosas e, nas eleições gerais de 1950, elegeu-se deputado estadual pelo Partido Trabalhista Nacional (PTN), uma sigla menor; em 1954, elegeu-se deputado federal.

No ano seguinte, 1955, houve eleições para presidente da República e para governadores. Muniz Falcão se candidatou, agora filiado ao PSP, um partido criado pelo governador paulista Adhemar de Barros, que só tinha alguma expressão em São Paulo. Fez uma campanha de forte cunho populista que realçava sua performance justiceira na luta pelos direitos trabalhistas. A UDN lançou, contra a vontade de Teotônio, o candidato Afrânio Lages, que tinha um passado de notório integralista.

Desestimulado, Teotônio envolveu-se na campanha sem ir muito fundo. Numa tarde, na Viçosa, estava numa carreata, acompanhado por seu correligionário Arnon de Mello, quando viu o primo Antônio Leite dirigindo um carro de som que propagandeava a candidatura de Muniz Falcão. Foi até o carro e questionou Leite:

— O que é isso, Tonho? Desligue esse troço.

Antes que Leite explicasse, Teotônio puxou-o pelo braço, tirou-o da boleia da camionete e o arrastou para um bar, onde passaram o resto da tarde a malhar uma garrafa de pinga. Naquela tarde-noite, ninguém mais fez campanha, nem para a UDN nem para o PSP.

Aliado ao clã dos Góes Monteiro e apoiado por uma forte coligação partidária, Muniz Falcão foi eleito governador ao vencer Afrânio Lages por 53 mil a 49 mil votos. Sua vitória seria o estopim imediato de um enfrentamento partidário violento que redundaria no pedido de *impeachment*, dois anos mais tarde. Sua candidatura foi vitoriosa por dois fatores: ele era, como a maioria dos populistas, um candidato feroz, agressivo e carismático; já seu adversário fora filiado ao Partido de Representação Popular (PRP), no qual se homiziara Plínio Salgado, líder do integralismo brasileiro, depois que seu partido integralista foi proscrito. Durante a campanha, Falcão cravou em Lages facilmente a pecha de integralista que à época era um estigma degradante e odiento — basta lembrar que os partidários de Salgado eram apelidados jocosamente de "galinhas verdes" (o uniforme com que participavam de bizarros desfiles nas ruas era verde).

O resultado da eleição de 1955 em Alagoas mostrou uma enorme contradição. Na disputa presidencial, Juscelino Kubitschek, da coligação PSD-PTB, ganhou a eleição por larga margem, embora os partidos de sua coligação estivessem divididos no estado: o PTB era aliado da UDN e o PSD dos Góes Monteiro estava esvaziado e apoiou Falcão. Apurados os votos, o candidato Juarez Távora, da UDN de Teotônio e do governador Arnon de Mello, teve apenas um terço dos votos do furacão JK; e Adhemar de Barros, o candidato do partido de Falcão, teve votação irrisória. A partir daí estabeleceu-se no estado uma situação crítica de administrar — um governador populista, atrevido e provocador de um lado e uma maioria oposicionista, comandada pela agressiva UDN, na Assembleia Legislativa. Qualquer bom analista político concluiria: isso não vai acabar bem. E não acabaria.

* * *

Teotônio foi, por toda a sua vida e com estrita obediência a seus princípios, o que ele mesmo chamaria de social liberal. Seu grande amigo Marcelo Cerqueira, um marxista por formação, acha que Teotônio era um conservador ilustrado, perfeitamente concebido dentro da grande tradição conservadora brasileira, com fortes pendores humanistas proporcionados por sua ampla cultura, acumulada, vida afora, pelo hábito cotidiano da leitura. Apoiara o golpe militar de 1964 e depois, ao ver a democracia postergada e enfraquecida, voltara-se contra os militares, como fizeram os grandes nomes da estirpe liberal, de Milton Campos a Adaucto Lúcio Cardoso, de Djalma Marinho a Afonso Arinos de Melo Franco, de Carlos Lacerda a Aliomar Baleeiro. Teotônio, ao contrário dos outros, foi um liberal que se sensibilizava com os problemas sociais e, em especial, com a miséria do Nordeste. No fim da vida avançou mais ainda: engajou-se profundamente com a luta pela redemocratização e perfilhou lutas que eram exclusivas da esquerda, como a anistia.

Ao militar a maior parte de sua vida política na UDN, acompanhou por longo tempo um partido que, enquanto existiu, representou o liberalismo clássico no Brasil; algumas vezes lutou por uma democracia genuína, em outras cevou e estimulou golpes nada democráticos. No começo de sua vida política, Teotônio oscilou como a UDN — disputava eleições com ardor mas acabou atraído duas vezes por apelos golpistas: a primeira, em 1957, no *impeachment* de Muniz Falcão; a segunda em 1964, quando apoiou o golpe militar contra o presidente constitucional João Goulart, depois de ter defendido sua posse na crise de 1961.

No correr da vida, Teotônio percebeu que incorrera em erro nas duas situações. Do *impeachment* alagoano, nunca mais quis falar; do golpe militar, explicou que seu apoio fora resultado de sua visão política na época. Acreditara, como as grandes figuras da UDN, que o movimento militar corrigiria os desvios esquerdizantes de Goulart e depois devolveria o poder aos civis. Todos acabaram frustrados com o progressivo endurecimento do regime militar. Depois que a ditadura franca foi instalada, os genuínos udenistas se tornaram incômodos para o regime militar e foram sendo cassados e descartados, um a um; só permaneceram com seus mandatos os que se calaram na fase mais dura e os que aderiram incondicionalmente. Teotônio esteve no índex por duas vezes e escapou pela ação dos bons amigos.

Mais tarde, com sobras, Teotônio expiou suas eventuais culpas ao assumir uma posição crítica ao regime e ao optar por uma franca e temerária oposição à ditadura, ajudando — e muito — o país a voltar a uma normalidade democrática que ele não chegaria a viver.

* * *

As ideias liberais vêm de muito longe. Um conceito elementar criado na Grécia antiga definia que "o direito mais essencial das pessoas é a liberdade". Entre os séculos XV e XVI, Nicolau Maquiavel, pensador da República de Florença, escreveu que as liberdades civis eram o conceito-chave num sistema republicano de governo. Ao longo da história, a pregação das liberdades individuais consolidou-se como contraponto ao rigor das monarquias absolutistas, a começar pela Revolução Inglesa do século XVII, que antecipou em mais de um século a Revolução Francesa e decretou o fim dos reinados absolutistas na ilha. O surgimento do pensamento iluminista, no século XVII — conhecido como o "século das luzes" — estabeleceu a crença no poder da razão e a expectativa de que a atividade humana progrediria naturalmente se operasse dentro de uma abrangente liberdade de pensamento.

Os conceitos liberais desenvolvidos na Inglaterra e na França são diferentes. Os liberais ingleses entendiam que liberdade era a ausência de coerção do Estado sobre o indivíduo. O objetivo principal dos pensadores liberais ingleses não era garantir um modelo de governo dotado de participação popular — eles já tinham o Parlamento, que representava o povo e assegurava o exercício democrático pela via do sistema representativo. O que queriam privilegiar era a garantia de plena liberdade para os cidadãos, delimitando por leis estritas o poder de o governo interferir na vida das pessoas. Para eles, a limitação do poder do Estado sobre os cidadãos era mais importante do que a forma como o governo seria estruturado.

Os liberais franceses consideravam essencial garantir a forma como seria desenvolvida e implantada a democracia, formando um governo que expressasse a vontade do povo. Se para os ingleses o valor fundamental era o direito individual à liberdade, na França o valor essencial era a organização da sociedade dentro de princípios democráticos e que garantisse uma influência popular no governo — e, através dessa influência, assegurar os interesses do povo.

Apesar das diferenças, quando Montesquieu visitou a Inglaterra em 1730, sessenta anos antes da revolução francesa, compreendeu, como lembra José Guilherme Merquior, que ali "a aliança entre a lei e a liberdade promovia uma sociedade mais sadia e próspera do que quaisquer das monarquias continentais".

Se os ingleses viam no mesmo patamar de importância a liberdade dos cidadãos e das empresas, os franceses não tinham o mesmo apreço pela propriedade privada, à qual atribuíam a imperfeição de causar desigualdades. De fato, a liberdade de ação das empresas na Inglaterra acabou por propiciar que Karl Marx pensasse o modelo marxista observando o sistema industrial inglês, que impunha uma exploração intensiva dos seus trabalhadores.

Os pensadores liberais franceses influenciaram a expansão das ideias liberais no mundo mas foi o capitalismo inglês (e depois americano) que comandou a expansão dos valores resultantes de um modelo de liberdade individual, do império da lei e da importância do Estado. As ideias liberais francesas continuaram, ao longo do tempo, a defender o poder absoluto da vontade popular e, ao mesmo tempo, a atacar a propriedade privada como vetor gerador de desigualdades. Mais importante do que tudo, para eles, seria a *egalité*, bem mais que a capacidade empreendedora do capitalismo.

Mas não só a Inglaterra colaboraria para fortalecer as ideias socialistas. Do pensamento liberal francês, que pretendia realçar a liberdade mas guardava fundamentos autoritários, nasceria o socialismo utópico, que abriu caminho para a formulação do pensamento marxista. A evolução do pensamento liberal francês, ao longo da História, se transformaria no seu exato oposto — redundaria na mesma tirania que combatera no começo de tudo, na sua gênese.

* * *

O primeiro conceito objetivo sobre a questão das liberdades civis foi estabelecido por John Locke, filósofo inglês que viveu no século XVII. Considerado o consolidador do pensamento liberal (palavra que, obviamente, deriva de liberdade), Locke fixou duas ideias fundamentais: a liberdade econômica (que garante o direito de possuir uma propriedade e usufruir dos seus benefícios) e a liberdade intelectual (que expressa a livre consciência, o direito de pensar e de externar seus pensamentos). Mais adiante Locke estruturou o conceito dos direitos naturais do homem, que envolve o tríduo vida-liberdade-propriedade. Sobre essa concepção original dos direitos naturais se assentam os princípios que contemporaneamente são invocados para ressaltar e proteger os direitos humanos.

Gerado na Revolução Inglesa, o conceito dos direitos naturais sustentou ideologicamente as duas importantes revoluções que se seguiram — a Americana e a Francesa. Essas três revoluções — a inglesa, a americana e a francesa — foram as três mais importantes da história porque foram feitas sobre conceitos que garantiam a liberdade do homem e porque geraram fundamentos que norteariam as mais profundas modificações na organização do homem em sociedade.

Mas Locke ainda colocou o direito de propriedade acima do direito de participar das decisões de governo (aquilo que hoje chamamos de democracia), porque entendia que a segunda poderia solapar a primeira, para ele mais importante do que tudo. Foram estruturados por Locke os conceitos que justificaram a separação dos três poderes (Executivo, Legislativo e Judiciário), a indispensável independência dos juízes e, por fim, os direitos inalienáveis do indivíduo à vida, à liberdade, à propriedade e à busca da felicidade. Para ele, os mesmos princípios que garantem a liberdade política do indivíduo são, também, a garantia para a liberdade econômica; uma não existe nem se completa sem a outra.

O escocês Adam Smith aperfeiçoou as ideias de Locke ao defender a ideia de que os cidadãos têm o direito de moldar sua vida econômica e moral sem depender das intenções do Estado e sem ser obstruídos por ele; e que as nações seriam mais fortes e prósperas se permitissem que as pessoas vivessem com plena liberdade de desenvolver sua própria iniciativa. Smith propôs que as regras mercantis e feudais fossem extintas e estabeleceu o princípio do *laissez-faire*, que quer dizer: o governo não deve interferir no funcionamento do mercado, que deve ser livre. Para ele, o Estado deveria restringir sua intervenção fiscal a áreas que não impactassem os custos econômicos. Dizia Smith que a capacidade de produzir bens, e não o ouro acumulado, representava a verdadeira riqueza de uma nação.

No século XX, a visão clássica do liberalismo sofreu intervenções indispensáveis quando pensadores atentos às questões sociais perceberam que a crescente complexidade dos conglomerados industriais criara indústrias poderosas que desafiavam o igualitarismo que deve estar presente nos princípios da competição (Smith talvez não tenha imaginado que o crescimento dos conglomerados causaria tal distopia econômica). E que a única força capaz de deter esse poder incomum seria uma regulação feita pelo Estado.

Começou a ganhar corpo a ideia de um Estado de bem-estar social, o qual deveria ser financiado pelas grandes corporações que lucravam muito com seus produtos, para atender às necessidades sociais dos menos favorecidos e dos incapazes de empreender. Essas ideias alteraram profundamente o dogma liberal clássico da não intervenção do Estado. Surgiram questões ponderáveis a respeito do bem-estar das populações, como a manutenção dos níveis de emprego, a garantia de condições dignas de trabalho, a adoção de regras que permitissem a livre competição entre empresas de diferentes portes e a manutenção de padrões razoáveis de seguridade social, todas abrigadas em ideias do que seria um social liberalismo, em especial a partir das conceituações do pensador inglês Francis Charles Montague.

* * *

A primeira grande figura liberal no Brasil foi o frei pernambucano Joaquim do Amor Divino Caneca, líder das Revoluções de 1817 e da Confederação do Equador, a Revolução de 1824, após a qual foi executado por fuzilamento. Embora haja poucos registros sobre a vida de frei Caneca, sabe-se que ele era profundamente erudito, tinha uma personalidade forte, sustentava suas convicções sob qualquer risco e enfrentava os poderosos e influentes de peito aberto. Agia sempre às claras; ignorava a malícia e a espertez do político tradicional, menosprezava o jogo astucioso do poder e a defesa de interesses pessoais. Tinha o que se dizia, à época, ser uma vocação de mártir. Enfim, era um autêntico liberal radical.

Participou ativamente da Revolução de 1817, chegou a atuar como guerrilheiro de campo na luta contra o poder absolutista português. Em 1822, após a independência, fez grandes elogios ao imperador dom

Pedro I; mas em 1824 inspirou a Confederação do Equador e foi o seu grande ideólogo, até ser preso e depois fuzilado por ordem do mesmo imperador que antes defendera. Vivia de denunciar a prepotência e a tirania dos poderosos. Por trás de seu liberalismo radical estavam, de um lado, a influência do enciclopedismo de Rousseau e o direito natural de Locke; mas ele soube adaptá-los em harmonia e equilíbrio às circunstâncias que o rodeavam localmente, em Pernambuco.

Caneca reconhecia as diferenças naturais entre as pessoas para justificar o liberalismo:

> É necessário que sejamos sinceros ou justiceiros. Nem tudo é para todos, nem todos são para tudo. A natureza não deu a todos os seus filhos o mesmo talento, nem no mesmo grau; e nem a fortuna repartiu com mão igual as mesmas comodidades e meios para se desenvolverem os talentos e lucrarem. Por isso nem todos têm os mesmos direitos às mesmas coisas.

Fundou um jornal de nome esquisito — *Typhis Pernambucano* —, por meio do qual exercitava uma oposição radical, nos moldes que vira fazer Cypriano Barata em seu *Sentinela da Liberdade*, tal qual repetiria Teotônio em Alagoas, ao assumir a *Tribuna de Alagoas*, seu *typhis* guerreiro na luta contra a tirania da ditadura militar e a elite econômica do seu estado. Teotônio o admirava: "Além de viver pelo Brasil, morreu pelo Brasil." Para ele, frei Caneca sobreviveu intelectualmente: "É um homem de pensamento atual, porque foi, acima de tudo, um patriota."

Mas não foi só Caneca. Teotônio admirava o alagoano Aureliano Cândido Tavares Bastos, que foi deputado liberal e um defensor encarniçado do liberalismo. Para ele, o liberalismo fornecia o leito sobre o qual se desenvolveria o caráter natural das leis do mercado; e também configurava a melhor estruturação da sociedade para enfrentar um Estado que eventualmente extrapolasse seus limites e acabasse por "substituir" a sociedade no comando das atividades produtivas.

Estes dois foram as primeiras inspirações liberais de Teotônio. Ele disse, certa vez, que ler os estudos e artigos de Tavares Bastos "é encontrar um programa para o país".

Tal qual frei Caneca no século XIX, Teotônio foi o reformador heterodoxo do pensamento e, principalmente, das ações liberais no Brasil do século XX. Foi um liberal tão radical quanto seu homólogo pernambucano, agregou a seu pensamento fortes tinturas de preocupação social. Cada um a seu tempo, cada qual da sua maneira, Caneca terá sido o Teotônio do século XIX ou terá sido Teotônio, então, o Caneca do século XX.

* * *

No Brasil, a primeira grande manifestação liberal foi a Constituição de 1824, um salto de qualidade política para a época produzido pela Assembleia Constituinte. O projeto foi recusado pelo novo monarca, que promulgou seu próprio texto constitucional, bem menos liberal. É correto, no entanto, dizer que o primeiro pensamento organizado que orientou a vida política brasileira em seu nascedouro foi liberal. Um exemplo dessa influência liberal na Constituição de 1824 foi a iniciativa de dar voto aos analfabetos e aos escravos libertos, dentro de certos limites da renda do eleitor (mas a limitação de renda pessoal nela expressa era baixíssima, o que ampliava e democratizava substancialmente o eleitorado). Era, sem dúvida, uma constituição democrática até para os padrões europeus da época.

No Império, o liberalismo foi teoricamente antiescravista por duas razões fundamentais: porque o escravismo era um atentado aos direitos naturais dos homens negros e porque a escravidão impedia a formação de um mercado interno que ancorasse a industrialização do país e o consequente desenvolvimento do capitalismo brasileiro. Assim, o regime escravista era um obstáculo para a implantação de um projeto de Estado liberal no Brasil imperial. Claro, no entanto, que essas posições foram relativizadas pela elite liberal que chegou, algumas vezes, a formar o gabinete imperial, mas esse era o pensamento dos liberais mais radicais.

Com o advento da República, o Partido Liberal foi extinto, mas o pensamento liberal prosseguiu sob a grande influência de Ruy Barbosa, que foi senador, ministro e, na República, candidato à Presidência lastreado por uma campanha civilista de fundamento liberal. O pensamento liberal, nesse momento, se posicionava no campo dos direitos individuais e contra o autoritarismo da tutela militar, que nascera no Império para controlar as rebeliões separatistas e, mais adiante, na Guerra do Paraguai. E depois adentrara a República, forjaria o Estado Novo e culminara no golpe de 1964. Ruy posicionou-se contra a formação de oligarquias, a favor da manutenção da separação entre Igreja e Estado e da autonomia do Poder Judiciário. De suas campanhas renasceu em 1914, a partir da Bahia, o Partido Liberal, de curta duração.

O passo seguinte foi a fundação do Partido Democrático, em São Paulo, em 1926, que marcou o fim do sistema de partido único (e quebrou o conceito de partidos estaduais, que sempre traziam a denominação eufemística de "Partido Republicano" desse ou daquele Estado). Na Revolução de 1930, o conglomerado político liberal passou a se chamar Aliança Liberal. Mas a indicação do tenente João Alberto como interventor em São Paulo lançou a semente do caudilhismo que marcaria o governo — e depois a ditadura — de Getúlio e sepultaria as claras manifestações liberais que se originavam em São Paulo. A chamada revolução de 1930 mudava o Brasil, mas continuava pendurando a Nação no papel do Estado. Não deixou espaço para propostas liberais.

Na fase declinante da ditadura getulista, em plena Segunda Guerra Mundial, um grupo de liberais mineiros divulgou, em outubro de 1943, o Manifesto dos Mineiros, um duro documento que defendia as liberdades civis e que plantaria o germe da fundação da UDN como o partido que simbolizaria o pensamento liberal na segunda metade do século XX.

Quando a ditadura getulista caiu, em 1945, e os novos partidos se organizaram, pela primeira vez na história política os grupamentos liberais se juntaram num partido cuja linha de pensamento elegia os princípios liberais clássicos, a UDN. Se o primeiro passo foi estrategicamente correto — reunir as forças liberais convocadas pelo Manifesto dos Mineiros —, o segundo foi desastroso: aproximar-se como cassandras dos segmentos militares que expressavam o antigetulismo no meio militar e iniciar a ceva de um golpe nas instituições para contrapor aos avanços da esquerda. Seu lema era a frase "O preço da liberdade é a eterna vigilância", cunhada por Thomas Jefferson, o mais brilhante líder da Revolução Americana, e fora aposto, em 1927, na capa do livro *Do regime democrático*, de João Arruda, professor de filosofia do direito na Faculdade do Largo de São Francisco, que era liberal, mas nem podia intuir, àquela altura, o surgimento da UDN. A vigilância serviria, agora, a propósitos golpistas.

A UDN foi fundada em 7 de abril de 1945. Seu símbolo, uma tocha acesa, invocava a convocação à vigilância perene. O que mais adiante se chamaria udenismo caracterizou-se pela defesa do liberalismo clássico, por fortes apelos moralizantes, por tinturas inicialmente nacionalistas (que logo seriam esquecidas), pela defesa da educação pública e por uma dura oposição ao populismo encarnado por Getúlio e, depois, por seu sucessor político e ideológico, João Goulart.

Sua principal bandeira era o liberalismo econômico, com liberdade de mercado e abertura dos negócios brasileiros ao capital estrangeiro. Era uma proposta que pretendia abrir o fechado mercado brasileiro a empresas estrangeiras, mas a esquerda estigmatizou o conceito, ao rotulá-lo como um desprezível "entreguismo". A UDN defendia claramente o capitalismo, o que à época era visto no

Brasil como uma atitude pró-EUA ou pró-Inglaterra. No entanto, defender os EUA ou a Inglaterra não era uma atitude negativa, posto que as classes médias urbanas nutriam admiração e respeito por americanos e ingleses, que haviam liderado a guerra mundial contra o nazifascismo, representando a liberdade contra o autoritarismo hitlerista.

De início, alistaram-se na UDN figuras políticas desalojadas do poder pela Revolução de 1930, como o baiano Otávio Mangabeira, o paulista Júlio Prestes e o ex-presidente Artur Bernardes, e clãs políticos estaduais, como os Konder, de Santa Catarina, ou os Caiado, de Goiás. Também aderiram à UDN políticos que haviam sido aliados de Getúlio e depois romperam com ele, como o paraibano José Américo de Almeida, o cearense Juarez Távora, o baiano Juracy Magalhães e o gaúcho Flores da Cunha. Da fundação, participaram ainda liberais históricos, como o gaúcho Raul Pilla e os mineiros Virgílio e Afonso Arinos de Melo Franco, Pedro Aleixo e Milton Campos. Estavam presentes também personalidades de esquerda, como o comunista Silo Meireles, rompido com o PCB, e socialistas como Hermes Lima e João Mangabeira, oriundos da chamada Esquerda Democrática. Essa frente ampla começou a dissolver-se, contudo, ainda em 1945. Em Minas Gerais, o grupo ligado ao antigo Partido Republicano de Minas (PRM), liderado por Artur Bernardes, optou por organizar o Partido Republicano (PR) nacional, enquanto, no Rio Grande do Sul, Pilla criou o Partido Libertador (PL). Logo a Esquerda Democrática abandonaria a UDN para fundar o PSB.

A UDN representou o purismo liberal até sua segunda derrota nas eleições presidenciais, em 1950, quando seu arquiadversário Getúlio Vargas venceu o ingênuo brigadeiro Eduardo Gomes. A segunda derrota consecutiva (Gomes perdera em 1946 para o general Eurico Gaspar Dutra, apoiado tacitamente por Getúlio) fez com que alguns de seus líderes, impacientes com os resultados das urnas, começassem a pregar soluções golpistas, incentivando intervenções militares que abortassem resultados eleitorais indesejáveis. Um de seus mais brilhantes pensadores, o mineiro Afonso Arinos de Melo Franco, admitiria mais tarde que a UDN tinha uma ala civil fiel à tradição liberal brasileira e uma ala militar, com instintos revolucionários (soaria melhor se dissesse "instintos golpistas"), que agia sem genuínas intenções democráticas, por sua própria conta e risco. Explicou que "a UDN militar sempre existiu debaixo da outra. A UDN que representávamos na tribuna era uma subsidiária da UDN que eles representavam nos quartéis".

Foi a esse partido e a essas ideias que Teotônio aderiu em 1948, aos 31 anos, quando já era casado e reconhecido na Viçosa, para nele iniciar sua longa e marcante carreira política. Quando se filiou à recém-fundada UDN, Teotônio já era um empresário conhecido, rico, membro do seleto e controverso clube dos usineiros de Alagoas. Em casa e em sua região, tinha uma formação influenciada pelo conservadorismo. Mas trazia consigo germes, àquela altura ainda malformados, de uma profunda preocupação com os desequilíbrios sociais de Alagoas e do Nordeste. Por tudo isso, fez a escolha mais difícil — um partido que não estava no poder nem em seu estado nem no plano federal.

* * *

A formação político-ideológica, cultural e moral de Teotônio teve forte influência de um irmão e de dois primos, todos, como ele, nascidos na Viçosa. A mais forte influência, e também a mais impositiva, seria a do irmão Avelar, que desde cedo manifestara vocação para uma vida religiosa, para desgosto do pai, que odiava duas carreiras — a eclesiástica (que Avelar seguiu) e a militar (que Teotônio tentara seguir). Avelar foi bom aluno no seminário, mas ao formar-se teve contra si um relatório do padre que selecionava os candidatos à ordenação. Foi salvo pelo diretor do seminário, que dava a palavra final e estranhou quando não viu o nome de Avelar na lista dos indicados. O padre selecionador explicou: "Ele é muito vaidoso, não serve para ser padre." O diretor objetou: "Não serve para ser padre mas serve para ser bispo." E mandou ordenar Avelar, um padre tardio, ordenado em 1935, aos 23 anos. Passou menos de dez anos como padre: em 1946, aos 33 anos, já seria promovido a bispo.

Foi um bispo moderado, mas sempre influente, e cumpriu a profecia do diretor do seminário. Fez uma carreira de prelado superior e chegou ao cardinalato em 1973, sagrado pelo papa Paulo VI, na mesma cerimônia que consagrou dom Paulo Evaristo Arns. Para assistir à sua sagração, Teotônio fez sua primeira viagem ao exterior, na única vez em que integrou uma representação oficial do Senado. Para ele, estar presente à cerimônia foi também uma demonstração explícita de deslumbramento. Mesmo que não fosse um católico praticante, viajou tenso e retornou maravilhado. E encantado ocupou a tribuna do Senado para relatar, em um discurso, a cerimônia a que assistira na Basílica de São Pedro:

> Assisti ao que há de mais belo e tocante na tradição da Igreja Católica. Se é possível, num mundo estandardizado, combinar a majestade das coisas com a simplicidade das coisas, então teremos visto um dos maiores espetáculos da humanidade cristã.

Impressionado com a quantidade de fiéis que assistiu à cerimônia, descreveu, como um marinheiro de primeira viagem, a grandeza da basílica:

> A basílica era qualquer coisa mais do que um templo cristão, era outro mundo, jamais pressentido pelo meu espírito, era um mundo de fé inebriante, que a gente tinha a sensação de sorver no próprio ar que corria pela sua amplidão, era um mundo cujas vizinhanças eu sentia, trêmulo, tocar as paragens de Deus.

Rendido à grandeza do cenário e à imponência do ritual, esmerou-se nos adjetivos e no canto da glória familiar:

> De súbito, é pronunciado o nome de Avelar, que se aproxima de Paulo VI, recebe a imposição do barrete cardinalício. Eis o cardeal Vilela, filho de Elias e Isabel, nascido no município de Viçosa de Alagoas. Senti o coração comprimir-se, como num estrangulador afago íntimo, para depois dilatar-se, tal qual um balão de sopro nos lábios de criança, subir por cima do silêncio, da santidade da solidão e da saudade, até agasalhar-se na famosa cúpula que o gênio de Miguel Ângelo doou à História Artística da humanidade. Tudo vibrava dentro de mim.

Relatou o regresso até a infância, seu próprio choro de emoção e o abraço enternecido, já fora da basílica, entre ele e o irmão Avelar: "Nos braços de meu irmão e amigo, as palavras não diziam nada: éramos duas crianças chorando de alegria e de paz."

Descreveu a cena demorada, à saída da basílica, assistida por turistas e fiéis que por acaso passavam e percebiam a intensidade do afeto entre aqueles dois homens, um deles paramentado de cardeal, como se fosse um encontro de duas crianças da bagaceira do Engenho Boa Sorte, transmutadas agora em personagens oficiais do Vaticano.

Teotônio sempre se aconselhava com o irmão. A conversa entre eles era respeitosa e meio formal; nos dias em que dom Avelar visitaria sua casa, em Maceió, ele não bebia nem fumava (aliás, pararia de fumar no mesmo ano em que o irmão foi ordenado cardeal e os filhos acham até hoje que isso foi apenas uma coincidência). Em casa, tratavam-se por "Teotônio" e "Avelar"; os filhos foram instruídos a chamá-lo de "tio Avelar", mas em eventos públicos o tratamento deveria mudar para "dom Avelar". Até hoje, quando cita o tio, Teotônio Filho menciona "dom Avelar".

Quando ele chegava a sua casa, Teotônio pegava um tabuleiro de gamão e os dois jogavam por horas; enquanto jogavam, conversavam suavemente em voz baixa. As pessoas em volta apenas olhavam; ninguém interferia na conversa nem palpitava no jogo, embora todos os filhos tenham sido ensinados por Teotônio a jogar gamão. Até mesmo quando dom Avelar, num gesto supersticiosamente pagão, soprava o copo antes de derramar os dados sobre o tabuleiro, reinava silêncio absoluto na sala. Aquilo parecia uma enorme e lúdica diversão reservada aos dois, apenas.

Poucos anos depois da cena afetuosa ao lado da Basílica de São Pedro, Teotônio procurou dom Avelar para discutir seu voto na emenda constitucional do senador Nelson Carneiro (MDB-RJ) que instituía o divórcio no Brasil e que tramitava no Congresso sob atento acompanhamento da população. A emenda do divórcio foi uma pausa na discussão sobre a redemocratização e a liberdade com que foi debatida nada tinha a ver com o controle autoritário das maiorias no Congresso. Nos dois lados — situação e oposição — havia parlamentares contra e a favor do divórcio, embora a maior parte dos favoráveis estivesse do lado da oposição, que era menos conservadora, pois o divórcio significava um sopro liberalizante na vida dos cidadãos.

Nelson Carneiro era um parlamentar diferente. Mestiço, alto para os padrões da época, era um moderado em termos ideológicos, mas defendia posições firmes e quase sempre progressistas. Tinha um atilado senso de justiça e humanidade, sabia identificar incoerência ou imprecisão em um projeto e se posicionava firmemente contra ele. Na Bahia, sua terra natal, chegara a ser deputado pelo velho PSD; mas em 1958 resolveu, temerariamente, mudar-se para o Rio de Janeiro, onde continuou sua carreira política.

Poucos conseguem êxito quando mudam de estado e de eleitorado — Leonel Brizola faria isso, mas na altura em que o fez era um líder de projeção nacional. Nelson conseguiu, elegendo-se deputado federal e depois senador pelo Rio de Janeiro e depois chegaria à presidência do Senado. Fora eleito senador pelo Estado da Guanabara em 1970, mas passara a representar o Rio de Janeiro após a fusão dos dois estados, em 1975. Tinha duas marcas na vida parlamentar: a primeira é que fora dele a emenda parlamentarista que solucionou a grave crise em torno da posse do vice-presidente João Goulart, após a renúncia de Jânio Quadros; a segunda é que por 26 anos tentou implantar o divórcio no Brasil e por isso sempre carreou a contrariedade da Igreja. Nos últimos anos de sua carreira, já velho e senador, dividia, em Brasília, um apartamento com Ulysses Guimarães.

Finalmente a emenda do divórcio foi aprovada pelo Congresso em dezembro de 1977 sem que o governo do luterano Ernesto Geisel lhe fizesse oposição. Em 26 de dezembro de 1977, um dia após o Natal, o general-presidente sancionou o projeto, que se tornou a Lei 6.515. O voto de Teotônio foi longamente maturado em conversas intermináveis e difíceis com o irmão Avelar, visceralmente contrário ao projeto, como de resto toda a Igreja Católica o era. Ninguém registrou as longas conversas que os dois tiveram a respeito, mas parece que, ao fim de tudo, dom Avelar o liberou para votar com sua consciência de cidadão brasileiro.

A visão laica de Teotônio recomendava que votasse a favor, identificando uma causa progressista que angariava amplo apoio das classes médias urbanas, com exceção dos grupamentos católicos. Mas ter um irmão cardeal, amado e respeitado por ele, o constrangia. Sem dúvida, no entanto, Teotônio viveu, na votação da emenda do divórcio, o primeiro grande conflito na longa travessia que realizaria entre conservadorismo e progressismo.

O episódio mostrou bem como era a proximidade com Avelar — serena, suave e respeitosa, mas com espaço para as diferenças na concepção da vida. Foi essa convivência que nunca permitiu a Teotônio declarar-se afrontosamente ateu; quando era premido a se posicionar, dizia-se apenas agnóstico.

Avelar viveu toda a vida a pastorear fiéis distantes de Alagoas, mas, mesmo a distância, foi uma espécie de preceptor *in absentia*, um inspirador permanente da formação moral de Teotônio.

* * *

O primo mais próximo tinha um nome impressionantemente semelhante ao seu — chamava-se Theotônio (com "h") Vilela Brandão (Teotônio chamava-se Brandão Vilela). Médico em Maceió, extremamente formal e tímido, era dez anos mais velho do que Teotônio. Desde cedo adotou o nome profissional de Theo Brandão, o que não evitou que houvesse grandes confusões pela homonímia. Theo foi um dos grandes folcloristas do Brasil, seguramente o mais importante do estado, mas que empanou o próprio brilho ao postar-se voluntariamente num injusto plano secundário como mero colaborador de Luiz da Câmara Cascudo.

Era um emotivo. A tragédia que mais o tocou aconteceu no dia 27 de julho de 1955, quando o Gogó da Ema desabou. O Gogó era um coqueiro que se desenvolveu torto, como se fosse um gigantesco "s", e virou atração turística de Maceió. Quando foi informado, Theo foi imediatamente ao local e depois, chorando, foi pedir ajuda ao comandante da Polícia Militar, coronel Mário Lima. O coronel convocou os bombeiros, que içaram o Gogó da Ema e, à vista de uma apreensiva multidão que lotava a praia da Ponta Verde, tentaram debalde replantá-lo. Para imensa tristeza de Theo, o Gogó da Ema morreu.

Confusões as mais constrangedoras eram provocadas por Teotônio para fazer chiste com o primo. Teotônio se emaranhava em comemorações com os amigos nos prostíbulos de Maceió e, à saída, ao pendurar a conta, assinava "Theo Brandão"; o cobrador desavisado ia diretamente à residência do primo cobrar a conta. Agoniado, desconcertado, Theo a pagava sem pestanejar, até para matar no nascedouro aquela perigosa berlinda, antes que sua esposa percebesse a origem da conta. A distância, Teotônio gargalhava, imaginava a cena de agonia moral do primo.

Não obstante, foram grandes amigos a vida inteira e Theo sempre lhe pareceu uma figura admirável, pois produzia ricas interpretações científicas de cenas populares que a ele, Teotônio, pareciam corriqueiras. As pesquisas do folclore de Theo deram a Teotônio a visão da importância das cenas vulgares do povo, vestiram-nas com uma lógica acadêmica que lhes emprestava uma importância que ele antes não alcançara.

Theo foi o grande inspirador cultural de Teotônio. Mas ainda haveria outro primo a influenciá-lo. Chamava-se Octavio Brandão Rego e era 21 anos mais velho do que Teotônio. Antes mesmo de Teotônio nascer, na segunda década do século XX, Octavio impactara a sociedade alagoana com suas ideias anarquistas. Adolescente, embrenhava-se no interior para pregar uma divisão justa da terra. Estudou Farmácia em Recife e, ao concluir o curso, aproveitou o aprendizado científico para defender publicamente a exploração estatal do petróleo, que para ele inundava o subsolo brasileiro. Teotônio tinha dois anos quando Octavio foi preso pela primeira vez, fugiu e foi para o Rio de Janeiro, onde trabalhou como farmacêutico e manteve a militância anarquista.

A farmácia onde trabalhava era frequentemente visitada por Astrojildo Pereira, que gostou do menino e começou a lhe emprestar livros marxistas. Em 1922, Octavio se filiou ao recém-fundado PCB. Logo se tornaria figura influente no partido e ascenderia à Comissão Executiva em 1923. Nesse mesmo ano, redigiu a primeira tradução para o português do *Manifesto comunista*, de Karl Marx. Dois anos depois, foi um dos fundadores e o primeiro editor de *A Classe Operária*, órgão oficial do PCB. Octavio aliava a sua condição de militante comunista ao papel de ativo intelectual que produzia sem parar. Foi o primeiro membro da família Brandão Vilela a enveredar pela política: em 1928, foi eleito para o Conselho Municipal (atual Câmara dos Vereadores) do Rio de Janeiro pelo Bloco Operário e Camponês, frente criada pelo PCB, então na clandestinidade.

Em casa, Teotônio ouvia distantes e sussurradas histórias do seu primo. No início dos anos 1930, Octavio foi deportado para a Alemanha pelo governo Vargas; de lá foi para a União Soviética, onde viveu por 15 anos. Voltou ao Brasil na redemocratização de 1946 e logo foi eleito vereador no Rio de Janeiro pelo PCB legalizado. Cassado em 1947, quando o PCB foi proscrito, mergulhou de novo na clandestinidade. Só reapareceu em público em 1979, depois da anistia conseguida, em grande parte, pela ação política consequente do primo Teotônio.

Octavio foi a grande referência da rebeldia político-ideológica, uma espécie de *alter ego* esquerdista de Teotônio, que começou a entender o que era marxismo quando devorou a obra mais importante do primo, *Agrarismo e industrialismo*, uma interpretação marxista da Coluna Prestes editada nos anos 1920, que se tornara à época uma bíblia do PCB. Teotônio rejeitaria o marxismo, mas manteria com Octavio um namoro ideológico a distância por toda a vida, porque ele lhe ensinara as razões da compulsão da rebeldia.

5
O PREÇO DA LIBERDADE

O novo governador Muniz Falcão mal tinha tomado posse e os dois lados que disputavam o poder político em Alagoas inauguraram uma interminável sequência de escaramuças que seriam cada vez mais agressivas. O primeiro lance a agravar a situação política não veio dos udenistas, mas dos aliados de Falcão. No correr de 1956, pistoleiros contratados pelo deputado estadual Claudenor Lima, cupincha de Falcão, assassinaram, numa rua de Arapiraca, o vereador Benício Alves Oliveira, aliado do médico e deputado estadual José Marques da Silva, o mais votado da UDN na eleição do ano anterior.

Marques e toda a UDN alagoana reagiram com grande alarde e denunciaram o crime à direção nacional do partido. Primeiro, em dezembro de 1956, Marques escreveu longa carta à direção nacional da UDN em que relatava ameaças recebidas por ele e a morte de Benício. Afirmava que seria o próximo da lista de defuntos e revelava que o mandante do crime seria o mesmo contratante da morte anterior: o deputado estadual Claudenor Lima, do PSD.

Em seguida, viajou ao Rio de Janeiro e narrou de viva voz, aos dirigentes nacionais do seu partido, a situação que vivia em Alagoas. Seu relato foi dramático e pareceu até um tanto fantasioso, principalmente na parte em que o jovem deputado narrava o seu futuro assassinato. Embora presumisse exageros e fantasias, a UDN agiu. Enviou um ofício ao ministro da Justiça, Nereu Ramos, que tomou providências convencionais — um mero pedido de averiguação ao governo estadual, que obviamente engavetou o ofício recebido. No Senado, a direção udenista forçou a formação de uma comissão de senadores que viajaria a Alagoas para avaliar a situação política no estado.

Em janeiro de 1957, uma comissão de senadores — Gaspar Veloso (PSD-PR), Mem de Sá (PL-RS), Carlos Gomes de Oliveira (PTB-SC) e Daniel Krieger (UDN-RS) — aportou em Maceió e, na noite da chegada, foi imediatamente convidada pelo governador Muniz Falcão para um jantar no Palácio dos Martírios. Krieger sentiu-se inibido de integrar a comissão porque pertencia à UDN, partido que desafiava Falcão em Alagoas, e hesitou viajar, mas acabou convencido de que sua presença era importante e foi. O senador Lino de Matos (PSP-SP), do mesmo partido de Falcão, embora designado como o quinto membro da comissão, não aparecera para viajar.

O jantar transcorria num clima respeitável, com conversas amenas e convenientes, quando um dos convidados locais do governador, Antônio Guedes de Miranda, fez a Krieger uma gratuita provocação. Miranda era um professor de direito que ousara uma solitária obra — *O direito é mais precioso que a paz*, livreto editado em 1943 pelo Orfanato São Domingos Mangabeira — e, na qualidade de contumaz áulico palaciano, fora deputado estadual, vice-governador e chegara a governar o estado como interventor apoiado pelos Góes Monteiro, por um ano e meio, entre novembro de 1945 e março de 1947. Sem mais nem menos Miranda disparou uma flecha envenenada na direção de Krieger:

— O senhor, conhecendo a história, não desconhece o destino do cônsul romano enviado, como emissário do Senado, para entender-se com o rei Jugurta.

Krieger, que era um *gentleman*, e culto, não precisou refletir muito para responder de bate-pronto:

— Foi obrigado a beber ouro fervente. E o senhor, tão versado em história antiga, por certo se recorda do destino final do rei dos númidas.

Miranda tentara surpreender Krieger com um obscuro episódio da história do Império Romano, na expectativa de que o velho senador refugasse por não conhecer o fato. Mas Krieger conhecia melhor do que ele a passagem em que o rei Jugurta, da Numídia, de fato, obrigara um negociador enviado pelos romanos por volta de 106 a.C. a beber ouro derretido. E sabia mais: que, em seguida, Roma abriu-lhe guerra até a derrota final, em 105 a.C., na qual ele foi preso e levado para Roma, onde foi exibido enjaulado, num desfile humilhante, pelas ruas da sede do império. Com a resposta, Krieger deixara claro que um chimango revolucionário não temia a provocação gratuita de um cortesão do populismo alagoano.

Falcão interveio para amenizar o mal-estar que se formara e comunicou aos senadores que preparara uma série de visitas às grandes obras que seu governo promovia no estado. Os senadores declinaram do convite e, no dia seguinte, foram a Arapiraca, conhecer o palco da morte do vereador Benício. Sob a proteção dos senadores, retornou à cidade o prefeito João Lúcio da Silva, que abandonara o cargo com medo de ser morto. Quando foram conversar com o promotor local, que também contou estar ameaçado de morte, passaram pela casa do deputado Claudenor Lima, o mandante da morte de Benício, e notaram que, na parte externa, uma tropa de típicos jagunços fumava e jogava conversa fora.

No almoço, na casa do prefeito, viúvas chorosas e vestidas de negro, rostos banhados de lágrimas, desfilaram pela sala, enquanto homens humildes vinham revelar as perseguições sofridas. Os senadores resolveram visitar Claudenor e foram recebidos com falsa cordialidade pelo deputado, que contou uma versão absolutória dele e de seu grupo; disse que as ameaças eram inverídicas e só existiam na cabeça dos adversários de Falcão.

A comissão voltou a Maceió, onde Falcão proporcionou uma nova recepção aos senadores. Krieger e outros reclamaram dele que a polícia de Arapiraca ameaçava pessoas ligadas à UDN local. Pediram que investigasse a procedência das denúncias de forma a contê-las e evitar a ampliação dos confrontos, o que poderia levar a uma intervenção federal. Falcão prometeu que investigaria, mas nada fez.

Durante a visita, Krieger conheceu o deputado estadual Teotônio Vilela e os dois logo se afeiçoaram um ao outro. O velho chimango gaúcho seria uma das referências éticas e ideológicas de Teotônio por toda sua vida; nas décadas de 1960 e 1970 os dois compartilhariam a bancada no Senado por muitos anos.

Um mês depois da partida da comissão de senadores, o deputado Marques recebeu um chamado médico no início da noite. Sua mulher lhe pediu que não saísse de casa, mas ele insistiu e foi. Na rua, a poucos metros de sua casa, foi fuzilado pelas costas. A UDN debitou a morte na conta de Falcão, o que apontava para uma solução sangrenta, já que Alagoas mantinha havia decênios — e manteria por muito tempo, a seguir — a tradição de resolver pendências políticas a bala. Olho por olho, morte encomendada aqui, morte contratada lá.

* * *

A UDN já tinha bem mais do que um pequeno motivo para pedir um *impeachment* — tinha dois gigantescos — mas Falcão foi além: deu-lhe mais uma objetiva razão adicional, capaz de unir umbilicalmente os seus quadros, oriundos da elite usineira do estado, e, mais que isso, juntar todos os usineiros contra o governo. Anunciou a criação de uma espécie de CPMF estadual, a Taxa Pró-Economia, Educação e Saúde, uma contribuição extraordinária de 2% cobrada pelo governo sobre toda a produção de açúcar, álcool, melaço, tecidos, fumo e arroz. O arrecadado com a taxa seria, como o nome dizia, aplicado em investimentos nas áreas de infraestrutura, educação e saúde.

Tecidos e arroz entraram na nova taxa como Pilatos entrou no Credo; o que Falcão pretendia mesmo era fazer uma deliberada provocação aos usineiros alagoanos (assim como aos fumageiros, que eram parcela expressiva da agricultura local). O princípio da taxa era aparentemente justo: aplicar os recursos apurados para reduzir os imensos bolsões de pobreza que existiam — e existem até hoje — em Alagoas. Mas o ato de implantar a taxa sem negociação, na marra, de surpresa, foi tomado pela UDN como uma provocação que precisava receber uma resposta cabal.

Embora o episódio do *impeachment* tenha cristalizado uma imagem de Muniz Falcão como um populista clássico, as medidas que arregimentaram a oposição contra ele nada tinham de populismo. No governo, ele adotou medidas semelhantes às que corajosamente impusera, anos antes, como delegado regional do Trabalho, quebrando privilégios e explorações seculares. Apertou a fiscalização sobre as terríveis condições de trabalho nas usinas de açúcar, cobrou carteira assinada para todos os trabalhadores, o que foi tomado como um acinte pelos usineiros. Finalmente, criou a taxa sobre a produção de açúcar, álcool e melaço, o que foi encarado pelos usineiros como um desafio audacioso. Nem todos os usineiros eram udenistas mas a partir desse episódio todos passaram a ser bem mais do que seus adversários, tornaram-se seus inimigos, e a apoiar seu adversário natural na política, a UDN.

Até então, o cardápio udenista acusava o governo estadual de cumplicidade com o crime organizado, que contratara os jagunços que executaram o vereador Benício e o deputado estadual Marques. E também acusava Falcão de ser aliado do proscrito PCB, o que era muito impactante à época e fácil de crer, já que seu secretário de

Segurança Pública era um notório simpatizante do partido então clandestino. Mas agora havia outra razão que tinha fundamentos jurídicos palpáveis — presumia-se que a criação da taxa era indevida, de acordo com a Constituição estadual. O deputado Oséas Cardoso, um dos mais encarniçados defensores dos interesses dos usineiros, apresentou à Assembleia um pedido de *impeachment* de Falcão, acusando-o de crime de responsabilidade, ao qual acrescentou um pedido de intervenção federal no estado.

O presidente da República era Juscelino Kubitschek, filiado ao PSD, partido dos Góes Monteiro, que apoiava Falcão. Era presumível que ele não acatasse o pedido de intervenção. Restaria, então, a possibilidade de concretizar o *impeachment* na Assembleia, que tinha maioria oposicionista. O pedido foi encaminhado pela oposição, que com sua maioria elegeu o deputado Teotônio Vilela, então com quarenta anos, para ser o relator. Teotônio aceitou — e tudo indica que essa seria a decisão da qual mais se arrependeria na vida.

É de crer que os udenistas alagoanos tenham mirado a tentativa infrutífera de aprovar o impedimento do presidente Getúlio Vargas, três anos antes, no parlamento brasileiro. Em junho de 1954, o deputado Wilson Leite Passos (UDN-RJ) protocolou na Câmara dos Deputados um pedido de *impeachment* contra Getúlio que invocava quatro motivos: empréstimos irregulares do Banco do Brasil para a criação do jornal *Ultima Hora*, de Samuel Wainer; a nomeação de João Goulart para o Ministério do Trabalho; o aumento de 100% dado ao salário mínimo (que havia provocado um manifesto contrário assinado por coronéis) e a implantação de uma "república sindicalista" no país. Três dos motivos eram acusações impalpáveis.

O pedido traduzia um gesto quase desesperado de uma UDN que frequentemente desbordava os limites democráticos e recorria a armas fora do campo estrito da democracia para alcançar seus objetivos, em geral tangida pelo aguerrimento ensandecido de Carlos Lacerda, à época, o farol político de Teotônio. Tentar um *impeachment* de Getúlio era uma atitude fadada ao insucesso porque a coalizão parlamentar do governo detinha 57% das cadeiras da Câmara. Como era de esperar, o pedido foi votado no mesmo mês e rejeitado por 136 votos contra 35 e 40 abstenções. Pela primeira vez, a Lei 1.079/50, aprovada apenas quatro anos antes, fora usada para tentar afastar um mandatário. Em Alagoas, três anos depois, seria a segunda (e 62 anos depois seria invocada para embasar um novo *impeachment* presidencial, desta vez com sucesso).

Para embasar o *impeachment* de Alagoas, a UDN deve ter cotejado as diferenças e similitudes entre o cenário nacional em 1954 e a situação alagoana em 1957. E deve ter concluído que as possibilidades em Alagoas eram bem mais objetivas e tangíveis, embora qualquer analista isento visse ali o embrião de um possível fracasso a despeito da maioria oposicionista na Assembleia — numa medida extrema e radical, como um *impeachment*, os eventuais votos fiéis costumam fugir. O relatório de Teotônio, com data de 9 de maio de 1957, listou cinco motivos para aceitar o pedido — e a criação de despesas não autorizadas por lei (a Taxa Pró-Economia), o mais palpável deles, era apenas o quinto. O relatório agregava mais uma decisão ilegal de Falcão — a exploração de uma loteria estadual sem a obrigatória autorização legislativa prevista em lei. Nele, Teotônio escreveu:

> Não há como fugir à evidência da responsabilidade do senhor governador do estado nos crimes compendiados na denúncia oferecida pelo senhor deputado Oséas Cardoso. Pelo que somos de parecer seja a denúncia considerada pela Assembleia do estado objeto de deliberação.

Todos os movimentos de situação e oposição deixavam entrever não um mero enfrentamento parlamentar, mas uma aberta declaração de guerra. Teotônio, como relator (além de líder da UDN), era um dos mais visados pelos adversários. Como sempre foi contra armas, recusava-se a portar um revólver ou metralhadora, como faziam seus companheiros de bancada e também todos do outro lado. Todos os dias, esperava-se apenas o estalar do primeiro tiro e o morticínio se desataria. Para proteger os seis filhos (o mais novo, Elias, ainda não nascera), Teotônio contratou seguranças e alertou Lenita para ficar sempre atenta. Um dia, no início da noite, o telefone tocou no casarão da Gruta de Lourdes. Lenita atendeu e, aterrorizada, ouviu uma voz masculina dizer que uma bomba seria lançada contra a casa. Lenita passou as seis crianças por cima do muro e, naquela noite, todos dormiram em camas improvisadas na casa do vizinho.

* * *

Desde menina a filha Helena padecia de uma insanável insônia; muitas vezes levantava-se da cama e ia para o escritório, onde Teotônio lia ou escrevia; lá, pousava a cabeça em seu colo, enquanto ele a acarinhava. "A insônia me fez privilegiada na relação com meu pai", lembra ela. Quando cresceu mais, Helena se mostrou uma adolescente rebelde, que não se conformava com a educação rígida prescrita pela mãe. "Eu não andava com as companhias que minha mãe julgava adequadas", desculpa-se. Lenita, então, dava-se por vencida — e a "entregava" ao pai. Foi marcante, nesse aspecto, o episódio do "senhor Gilberto Gil". Em 1976, aos 21 anos, Helena e suas amigas fizeram amizade com o cantor Gilberto Gil, que fora apresentar-se em Maceió depois de, semanas antes, ter sido preso pela polícia de Florianópolis, sob a acusação de portar maconha. Na hora de ir embora, o carro que viria transportá-lo não apareceu e Helena ofereceu-se para levá-lo ao aeroporto de Maceió. Quando voltou e contou para a mãe, Lenita desaprovou duramente a carona dada. Ficou irada, alegou que ela expusera a honradez de seu pai, um senador em plena ascensão política: "O que as pessoas vão dizer? Que a filha de Teotônio foi levar um maconheiro no aeroporto!"

Explicou que sua reprovação não era contra Gilberto Gil, em si, mas contra uma pessoa que, segundo o conhecimento público, era usuária de maconha.

Quando Teotônio chegou em casa, Lenita "entregou-lhe" o caso. Ele sempre lidava bem com esses problemas difíceis que os jovens costumam provocar, atestam os filhos, e agia apenas na base do convencimento, sem bater, sem dar um grito mais forte. Usava apenas sábias palavras e o seu olhar de autoridade, que era cortante. Chamou Helena para conversar e começou suavemente:

— Sua mãe está muito brava porque você foi levar o senhor Gilberto Gil no aeroporto. Eu sei que você não foi levar o senhor Gilberto Gil porque ele é maconheiro mas pelo valor artístico que ele tem. Mas a sua mãe não consegue ver esses valores do senhor Gilberto Gil. Você precisa entender, minha filha, que tem coisas que você pode fazer sem restrições, mas tem coisas que são mais complicadas, que podem agredir a sua família, que podem preocupar sua mãe. Então você tem de ter um pouco de cuidado com isso.

Mesmo ante a suavidade da fala, Helena ficou zangada, ameaçou sair de casa. Teotônio, mais calmo ainda, arrematou com um ensinamento que ela nunca esqueceria:

— Eu, por mim, colocaria cada um de meus filhos num pedestal. Mas sei que a vida não é assim, que vocês terão de galgar o pedestal de vocês sozinhos. Por isso, minha querida, a única coisa que lhe peço é para prestar atenção nisso: a vida é como se fosse uma escada que se assemelha às leis da física, a força centrípeta e a força centrífuga. Se você se deixar levar por uma ou por outra, perde o seu equilíbrio e deixa de ser você mesma. Na escada para o seu pedestal, se você se sentir desequilibrada, desça um, desça dois, desça três. Descer não é problema, depois você volta a subir; o problema é nunca perder o equilíbrio. Não deixe uma dessas forças comandar a sua vida.

Quarenta anos depois, Helena reconhece que foi a mais importante lição que recebeu em toda a sua vida. Por causa dela, agradece a passagem por Maceió do "senhor Gilberto Gil".

Embora nem sempre tivesse tempo para conversar com os filhos, Teotônio levou a política para dentro de casa. O seu exemplo no dia a dia da política ensinou mais aos filhos do que os proverbiais e curiosos conselhos que eventualmente ele lhes deu.

— Na verdade, ele nos ensinou muito mais com os atos políticos que praticava do que com os conselhos de pai. Foi observando os atos que nós percebemos a imensa dimensão do nosso pai — diz Rosana.

* * *

Uma madrugada, em 1973, depois de várias noites a vagar por bares, Teotônio chegou em casa passando muito mal. Foi levado para a cama por Lenita, que chamou o irmão Oswaldo para vê-lo. Após exames feitos nos dias posteriores, o irmão médico diagnosticou uma ascite [retenção de líquido na cavidade abdominal, a popular *barriga d'água*], que atestava o péssimo estado de seu fígado e que se conjugava com uma orquite [inflamação dos testículos]. Os anos ininterruptos de bebida em quantidades descontroladas estavam destruindo fígado e pâncreas. Oswaldo, que conhecia a intensidade do mal, concluiu que era indispensável dar-lhe um susto definitivo:

— Você precisa decidir se quer ficar vivo ou se quer morrer. Se quiser ficar vivo, vai ter de parar de beber. Se quiser morrer, pode continuar bebendo.

Teotônio entendeu o recado, seja porque gostasse de viver, seja porque a inflamação nos testículos afetou objetivamente sua versão nordestina da masculinidade. Até então ele odiava comer e isso parecia ter uma origem óbvia: bebia tanto que o apetite desaparecia, mascarado pela bebida. Nessa época, costumava dizer que o tempo gasto na alimentação do homem era uma perda inútil. Por ele, existiriam comprimidos alimentares — um comprimido de carne, um de feijão, um de verdura, para as pessoas não perderem tempo na cozinha, preparando comida, e depois sentados à mesa, comendo.

Com o susto dado por Oswaldo, convenceu-se de que iria parar mesmo de beber, mas teria de parar completamente, porque não resistiria a um gole ou outro de uísque sem, em seguida, se afogar no velho malte e entornar a garrafa inteira. Assim fez: desde o dia em que se levantou da cama, nunca mais pôs uma gota de álcool na boca, bebia apenas ingênuas porções de guaraná. Abstêmio, reduziu drasticamente as idas a bares e passou a conviver muito mais com a família. Os filhos logo notariam que ele estava mais presente nas reuniões familiares. Por incrível que pareça, foi-lhe mais fácil parar de beber do que de fumar, por volta de 1980, quando foi novamente assustado pelo irmão médico ante uma tosse renitente. Daí em diante, portava sempre um cigarro apagado nos dedos mas nunca o acendia.

A política invadiu a casa da Gruta de Lourdes. Os filhos eram ainda muito pequenos quando começaram a brincar de eleição. Montavam uma mesa coletora de votos na varanda, preparavam as cédulas e as urnas e começavam a campanha, com "pirulitos" que anunciavam os "candidatos", comícios, discursos e, enfim, a votação. Tudo isso em plena ditadura militar, quando as eleições caíam em desuso. O governo praticava a tirania e a família Vilela brincava de democracia. Diz a filha Rosana:

— Muito cedo, a gente entendeu que nosso pai era um político, não um usineiro, e tinha uma profissão diferente das outras. O ambiente doméstico era muito influenciado por isso.

Uma noite, à mesa de jantar, Rosana perguntou como seria Alagoas se o Brasil tivesse sido colonizado pelos holandeses, em vez dos portugueses. Teotônio levantou-se, foi até a estante da casa, pegou um livro e lhe deu — era *Entradas e bandeiras*, de Viana Moog. Disse-lhe apenas:

— Leia e depois venha discutir comigo.

Isso aconteceu incontáveis vezes depois que Teotônio passou a ficar mais tempo em casa. Quando um filho indagava sobre um assunto novo — em geral, essas situações eram trazidas da escola, algo suscitado pela aula do dia —, ele partia para a estante, pegava um livro que explicava ou ilustrava o tema e dava ao filho para ler. E cobraria, depois da leitura, a posterior discussão do tema com ele.

Os almoços dos domingos traziam no cardápio quase sempre um cozido — que ele adorava e comia depois de borrifá-lo com quantidades exponenciais de sal. Nessa hora, Teotônio fazia absoluta questão de que todos os filhos estivessem à mesa, não aceitava desculpas para uma eventual ausência. Da mesma forma, toda vez que chegava em casa, cobrava a presença dos filhos em seu redor. Aí contava histórias verdadeiras e fantasiosas, mas sempre histórias que encerravam um exemplo de vida que fosse mais realista do que a fantasia.

Todos os filhos estudaram em colégios públicos, com exceção de Fernanda, que preferiu uma escola de freiras. Os sete iam de ônibus para a escola, mas quando a família saía junta embarcavam todos numa Rural Willys; como não cabiam todos nos bancos o maleiro tinha um colchão, onde os menores se acomodavam.

* * *

O prédio da Assembleia fora inaugurado em 1851, idealizado no estilo "Império Brasileiro", que tem exemplares construídos em várias cidades à mesma época em que aquele fora erguido em Maceió. Esse estilo herdara — talvez fosse mais correto dizer copiara — formas do estilo neoclássico, em voga na Europa por volta de meados do século XIX, em especial na França. A forma compacta do edifício, com portas e janelas apostas de forma simétrica, a ausência de detalhes decorativos externos, a sobriedade dos frisos e relevos horizontais e verticais nas fachadas, tudo isso enfatizava a austeridade da decoração. Há uma sutil diminuição da altura dos andares, de baixo para cima, artifício usado para dar a ilusão de que o prédio é mais alto do que realmente é. O edifício fora originalmente construído para ser a sede do Tesouro Estadual.

A votação do *impeachment* foi marcada para as 15 horas de um dia aziago — sexta-feira, 13 de setembro de 1957. De manhã cedo chegou a Maceió um avião procedente do Rio de Janeiro, a bordo do qual viajavam o presidente nacional da UDN, Milton Campos, um observador enviado por Nereu Ramos, ministro da Justiça, alguns políticos da UDN e jornalistas dos principais jornais cariocas. Uma hora antes da sessão, os 22 deputados oposicionistas — que, em tese, aprovariam o *impeachment* — estavam já reunidos na sala do presidente da Assembleia, Lamenha Filho, e aguardavam a hora aprazada.

Na véspera, o deputado Humberto Mendes, sogro e aliado de Falcão, dissera já ter encomendado 22 caixões, onde seriam devidamente acomodados os rivais, depois de tornados defuntos. Seu desafeto Oséas Cardoso mandara um telegrama ao presidente Juscelino Kubitschek:

> Não fugirei da luta. No caso de me roubarem a vida, quero apenas pedir a Vossa Excelência (...), em quem votei para presidente, que se digne oferecer todas as garantias possíveis ao Poder Legislativo, no sentido de ser votado o *impeachment* para se libertar Alagoas.

A fama de Oséas em Alagoas — ele era meio elite, meio jagunço — garantia que ele nunca fugia de uma briga, fosse pessoal, fosse política. Seu pai fora assassinado dentro da hospedaria de sua propriedade, na Viçosa. Tempos depois, ele topou com o chefe da Casa Civil do governo Silvestre Péricles, Luiz Campos Teixeira, que acusava de ter sido mandante da morte do pai, e encheu-lhe o bucho de balas, como se dizia em Alagoas — e nem iria para a cadeia depois por causa da vingança praticada. Teixeira seria o candidato do PSD nas eleições que Arnon de Mello venceria, em 1950. O que aconteceu não era um fato excepcional — esse era o *modus faciendi* alagoano para resolver querelas políticas inegociáveis. A negociação mais comum era feita a bala.

Dias antes da votação, o próprio Muniz Falcão dissera que o *impeachment* só venceria se passasse por cima dos cadáveres dele e dos seus aliados. E ainda disse mais: se a oposição insistisse, o sangue derramado "bateria no meio da perna". Alagoas era mesmo um faroeste de homens, cujo caráter variava entre a bravata e a coragem, que costumavam atestar sua masculinidade pela disposição e precisão no apertar dos gatilhos. Com boa ou má mira.

Presumia-se que naquele dia houvesse uma balacera; Alagoas inteira esperava e, no correr dos dias anteriores, tudo, no ambiente, concorria para que essa expectativa se confirmasse da pior forma possível. Aliás, presumia-se, não: considerando o histórico tradicional do estado, os incontáveis casos do passado, todo mundo esperava que a votação do *impeachment* seria aferida a bala.

Naquela sexta-feira 13, o presidente da Assembleia ignorou os preceitos cerimoniais e mandou colocar uma barreira de sacos de areia em frente à mesa diretora, para proteger seus integrantes na hora em que o tiroteio começasse. E dispensou a maioria dos funcionários, deixando apenas os indispensáveis para o funcionamento da sessão: as taquígrafas foram substituídas por gravadores que seriam operados por funcionários que ficariam fora da sala. Esse conjunto de providências dava mostra clara da óbvia expectativa que animava os litigantes.

Naquele dia, a praça estava tomada por tropas da Polícia Militar, como se isso pudesse arrefecer os ânimos ou evitar algum confronto violento. O arcebispo de Maceió, dom Adelmo Machado, tentara, debalde, conduzir uma negociação entre as partes. Agora, vencido, assistia a tudo, apavorado, através da fresta de um vitral da catedral.

O plenário era uma grande sala retangular; junto à parede de um dos lados passa um corredor interligado à sala principal por três grandes portas; na parede oposta, janelas e um balcão dão para a praça da catedral de Maceió. Às 14h30 um jornalista olhou para a rua por uma das janelas. Voltou-se para o interior e gritou apavorado para os que estavam no plenário: "Lá vêm eles!" E correu.

Sob uma canícula senegalesa, realmente lá vinham eles, os parlamentares situacionistas, o deputado Humberto Mendes à frente e o filho Válter a seu lado, seguidos pelos deputados Abraão Moura, Claudenor Lima (o suposto mandante da morte de Marques da Silva), Antônio Moreira e Luiz Malta Gaia. Ao mesmo tempo, a cena da marcha que eles executavam era assustadora e bizarra — quase todos vestiam capas de chuva, como se fossem personagens retirados de um *spaghetti western* de Sergio Leone.

O primeiro olhar enxergava apenas a bizarrice; o segundo deduzia o óbvio — sob as capas eles escondiam as armas que carregavam, e não pareciam simples revólveres. A tenebrosa procissão passou pela barreira dos policiais militares, que nada fizeram — até porque não havia arma à vista —, e marchou diretamente para a porta da Assembleia. Adentraram o plenário e dispensaram qualquer conversa: abriram as capas de chuva, ergueram pesadas metralhadoras e começaram a varrer o plenário a rajadas. Do fundo da sala, os deputados oposicionistas, em evidente desvantagem bélica, responderam ao fogo com revólveres e pistolas.

Durante cinco minutos, os dois lados gastaram toda a munição de que dispunham. Ao fim do tiroteio, o deputado Humberto Mendes estava morto, atingido no coração por uma bala calibre 38 que, segundo disseram (mas que nunca ficou suficientemente provado), teria sido disparada do revólver do deputado Virgílio Barbosa, que, por sua vez, também levara um tiro na coxa. O deputado José Onias levou um tiro no peito e a bala se alojou no pulmão, mas ele não morreria. O jornalista Márcio Moreira Alves, que saltara acrobaticamente das galerias para o plenário, em busca de proteção atrás dos sacos de areia, levou um tiro nas nádegas e foi levado para o hospital, de onde ditou por telefone, para um redator do *Correio da Manhã*, a notícia do tiroteio, que ganharia o Prêmio Esso de Reportagem no ano seguinte.

Teotônio repetiria por toda sua vida que não estava armado, mas amigos muito próximos garantem que naquele dia ele portava um revólver calibre 38. Nada prova que ele tenha atirado e as poucas fotos que registram o momento do tiroteio (a maior parte das fotografias tiradas naquela tarde foi destruída pelos próprios fotógrafos, por pressão de políticos dos dois lados) mostram Teotônio se protegendo numa escrivaninha virada; atrás dele um deputado aponta o revólver e se prepara para atirar, mas Teotônio não exibe arma.

Dois dias depois o presidente Juscelino Kubitschek decretou intervenção federal no estado. No terceiro dia, antes que o interventor assumisse, o *impeachment* foi finalmente votado, numa sessão feita no Instituto de Educação de Alagoas, sob proteção do Exército e sem a presença dos deputados feridos. Após a votação, Muniz Falcão foi afastado do governo e assumiu seu vice, Sizenando Nabuco, que era do PTB.

A UDN protestou no Congresso Nacional. Numa exibição teatralizada, o deputado Juracy Magalhães discursou no plenário da Câmara e exibiu armas e roupas ensanguentadas, como se as armas só tivessem sido usadas pelos partidários de Falcão e as roupas ensanguentadas pertencessem a membros da oposição. Em seguida, Carlos Lacerda fez um discurso implacável, como era seu costume, em que acusou o presidente Kubitschek de ter negligenciado uma ação mais eficaz para impedir o confronto da Assembleia:

> Ainda não se haviam lavado as manchas de sangue que macularam a augusta Assembleia de um Estado com as responsabilidades e as tradições de Alagoas e, na sua nativa Diamantina, a propósito de uma celebração respeitável, mas inteiramente diversa, o próprio senhor presidente da República dizia num banquete: "Que domingo alegre é este para mim." (...) É este o réquiem das vítimas de Alagoas, vítimas da inconsciência presidencial.

Montou-se um tribunal misto de deputados e desembargadores para votar novamente o *impeachment* e a medida acabou rejeitada. No embalo da rejeição, Muniz Falcão entrou com um recurso no Supremo

Tribunal Federal (STF), que decidiu lhe devolver o cargo. Em 24 de janeiro de 1958 ele voltou a entrar no Palácio dos Martírios carregado nos braços do povo.

O *impeachment* da UDN deu em nada. Até o último dia do mandato do governador, em 1961, a política alagoana seria feita de uma maneira envergonhada, mas contida. Os dois lados, situação e oposição, sabiam que era fundamental refluir a ira, que já não seria possível continuar a fazer política a bala à vista do Brasil horrorizado. A partir de então, eles teriam de encontrar um jeito de debater sem se matar. De tal forma a situação mudou que, no mesmo ano da reentronização de Muniz Falcão, os deputados oposicionistas foram colaborativos na aprovação do orçamento estadual de 1959.

Não haveria mais tiros na Assembleia de Alagoas mas seis anos depois, no plenário do Senado, em Brasília, o senador Silvestre Péricles de Góes Monteiro sacou seu revólver para atirar no senador Arnon de Mello, que também sacou o seu. Um dos tiros dados a esmo por Péricles, que tinha péssima mira, atingiu o senador José Kairalla, do Acre, que morreu no dia em que cumpria a última sessão de seu mandato provisório e que nada tinha com o renitente entrevero dos dois alagoanos.

* * *

Teotônio passou os anos seguintes na muda. Assimilou a derrota final do *impeachment* e continuou a criticar Muniz Falcão até o fim do seu mandato de deputado estadual, sem nunca mencionar o episódio em que fora protagonista. Entrementes, passou a dedicar menos tempo à política e mais tempo à elaboração de suas crônicas para o *Jornal de Alagoas*, como se quisesse mostrar ao povo alagoano que era mais romântico do que cascudo, mais amoroso do que jagunço. Escrevia a crônica e ia entregá-la na redação, onde exigia que o editor, Arnoldo Jambo, ouvisse a leitura em voz alta do texto para, em seguida, dar sua opinião "sincera" a respeito do artigo. Nessas crônicas, relatava passagens da infância e da família, lembranças dos festejos tradicionais da Viçosa e do Nordeste, fazia necrológios dos amigos mortos e, apenas de vez em quando, arriscava abordagens políticas.

Cumprido o rito, sentia-se liberado para começar a noite num encontro de amigos na Cantina Bela Triestre ou no Club Phenix Alagoana. Seu motorista invariavelmente voltava ao *Jornal de Alagoas*, onde ficava esperando o fechamento da edição, para levar Arnoldo Jambo até o local de reunião dos amigos, sempre com a edição rodada do jornal na mão, para que Teotônio orgulhosamente saboreasse sua crônica impressa, horas antes de chegar às mãos dos leitores.

Até o fim da vida, como se tivesse vergonha do que acontecera na Assembleia, evitaria tocar no *impeachment*. Sempre que alguém lhe perguntava sobre o caso, dizia apenas que era um episódio menor, que não merecia ser lembrado. Apenas uma vez deu uma explicação um pouco mais prolongada: "Eu procuro não rememorar, não porque me envergonhe mas porque dá uma imagem pouco respeitável dos parlamentares alagoanos." Em seguida, pediu a seu interlocutor: "Não vamos tocar nessa matéria." E para enterrar o assunto: "Hoje está tudo tranquilo em relação ao que houve, os equívocos foram esclarecidos." Disse isso como se uma troca de tiros num plenário democrático fosse não mais do que uma mera sequência de equívocos. No fundo, ele tinha precisa noção de que aquele episódio não fora o mais ilustre de sua magnífica biografia política.

* * *

Teotônio admirava a democracia mas parecia não ligar para seu maior e grandioso evento, as eleições. Candidato à reeleição em 1958, ele nem sequer imprimiu as pequenas cédulas que os candidatos costumavam distribuir para que o eleitor a guardasse e, no dia do pleito, pusesse uma delas num envelope e o jogasse na urna.

As cédulas com seu nome foram impressas em cima da hora pelo amigo Geraldo Sampaio, na gráfica da *Gazeta de Alagoas*, e mal distribuídas. Ao contrário dos seus rivais, Teotônio não pagava cabos eleitorais nem saía às ruas para pedir votos. Além de candidato à reeleição como deputado estadual, fora inscrito como suplente de Arnon de Mello, candidato da UDN ao Senado. O adversário de Arnon era o velho Silvestre Péricles, que tentava, pelo Partido Social Trabalhista (PST), no qual então se abrigavam Muniz Falcão e seus aliados, uma retomada de sua carreira política abalada nas duas eleições anteriores.

Teotônio perdeu duas vezes. Não se reelegeu deputado estadual, ficando apenas na suplência, e viu Arnon perder para Péricles, que tinha o apoio entusiasmado de Muniz Falcão, por 1.652 votos de diferença. Arnon e Teotônio ficaram sem mandato eletivo. A UDN parecia colher o fruto da imprevidência que plantara com a tentativa infrutífera e impopular de *impeachment* que propiciara a Muniz Falcão ordenhar sua vitimização a cada palanque em que subia. Na oposição ao governo estadual (que se estenderia até 1961), a UDN foi derrotada para o Senado e elegera apenas dois deputados federais (contra cinco, na eleição anterior). Teotônio continuou a trabalhar para o partido, mas seus principais afazeres, os mais entusiasmados, passaram a ser as crônicas que escrevia semanalmente para o *Jornal de Alagoas* e, acima de tudo, a gestão da sua Usina Boa Sorte.

Mas a coceira da política logo o acometeria de novo. Em 1959, começou a ganhar corpo no grupo da UDN a candidatura a governador de Luiz Cavalcante, que fora eleito deputado federal em 1958 pelo PL, partido criado no Rio Grande do Sul pelo ex-udenista Raul Pilla e que sempre funcionara como linha auxiliar da UDN. O nome de Cavalcante — o popularíssimo major Luiz — desagradava aos três grandes caciques da UDN alagoana, Rui Palmeira, Arnon de Mello e Freitas Cavalcanti, mas Teotônio fincou pé e insistiu muito para que ele fosse o candidato. Cavalcante acabou confirmado e, ao ser ungido, impôs o nome do amigo Teotônio como candidato a vice-governador em sua chapa. Segundo todas as previsões da época, a chapa PL-UDN teria pouca chance de vencer.

Os outros três candidatos eram todos egressos do grupo político dos Góes Monteiro, agora liderados pelo então governador Muniz Falcão. Ao contrário do lado udenista, o grupo de Falcão não conseguiu fechar um acordo para indicar apenas um candidato e se dividiu em três candidaturas, o que fragmentava os votos do grupo, numa eleição de apenas um turno, e dava a Cavalcante uma remota chance de vitória.

Os três candidatos adversários eram Abraão Fidélis de Moura, pelo PSP, antigo partido de Muniz Falcão; o velho Silvestre Péricles, pelo PDC; e Ary Pitombo, pela coligação PSD-PTB, que na eleição presidencial concomitante apoiaria o general Henrique Teixeira Lott. A presença de Teotônio na chapa foi vital para atrair o apoio do empresariado alagoano à candidatura de Cavalcante. Teotônio ainda colaboraria ao conseguir a adesão de alguns chefes políticos interioranos.

Na campanha, os dois pregaram a paz na política, uma mensagem que se contrapunha à lembrança do tiroteio na Assembleia, três anos antes, e neutralizava o processo de vitimização que o hábil Muniz Falcão deflagrara. Para reverberar a paz que pregavam, fizeram a campanha com camisas de manga curta e enfiadas na calça, evidenciando que não portavam armas, e andaram o estado inteiro num jipe sem capota, sujeitos ao sol e à poeira das estradas interioranas, expondo-se à eventual ação de um pistoleiro. O major Luiz era um militar da reserva muito querido em Alagoas. A principal lembrança que qualquer alagoano tinha dele é que adorava chupar roletes (pequenos pedaços de cana descascados e vendidos por ambulantes) nas ruas e praças de Maceió.

O resultado da eleição foi completamente inesperado. Na capital, venceu Silvestre Péricles, com Cavalcante em segundo lugar; no interior, venceu Abraão de Moura, também com Cavalcante em segundo.

Na soma dos votos, sem ganhar nem na capital nem no interior, Luiz Cavalcante venceu com 38.915 votos contra 37.213 de Abraão de Moura e 31.020 de Silvestre Péricles. Mais uma vez a eleição alagoana fora decidida pela mesma estreita margem que costumava ocorrer nos pleitos estaduais, graças à polarização entre os dois grandes blocos. Desta vez, foram apenas 1.702 votos.

Uma aberração na lei eleitoral da época determinava que os candidatos a governador e a vice disputassem eleições separadas, o que criava o risco de, eventualmente, ser eleito o governador de um partido e o vice de outro. Isso aconteceria naquele ano no plano federal, com a eleição de Jânio Quadros (PTN-UDN) para a Presidência e João Goulart (PTB-PSD) para vice, o que ocasionaria a crise da renúncia e, na sequência, o golpe de 1964. Em Alagoas, Teotônio enfrentou uma eleição à parte e acabou vencendo por uma margem maior do que Cavalcante: alcançou 33.952 votos contra 29.066 de Beroaldo Maia Gomes Rego, ex-coordenador econômico de Muniz Falcão.

Uma das marcas mais notórias de Teotônio foi separar as relações políticas das relações pessoais. Isso lhe permitiu manter o diálogo com todos os interlocutores da cena política alagoana, sem deixar que as diferenças político-eleitorais se transformassem em pessoais. Quando abandonou a Arena, já no governo militar, saiu de uma bancada no Senado na qual era parceiro de Guilherme Palmeira, filho de seu antigo mentor Rui Palmeira, mas nunca deixou que a distância política fragilizasse a amizade com ambos. Quando se elegeu vice, Teotônio vencera Beroaldo Rego mas os dois continuaram amigos depois da apuração — e para sempre. Num sensível artigo publicado na *Tribuna de Alagoas* no dia do sepultamento de Teotônio, Beroaldo escreveu: "Churchill costumava dizer que a principal qualidade do homem é a coragem. É essa que faz valer todas as demais. (...) Teotônio demonstrou isso na vida, na doença e na morte. Sua indiferença ao infortúnio."

* * *

Luiz Cavalcante, quatro anos mais velho do que Teotônio, ingressara na Escola Militar do Realengo em 1937, no ano seguinte à tentativa frustrada de Teotônio. Passou para a reserva do Exército como tenente-coronel mas foi promovido, no ato da reforma, para dois postos acima, como determinava a legislação da época, e se aposentou no posto de general de brigada, pouco antes de entrar para a política.

Como vice-governador, Teotônio daria mostras de seu temperamento inquieto mas os dois nunca brigaram. Pelo contrário, foram amigos até a morte. Durante o regime militar, os dois se elegeram senadores da Arena (Teotônio em 1966 e 1974, Cavalcante em 1970 e 1978) e estiveram no Senado juntos por 12 longos e difíceis anos, nove na mesma bancada. Quando Teotônio começou a se apartar do regime militar e a fazer discursos incômodos no Senado, a bancada da Arena se retirava do plenário, mas major Luiz se negava a sair. Ficava e ainda dava apartes simpáticos, muitas vezes fraternos, para encorajar e prestigiar o velho amigo.

Major Luiz não fez um governo rancoroso nem designou caçadores de bruxas para revolver as contas de Muniz Falcão. Simplesmente mirou em frente e optou por fazer um governo modernizante. Com base num levantamento socioeconômico do estado, feito em 1961 pela Federação das Indústrias, Teotônio comandou a elaboração do Projeto Alagoas, embrião dos dois projetos — o Projeto Brasil e o Projeto Emergência — que apresentaria, muitos anos depois como receita para o Brasil superar a ditadura militar e se desenvolver com democracia. Mas a lembrança da maioria das pessoas registra o Teotônio generoso: nas muitas vezes em que assumiu o governo durante as ausências de major Luiz, ele visitava presídios e mandava libertar presos sem culpa formada, ação que começou a moldar o seu perfil humanista mas que à época gerou incontáveis atritos com o então secretário de Segurança, o coronel João Mendes.

Teotônio não foi um vice-governador inerte. Imaginou uma obra que canalizaria águas do rio São Francisco, logo após a barragem de Paulo Afonso, para irrigar o sertão. Seria um modelo para fazer a transposição das águas caudalosas do rio que conhecia tão bem, que fora sonhada por dom Pedro II, no século XIX, e pelo ditador Getúlio Vargas, nos anos 1940 mas que nunca saíra do papel. Teotônio tencionara uma transposição de águas mais modesta, com a pretensão de dar fim à seca alagoana, apenas, não de todo o Nordeste. Na concretização de sua ideia, pequenos canais foram cortados perto do Belo Monte alagoano, entre Pão de Açúcar e Propriá, a meio caminho do sertão, com o objetivo de irrigar a agricultura nas secas. Mas a água era um produto tão escasso na região que os sertanejos não tinham coragem de gastá-la na plantação, com medo de que ela acabasse e nunca mais voltasse; usavam-na, apenas, para o consumo doméstico.

O governo de Cavalcante, com a influência decisiva de Teotônio, acabou com o velho hábito dos chefes políticos do interior de usarem a polícia em seu benefício e produzirem violência contra seus adversários. Teotônio reconheceu tempos depois: "Acabar com isso foi um trauma mas eu sustentei a medida com Luiz."

Numa entrevista, dada depois que abandonara a política, perguntaram a major Luiz quem era o seu melhor amigo. Ele respondeu: "O grande amigo foi Teotônio, apesar da divergência ideológica e da liberalidade à minha custa." A "liberalidade à minha custa" tinha a ver com o gesto impulsivo de libertar presos sem culpa quando o substituía no governo. A divergência ideológica tinha a ver com radicalização contra a ditadura militar, no fim da vida, que suscitava em Major Luiz uma compulsão fraterna de solidarizar-se com ele, mesmo que não compartilhasse as ideias.

Homem rústico, mais ainda que seu amigo Teotônio, major Luiz era de uma franqueza chocante; dizia na cara dos seus interlocutores exatamente o que pensava. Era doce, suave, até simplório, com um jeito meio tatibitate de soletrar palavras, sem erros de sintaxe mas com uma certa hesitação de quem quer escolher bem o que vai falar — e acabava por não falar tão bem assim, embora espargisse sinceridade para todos os lados. Era, talvez, o melhor exemplo da piada que coloca uma freira num prostíbulo. Na política alagoana, ele era a freira.

Quando um jornalista lhe perguntou se era anticomunista, respondeu ingenuamente: "Em certo sentido, sim. Apesar do meu jeito, fui um militar mais para a linha-dura." Ao responder isso, provavelmente não tinha noção precisa do que era um militar linha-dura. Ele era "linha-dura" no sentido de cobrar a correção e a ética na política mas absolutamente incapaz de golpear a democracia de uma forma radical e, muito menos, de compactuar com a tortura de presos políticos, como fizeram muitos de seus pares da verdadeira linha-dura.

Ao deixar o governo de Alagoas, todo o seu patrimônio se limitava a dois apartamentos, um em Brasília (onde passou a morar depois que se esgotara o seu último mandato), outro em Maceió. Optou pela pensão de general, em vez da pensão de governador, que era três vezes maior. Major Luiz era uma peça rara, daquelas que não existem mais.

6
NERO SEM AS LABAREDAS

Teotônio era o que era, não dissimulava. Em períodos polarizados da política nacional, ante um enfrentamento crucial entre UDN e PTB, entre empresários e sindicatos de trabalhadores, entre as rotuladas direita e esquerda, ele era apenas Teotônio. Entre um e outro lado, escolheria o que lhe apontasse seu senso de justiça e pouco ligaria para as consequências políticas de seu ato, como se o seu julgamento moral, feito para dirimir a questão, fosse um ato inquestionável e definitivo. Em Alagoas, fora o segundo mandatário, o vice-governador da UDN e ao mesmo tempo era presidente da Associação dos Amigos de Cuba (AAC), uma entidade de fachada criada pelos comunistas alagoanos Jaime e Nilson Miranda para promover seminários, palestras, comícios e ações político-ideológicas do PCB.

Para culminar, embora fosse da UDN, tinha uma relação civilizada com Miguel Arraes, que era do PSB e militava à esquerda do bloco que apoiava o presidente João Goulart. À medida que a situação nacional se acirrava, manteve seu diálogo com Arraes, o que lhe rendeu o respeito do velho líder cearense que governava Pernambuco. Quando Arraes voltou do exílio, em 1979, filiou-se ao PMDB, o mesmo partido no qual estava Teotônio e, a partir de então, os dois operaram em sintonia muito próxima. Ao romper com a ditadura militar foi a única vez na vida que escolheu um lado e entrincheirou-se nele, certificando-se de que ali era o lado do bem.

* * *

Teotônio conhecera Jânio Quadros durante a campanha presidencial de 1960, em São Paulo, num jantar em casa do ex-governador Abreu Sodré, então líder da UDN paulista. O jantar começou às 20 horas, foi seguido por uma conversa regada a uísque — que no início não afetou Jânio e em nenhum momento afetaria Teotônio — e só acabou às 6 horas do dia seguinte. Ao longo das dez horas dessa interminável conversa, as impressões que Teotônio registraria de Jânio variaram. No correr da noite, à medida que bebia, Jânio ficava pastoso e sua coerência se desfazia. "Na primeira hora ele estava ótimo, depois a coisa mudou", contaria Teotônio. Durante o jantar, olhava-o admirado, como se ouvisse um ser de inteligência superior. Mas a ação do uísque provocou um derretimento do encanto e, ao raiar do dia, já tinha certeza de que estava diante de um louco.

No começo da conversa, Jânio falara de sua candidatura com arrebatamento e acuidade, estivera interessado em coisas do Nordeste, fizera perguntas pertinentes. Mas o efeito danoso do uísque começou a torná-lo repetitivo e óbvio e quanto mais bebiam mais Jânio mostrava-se inconstante — e mais Teotônio quedava-se intrigado. Ele propôs a Jânio implantar uma Operação Nordeste, um plano ousado e consistente mas parece que Jânio não conseguiu juntar as pontas e não atinou para a qualidade da proposta. Nas semanas subsequentes, pareceu tê-la esquecido. A ideia acabou caindo nas mãos do ainda presidente Juscelino Kubitschek, que aproveitou projeto semelhante idealizado pelo economista Celso Furtado, englobando as sugestões de Teotônio, e criou a Superintendência de Desenvolvimento do Nordeste (Sudene).

As dúvidas sobre Jânio, Teotônio começou a senti-las nesse primeiro encontro, ainda na campanha. Para começar, percebeu em Jânio um olímpico desapreço pelas questões sociais. "Havia uma diferença enorme entre o que ele dizia e o que pensava. Na verdade, ele não estava interessado em transformar a nossa realidade social", observou, com o raro olhar udenista seletivo de quem preconizava que a liberdade deveria se aliar ao desenvolvimento social. Por último, Teotônio achou que Jânio era "extremamente autoritário". Numa expressão de absoluto desprezo por Jânio, cunhou uma frase desmerecedora sobre ele: "Ele saiu do palácio para ver o povo derrotar-se; é uma versão de Nero sem as labaredas."

A renúncia, em agosto de 1961, não surpreendeu Teotônio. Ele diria numa entrevista:

> Três meses depois da posse de Jânio, meu pressentimento era que algum desastre iria ocorrer, pelas medidas que ele estava tomando, pelo alheamento total dos problemas mais profundos. A renúncia, evidentemente, me causou perplexidade enorme, mas de imediato senti que não podia ser de outra forma: ou ele levava o país para a ditadura, fechando o Congresso, e ele já tinha dado sinais claros a respeito, ou não podia produzir absolutamente nada trancado dentro do palácio, distante do país.

Dois episódios marcaram Teotônio nos anos turvos que se seguiriam. O primeiro foi uma reunião que a direção nacional da UDN convocou em agosto de 1961 e que ocorreu no Palácio Guanabara, no Rio de Janeiro, comandada pelo governador da Guanabara, Carlos Lacerda, até então um líder admirado por Teotônio. Lacerda convocou todos os governadores, os principais parlamentares e os principais dirigentes da sigla para extrair uma posição do partido sobre a eventual investidura do vice-presidente João Goulart, após a renúncia de Jânio. O governador Luiz Cavalcante não quis ir e pediu que Teotônio o representasse. O que dizer lá? Antes de viajar conversou com Cavalcante e lhe disse sinceramente: "Eu sei que você não gosta de Goulart mas vou para a reunião defender a posse dele. É o que manda a Constituição e acho que nós temos de fazer o que é da lei, haja o que houver." Cavalcante lhe disse para se posicionar como achasse melhor.

Na reunião, contaria tempos depois Teotônio, Lacerda falou como se fosse o anjo Ezequiel baixando em seu carro de fogo sobre uma chusma de assustados mortais. Invocou a situação débil do país, a subversão que sucederia a posse, passou uma clara senha — dali, queria tirar uma posição fechada da UDN contra a posse de Goulart. Vários próceres falaram e reforçaram a posição de Lacerda. Teotônio foi um dos últimos a falar; disse que não só era a favor da investidura do vice-presidente como iria às ruas defendê-la, pois estava prevista na Constituição. Viu a perplexidade introjetada nos olhares que o fulminavam, a começar por Lacerda. Quando terminou, levantou-se desencantado com seu antigo e admirado líder e dirigiu-se à saída.

Quando chegava à escada, sentiu um puxão no braço; virou-se e deu com Milton Campos, o político que ele mais admirara e que mais admiraria até o fim de sua vida. Sentiu-se profundamente encantado por ter suscitado uma reação que fosse daquele luminar do pensamento político brasileiro. Campos lhe disse: "Estou solidário com você. Eu também fiz a minha comunicação. Estamos livres, vamos para a rua." Se alguém naquela reunião tinha motivos para não gostar de Goulart, esse era Campos, que fora o candidato a vice-presidente derrotado por ele em 1960.

Teotônio sentiu-se absurdamente gratificado: "Eu não queria a companhia de milhões de exércitos. Eu queria a companhia de Milton Campos. A companhia de Milton Campos era a companhia dos anjos, da verdade, da sensatez." E foram embora juntos, flanando na leveza dos bem-aventurados.

***

Nos primeiros meses de 1964, a situação em Alagoas reproduzia em escala menor o que ocorria no Brasil inteiro. Senhoras da elite haviam patrocinado um ato contra a comunização do país no rosado Teatro

Deodoro. Nas grandes fazendas, usineiros treinavam seus jagunços em comandos para caçar conhecidos comunistas locais. Como troco, os comunistas anunciaram a ida de Miguel Arraes a Maceió para um comício que aconteceria em 29 de março, dois dias antes do desfecho do golpe. Teotônio teve acesso a informações do serviço secreto da Polícia Militar alagoana de que milícias dos grandes fazendeiros planejavam descarrilar o trem em que Arraes viajaria na divisa entre Pernambuco e Alagoas e que, se o atentado falhasse, um comando de jagunços a soldo de usineiros o alvejaria em Maceió.

Levou a informação a major Luiz e pediu-lhe que o governo estadual desse garantias a Arraes. Em seguida, foi à imprensa e denunciou o planejamento dos atentados. Por último, pegou o telefone e avisou Arraes, a quem, até então, nunca tinha visto pessoalmente. Arraes agradeceu a informação, mas disse que manteria o comício. Teotônio, então, voltou ao major Luiz e os dois convocaram um grupo de elite da Polícia Militar para dar segurança a Arraes.

Teotônio compareceu pessoalmente ao comício, mesmo correndo o risco de ser hostilizado pelos esquerdistas ou de ser dedurado aos militares se o golpe anunciado fosse bem-sucedido. Arraes nunca se esqueceria desse gesto de solidariedade que viera de um adversário. Por essa e outras — como a presidência da AAC — Teotônio equilibrou-se no fio da navalha quando o golpe se consolidou. Foi a primeira vez em que, mesmo filiado a um partido simpático ao novo regime, esteve por ser cassado.

Na noite do golpe, Teotônio soube que o general Mourão Filho tinha largado com tropas mineiras no rumo do Rio de Janeiro. Ligou para o major Luiz, que já estava deitado e não sabia de nada. Dez minutos depois o major Luiz ligou de volta, pediu que Teotônio lhe providenciasse um rádio portátil para acompanhar a situação. A partir de então, os dois vararam furiosamente o dial, percorrendo as principais emissoras do Rio de Janeiro e de São Paulo, em busca de se atualizarem com a dramática situação nacional. No meio da madrugada, propôs ao major

Luiz que fossem juntos ao quartel do 20º Batalhão de Caçadores, a principal guarnição militar de Maceió e de Alagoas para indagar que verdade estava valendo naquele momento. Recebidos pelo comandante, perguntaram-lhe o que sabia de concreto — e o comandante não sabia de nada e, evasivo, dava mostras de não querer se comprometer com qualquer um dos lados. Os dois voltaram ao Palácio dos Martírios.

Os dois e o comandante do 20º Batalhão logo receberam novidades e elas confirmavam o sucesso do golpe. Do seu lado, o major Luiz sabia que já não lhe seria preciso embarcar no jato da Vasp, enviado pelo governador Adhemar de Barros, que estava pousado no Aeroporto dos Palmares e esperava para levá-lo em fuga de Maceió a São Paulo se o outro lado vencesse. Afinal, o major Luiz estava cercado: ao norte, em Pernambuco, o governador era Arraes; ao sul, em Sergipe, João de Seixas Dória, um udenista que fora deputado federal e apoiara Jânio com entusiasmo, integrara a Bossa Nova, a ala progressista da UDN composta por deputados que queriam inserir uma agenda social no programa do partido (entre eles estava o então jovem deputado José Sarney). Mas no governo de Sergipe Seixas Dória apoiou o presidente João Goulart e por isso entraria na primeira lista de cassação do regime militar — foi uma espécie de Teotônio precoce, sem muita sorte e sem amigos que o salvassem.

Para Teotônio, no entanto, o risco começava a concretizar-se. O comandante do 20º Batalhão de Caçadores escolheu rapidamente o seu lado e mandou levantar, na Segunda Seção, a ficha de Teotônio. Lá constava: presidente da Associação dos Amigos de Cuba; amigo dos principais dirigentes do PCB em Alagoas, os irmãos Jaime (que seria assassinado pela ditadura em 1975) e Nilson Amorim de Miranda; e articulador da proteção a Miguel Arraes para fazer um comício subversivo em Maceió. Que mais seria preciso para incriminar alguém naqueles dias turvos?

O processo caminhou célere. Em menos de dois meses de novo regime, começaram a chegar indícios de que o nome de Teotônio aparecia nos rascunhos de listas de cassação forjadas nos gabinetes militares de Brasília. O amigo Luiz Cavalcante, com a autoridade moral de oficial respeitado no Exército, chamou a responsabilidade para si e, em 6 de junho de 1964, escreveu uma carta ao general Humberto de Alencar Castello Branco, pedindo por Teotônio:

> Senhor Presidente,
>
> Faltaria eu a lealdade a um amigo se não lhe fizesse esta carta, ou melhor, este apelo. Trata-se do vice-governador de Alagoas, o meu dileto companheiro Teotônio Vilela, cujo mandato estaria prestes a ser cassado.
> Consumada tal medida, Sr. Presidente, se consumaria profunda injustiça, pois o Teotônio não é comunista de modo algum, mas apenas um homem evoluído e também realizado, usineiro e intelectual, grande figura humana das mais queridas de Alagoas. Quando muito, é ele um homem da esquerda democrática, à qual V. Excia. se referiu no seu discurso de ontem à noite com evidente apreço.
> E creio não me faltar autoridade para dar essa certidão de anticomunismo, porque certamente chegou também ao seu conhecimento a luta desencadeada em Alagoas contra as manifestações do comunismo, não somente durante a revolução, mas, principalmente, antes dela.
> Em todas as circunstâncias contei sempre com a colaboração do meu vice-governador, culminando com a franca e total adesão que se deu ao movimento revolucionário logo que dele tomou conhecimento, sem se deter na extensão dos riscos de sua atitude, que traduziu, antes de tudo, justamente uma opção entre democracia e comunismo.
> Tomo, pois, a liberdade de me dirigir ao eminente Presidente, na esperança de que não permitirá se concretizar tão clamorosa e irreparável injustiça.
> Muito respeitosamente,
>
> Luiz Cavalcante-Governador

Os dias posteriores foram de indizível tensão. O major Luiz tinha um oficial amigo que rastreava a sua carta ao general Castello Branco e lhe mandava informes breves sobre sua aceitação ou não. Na primeira semana de julho esse amigo mandou um recado cifrado para o major: o risco estava superado. O general Castello Branco lera a carta e ordenara que o nome de Teotônio fosse excluído de toda e qualquer lista de cassações que alguém porventura estivesse fazendo ou patrocinando.

Teotônio escapava da primeira tentativa de cassação de seu mandato. Mas outra viria, e não demoraria tanto tempo assim.

* * *

Teotônio apoiou o golpe de 1964. Sem muito entusiasmo, a ponto de ter sua fidelidade contestada, sem participação nas mobilizações em favor do golpe militar, sem declarar-se publicamente a favor dos golpistas, presidindo a AAC — mas apoiou. Depois que a carta do major Luiz produziu seus efeitos, ele foi objetivamente aconselhado a não provocar mais dúvidas sobre seu alinhamento com o novo regime. Aquietou-se na UDN e continuou a exercer o cargo de vice-governador de Alagoas, devidamente deposto da presidência da AAC e sem mais contatos com Arraes, que estava preso (eles só voltariam a se ver depois da anistia, quando Arraes regressou ao país). Assim, foi esquecido pelas cassandras que viam comunismo nas fendas das paredes e nos buracos do chão.

* * *

A primeira eleição a testar a popularidade do regime militar aconteceu em 3 de outubro de 1965 para eleger os governadores de 11 estados (Alagoas, Goiás, Guanabara, Maranhão, Mato Grosso, Minas Gerais, Pará, Paraíba, Paraná, Rio Grande do Norte e Santa Catarina). O calendário eleitoral dos governos estaduais era descoincidente — alguns tinham feito eleição em 1960 para um mandato de cinco anos e outros em 1962 para um período de quatro.

O resultado das urnas foi negativo para o regime militar: partidos de oposição venceram em seis dos 11 estados, o que provocou uma forte reação dos militares e de setores políticos que os apoiavam. As derrotas que mais chamaram atenção foram na Guanabara e em Minas Gerais, mas candidatos apoiados pelo regime perderam no Mato Grosso, em Alagoas, no Rio Grande do Norte e em Santa Catarina.

No Estado da Guanabara, elegeu-se o embaixador Negrão de Lima e em Minas Gerais, o engenheiro Israel Pinheiro; ambos eram politicamente moderados e concorriam pelo PSD. A primeira reação desmedida partiu do ex-governador Carlos Lacerda, do Rio de Janeiro, que exortou o governo militar a não dar posse aos vitoriosos. Não havia, no entanto, sustentação legal para isso, pois a eleição transcorrera estritamente dentro das regras estabelecidas e todos os oposicionistas (menos Muniz Falcão em Alagoas) haviam alcançado maioria absoluta dos votos.

Tudo piorou quando o ex-presidente Juscelino Kubitschek, que estava no exterior e fora cassado um ano e quatro meses antes da eleição, veio ao Brasil especialmente para comemorar com o seu partido, o PSD, as vitórias de Negrão, Israel, Ivo Silveira (Santa Catarina) e monsenhor Walfrido Gurgel (Rio Grande do Norte). Todos acabaram tomando posse.

Menos sorte teve Muniz Falcão, novamente candidato pelo PSP, que vencera Rui Palmeira (UDN) e Arnon de Mello (agora no PDC) em Alagoas, mas foi impedido de tomar posse por não ter alcançado maioria absoluta. O afastamento de Falcão obrigou a uma eleição indireta na Assembleia alagoana, a qual ungiu Antônio Lamenha Filho, um velho amigo de Teotônio que fora o presidente da Assembleia Legislativa à época do *impeachment* de Falcão.

O regime militar deu posse aos eleitos, mas acusou o golpe. Vinte e quatro dias depois da eleição, o governo militar editou o Ato Institucional número 2, que extinguiu os tradicionais partidos políticos e instituiu obrigatoriamente o bipartidarismo. O governo militar reuniu seus partidários na Arena e as forças de oposição se juntaram no Movimento Democrático Brasileiro (MDB). Teotônio, em fim de mandato de vice-governador, filiou-se à Arena.

Com medo de que a derrota eleitoral em seis estados se repetisse em 1966, quando outros estados importantes elegeriam seus governadores, o regime militar decretaria que as eleições de governadores passariam a ser indiretas. Os estados que renovariam seus governadores em 1966 já o fizeram pela via indireta.

* * *

Em 1966, houve eleições gerais para o Congresso e em Alagoas Teotônio foi suscitado como candidato ao Senado. Sua primeira providência, antes mesmo de registrar a candidatura, foi emancipar o filho mais velho, José Aprígio, e dar-lhe, aos 17 anos, a direção formal da Usina Boa Sorte. A primeira medida adotada pelo jovem José Aprígio foi tomar do pai o talão de cheques, para que ele não continuasse pagando, invariavelmente, todas as contas dos bares por onde passava (embora pudesse pendurar as contas, mas desse recurso José Aprígio trataria mais adiante).

Sem a Boa Sorte para lhe roubar as horas de sono, pela primeira vez Teotônio pôde dedicar-se a uma campanha de corpo e alma. Já reabilitado na Arena, impôs sua liderança natural e cresceu na campanha eleitoral. Alcançou quase 56% dos votos, contra 44% do eterno rival Silvestre Péricles, dessa vez candidato pelo MDB. Teotônio iria para Brasília cumprir um mandato de oito anos como senador da República, formaria a bancada alagoana ao lado de seus velhos amigos e correligionários udenistas Rui Palmeira e Arnon de Mello.

Ir para o Senado, em Brasília sugeria uma incógnita. Era um momento de luta pela democracia que pouco a pouco se esvaía do cenário político brasileiro. Teotônio deve ter percebido que, sob aquele regime esquizofrênico, não adiantava posar de guerreiro e dar soco em ponta de faca. Não havia como, naquele momento de inflexão autoritária, abrir guerra contra um regime que era forte, impunha-se pela força bruta e se mostrava, a cada momento, mais autoritário e menos sensível aos valores democráticos. Mas certamente seria possível lutar de outra forma contra a tirania.

A relação dos senadores e deputados eleitos evidenciava um óbvio retrocesso na política brasileira. Os líderes mais importantes da oposição tinham sido cassados pelo regime militar e varridos do cenário político. A campanha eleitoral para 1965 ficara esvaziada e sem graça porque a antiga legislação previa que nela deveria ser eleito o novo presidente da República, na qual certamente se enfrentariam Juscelino Kubitschek, Carlos Lacerda e Leonel Brizola ou Miguel Arraes. Mas no correr de 1965 isso era passado.

A eleição presidencial direta fora descartada no momento inaugural do golpe, quando o Ato Institucional (que não era numerado mas ganhou o número 1 depois que foram editados o 2, o 3 etc.) estabelecera que o presidente da República, dali por diante, seria eleito de forma indireta. Além disso, Brizola e Arraes haviam sido cassados pelos militares na primeira leva, logo após o golpe; Juscelino o seria em junho de 1964. Restava Lacerda, que empurrava os militares para o endurecimento contra as oposições. (Dois anos depois, sentindo-se descartado pelos militares, brigou com o regime e se uniu a seus figadais adversários Juscelino e João Goulart para a formação da Frente Ampla, na qual os três combateriam o regime militar. A frente foi atropelada pelo AI-5 e o próprio Lacerda acabou cassado em 1968.)

A campanha eleitoral para a eleição parlamentar foi, por tudo isso, fria e sem graça, como uma peça de teatro à qual faltaram os atores principais e que acabou encenada por substitutos. E as perspectivas que se desenhavam eram cada vez mais sombrias. A eleição parlamentar revelou números que correspondiam à expectativa possível, naquelas condições. Enfraquecido, o MDB elegeu apenas sete senadores dos 23 cargos em disputa; as outras 16 cadeiras foram da Arena (inclusive a de Teotônio). Na Câmara dos Deputados, das 409 cadeiras em disputa, a Arena elegeu 277 e o MDB, apenas 132. A Arena passou a deter 67% da Câmara, número suficiente para atingir o mais rigoroso quórum, o de dois terços, que aprovava as alterações constitucionais.

Teotônio tomou posse no início de 1967 e durante todo o primeiro ano de Senado fez dois discursos. O primeiro, em 16 de maio, ao qual deu o título de "O homem ao lado do homem", seria elogiado por Daniel Krieger. Quando esse discurso foi proferido, o presidente da República já era o general Arthur da Costa e Silva, o homem que, ao submergir a pressões da linha-dura, assinaria o AI-5 no ano seguinte. Teotônio falou bem mais do que diziam, à época, muitos parlamentares do MDB, na oposição. Cobrou as promessas dos militares:

> A Revolução eclodiu na presunção do restabelecimento da normalidade democrática, ao lado da implantação da normalidade econômico-financeira. (...) Hoje, decorridos três anos, o país ainda não se encontrou dentro da imagem desejada.

E foi além, ao dizer que o povo estava infeliz com a "revolução". Em seguida constatou:

> Chegamos ao governo Costa e Silva cansados e desnorteados de lutas que não foram vitoriosas e vitórias que não precisavam de tanta luta. Não discuto a validade da Revolução, de que participei; discuto o destino da Revolução como possível instrumento de evolução social, pois aí é onde o povo se junta, independentemente de facção política,

como numa espécie de encruzilhada, para nos perguntar — E agora, José? Pergunta que transmitimos respeitosamente ao Sr. Presidente da República, com a indagação, inclusive, sobre se de fato todos os caminhos foram devidamente limpos.

Após longo jejum, voltou à tribuna em 15 de novembro, Dia da Proclamação da República, e soltou os cachorros pela primeira vez. Criticou abertamente o cerco do regime militar ao Congresso, traduzido na contínua sucessão de cassações de mandatos por razões as mais bizarras, e, de cambulhada, denunciou a situação de miséria no Nordeste. Teotônio falava pouco, mas ainda assim falava coisas que ninguém tinha coragem de falar:

> Sei que o espaço reservado hoje ao parlamentar é reduzido e, além de reduzido, vigiado. Há, entretanto, fora desse cenário próximo, desse cenário institucionalizado, instituído ou instruído, não sei bem, há o amplo cenário da vida brasileira, que, entre a esperança e a desesperança, entre a espera e o desespero, confia ainda na democracia representativa e aguarda do Parlamento a luz verde de ingresso nos caminhos da democracia ampla e do desenvolvimento harmônico.

Para os que não viveram esse período parece pouco, enquanto discurso crítico. Mas à época esse pouco era uma crítica acima dos padrões suportados pelo regime militar, era um quantitativo que gerava desconfianças e reprimendas do regime e que botava seu autor no índex dos militares. A ditadura militar era uma panela de pressão no fogo, contendo, em seu interior, a sociedade brasileira. Era como se a casa de uma pessoa fosse tomada por um grupo de assaltantes e eles obrigassem essa pessoa a fazer coisas que ela nunca fizera, não queria fazer e achava abjeto fazer. A partir daí os assaltantes agiam como se fossem donos da casa, das coisas e da vida da pessoa — e, por mais que isso implique sentimentos absurdos, a pessoa, presa num casulo infernal e amedrontador, não consegue escapar da força que se impõe sobre ela. E quando lhe resta gritar contra aquela situação grotesca, os assaltantes punem quem gritou, punem quem ouviu o grito, como se fosse proibido pedir socorro, como se fosse vetado socorrer alguém.

A ditadura é sempre assim — um horror. Teotônio pedia socorro, com palavras escolhidas, mas alto e bom som, como ninguém fazia ante os assaltantes da vontade nacional, subjugada pela força. Mas, por menos que falasse, uma hora ele enfrentaria quem cobrasse o devido preço. Ditaduras nunca se esquecem de cobrar as contas.

Certamente avisado por conselheiros prudentes, Teotônio passou a ter uma atuação parlamentar mais discreta. Uma medida disso é dada pelo exame da sua participação nas comissões técnicas do Senado. Quem faz a indicação formal dos parlamentares para as comissões técnicas é o líder do partido, mas cada parlamentar negocia a comissão que gostaria de integrar, para compatibilizar a função da comissão com sua vocação e seus interesses políticos.

Teotônio escolheu comissões que versavam sobre a questão econômica: acabou indicado para a Comissão de Economia, Agricultura, Indústria e Comércio e para a de Redação (uma comissão inexpressiva, à qual compete examinar a forma final dos projetos aprovados na Casa). Vê-se, por aí, que sua escolha, em tempos bicudos na política, foi por comissões que privilegiavam os temas econômicos e empresariais, o que pode sinalizar sobre sua expectativa no mandato, sabedor de que pouco se poderia fazer no campo político, institucional.

No ano de 1968, Teotônio fez outros dois discursos: em 18 de janeiro, em que externou sua preocupação com o futuro da democracia brasileira e, novamente, falou da miséria no Nordeste; e em 8 de fevereiro, mais uma vez apontando equívocos do regime. Não foram críticas duras nem mesmo para a ocasião. Ele usava o hábil estratagema de pedir o reencontro da "revolução" consigo mesma. Realçava que cobrar democracia era uma obrigação dos "revolucionários", já que a "revolução" se fizera para implantar a democracia que fora conspurcada no governo João Goulart — não fora assim? E cobrava com firmeza a restauração desses princípios.

Nos discursos, temperava críticas político-institucionais com a denúncia da inação dos governos "revolucionários" ante a miséria do Nordeste. O principal alvo de seus discursos era o Programa de Ação Econômica do governo Castello Branco que, de fato, prejudicara os estados nordestinos. O número de falências e concordatas na região triplicara entre 1964 e 1966, atingindo setores que eram tradicionais empregadores, como vestuário, alimentos e construção civil. Mas o que preocupava Teotônio era que a economia de Alagoas fora duramente atingida pela crise, o que afetara um setor de seu especial interesse — na pauta brasileira de exportações a indústria açucareira alagoana perdia velozmente posições para a indústria sucroalcooleira paulista.

Foi um ano para se esquecer. Como sabemos, de mal a pior, a situação descambou para uma terrível crise política no fim do ano; Costa e Silva, que exercia a Presidência com promessas vãs e mal escoradas de um processo democrático que desmoronava a olhos vistos, acabou por editar o mais violento Ato Institucional parido pelos militares, o AI-5. O Congresso foi fechado por dez meses, incontáveis mandatos foram mais uma vez cassados e instalou-se a ditadura escancarada no país. Dessa vez Teotônio não contemporizou.

Cada vez mais Teotônio impacientava os militares, que não gostavam de suas críticas, ainda mais porque, no caso, vinham de um suposto aliado — Teotônio era da Arena. Eles entendiam que os aliados deveriam sempre aprovar as medidas do governo e abster-se de manifestações críticas de quaisquer naturezas; e costumavam encarar gestos de desaprovação como uma traição, e não como uma mera discordância política. E davam à suposta traição o mesmo tratamento capital que davam, na guerra, à deserção: a morte, no caso, a morte política, com a cassação do mandato e/ou a suspensão dos direitos políticos.

Teotônio tinha dois grandes mentores àquela época, ambos egressos da UDN com viés liberal e com pendores fortemente democráticos. Um era o mineiro Milton Campos, que deixara com ele a reunião no Palácio Guanabara na qual Lacerda pregara que o vice João Goulart não tomasse posse. Outro era Daniel Krieger, um velho promotor gaúcho que se tornara a referência democrática na UDN e, quando a UDN acabou, o primeiro presidente da Arena. Ambos eram liberais de arraigada deferência pelos valores da liberdade.

No prefácio que fez para um livro de discursos de Teotônio, Daniel Krieger ressaltou que ele compreendera, em sua vida política, "a necessidade de não parar, de não ficar no meio do caminho". De fato, talvez essa tenha sido a melhor definição de Teotônio, ao longo de sua vida — ele nunca foi homem de ficar no meio do caminho, de se conformar com as situações dadas.

* * *

O AI-5 se originara num pretexto inexpressivo, quase banal. O deputado Márcio Moreira Alves (MDB-RJ) — o jornalista que 11 anos antes levara um tiro nas nádegas no episódio do *impeachment* de Muniz Falcão — fizera, em 2 de setembro de 1968, no plenário da Câmara, um discurso em protesto contra a invasão da Universidade de Brasília por forças militares. O discurso estava longe de ser brilhante, pendia mais para uma tolice gratuita do que para uma oração de estilo, mas atingiu o fígado do regime militar. O teor era ingênuo: ele sugerira que, para protestar contra o endurecimento do regime militar, o povo não participasse dos desfiles militares do Sete de Setembro e que as moças brasileiras não namorassem mais jovens oficiais das Forças Armadas. Disse o deputado:

> Esse boicote pode passar também, sempre falando de mulheres, às moças. Aquelas que dançam com cadetes e namoram jovens oficiais. Seria preciso fazer hoje, no Brasil, com que as mulheres de 1968 repetissem as paulistas da Guerra dos Emboabas e recusassem a entrada à porta de sua casa daqueles que as vilipendiam.

Ele dava de graça o pretexto que os radicais da linha-dura buscavam para fechar de vez o regime, para impor o negrume sobre as instituições brasileiras. O regime se radicalizara brutalmente nos últimos meses e a oposição perdera a capacidade de responder à altura, até porque as armas de cada lado eram muito desiguais. Originário de família importante, Marcito, como era chamado na intimidade, resolveu usar um recurso com potencial midiático, mas sem conteúdo político sério. Há quem pense que, à falta de outras armas parlamentares, ele quisera, tão somente, fazer uma provocação aos militares.

Ao mesmo tempo, o deputado Hermano Alves (nenhum parentesco), também do MDB-RJ, escrevia artigos duríssimos contra o governo no *Correio da Manhã*, importante jornal do Rio de Janeiro. Por muitos anos discutiu-se se Márcio quis mesmo — e apenas — provocar. O único argumento que o absolve é que, da mesma forma que seu discurso serviu de pretexto, outras falas e atos poderiam ter servido. Os militares queriam radicalizar o regime e, de uma forma ou de outra, uma hora ou outra, conseguiriam arrancar um pretexto para conduzir ao ato extremo.

Depois do discurso, passaram-se alguns dias sem advir alguma reação, mas em 12 de outubro o procurador-geral da República entrou com um pedido no STF para processar o deputado. Para coagir a Câmara, o general Costa e Silva, pressionado pelos setores mais radicais do Exército, declarou que o discurso continha "ofensas e provocações irresponsáveis e intoleráveis", o que, à época, sinalizava a intenção de radicalizar o regime. Em 4 de novembro, o STF enviou à Câmara o pedido para prosseguir no processo; em 11 de dezembro, a maioria da Arena na Comissão de Constituição e Justiça aprovou o pedido de licença, mas a decisão final caberia ao plenário.

No dia seguinte, 12 de dezembro, o pedido foi votado no plenário e perdeu fragorosamente: 216 deputados negaram a licença, 141 foram favoráveis e 12 votaram em branco. O mais surpreendente é que, naquele momento de absoluta polarização entre democracia e ditadura, houvesse na Câmara 12 deputados que não tiveram coragem nem para negar nem para autorizar a licença, 12 deputados eleitos para cumprir um papel político numa quadra trágica da história brasileira e se eximiram.

No Hotel OK, na rua Senador Dantas, no Rio de Janeiro, onde Teotônio futuramente manteria um quarto permanentemente alugado, o senador Daniel Krieger, outro hóspede contumaz (o hotel ficava próximo à antiga sede do Senado no Rio), recebeu a visita dos deputados arenistas Djalma Marinho (RN), Raphael de Almeida Magalhães (Guanabara), Gilberto Azevedo (PA), Hélio Garcia (MG) e Murilo Badaró (MG). Todos traziam más notícias, sabiam que o AI-5 havia sido assinado por Costa e Silva e queriam avaliar o quadro político que se apresentava, aferindo a perplexidade de cada um para, no fim, perguntar-se — e se possível responder — o que fazer.

Costa e Silva fora para o Rio naquela noite, mas era inacessível para qualquer um deles, até mesmo para o presidente do partido oficial da ditadura. O AI-5 era o horror, um tabefe na cara da democracia brasileira, e eles, parlamentares da Arena, mas democratas, queriam saber que papel lhes restara cumprir numa quadra que se prenunciava prevalentemente militarista. Raphael tinha uma informação de que seria preso. Krieger lhe propôs que dormisse no hotel, mas Raphael recusou, pois seria preso de qualquer maneira, fosse naquela noite ou no dia seguinte. Saiu e foi preso antes de chegar a sua casa. Meses depois, decepcionado com o regime militar, renunciaria ao mandato.

Badaró e Marinho sempre foram moderados integrantes do velho PSD e seguiam essa tendência na Arena, mas Raphael, Garcia, Marinho, Azevedo e Krieger eram todos egressos da velha UDN. Teotônio estava em Maceió, mas nutria sentimento idêntico: a certeza de que os democratas udenistas haviam sido politicamente iludidos pelos militares quando apoiaram o golpe quatro anos antes. Ali, naquele momento brutal do AI-5, se dava o rompimento da "revolução de 1964" com a velha UDN, partido que a tinha apoiado entusiasticamente no momento de sua eclosão e depois fora paulatinamente afastado do poder.

Com o AI-5, assinado em 13 de dezembro, voltavam a imperar no Brasil os fantasmas do velho absolutismo português. Com ele, o general-presidente podia tudo, quem sabe mais do que podia o rei. A primeira medida foi colocar o Congresso em recesso (só seria reaberto em outubro de 1969, dez meses depois). Era facultado ao general-presidente intervir em estados e municípios, cassar mandatos parlamentares, afastar e aposentar juízes, fechar tribunais, suspender direitos políticos dos cidadãos, confiscar bens supostamente ilícitos sem investigação — e sem dar a mínima explicação a ninguém. Além de tudo isso, suspendia o *habeas corpus*.

* * *

Krieger entendeu que o AI-5 estava muito além do limite aceitável; e que a chamada "revolução" incinerara as possibilidades democráticas, saíra do controle dos políticos, mesmo os que a haviam apoiado, e agora saía do controle dos militares minimamente sensatos, caía nas mãos da linha-dura. Em 14 de dezembro, juntou-se a Gilberto Marinho, um renitente moderado do PSD que, naquele momento, presidia um inútil Senado. Os dois concluíram que o momento exigia bem mais do que a velha prudência que passaram a vida a soletrar e resolveram protestar, não perante o general-presidente — de nada adiantava protestar contra a força bruta — mas perante a história. Era a forma possível que encontraram para proteger suas biografias devotadas à democracia e então vilipendiadas pelos apoios que haviam dado à gradativa brutalidade militar. Ali, redigiram juntos um telegrama que seria transmitido ao general-presidente:

> Na impossibilidade de usar a tribuna parlamentar, os senadores que participam de encontro neste instante, realizado no Palácio Monroe [*antiga sede do Senado no Rio*] hoje, dia 14 de dezembro, vimos manifestar a Vossa Excelência a nossa discordância da solução adotada pelo Poder Executivo, através do Ato Institucional nº 5. Assim procedemos porque, permanecendo fiéis aos princípios democráticos, temos a convicção de que os postulados do movimento de 31 de março de 1964 acham-se satisfatoriamente incorporados à Constituição de 1967, não nos parecendo justificável, portanto, um retrocesso político de consequências imprevisíveis.

Vários senadores foram consultados por telefone. Vinte e um, todos da Arena, assinaram o telegrama, entre eles, Teotônio Vilela, seu velho inspirador Milton Campos (MG) e seus antigos aliados Arnon de Mello (AL) e Rui Palmeira (AL). Em sua maior parte, eles eram a fina flor destronada da velha UDN liberal, democrata, assustada com os desvios e os desvãos autoritários. No dia seguinte, 15 de dezembro, Costa e Silva convocou Daniel Krieger, Gilberto Marinho, Dinarte Mariz (RN) e Wilson Gonçalves (CE) para uma reunião. Quando os quatro parlamentares chegaram ao Palácio das Laranjeiras, no Rio de Janeiro, as sentinelas da portaria não os deixaram entrar. Eles insistiram e um oficial, de dentro do palácio, mandou que aguardassem ali, na guarita, pois o general-presidente fora a uma solenidade militar. Os quatro foram embora.

A situação estava azeda. Parecia que o regime militar abrira mão de seu melhor disfarce, a capa democrática. E azedaria ainda mais no dia 16, quando os signatários receberam a resposta do general-presidente para o telegrama de protesto. Ela era, acima de tudo, como se podia esperar de Costa e Silva, grosseira. Argumentava que o AI-5 se tornara imprescindível ante a "falta de apoio político-partidário ao Executivo", o que, no dizer dele, ocasionava uma situação crítica para o país. Adiante, ressaltava ter apelado "aos amigos e políticos de responsabilidade" e implorado o apoio da Arena, "no sentido da preservação do processo evolutivo revolucionário". No fim, jogava uma pá de cal na possibilidade de retomada de qualquer diálogo:

> Esse processo evolutivo foi perturbado pela incompreensão daqueles que, talvez, não desejassem sinceramente o Estado de direito. Suspende-se o processo evolutivo revolucionário pela falta de apoio político, pela verdadeira hostilidade do partido que devia ser o mais interessado na prevalência dos valores jurídicos e sociais.

Parecia uma conversa de surdos-mudos. Ou seja, eles, os "amigos e políticos de responsabilidade", os dirigentes da Arena, o partido do governo, eram os verdadeiros culpados por aquele monstro intitulado AI-5, gestado sem consulta a eles. Krieger e seus aliados daquele momento entenderam que, mais do que inviável, o diálogo se tornara definitivamente impossível para todos aqueles que guardassem algum valor democrático.

Congresso fechado, no início de janeiro Krieger enviou uma carta a Costa e Silva em que comunicava a sua renúncia, de uma só vez, à presidência da Arena e à liderança do governo. O general não lamentou. Em seu lugar nomeou Filinto Müller, ex-chefe de polícia da ditadura getulista no Rio de Janeiro, o homem que na década de 1930 entregara Olga Benário aos nazistas e que, naquele momento, era senador por Mato Grosso. Müller aceitou sem pestanejar. Os mais de trinta anos entre os dois episódios não pareciam ter afetado Müller nem corrigido seu desprezo pela história e pela própria biografia. A saída de Krieger evidenciava um governo que abandonara os princípios democráticos e que descartara os velhos liberais udenistas porque o respeito deles pelos valores liberais não tinha mais serventia.

Eram quase todos — Milton Campos, Daniel Krieger, Gilberto Marinho — referências liberais da política brasileira, a quem nem mesmo os mais estultos generais da linha-dura teriam coragem de cassar. Mas Teotônio era um neófito naquele telegrama de protesto e seu nome, na honrosa companhia de seus colegas de bancada no Senado, foi cogitado mais uma vez numa lista de cassações. Dessa vez, não havia com quem negociar. Sua ficha trazia o germe da reincidência, pois ele já rondara a cassação em 1964.

O que eventualmente se poderia chamar de "acusação" ele mesmo houvera se encarregado de provar, ao assinar o telegrama redigido por Krieger. Da sua parte, não havia o que recuar; o momento era insuportavelmente asqueroso, o protesto fora contra a medida mais autoritária, mais grosseira, mais vil já adotada no Brasil republicano. Mais do que agredir os princípios democráticos, o governo tirânico dispunha, agora, da vida das pessoas, do ir e vir, das opiniões, das convicções, dos direitos fundamentais. Numa situação dessas, não há o que recuar, não há o que desistir, não há como pedir desculpas, não há o que amenizar: só cabe enfrentar serena e asperamente as repercussões.

Teotônio falava pouco sobre suas perspectivas naquele momento. Eram tempos sombrios; pairava no ar certa sensação de perda, inutilidade, torpor e todos os outros adjetivos que uma ditadura costuma suscitar nas pessoas. Para todos os lados onde se olhava estava gravada no horizonte a pergunta trágica sem resposta — até onde iremos? Adjacente a tudo, o medo — se era um governo sem limites, como esperar decisões lógicas ou humanas ou legais, equilíbrio ou, no mínimo, piedade?

Foram dias tensos para Teotônio. O que seria dos 73.737 votos que tivera em 1966 se viesse a cassação? Que significado teriam eles depois que o polegar do ditador apontasse para baixo? Ele foi para Maceió e deu por perdido o mandato. Como não faria gestão para amenizar seu feito, não havia o que esperar, senão a cassação, mais um atropelo daquele interminável e brutal regime que desfigurava deliberadamente a democracia brasileira desde 1964.

7
NO FIO DA NAVALHA

As propostas de cassação de mandatos e de suspensão de direitos políticos funcionavam mais ou menos como a chegada das reses no matadouro. O Ministério da Justiça formatava uma representação, que era enviada à Secretaria Geral do Conselho de Segurança Nacional (CSN), acompanhada de uma ficha da vítima. Essa ficha era completamente arbitrária. Em sua maior parte, eram pinçamentos de relatórios de agentes dos órgãos de informação do Exército, da Marinha e da Aeronáutica, do SNI, da Polícia Federal, das Divisões de Segurança e Informação (DSIs) dos ministérios ou dos Dops estaduais. No caso de parlamentares, a maior parte da ficha era preenchida com passagens de discursos feitos no Congresso, em palanques públicos (onde os parlamentares costumavam se incendiar e soltar o verbo) ou em palestras proferidas em instituições. A denúncia era montada de forma vergonhosamente leviana — frases eram isoladas e retiradas de contexto para provocar um efeito maior do que já tinham. As informações constantes da ficha eram tomadas como verdades absolutas e não precisavam da menor prova para que verdade parecessem. No fim, não havia contraditório, nenhum direito de defesa era concedido. No governo do general Costa e Silva, tudo isso era capitaneado pelo ministro da Justiça, Luís Antônio da Gama e Silva, um visceral anticomunista que via vermelho em tudo.

O CSN tivera uma origem muito pouco nobre: fora criado pela Polaca, a Constituição de 1937, outorgada pelo ditador Getúlio Vargas ao dar o autogolpe que instituiu o Estado Novo. Uma de suas primeiras decisões foi a implantação de uma indústria siderúrgica no Brasil, uma questão à época considerada estratégica, bem mais do que meramente econômica, porque dela dependia a estruturação militar defensiva do país. Dois fundamentos regiam essa decisão. No mundo, vivia-se uma situação pré-bélica, que gerava um acendrado sentimento militarista. No Brasil, vigorava a tutela militar sobre o poder civil, exercida de forma franca e ostensiva, uma distorção institucional que se arrastava desde o Império e só seria desfeita sessenta anos depois, no governo Fernando Henrique Cardoso.

Depois do golpe militar de 1964, as funções do CSN foram ampliadas e passaram a incluir, além da análise de questões estratégicas nacionais, temas políticos imediatos, como a aplicação de penas de cassação e da perda de direitos políticos aos que fossem contra o regime militar. Em 1969, um novo decreto fez do CSN o órgão de mais alto nível no assessoramento direto do presidente da República, na formulação e na execução da política de segurança nacional. Ressalte-se: na formulação e na execução. O CSN era uma espécie de gerentão da ditadura militar. Existia para legitimar, do ponto de política militar, as decisões autoritárias.

E o que era a política de segurança nacional naquela época? Era tudo o que o prezado leitor puder imaginar. O CSN era presidido pelo próprio presidente da República e seus integrantes eram todos os ministros de Estado (inclusive os chefes dos Gabinetes Civil e Militar e do antigo SNI), o vice-presidente, o chefe do Estado-Maior das Forças

Armadas e os chefes dos Estados-Maiores do Exército, da Marinha e da Aeronáutica. Pela ótica dos militares, o CSN passou a ser o que, em tempos de paz, seria um Conselho de Estado composto pelas mais ínclitas figuras da República; o CSN, a seu feitio, era composto pelas mais altas patentes militares e teria o condão de dizer o que era bom e o que era ruim para o Brasil.

* * *

Depois de assinar o telegrama a Costa e Silva contra o AI-5, Teotônio intuiu que poderia ser listado para a cassação. Ressabiado pela tentativa anterior, em 1964, sabia que seu passado nem tão distante assim o condenava. Comício para Arraes, presidente da Associação dos Amigos de Cuba, discursos incômodos no Senado, amigos comunistas em Alagoas — motivos adicionais não faltavam para se somar ao telegrama, embora este tivesse sido uma manifestação coletiva patrocinada por ilustres senadores da Arena. Pelo sim pelo não, ele foi conversar com seu velho amigo Mário Andreazza, então ministro dos Transportes, para discretamente checar sua situação no núcleo do governo.

Andreazza não precisou fazer muito esforço para detectar que o ministro Gama e Silva, um farejador de esquerdistas que via comunismo no canto dos pássaros e na andadura dos quatis, redigia uma denúncia contra Teotônio e alguns outros senadores que haviam assinado o telegrama a Costa e Silva. Gama e Silva excetuara os medalhões e escolheu Teotônio e mais alguns para a cassação, fazendo-os como os bois de piranha que dariam o exemplo punitivo para todo o grupo, num caso em que identificara gravíssima indisciplina partidária. Andreazza conhecia seu gado e sabia que era inútil ir conversar com Gama e Silva. Como seu status de ministro lhe permitia, saltou os degraus e foi falar diretamente com Costa e Silva.

A época, Andreazza era um homem de muito prestígio e uma personalidade dominante e carismática. Era alto e forte, bonito, vasta cabeleira branca, expressão saudável, dentes claríssimos sempre mostrados por um simpático sorriso aberto, olhos verdes cintilantes e pele permanentemente queimada de sol — diziam que ele tomava banhos de raios ultravioleta para parecer sempre bronzeado —, o que lhe dava uma aparência irretocável de galã de cinema de meia-idade. Como tenente-coronel, servira nos escalões de informação e contrainformação do Exército, o que o ajudara a construir sólido prestígio durante o mandato Costa e Silva e, mais adiante, nos governos Emílio Médici e João Figueiredo. De todos, apenas o general Ernesto Geisel não gostava dele.

Ele estava certo quando optou por ir diretamente a Costa e Silva. Isso se provaria na reunião vindoura do Conselho de Segurança Nacional, a 44ª, em 30 de dezembro de 1968, na qual seria decidida a cassação de um número expressivo de parlamentares, muitos deles da Arena. Nela, Gama e Silva mostraria suas garras afiadas contra o comunismo que, segundo seu juízo, infestava todos os quadrantes do Brasil e se preparava naquele momento para derrubar os militares, inclusive dentro da Arena. Costa e Silva não teve coragem de discordar de seus rompantes (ou então fazia papel de "bonzinho" para que Gama e Silva representasse o "mauzinho").

Na 45ª, quando foi apresentado o caso de Mário Covas, líder do MDB na Câmara, Costa e Silva refugou. Observou que Covas era socialista, e não comunista, e que ele não gostaria de cassar o líder da oposição. Num dado momento, chegou a justificar a ação de Covas ao dizer que o líder da oposição teria mesmo de ser "mais combatível" [sic]. Gama e Silva sustentou uma posição radical e forçou a barra até dobrar o general. Nesse dia, em sua sanha anticomunista, que beirava a patologia, Gama e Silva chegou a inventar fantasmas, ao dizer que Covas "fazia parte da diretoria do centro comunista de Santos". Que diretoria? Que centro? Ele não explicou.

Andreazza também explorou a simploriedade e o coração mole do chefe. Na mesma reunião do CSN, o crédulo Costa e Silva contou uma história estarrecedora. Estavam em análise a cassação e a suspensão dos direitos políticos de três deputados paulistas, entre eles o nissei Yukishigue Tamura, que em muitas ocasiões anteriores privara da proximidade com o general-presidente. Tamura queria porque queria ser nomeado embaixador no Japão; certa vez, levou ao general um livro com assinaturas de apoio de quase todos os integrantes da Comissão de Relações Exteriores do Senado, que sabatina os indicados para ocupar cargos de embaixador. Costa e Silva tentou dissuadi-lo, afirmou que embaixada era coisa para diplomatas ou, quando muito, para pessoas notáveis. Tamura insistiu e o general-presidente perguntou-lhe:

— Você se acha notável?

Tamura não respondeu. Não era propriamente um notável na sociedade paulistana, mas desfrutava de amplo destaque na colônia nipônica. Fora o primeiro nissei a se eleger sucessivamente vereador da capital, deputado estadual e depois deputado federal, sufragado pelo voto maciço dos tintureiros (donos de pequenas lavanderias). Era filho de imigrantes que vieram de Kochi e haviam chegado ao Brasil no navio *Ryojun Maru*, em 1910, para trabalhar na lavoura. Jogara futebol na várzea do Glicério e se formou na Faculdade de Direito do Largo do São Francisco em 1939. Para a colônia, era um orgulho.

Ante o desafio de Costa e Silva, Tamura talvez tenha concluído que não era mesmo um notável e se aquietou por um tempo. Mas não esqueceu a embaixada. Sua investida seguinte foi presentear o general-presidente com um caro relógio de marca famosa. Costa e Silva relatou tudo isso na reunião sem dar maiores explicações sobre o fim que teve o relógio, deixando no ar a suspeita de que ficara com o presente. E, naquela sessão, sem qualquer constrangimento ou aperreio moral, cassou o mandato do nissei.

Por tudo isso, Andreazza sabia que não podia deixar o caso chegar ao CSN, no qual os debates eram rasos e profundamente maniqueístas. Nas reuniões, se algum ministro ou general bancasse uma acusação firme ao denunciado, a cassação estava sacramentada, porque não havia chance de defesa.

O escolado Andreazza optou por não correr esse risco. Foi ao chefe e fez um cuidadoso e emocionado relato pessoal sobre Teotônio. Disse que o conhecia bem, de perto e havia muito tempo. Contou que os dois tinham ficado amigos quando ainda eram adolescentes, ao tentarem juntos a Escola Militar de Realengo. Colocou ênfase no relato dessa passagem — Teotônio quis ser militar.

Andreazza conhecia o sentimento corporativo que animava o chefe, sempre cuidadoso no trato de questões que envolviam militares. Antes de concluir, rezou a obrigatória ladainha — o homem que Gama e Silva proporia cassar fora um filiado da UDN, era um empresário, usineiro, e não haveria despropósito maior no mundo do que imaginar que ele pudesse ser comunista, a acusação mais letal que alguém poderia receber ali, ou sequer de esquerda. Não era.

No mesmo dia, Costa e Silva chamou o general Jayme Portella, secretário-geral do CSN, e lhe ordenou que desconsiderasse qualquer representação contra Teotônio que fosse enviada por Gama e Silva.

* * *

A primeira leva de novas cassações foi decidida e dela constaram dez deputados federais e um suplente, entre eles Renato Archer e os óbvios Márcio Moreira Alves e Hermano Alves. Mais dois senadores, 35 deputados federais, três ministros do STF e um ministro do Superior Tribunal Militar (STM) seriam cassados na 45ª sessão, em 16 de janeiro de 1969; entre os deputados estava o líder do MDB na Câmara, Mário Covas. E mais 16 deputados federais na 46ª sessão, em 7 de fevereiro. Mais um deputado federal na 47ª sessão, em 13 de março. E mais quatro deputados federais e quatro suplentes na 48ª sessão, em 29 de abril. A besta estava solta.

É muito difícil explicar a quem não viveu a época o que, de fato, se passava naqueles tempos cinzentos, o cenário de terror que fora imposto ao Brasil. Entre outras brutalidades, o AI-5 permitia que qualquer cidadão fosse detido por sessenta dias e que nos primeiros dez ficasse incomunicável. Como a prisão era feita por uma polícia atípica — agentes dos Destacamentos de Operações de Informação–Centros de Operações de Defesa Interna (DOI-Codi), dos serviços de informação das três forças, dos Departamentos de Ordem Política e Social (Dops) e outros efetivos da repressão policial-militar — ela não precisava ser comunicada a um juiz e assim ninguém ficava sabendo que o cidadão fora preso. Se a família procurasse informações, em geral não as obteria. Se insistisse, seria escorraçada com um ameaçador passa-moleque.

Na prática, a família e os amigos tinham apenas um elemento para suspeitar da prisão — o desaparecimento da pessoa. Nenhum outro indício, nenhuma outra informação, ninguém a quem perguntar. Onde estava preso, se estava ferido, se era torturado, se ainda estava vivo ou não, isso era impossível de saber.

Assim eram os tempos da ditadura escancarada.

* * *

No ano da desgraça de 1969, 333 políticos tiveram seus mandatos cassados e seus direitos políticos suspensos: cinco senadores, 78 deputados federais (quase 20% da Câmara), 151 deputados estaduais, 22 prefeitos e 23 vereadores. Nesse mesmo ano, 66 professores foram expulsos das universidades públicas brasileiras, entre eles, Fernando Henrique Cardoso, Florestan Fernandes e Caio Prado Júnior. Redações das emissoras de televisão e de rádio, de jornais e revistas foram ocupadas por censores. O Congresso permaneceu fechado por dez meses e só foi reaberto em outubro de 1969 porque o regime queria dar, por mais bizarro que isso possa parecer, tons democráticos à unção do general Emílio Garrastazu Médici para o mandato seguinte — e usou o Congresso esquartejado para "elegê-lo". Da mesma forma foram fechadas todas as Assembleias Legislativas e Câmaras Municipais.

Não havia como resistir à força bruta em sua ação desabrida. Teotônio mergulhou no silêncio político. Ficaria o ano de 1969 em Maceió, ajudaria José Aprígio a cuidar da Usina Boa Sorte, que ia muito mal ante uma nova crise da indústria do açúcar, carente de modernas tecnologias que aprimorassem o modelo de produção, e recomendaria prudência a seus aliados. Só faria a mala para Brasília de novo em outubro, quando o Congresso foi reaberto para "eleger" Médici como novo general-presidente da República. Teotônio não se fez de rogado; foi lá e votou como mandavam. Nas chochas sessões seguintes do Senado, encenava-se a existência de um parlamento democrático, embora todos soubessem que não era.

E Teotônio lá. Em 29 de outubro fez um discurso em que registrou a morte do ex-senador Rui Palmeira, seu correligionário, que falecera três dias depois do AI-5, quase um ano antes, portanto, e sua morte não ganhara registro pelo simples fato de que o Parlamento estava lacrado pela ditadura. Ao fazer o necrológio de seu velho parceiro de UDN, Teotônio começou por homenagear os que "daqui foram retirados por desígnios vários" e a eles ofereceu "o respeito de uma alma conturbada". Em seguida, cravou uma crítica indireta àqueles anos de chumbo:

> É preciso que se faça um registro do seu falecimento, ainda que tocado de angústias múltiplas, inseguro da firmeza institucional de pronunciar-me desta tribuna e desamparado de ideias úteis e saudáveis que pudessem acalentar a amargura e a inquietude do espírito.

Adiante, disse:

> Falo tropeçando nas ideias, reprimindo sentimentos, calando no fundo da consciência o grande silêncio que quer explodir. Há, entretanto, uma luz tênue no meio do túnel, embora haja vendavais rugindo lá fora. É preciso sobreviver falando e falar sobrevivendo. Então, não apaguemos a luz, urge protegê-la.

Nessa tarde, é bem provável que algum general com assento no CSN tenha lembrado com ironia da ação de Andreazza junto a Costa e Silva e lamentado que o general tivesse mandado retirar a representação contra aquele senador alagoano — Teotônio, na verdade, podia não ser comunista, como garantira Andreazza, mas era um democrata incorrigível, daquele tipo que os militares odiavam.

Em 13 de novembro, Teotônio voltou à tribuna e, para não perder a embocadura, criticou a mudança da região de produção da Petrobras de Alagoas para Sergipe. Nos três anos seguintes, continuaria recolhido, dedicado ao fechamento da Usina Boa Sorte, à criação de sua nova usina e à busca de outras inspirações, na política e fora dela.

* * *

Lá pelo fim dos anos 1960, quando o Brasil naufragou naquele mar de chumbo, Teotônio se deu conta de que algo estava muito errado com a sua Usina Boa Sorte. Ela estava plantada no planalto alagoano, no limite entre a Zona da Mata e o sertão. O planalto tinha terras férteis mas dificultava o uso das tecnologias modernas de plantio, colheita e processamento da cana-de-açúcar. Nele era quase impossível usar tratores para sulcar a terra, operar colheitadeiras mecânicas para cortar a cana, dirigir caminhões para conduzir a carga até a usina. Uma verdade inescapável lhe fugira nos últimos decênios e essa verdade era que a Boa Sorte estava obsoleta e operava em estágio antieconômico, o que lhe tirava a capacidade de competir com outras usinas modernas que eram implantadas em Alagoas e, menos ainda, com as paulistas. Tinha faltado aos olhos do liberal alagoano mais acuidade de visão que o preparasse para a concorrência. Seu processo produtivo se tornara arcaico e demandava etapas demoradas e exaustivas de um trabalho manual duro e desumano, que já fora havia muito abandonado nas grandes usinas de São Paulo. Mergulhada num arcaísmo produtivo, era praticamente impossível cumprir a cota de quatrocentas mil sacas anuais que o IAA tinha designado para a Boa Sorte. Numa crônica, Teotônio explicou:

> Tomei a decisão de parar a usina antes que ela parasse à minha revelia, sem deixar, já que não me ficaram poupanças, ao menos uma semente para recomeçar tudo de novo em outras terras.

Os novos processos dispensavam o velho hábito da queima da cana para desbastar a palha, que criava aquele cenário fantasmagórico dos cortadores impregnados de fuligem, negros da cabeça aos pés, como fantoches de um dos cenários mais dramáticos da exploração humana. Além dos aspectos desumanos, havia também a fragilidade econômica do ciclo; era muito mais demorado e mais caro plantar e processar cana dessa forma.

    O que ele antevia era mais do que um processo, era quase uma epopeia — e o que se propunha era fazer o que negara na crônica: recomeçar tudo de novo em outras terras. Mudar sua usina de lugar. Mas como não se pega uma usina no colo e se planta noutro lugar, na prática isso equivaleria a abandonar a Usina Boa Sorte e criar outra nos tabuleiros planos, mais próximos ao litoral, onde muitos já plantavam cana seguindo consultorias da tecnologia moderna. Teotônio se impôs a tarefa de abandonar dolorosamente as terras altas da Viçosa, onde sua família reinava havia um século, ele nascera e crescera, ficara rico, estavam fixadas suas raízes culturais e sentimentais, e ir bater noutra região, desconhecida para ele.

Os novos processos de plantio e processamento naqueles anos turvos do fim da década dos 1960 exigiam que os canaviais fossem locados em baixios planos — que não existiam nos terrenos acidentados da Viçosa e arredores. Ele logo saiu em busca da resposta para a pergunta que o atenazava: como se faz para mudar uma usina de lugar? Faz-se com muita coragem e muita capacidade de empreender, responderia ele mesmo mais adiante. Essa seria a mais audaz decisão da sua vida de empreendedor — e ele decidiu tomá-la.

Primeiro procurou um amigo, Geraldo Gomes de Barros, dono da Usina Santa Amália, no município de Joaquim Gomes, a mais de cem quilômetros da Viçosa, para além da Serra da Barriga, e o convenceu de que ambos viviam o mesmo dramático problema — eram tragados pelo atraso. E que a melhor forma de os dois superarem esse problema seria fazer uma sociedade para construir uma usina nos tabuleiros. Propôs algo que parecia uma solução lunática: fechar duas usinas velhas para erguer uma nova.

Geraldo rendeu-se aos argumentos. Com a sociedade firmada, Teotônio passou quase dois anos à procura de um terreno adequado nos tabuleiros, onde Alagoas é planície, com solo de massapê. A nova usina já nasceria integrada ao que haveria de mais moderno, em termos de mecanização. Procurou aconselhamentos com técnicos de solos e especialistas no plantio de cana-de-açúcar. Em geral, a proximidade do litoral alagoano apresenta terrenos com muitos areais, o que amplia a necessidade de irrigação e de adubação, e a busca de terrenos devia levar isso em conta.

Enquanto procurava, arregimentou novos sócios entre os fazendeiros da região de Junqueiro, entre eles Nelson Costa, que fora deputado estadual e secretário de Agricultura, e que, como um dos melhores químicos industriais de Alagoas, prestara consultoria à Boa Sorte e à Santa Amália. Costa era um dos grandes plantadores de cana da região, mas desistiu da sociedade na última hora, o que obrigou Teotônio a refazer os planos e a comprar terras para plantar os canaviais que serviriam à nova usina. Nesse momento difícil, Teotônio lembrou-se de um amigo dos tempos de boiadeiro, Jorge Pacheco, dono de uma fazenda também no município de Junqueiro.

Foi procurá-lo e propôs que ele entrasse na sociedade e cedesse a sua Fazenda Brejo dos Pacheco, onde havia um engenho, para ser a principal fornecedora de cana da futura usina. Jorge baqueou — aquelas terras estavam com sua família desde 1817. Mas cedeu mil hectares mediante uma hipoteca que reverteria as terras em seu favor em três anos. Aos 23 anos, o filho José Aprígio ajudou Teotônio nas negociações e, com uma sacola de dinheiro numa mochila, foi comprando terras até completar três mil hectares.

Com um total de quatro mil hectares, Teotônio inauguraria sua fase de fazendeiro dos tabuleiros, depois de toda uma vida plantando cana no planalto acidentado da Viçosa. Um homem acostumado a tanger boi tem de entender de lógica, resume hoje o filho Elias para explicar a saga do pai. Teotônio sabia que a usina velha era um projeto vencido pela impossibilidade técnica de usar mecanização em áreas acidentadas.

Durante dois anos, numa época em que Brasília se afogava na mais avassaladora ditadura e o Congresso tinha função meramente decorativa, dedicou-se a montar sua nova usina. Primeiro, conseguiu os financiamentos necessários, no IAA e no Banco do Brasil; depois, descobriu uma usina inativa em Sergipe e foi lá comprar o equipamento. Com auxílio do primo Paulo Bahia, que era o mecânico da Boa Sorte, desmontou-a e a trouxe em caminhões, para montá-la inteira em seu novo local. Alugou tratores da cooperativa dos usineiros.

À época, meio sem querer, Teotônio disse uma frase profética que se tornaria lema da nova usina. Alguns trabalhadores descarregavam grandes colunas de aço que seriam os pilares da usina; um deles pegava as pesadas peças e as atirava, da carroceria do caminhão, ao solo. Logo algumas colunas eram arremessadas sobre outras e o choque descascava a pintura, o que predispunha a peça a futura ferrugem, por força do desgaste na corrosiva maresia de Alagoas. Teotônio ia passando e viu aquilo. Parou, subiu na carroceria do caminhão, pôs a mão no ombro do calunga [*trabalhador que carrega e descarrega caminhões*] e perguntou:

— Meu filho, como é o seu nome?

O rapaz respondeu:

— Boy.

E Teotônio:

— Boy, cuide destas colunas. Cuide desta usina. Porque ela não é minha e não é sua, é nossa. Zele por ela.

Boy entendeu o recado tão bem que até hoje não esqueceu o conselho. Dono de uma frota de ônibus que carrega cortadores de cana da usina, sempre diz a seus motoristas:

— Cuide desse ônibus, porque ele não é meu e não é seu, é nosso.

Esse é o espírito da Usina Seresta, diz o filho Elias:

— Aquele é um lugar sagrado, onde trabalhamos, mantemos nossas famílias e honramos os homens de bem.

Nas cercanias do local onde era erguida a nova usina, Teotônio mandou construir uma vila para os trabalhadores da montagem e também para os futuros funcionários da usina, a qual ganhou o nome de Feira Nova — feira porque logo no começo do empreendimento ali passou a se fazer a feira semanal da região, já que, no Nordeste, não existe ajuntamento de gente sem feira. No começo, a feira consumia meio boi e dez anos depois consumia 15. Por sugestão de Teotônio, as ruas da nova vila ganharam nomes de seresteiros famosos à medida que se fazia o arruamento improvisado: Vicente Celestino, Sílvio Caldas, Francisco Alves. Quando os nomes de seresteiros se esgotaram, a criatividade dos trabalhadores completou o serviço. Assim nasceram nomes poéticos e curiosos: rua do Cochicho, rua do Pão sem Miolo. Hoje é um agitado município com cinquenta mil habitantes, que leva o nome de Teotônio Vilela.

Quando a notícia da criação de uma usina se espalhou, alguns usineiros que não morriam de amores por Teotônio fizeram chiste com o novo negócio. Como Teotônio e Geraldo tinham uma arraigada fama de boêmios, eles começaram a espalhar a piada maliciosa — o nome da nova usina, propriedade de dois bebedores inveterados, só poderia ser Seresta. Diziam na boca maldita: "Essa sociedade só pode acabar em seresta." Quando soube da piada, Teotônio devolveu outra — deu ao novo empreendimento o nome de Usinas Reunidas (porque era a junção de duas) Seresta. Daquela época até hoje, muitas usinas alagoanas faliram, inclusive algumas de propriedade dos piadistas. A Seresta continua firme.

A Usinas Reunidas Seresta foi inaugurada em 1973. Teotônio contava que um dos dias mais felizes de sua vida, quase tão feliz quanto o 10 de julho de 1948 (data do seu casamento), foi o dia em que puxou a sirene e deu a partida para a primeira moagem de cana da Seresta. No primeiro ano, não foi tão bem — esperava-se que chegasse às 600 mil sacas de açúcar, meta prevista pelo Banco do Brasil, mas não passou de 256 mil. Só no terceiro ano a Seresta se firmou e produziu 800 mil. Dez anos depois atingiu os dois milhões.

Certa vez, Teotônio disse a um grupo de amigos que, em suas andanças pelos tabuleiros e pelo sertão, Alagoas, Sergipe e Bahia, percebera que o Brasil era um país de contrastes extremos, mas que ele intuía haver certa harmonia entre esses contrastes, de tal maneira que isso significaria uma oportunidade histórica para o país. Major Luiz, que estava a seu lado, obtemperou que o maior exemplo dos contrastes do Brasil era ele próprio.

— Veja como você é um homem rústico, um vaqueiro, e, ao mesmo tempo, é um político de alto nível, um diplomata. Conversa com o povo e conversa com a elite cultural. Os contrastes do Brasil, Teotônio, estão harmonizados em você.

* * *

Foram três anos de quase obsequioso silêncio no Senado. Como era proibido criticar o ditador ou o regime militar, Teotônio escolheu uma figura soturna, simbólica daqueles tempos, que executava a política econômica do Governo Médici — o ministro da Fazenda, Delfim Netto — e o elegeu como judas dos seus discursos. Quando falava, Teotônio batia em Delfim como se batesse no regime. O que dizer de uma política econômica que entre 1968 e 1973 produzira uma taxa média de crescimento do PIB de 11,2%? De fato, no cotejo frio dos números o "milagre brasileiro" era mesmo um milagre; mas na análise real dos seus resultados sociais, via-se que era um milagre absurdamente excludente.

Teotônio, então, clamava pelo Nordeste, que sofria com a mais escandalosa exclusão social e repetia com insistência que a região fora esquecida por um governo que, na verdade, não fora constituído para ter alguma preocupação social. Essa seria talvez a marca mais notória dos governos militares. Para diferenciar seu governo desse estigma, na retomada com a democracia, nos anos 1980, o presidente José Sarney adotou para seu governo um slogan contrastante com o passado recente — "Tudo pelo social".

Em outubro de 1971, Teotônio voltou à tribuna do Senado para, num longo discurso que não receberia apartes do seu partido, clamar em favor do Nordeste. O problema crucial da política econômica de Delfim não era apenas o não compartilhamento do "bolo" entre os pobres, à medida que ele crescia. Havia um segundo aspecto tenebroso: o "bolo" crescia muito mais no Centro-Sul do que no Nordeste, deixando claro que aquela política econômica não era excludente por erros ou desvios em sua aplicação. Ela fora deliberadamente criada para ser excludente e produzir a ampliação das desigualdades, para aumentar o fosso entre ricos e pobres.

* * *

Teotônio quebrava seu quase silêncio cuidadoso sempre cercado de cuidados; usava sofismas e figuras de retórica que embutiam as ironias, para não incorrer na ira militar. Em agosto de 1973, ao comentar, da tribuna do Senado, o sesquicentenário do Poder Legislativo, deixou aflorar suas raízes liberais de forma candente para expressar o cansaço que a ditadura provocava:

> A Revolução parece cansada para acelerar o tratamento político que a Nação tanto pede. Seria o caso de o Senado da República, experiente e comedido, retomando o seu posto de guardião de nossa história liberal, ajudá-la a carregar a história. Pois já é lícito perguntar até quando deve permanecer equívoca a nossa função meramente meditativa.

Em setembro de 1973, subiu à tribuna para narrar — e cautelosamente criticar — dois delicados episódios que envolveram seu irmão dom Avelar Brandão Vilela. Dez meses antes, o então arcebispo da Bahia recebera um telegrama do governador Eraldo Gueiros, de Pernambuco, informando que fora agraciado com a Medalha do Mérito Pernambucano-Classe Ouro, que lhe seria entregue em agosto do ano seguinte. Uma semana depois de receber o telegrama, dom Avelar soube que a concessão fora suspensa, mas o governador permaneceu em silêncio, não lhe informou sobre o óbvio veto que tinha baixado dos escalões militares.

Incomodado com o silêncio do governador, dom Avelar escreveu-lhe uma carta, relatou o que soubera e antecipou o "grave prejuízo moral" que a suspensão lhe causaria — ele não pedira para ser agraciado e agora, uma vez feito o anúncio da concessão, não aceitava o veto. Antes que uma resposta chegasse de Recife, dom Avelar enfrentou outro dissabor em tudo semelhante: a entrega do título de Cidadão Soteropolitano, que a Câmara Municipal de Salvador lhe havia concedido, e que estava marcada para 20 de setembro, também fora misteriosamente suspensa e, como no outro caso, ninguém assumia o veto.

Dessa vez, dom Avelar não fez indagações à Câmara, que obviamente cumpria ordens recebidas de cima. Um episódio até poderia ter sido fortuito, mas dois em seguida indicavam um propósito claro de atingi-lo. Sem usar intermediários, pediu esclarecimentos diretamente a João Leitão de Abreu, chefe da Casa Civil do governo Médici, e a Alfredo Buzaid, ministro da Justiça.

Em telegramas despachados de Brasília, os dois negaram categoricamente qualquer envolvimento do governo militar nos dois episódios, o que criava uma situação kafkiana e pressupunha uma cena de pouca compostura e alta falsidade. Vetos só podiam emanar de quem tinha hierarquia para ordená-los, quem estava em posição de praticar censura e proibir a torto e a direito, à revelia das leis e das instituições. Cansado de bater em portas falsas, dom Avelar contou os episódios ao irmão Teotônio, que imediatamente subiu à tribuna e os denunciou. Ateve-se aos fatos e conteve-se nas críticas: apenas se disse contristado por ver o irmão Avelar ser ofendido daquela forma e fez perguntas que estavam sem respostas — e sem respostas ficariam.

Este foi mais um dos casos que marcaram a difícil relação entre a Igreja Católica e o governo do ditador Médici, e que à época não tiveram maior repercussão simplesmente porque a censura proibia suas divulgações. Um episódio, aliás, que define bem o odioso radicalismo com que o governo militar via a Igreja, de uma maneira geral, e os bispos mais progressistas, de uma maneira particular. Dom Avelar nem era um bispo que estivesse entre os mais progressistas nem passava os dias cobrando o exercício dos direitos humanos e o fim das torturas. Os principais alvos do regime militar, a essa altura, eram o arcebispo de Recife, dom Helder Câmara, no âmbito pessoal, e a Conferência Nacional dos Bispos do Brasil (CNBB), no plano institucional.

* * *

Passado o inverno glacial da gestão Médici, outro general, Ernesto Geisel, foi ungido em 1973 para ser, mais uma vez, "eleito" pelo colégio eleitoral montado pelo regime militar. Teotônio votaria nele em 15 de janeiro de 1974, assim como em 1969 votara em Médici. Dizia-se que o novo general representava uma fresta de esperança porque teria intenções liberalizantes. Dizia-se que ele parecia entender o desgaste que a fricção constante do autoritarismo trouxera à "revolução". O contencioso era extenso: os fracassos econômicos, a ausência de políticas sociais num país de indicadores sociais sofríveis, a sistemática repressão política, a censura cotidiana à imprensa, as torturas e mortes nas prisões.

Luterano, Geisel tivera uma passagem elogiada pela presidência da Petrobras e não trazia vinculação direta com os porões do regime, embora seu irmão Orlando, ministro do Exército de Médici, se alinhasse entre os generais mais duros do regime. Mas ele, Ernesto, parecia afeito a um regime que tivesse respeito pelo ordenamento jurídico. Seu papel, propalava-se, era produzir uma distensão política, que ele logo anunciou como uma "abertura política lenta, gradual e segura". Pode parecer pouco para o Brasil de hoje, mas, numa época de sombras que pareciam ser eternas, qualquer mínimo sinal de oxigênio democrático funcionava como um bálsamo. Dava a imediata impressão de que talvez pudéssemos voltar a sonhar com a liberdade que um dia tivemos e que numa noite maldita nos fora subtraída.

Geisel assumiu o governo em 15 de março de 1974 e logo cometeu dois movimentos animadores, ambos na área de política externa. O primeiro foi o pronto reconhecimento do novo governo português que nascera da Revolução dos Cravos, de nítida tendência esquerdista, o que alterava o velho padrão dos governos militares de vincular a política externa brasileira a confissões ideológicas. Até então, a ditadura brasileira demonstrara ser o mais solidário parceiro da repressiva ditadura portuguesa de Oliveira Salazar e Marcelo Caetano. Como corolário, quando as antigas colônias portuguesas na África se tornaram independentes, o governo Geisel as reconheceu no primeiro momento. Era uma ação animadora porque demonstrava que uma nova política externa, menos preconceituosa e mais pragmática, começava a ser executada.

Os novos governos lusófonos africanos eram todos resultantes de movimentos guerrilheiros de esquerda que durante anos haviam pelejado pela independência: MPLA (Movimento pela Libertação de Angola), Frelimo (Frente pela Libertação de Moçambique), PAIGC (Partido Africano para a Independência de Guiné e Cabo Verde) e o pequeno MLSTP (Movimento de Libertação de São Tomé e Príncipe). Os novos líderes desses países professavam ideologia comunista e o reconhecimento — assim como a posterior ajuda concedida pelo Brasil a esses países — foi pragmático, evitando que eles pendessem automaticamente para o domínio soviético. A nova política externa brasileira era pragmática e sem preconceitos, diferente da exercida pelos governos militares anteriores, que haviam rompido relações com Cuba e com a República Popular da China só porque eram países da órbita comunista.

O segundo movimento importante do governo Geisel tinha o mesmo sentido: foi o surpreendente restabelecimento de relações diplomáticas com a República Popular da China, anunciado como resultante de interesses do comércio externo, todavia relevante porque extinguia a antiga barreira de preconceitos que fazia o Brasil se isolar de países comunistas — e, consequentemente, não usufruir do potencial comércio com eles. As duas medidas de Geisel tiveram ampla repercussão política e econômica nos decênios seguintes, em especial a aproximação com a China.

O governo militar cuidou de amenizar as interpretações de que se aproximava de países socialistas e apresentou como principal motivação dessas decisões o pragmatismo que favorecia o desenvolvimento do comércio exterior. Mas já era muito demonstrar o fim daquele arcaico e tolo complexo anticomunista, que impedira desde 1964 uma política externa independente e que agora estava sendo superado.

Mas no contrafluxo o governo Geisel sofreria duas inesperadas colisões frontais com imprevistos muros. A primeira já se materializara quando Geisel, em março de 1974, assumiu o governo. A partir de outubro de 1973, a Organização dos Países Produtores de Petróleo (Opep), até então uma comportada entidade multilateral, resolveu embargar a venda de petróleo para os EUA e aumentar gradativamente o preço do barril de petróleo em represália à guerra do Yom Kippur.

Nos cinco meses seguintes — até março de 1974, mês em que Geisel tomava posse — a Opep aumentou o preço do barril de óleo em até 400%. A medida desestabilizou, de uma hora para outra, as mais pujantes economias do planeta e provocou uma recessão planetária. A economia brasileira, que não tinha fundamentos tão sólidos assim, embora fosse rotulada pelos militares como "milagre brasileiro", desabou fragorosamente. O mundo passou a enfrentar uma crise mundial de oferta de petróleo, um produto essencialmente estratégico num mundo movido a combustíveis fósseis, além de sofrer, nos meses seguintes, uma contínua majoração dos preços.

Os principais integrantes da Opep eram países árabes ou do Oriente Médio. Durante muitos anos, eles sofreram os impactos econômicos, políticos e militares das várias guerras regionais, invariavelmente apoiadas pelos EUA: primeiro, a guerra de independência de Israel, nos anos 1940, depois a guerra contra o Egito (em 1956), a guerra dos Seis Dias (em 1967), a guerra do Yom Kippur (em 1973) e, mais adiante, aconteceriam a revolução islâmica no Irã (em 1979) e a duradoura guerra entre Irã e Iraque (com envolvimento direto das superpotências, a partir de 1980). Antes, os países árabes vendiam seu único produto estratégico a preços vis e eram alvos fáceis para a especulação financeira em torno das vendas e dos lucros.

A partir de 1908, quando as imensas reservas petrolíferas do Irã foram descobertas, o Golfo Pérsico se transformara numa bomba-relógio estratégica controlada pelas grandes potências ocidentais e os países árabes perderam a capacidade de gerir o próprio destino.

Isso só começaria a mudar um pouco a partir de 1960, quando cinco nações (Arábia Saudita, Irã, Iraque, Kuwait e Venezuela) fundaram em Bagdá a Opep, com o objetivo de fazer dela uma cidadela poderosa dos países produtores de petróleo para operar a interlocução com as "sete irmãs", as empresas ocidentais que até então controlavam o mercado mundial de petróleo — Standard Oil of New Jersey (depois Exxon, fundiu-se com a Mobil), Standard Oil of New York (depois Mobil), Royal Dutch Shell, Anglo-Persian Oil Co. (depois British Petroleum Amocco ou BP), Gulf Oil (absorvida pela Chevron e depois, Texaco-Chevron), Texaco (depois se fundiu com a Chevron) e Standard Oil of California (depois Chevron).

A Opep nasceu para mudar o equilíbrio estratégico do mundo e também para propiciar a ampliação da receita dos países-membros com a venda mundial de petróleo. Criar uma nova política de preços equivalia a dizer ao mundo que os países produtores de petróleo não seriam mais coadjuvantes naquele mercado vital dominado por grandes empresas americanas, inglesas, holandesas e francesas.

A partir do início da década dos 1970 a Opep cobrou o aumento dos *royalties* pagos pelas "sete irmãs" que operavam em províncias petrolíferas do Golfo Pérsico e na Venezuela e criou mais um imposto que elas deveriam recolher aos países produtores. Como resultado, o preço do petróleo disparou.

Em 1973, o Brasil importava 70% do petróleo que consumia. O governo militar teve de reconhecer a tremenda vulnerabilidade estratégica do país e implantar um racionamento de gasolina e óleo diesel, além de elevar dramaticamente os preços. Nos fins de semana, os postos de gasolina fechavam; como os aumentos eram frequentes, longas filas de automóveis se formavam em frente aos postos quando sobrevinham os boatos — muitas vezes verdadeiros — de aumento de preço, o que acontecia com uma frequência perturbadora. Nas estradas, a velocidade máxima permitida passou a ser de oitenta quilômetros por hora, para obrigar a economia de combustível.

O governo Geisel tomou medidas drásticas com razoável velocidade. Em tempo recorde, elaborou medidas para diversificar a matriz energética brasileira: inventou e começou a implantar o Programa Proálcool e acelerou o desenvolvimento do programa nuclear brasileiro, com a assinatura de um acordo nuclear com a Alemanha e o início da construção da Usina de Angra I. E, para minorar sua dependência do petróleo árabe, daria uma reviravolta na política externa brasileira, passando a cortejar politicamente os países árabes e a estimular o comércio com eles.

De fato, um vasto mercado se abriria nos anos seguintes para empresas brasileiras, em especial na venda de carros, de carne e de serviços de engenharia. Mas seus números animadores foram insuficientes para barrar a degringolada das contas externas brasileiras — a dívida externa brasileira pulou de US$ 17,2 bilhões, em 1974, no começo do governo Geisel, para US$ 43,5 bilhões, em 1978, quando o governo findava.

Uma crise no começo, uma crise no fim: quase ao término do governo Geisel veio o segundo choque do petróleo, em 1979, com a revolução iraniana e a queda do regime ditatorial do xá Reza Pahlevi e um ano depois começaria a guerra Irã-Iraque. Tudo isso afetou duramente o Brasil e provocou queda do PIB, dificuldades extremas para pagar a dívida externa e uma inflação galopante.

Essa foi a primeira rotunda colisão. Ainda haveria uma segunda e por muitos anos os adeptos do general Geisel devem ter-se perguntado qual das duas terá sido pior.

***

Nas eleições anteriores à posse do general Geisel, em 1970, a Arena obtivera uma acachapante maioria e aparentemente nada indicava um resultado diferente em 1974. Os governistas foram para a eleição de novembro de 1974 inebriados pela vitória anterior, sem se dar conta de que em 1970 o eleitorado fora atraído pelo voto nulo ou comportou-se com olímpico desinteresse ante as eleições, até porque de nada adiantava votar sob uma inclemente ditadura que cassava os políticos que o povo elegia. Mas agora, em 1974, já se via uma oposição no horizonte — e o eleitorado aderiria a ela maciçamente.

O resultado foi uma hecatombe eleitoral para a Arena. Das 22 cadeiras em disputa no Senado, o MDB obteve 16 e a Arena, apenas seis — e uma dessas seis foi conquistada por Teotônio Vilela em Alagoas. Na Câmara, dos 364 lugares em disputa, a Arena obteve 203 e o MDB, 161. (Em 1970, havia sido bem diferente. No Senado, havia 46 cadeiras em disputa e o MDB obteve apenas cinco; na Câmara, das 310 cadeiras em disputa, a Arena obteve 223 e o MDB, apenas 87.) Entre 1970 e 1974, além da força bruta da ditadura, o regime militar ainda detinha ampla maioria no Parlamento e lá aprovaria o que bem entendesse. Mas a partir de 1975, com a posse do novo Congresso, isso mudaria muito.

Aquele ano, 1974, seria o marco do surgimento de um novo Teotônio. Se para seu partido fora de desastres políticos e econômicos, para ele seria de êxitos políticos, econômicos e pessoais. No campo político, ele dera ao governo militar, em Alagoas, uma vitória eleitoral, embora no contexto nacional a sequência de derrotas demarcasse o começo do fim da ditadura. No campo econômico, foi o primeiro ano de pleno funcionamento da Usina Seresta, que coroou de êxito a migração do quase-sertão para os tabuleiros que Teotônio comandara. Por fim, no campo pessoal, era o primeiro ano de sua vida sem a bebida. Um Teotônio abstêmio teria um foco mais preciso e agudo, dedicar-se-ia com mais vigor às tarefas políticas, assim como a uma maior proximidade com a família. Esses dois êxitos deram a Teotônio as bases políticas, econômicas, financeiras e emocionais para a grande aventura que apenas começara no alvorecer de 1975.

A Arena sofrera desalentadora derrota na disputa eleitoral de 1974. Ainda lhe restava uma maioria bem confortável no Senado — 47 contra 21 oposicionistas — mas alguns nomes heráldicos da oposição assumiram um mandato parlamentar nos principais estados brasileiros. Esses novos líderes oposicionistas chegaram, quase todos, a bordo de uma vitória cabal: Orestes Quércia obtivera 73% dos votos em São Paulo; Danton Jobim, 71% na Guanabara; Roberto Saturnino, 64% no antigo Estado do Rio de Janeiro; Paulo Brossard, 61% no Rio Grande do Sul. Esses números expressivos foram a resultante de uma campanha mais franca: em 1974 foram permitidos debates na televisão e no rádio. Já na Câmara, os números eram desconfortáveis para a Arena, que perdera a maioria necessária para aprovar emendas constitucionais.

Quando o novo Congresso foi empossado, em fevereiro de 1975, o embate parlamentar mudou de qualidade, ganhando um pressuposto esperançoso — o general-presidente prometera abertura, embora com a promessa de que seria lenta, gradual e segura. O mínimo que se imaginava nesse quadrante era que os mandatos parlamentares seriam respeitados, dali por diante, e que o jogo congressual seria limpo, compatível com a realidade das urnas, sem truques e sem casuísmos.

* * *

Foi nesse clima que Teotônio pediu uma audiência ao general-presidente, imediatamente concedida porque, afinal, ele era um dos seis heróis vitoriosos no escasso panteão arenista no Senado. Em 28 de março de 1975, Teotônio chegou ao Palácio do Planalto para uma conversa que tinha duração prevista de vinte minutos mas demorou quase duas horas. Ao marcar a audiência, Teotônio especificou o assunto de seu principal interesse — a ideia de estruturar um programa de produção maciça de álcool para minorar a crise de energia e operar a mudança da matriz energética. Geisel recebeu a pauta como se fosse música para os seus ouvidos. Além de ser afeiçoado às questões do setor — ainda coronel, fora ativo membro do Conselho Nacional do Petróleo (CNP) e depois, já general, presidente da Petrobras —, ele estava acuado pela crise do petróleo e precisava de contribuições novas para vencer a crise.

Por outro lado, falar de produção de álcool não era um assunto estranho para Teotônio. Poucos anos antes, enquanto preparava a construção da Usina Seresta, ele estudara profundamente a questão e pensara mesmo em dotar a usina de uma unidade para produzir álcool. No início, procurara professores da Universidade Estadual de Campinas (Unicamp), que analisaram para ele a possibilidade de usar o álcool como substitutivo em várias aplicações na indústria química (ele não avançara na possibilidade de produzir motores de veículos acionados a álcool). No entanto, as novas aplicações sugeridas na Unicamp já poderiam, por si só, reduzir a dependência brasileira do petróleo, estimular um novo modelo para a indústria nacional e criar muitos empregos. Se um plano ambicioso como esse seria de fundamental importância antes da crise do petróleo, depois dela seria vital. Teotônio imaginava que tudo isso era possível — e resolveu levar a ideia ao general-presidente.

Na audiência, Teotônio transmitiu a Geisel as ideias que tinha sobre o papel do álcool na nova e obrigatória matriz energética brasileira. O general-presidente gostou do que ouviu. E gostou tanto que abriu uma nova pauta de assunto — uma pauta que interessava bem mais a Teotônio.

Sem que o senador perguntasse, Geisel começou a falar de política interna. Disse que tencionava avançar no processo de distensão política, de forma a aliviar paulatinamente o papel dos militares, restaurar a democracia brasileira e preparar a transferência do poder para os civis. O que o general-presidente não falou, mas Teotônio intuiu, foi que o primeiro passo para conduzir o Brasil de volta à democracia seria reduzir a influência da comunidade de informações que agia nos subterrâneos do regime.

Era perceptível que a repressão dura já não se justificava, naquele momento da ditadura, pela absoluta inexistência de inimigos a combater. Todas as organizações esquerdistas da luta armada urbana haviam sido dizimadas até 1972. A partir de 1973, pelotões regulares das Forças Armadas tinham sido usados para atacar e liquidar a guerrilha rural do PCdoB na região do rio Araguaia. Naquele ano, em 1975, não havia mais focos guerrilheiros na cidade ou no campo. O adversário era visível e legal — a oposição parlamentar. Era perfeitamente possível e razoável, portanto, que o regime militar começasse a implantar um projeto de descompressão política pela redução do aparato repressivo.

Tinha lógica palpável o que Geisel transmitira a Teotônio naquela tarde. "O presidente Geisel me disse que a meta política do seu governo era o restabelecimento da democracia no Brasil", explicaria ele muito tempo depois. Foi além: "Não cabia a mim perguntar o que ele entendia por democracia, que limitações ou que salvaguardas queria impor para preservar o regime." Não fora uma conversa amena. Teotônio mesmo narrou que num dado momento do encontro Geisel se exaltou com alguma coisa mais apimentada que Teotônio dissera; o general retrucou e o senador rebateu. Geisel pediu um copo d'água e os dois se acalmaram.

Muitos anos depois, Teotônio narrou com mais detalhes a conversa. Geisel lhe teria dito: "Não tenha dúvidas, nós vamos ter de abrir" [*o regime, no sentido de descomprimir*]. Ao que ele concordou: "Então, vamos abrir, presidente, senão o Brasil estoura. O Brasil não aguenta mais, o que está acontecendo aí fora é um descalabro." Geisel, então, falou a ele sobre seu projeto político para "desentocar a política lentamente, até certos limites". Nunca se soube se o termo "desentocar" veio mesmo de Geisel ou foi uma contribuição livre acrescentada por Teotônio (a segunda hipótese é mais provável, porque "desentocar" é um termo de origem rural).

E fez mais: anunciou que iria mudar a geografia dos investimentos públicos, enviaria mais recursos para o Nordeste. Teotônio saiu feliz, embora com uma visão preocupada: "No fundo, fiquei com a impressão de que, no varejo, ele não sabia o que iria fazer, o que se devia fazer."

Essa impressão o autor deste livro também trouxera da cobertura do pré-governo Geisel, no Largo da Misericórdia, no Rio de Janeiro. Pouquíssimas pessoas formavam o grupo que o acompanhava na formatação de seu futuro governo. No correr dos dias, ele convocava personalidades de quem tinha recebido boas referências, embora sem conhecê-las pessoalmente, para ouvir ideias sobre as variadas áreas. Um bom exemplo foi Alysson Paulinelli, que chegou de Minas Gerais para falar de agricultura. Geisel gostou da conversa e convidou-o na hora para ocupar o respectivo ministério, embora nunca o tivesse visto antes. Outro exemplo: ao visitar o Instituto de Pesquisas Amazônicas (INPA), em Manaus, Geisel gostou tanto do que viu que convidou o seu diretor, Paulo de Almeida Machado, para o Ministério da Saúde.

Assim aconteceu com várias pessoas, de várias áreas. O próprio convite ao general Euler Bentes Monteiro para ocupar o Ministério da Previdência é outro exemplo. Geisel o conhecia, naturalmente, e admirava sua competência militar e integridade. Mas ele não tinha a menor intimidade com a área previdenciária — e recusou o convite por isso.

Já perto da posse, cresceu-me a impressão de que Geisel não tinha quadros em torno de si, não tinha equipe, não aglutinava grupos dirigentes e faria um governo na base da colagem — uma ideia aqui outra ali, uma pessoa desconhecida daqui outra acolá. Isso não dava química, não forjava liga. Teotônio estava certo em sua impressão: Geisel chegou ao governo sem um plano estratégico que combinasse as políticas para as variadas áreas de um governo. O que ele tinha eram palpites soltos e aleatórios, pessoas que não formariam uma equipe capaz de operar com solidez e eficácia um governo.

Ali, Teotônio fez o que julgou ser o seu dever. Ouviu o general-presidente desfiar seu projeto democrático e saiu imaginando que Geisel iria mais longe do que Médici na restauração da democracia, mas isso não era uma vantagem porque o governo Médici não avançara nada. Mas, ainda assim, o que o novo general-presidente acabara de dizer-lhe era muito animador. Entusiasmado, Teotônio disse a Geisel o que pensava a respeito e prometeu que se empenharia ao máximo para ajudá-lo a restabelecer a democracia.

No fim da conversa, Geisel fez-lhe dois pedidos. O primeiro, que não se aproximasse do senador Paulo Brossard (MDB-RS), que nem era tão radical assim, embora fosse um ardoroso defensor da redemocratização, o que era suficiente para que fosse detestado pelo general-presidente. O segundo, que ajudasse o senador Petrônio Portella (Arena-PI), líder e negociador do governo, nos assuntos relativos à abertura política. Teotônio faria exatamente o contrário. Nos anos seguintes, nunca se entenderia com Petrônio e se aproximaria cada vez mais de Brossard.

Na saída, ele dera a Geisel duas respostas. A primeira: que ficasse tranquilo, pois ele, Teotônio, seria fiel ao pensamento exposto naquela tarde. A segunda: não voltaria àquele gabinete, a não ser que fosse convocado. Na despedida, Geisel pediu-lhe que passasse pela sala do chefe da Casa Civil, Golbery do Couto e Silva, e conversasse com ele. Golbery era muito diferente do general-presidente — mais afável, mais pragmático, mais paciente para ouvir. Repetiu-lhe a recomendação transmitida por Geisel (entender-se com Petrônio Portella), que seria, igualmente, desatendida. E foi além de Geisel no apelo para que defendesse a abertura: pediu-lhe que colocasse a imaginação a serviço dos projetos políticos do general-presidente.

À saída, cometeu uma blague com a afirmação que Teotônio fizera a Geisel:

— O senhor disse que não voltará ao palácio, mas voltaria se eu o chamasse?

Teotônio rebateu de voleio:

— O senhor não vai me chamar porque vou agir de maneira diferente daquela que o senhor gostaria.

Era verdade. Aquela foi a primeira e última vez que Teotônio pisou nas lajotas de mármore branco do Palácio do Planalto.

* * *

Naquele exato momento, Geisel tinha elementos suficientes para perceber que não poderia mais bancar a abertura com que sonhara, ao ser entronizado na Presidência, pelo menos no calendário e na profundidade com que imaginara. As duas colisões frontais com o muro haviam mudado drasticamente o cenário interno do país; a crise do petróleo alvoroçara a economia; a derrota eleitoral de quatro meses antes embaralhara as cartas da política.

Nos passos seguintes, Teotônio não exagerou. Apenas usou suas vestes de liberal radical, manteve-se fiel ao preceituário do liberalismo que aprendera a admirar desde o começo. Em junho de 1975, a *Veja* lhe concedeu as disputadas "páginas amarelas", a entrevista pingue-pongue que abria a revista e condecorava o entrevistado. Perguntaram-lhe se o liberalismo político ortodoxo estaria ultrapassado. Depois de citar José Eduardo Prado Kelly, um dos fundadores da UDN, Teotônio respondeu:

> De forma alguma. O que está havendo é uma confusão — por ignorância ou má-fé — sobre o liberalismo, que é uma doutrina política, e o Estado liberal do fim do século passado é o início deste, que caiu em condenação e em desuso. O Estado liberal que interpretava o *laissez-faire, laissez-passer* deixou de existir, mas não o princípio liberal, fundamentado na própria Declaração Universal dos Direitos do Homem. Um princípio dessa ordem, que é a base de toda dignidade humana, não pode jamais entrar em declínio. Mesmo que tenha sido mal interpretado durante certa fase de governo.

Voltaria a homenagear o liberalismo quando morreu Djalma Marinho, expoente da velha UDN, em novembro de 1982. Teotônio lhe fez, pouco antes do término do seu último mandato, um comovido necrológio da tribuna do Senado. Primeiro, se lembrou das conversas sobre o liberalismo que varavam noites no Hotel Nacional, em Brasília, com Djalma e Milton Campos. Adiante, recordou o tempo em que, depois de perder a reeleição, Djalma nostalgicamente refugiava-se no gabinete de Teotônio, da mesma forma que Teotônio, a partir de 1983, sem mandato e com câncer, plantaria sua base no gabinete de Pedro Simon. No discurso, Teotônio constatou que Djalma fora "o último liberal" à moda antiga e deixou bem claro que cultuava um tipo bem diferente de liberalismo:

> Quantas vezes discutíamos sobre o liberalismo. Não o liberalismo que os tolos, os ignorantes ou aqueles que não leram ou não se dedicam às ideias, proclamam, mas o verdadeiro liberalismo. Não o liberalismo do *laissez-faire*, de maneira alguma, mas o liberalismo como filosofia de vida, que defende a qualidade de vida do homem, que defende o espírito do homem, a sua mente, e que protege o seu futuro através de princípios admiráveis. Ninguém melhor do que Djalma para discorrer, noites e noites, a pregar longamente suas profundas convicções sobre o liberalismo.

Palavras de liberal.

8
OS BOLSÕES DA DITADURA

As duas colisões frontais criaram um preocupante nível de cobranças internas, feitas pelos setores mais duros das Forças Armadas, que o general-presidente rotulava como "bolsões sinceros, porém radicais". Esses "bolsões" não queriam abandonar o poder e, se um dia isso fosse inevitável, exigiriam que antes se negociasse um pacto para isentar os que haviam sujado as mãos — o esquecimento da repressão, das prisões e torturas, a aceitação de que elas foram um fato cotidiano na vida do país, a absolvição dos torturadores. O grande receio desses segmentos que frequentaram por anos os subterrâneos do regime era que este caísse sem antes acontecer essa negociação, o que poderia submetê-los a julgamentos que ninguém saberia dizer como terminariam. Eles queriam um rol de garantias para não ser hostilizados quando transferissem o poder para os civis.

No momento em que as forças civis de oposição ganharam uma significativa parcela de poder ao vencer as eleições de 1974, criou-se um impasse. As dificuldades geradas pela alta do petróleo e a derrota nas eleições de 1974 enfraqueciam o regime e bloqueavam possíveis conversas com a oposição para promover a abertura, porque os militares jamais negociariam a partir de uma posição frágil. Se negociação houvesse seria a partir de um momento em que o regime militar pudesse fazer exigências.

Geisel, que planejara avançar com a abertura, teve de recuar, premido pelas fortes pressões militares que vinham da caserna. Daí por diante, o cenário ameno que seu mandato inicialmente aparentava controlar se transformou numa trajetória impulsiva, intermitente, em que pequenos avanços eram compensados com solavancos incômodos. E a ditadura voltou a exibir o ímpeto radical de cassar mandatos.

* * *

Na tarde da conversa com Geisel, Teotônio saiu do Palácio do Planalto e deitou falação sobre a distensão política. Em poucos dias, reuniu a imprensa, que vivia num deserto de notícias políticas, e anunciou uma notícia bombástica: o governo Geisel ia promover a abertura a partir daquele momento. Sua intenção era clara. Com aquela atitude, dentro de estritas regras gerais do jogo, ele tentava trazer a iniciativa política para o governo e esvaziar o então alentado discurso oposicionista. Mas o lado do governo não entendeu assim, preferindo acreditar que Teotônio tentava pisar no acelerador de Geisel. Petrônio Portella, líder do governo e suposto gestor do *timing* da abertura, não gostou do gesto de Teotônio e gostou menos ainda que Teotônio tivesse falado à imprensa sem alertá-lo antes.

O general-presidente não disse nem mandou dizer nada, mas também não gostou da velocidade que as falas de Teotônio pareciam atribuir à intenção de abrir o regime. Pensava numa abertura aos poucos, a conta-gotas, mas, da forma que Teotônio falara, parecia que a intenção era abrir a torneira toda de uma vez. Como o governo recusou a iniciativa política que tentara lhe transferir, Teotônio ficou com essa iniciativa para si próprio. Ao longo do tempo, se transformaria em referência da abertura, mas já não tinha o cacife presidencial atrás de si, porque Petrônio o desautorizara publicamente. Falaria apenas por si o que o faria ficar cada vez mais isolado dentro da Arena e o aproximaria cada vez mais da oposição.

* * *

Naquele mesmo ano de 1975, certamente inspirado pelo exemplo audaz de Teotônio, surgiu em Brasília o grupo renovador da Arena, um grupo de deputados federais que compartilhavam ardentemente a ideia da abertura política e do retorno à democracia plena. Eram quase todos jovens e entre eles estavam Antônio Mariz (PB), Geraldo Bulhões (AL), Henrique Córdova (SC), José Machado (MG) e muitos outros; o mentor do grupo era o deputado baiano Teódulo de Albuquerque, bem mais velho do que os outros e que tinha linha direta com o deputado Thales Ramalho (PE), importante parlamentar do MDB. Eram todos deputados que se destacavam no exercício do mandato, de linhagem liberal, alguns com fortes tinturas sociais, e pressionavam internamente a Arena a caminhar para a abertura. Em 1979, o grupo se posicionou contra a indicação do general João Figueiredo como sucessor de Geisel. Não tinha número para mudar as decisões internas, mas tinha presença na imprensa para incomodar o regime, exercitando uma discordância interna que minava a coesão do partido governista.

Movimento semelhante ocorreria na Assembleia Legislativa de São Paulo, na qual jovens deputados da Arena criaram uma versão paulista do grupo e chamaram-no Arena de Vanguarda. Por trás tinham o silencioso estímulo do então governador Paulo Egydio Martins, que era, ao mesmo tempo, um homem de confiança do general Ernesto Geisel e um democrata que jogava com os contrapesos da política para incentivar a distensão a partir de São Paulo. Contrabalançava sua ação política entre o estímulo à Arena de Vanguarda e a convivência obrigatória com seu secretário de Segurança o coronel Erasmo Dias, um radical verborrágico, de atitudes histriônicas, que lhe fora imposto pela arquitetura da linha-dura militar.

Faziam parte da Arena de Vanguarda os jovens deputados Paulo Kobayashi, Marco Antônio Castelo Branco, Felício Castelano, Solon Borges dos Reis e Armando Pinheiro. Na Assembleia, eles nem sempre votavam com o governo arenista de Egydio mas esse comportamento rebelde era combinado com o governador nos bastidores. O interesse maior do grupo era favorecer as medidas para a abertura democrática.

Quando, em setembro de 1977, o coronel Erasmo Dias, à revelia do governador Paulo Egydio, comandou uma invasão policial à Pontifícia Universidade Católica (PUC) para dissolver uma assembleia de estudantes e prendeu setecentos deles, a oposição na Assembleia protestou e pediu a criação de uma CPI para apurar a ilegalidade da invasão. Os cinco deputados da Arena de Vanguarda aderiram ao pedido da CPI, que foi constituída.

Com a bênção silenciosa de Paulo Egydio, a rebelião dos cinco recebia a colaboração do então senador Severo Gomes, que era ministro da Indústria e Comércio do Governo Geisel e continuaria no cargo até 1977. De Brasília, Teotônio percebeu a importância daquele movimento e foi a São Paulo para conversar com os cinco. A partir da primeira conversa, o grupo passou a agir como uma entusiasmada caixa de ressonância da pregação pela abertura de Teotônio e a reverberava em São Paulo. Para isso, passou a montar agendas para Teotônio fazer palestras em São Paulo. Anos mais tarde, Kobayashi, Marco Antônio e Felício se transferiram para o que seria o seu nicho natural, o MDB, e logo ajudariam a fundar o PMDB. Os dois primeiros ajudaram Teotônio na luta pela anistia. Armando Pinheiro fez o caminho inverso: vinculou-se a Paulo Maluf e se tornou um dos mais aguerridos próceres malufistas.

* * *

Teotônio passou a desempenhar um papel que lhe atraía plateia e mídia: repetia que ouvira de Geisel, o todo-poderoso general-presidente, a pretensão de redemocratizar o país, que acreditara nela e, mais do que acreditar, a ela aderira do fundo de sua alma política. Todos acreditavam em sua pregação, até porque em nenhum momento o general-presidente o desmentiu. E o que ele relatava era uma versão muito semelhante, embora bastante amplificada, das promessas que Geisel fizera em discursos públicos. Em 25 de abril de 1975, menos de um mês depois da audiência com Geisel, Teotônio foi à tribuna do Senado narrar o encontro.

> O que ouvi do presidente da República e o que está dito nos seus pronunciamentos é que o Brasil deseja o aperfeiçoamento das práticas democráticas, o que significa caminhar para o Estado de direito, em suma, para a legitimidade das tradições brasileiras ou, pelo menos, dos sonhos de todos os democratas.

Em seguida, armava a arapuca para seus colegas de partido e os deixava sem argumentos para desmenti-lo:

> Então, não há como fugir às regras do jogo; baralhar as coisas e os princípios é uma forma pouco sensata de jogar ou de não querer o jogo, simplesmente. O que já não cabe é retrogradar, ou não se decidir, segundo a filosofia do comodismo ou da irresponsabilidade. A marcha de 11 anos no encalço da ordenação da liberdade chega agora a uma encruzilhada decisiva. Todos queremos ordenar a liberdade, a começar pela impressionante clarividência do estadista que nos governa, o general Ernesto Geisel.

Como desmentir ou condenar Teotônio, se ele direcionava toda a sua fala para defender ideias atribuídas ao general-presidente, transmitidas de viva voz pelo próprio, e essas ideias eram bem-vindas ao país, bem recebidas pela sociedade, coincidentes com a normalização democrática, e ainda falavam de uma coisa boa, a redemocratização? Como negar sua verdade, se o general-presidente, ele próprio, havia dito coisas semelhantes, embora em um tom de ênfase substancialmente mais baixo, na escala de propósitos, mas dentro do mesmo espírito?

Assim, com esse estratagema um tanto ardiloso e quase impossível de desmentir, Teotônio imprensava o regime militar contra as suas próprias verdades. Desmenti-lo significaria dizer que o general-presidente não queria mais a democracia com a qual ele mesmo se comprometera. E Teotônio ainda se protegia sob o escudo liberal enquanto produzia ironias finas:

> Como pertenço à faixa liberal comprometida com o Estado de direito, diria que é preciso conter, em nome da compreensão e da realidade nacionais, a empolgante heroicidade cervantina que fez de dom Quixote o cavaleiro andante do idealismo pelo idealismo, em contraposição à força pela força, ou transigir um pouco, ou o possível, com a necessária sagacidade que se deve emprestar à imaginação criadora, cujo pioneiro, sem dúvida, foi o malsinado Maquiavel — ou o mal lido Maquiavel — pioneiro do realismo político-doutrinário de que tanto necessitamos na hora presente.

Era o primeiro de muitos discursos semelhantes que Teotônio faria nos anos seguintes. Ele, que passara muito pouco pela tribuna nos anos de chumbo, não porque não tivesse o que dizer, mas porque dizer qualquer coisa era correr um risco quase inútil, pois a fala não reverberava na sociedade, se transformaria num dos principais personagens do Senado. Naquele momento, a Câmara Alta conquistara certo protagonismo político, recheado de grandes figuras de projeção nacional, como Marcos Freire (PE), Paulo Brossard (RS), Itamar Franco (MG), José Richa (PR), Franco Montoro (SP), Orestes Quércia (SP). Naquele primeiro discurso a liderança da Arena demonstrou apenas sua perplexidade. Nos futuros, adotaria outra tática, bem mais vergonhosa: quando Teotônio subia à tribuna, o líder arenista deixava o plenário e arrastava consigo todos os seus liderados. Essa foi a forma que a Arena governista encontrou para não contraditar Teotônio e não aumentar a repercussão de suas falas.

* * *

A aproximação com Petrônio Portella nunca se deu, talvez porque os dois tivessem percebido que desempenhariam melhor seus papéis se estivessem distantes. Petrônio era um excelente negociador, ladino, duro de ser vencido, sabia usar em seu favor a força e a inflexibilidade do regime militar como uma contraparte que não se podia contrariar. Teotônio tinha pouca paciência para esse tipo de argumentação; sua maneira de fazer política era muito mais preto no branco e branco no preto.

Foi então que ele percebeu que era momento de aprofundar os argumentos na luta pela democracia. Os seus discursos começavam a atrair o interesse de um segmento popular que estava mais à esquerda, uma gente que rechaçava a ditadura militar, pensava em uma solução radical para derrubá-la, mas aceitava discutir um modelo civilizado de redemocratização — a que o MDB propunha e que Teotônio encarnava. Convites aos magotes começaram a chegar a seu gabinete— de centros acadêmicos que se reorganizavam após a derrocada estudantil do pós-68; de instituições da sociedade que desbordavam suas áreas estritas de atuação para se incorporar à luta democrática, como a Ordem dos Advogados do Brasil (OAB), a Associação Brasileira de Imprensa (ABI), a Sociedade Brasileira para o Progresso da Ciência (SBPC) e vários tipos de organizações civis.

Teotônio amiudou conversas com cientistas sociais que orientavam esses movimentos, como Otávio Ianni, Florestan Fernandes, Paul Singer e Fernando Henrique Cardoso. Parlamentares cassados que tinham grande capacidade de organização na luta política se aproximaram dele, como Raphael de Almeida Magalhães, agora vinculado ao MDB. Em fevereiro de 1977, Severo Gomes pediu demissão do Ministério da Indústria e Comércio e se alistou na nova frente. Aos poucos, Teotônio, o rebelde da Arena, tornou-se o vértice da campanha pela redemocratização. Qualificou-se como um aliado do MDB e, nesse papel, ajudou a apontar caminhos para a formação de uma frente ampla contra a ditadura. O fato de ele pertencer à Arena atraía pessoas e instituições que antes estiveram ao lado do regime militar, mas agora percebiam seu estiolamento. A seu redor se constituía um vetor de um novo pensamento político e econômico. Com essas armas e essas alianças, o ainda arenista Teotônio começou a viajar pelo Brasil.

Muitos anos depois ele explicaria o sentido daquele roteiro mambembe e improvisado, quase sempre em condições precárias, mas sempre ante plateias entusiasmadas, em que levava algum tipo de mensagem aos jovens estudantes brasileiros:

> Eu deixo com eles o endereço através do qual cada um vai me procurar de mil formas, inclusive pela forma da cobrança. Se eu os deixasse simplesmente irritados, abalados, sem abrir perspectiva de luta por soluções, eles iriam cair numa depressão profunda e depois iriam procurar os seus caminhos. Pelos caminhos maiores, pelos eixos centrais do futuro, que são os eixos que os líderes têm a obrigação de definir, deixando que cada um escolha os atalhos. (...) É por isso que somos políticos, porque apontamos os caminhos.

* * *

A relação de Teotônio com o governo Geisel azedou de vez na semana de 3 de setembro de 1976, quando foi para as bancas a edição 382 de *O Pasquim*. Tudo começara dois meses antes, quando, numa mesa de bar, Henfil mencionou Teotônio de forma irônica, chamando-o de "usineiro da Arena". A seu lado, o crítico de música Tárik de Souza o advertiu de que Teotônio de fato era usineiro e arenista, mas, acima de tudo, era um político sério e consequente. Aconselhou Henfil a prestar atenção em suas ações e seus discursos. Henfil seguiu o conselho — e começou a gostar do que via e ouvia. Gostou tanto que sugeriu, na reunião de pauta d'*O Pasquim*, uma entrevista com o senador arenista que se portava como um rebelde. A pauta foi aceita. Na época, uma entrevista n'*O Pasquim* era a glória em vida para qualquer personagem da vida nacional. Significava, ao mesmo tempo, a absolvição de todos os pecadilhos ideológicos, a aprovação instantânea da esquerda nacional e a aceitação imediata pela elite cultural do Rio de Janeiro, que influenciava fortemente o "ser de esquerda" da época.

Pela primeira vez em sua prodigiosa história, o semanário satírico, principal veículo da imprensa alternativa, publicava uma longa entrevista com um político da Arena, o que, normalmente, seria rejeitado com gastura pelos leitores e imediatamente rotulado como um ato de reprovável adesão ao governo militar. Mas, naquele caso, não era. Na Arena, Teotônio já se tornara uma exceção rebelde de alcance nacional. Muito pelo contrário: do ponto de vista do regime militar, a mera aceitação de Teotônio n'*O Pasquim* estabelecia um rompimento odioso, capaz de provocar a ira do Palácio do Planalto, ainda mais porque, embora comedido com as palavras, ele deu a entrevista sob a lógica do pensamento oposicionista, não sob a lógica do pensamento do regime militar.

A provocação já começava na capa, um acinte para um governo que censurava com objetivo moral e razão política: lá estava uma moça vestida (?) com um biquíni exíguo e um roupão de banho aberto na frente, braços para o alto e belas coxas em evidência, enlaçada pelo braço malicioso da estátua de Machado de Assis que está no átrio da Academia Brasileira de Letras. A chamada da capa era: "Epa! Tem mulher na Academia!" Abaixo, no rodapé, vinha a chamada para a entrevista, em letras garrafais: "Sensacional! Entrevista com Teotônio

Vilela." Assim, sem qualquer outra explicação, o que garantia a Teotônio uma segunda glória: *O Pasquim* o considerava suficientemente conhecido e respeitado para ter seu nome anunciado sem qualquer aposto e sair na capa do jornal alternativo sem precisar de explicações adicionais.

Quando a edição d'*O Pasquim* chegou às bancas deve ter provocado a ira em cadeia dos generais. Um senador da Arena criticar o governo militar na tribuna do Senado, ainda vá; mas recorrer à imprensa alternativa, o busílis da ditadura depois que os segmentos organizados da esquerda foram desbaratados, era uma provocação bem acima do suportável pela paciência luterana de Ernesto Geisel. Ali Teotônio escolheu um caminho — e era um caminho sem volta, não tanto pelo que ele diria na entrevista, mas pelo desafio implícito à sua escolha.

A apresentação da entrevista, escrita por Ziraldo, descrevia Teotônio como uma ave rara:

> Quase tão alto quanto um jogador de basquete, as mãos grandes e expressivas, a pele queimada, os cabelos muito pretos (pintados?), a testa vasta e a cara marcada; a voz clara, muito clara, as palavras pronunciadas com muita limpidez, as frases bem articuladas, os pontos, as vírgulas, as reticências. Vou procurando somar os dados da impressão final que me deixou o senador Teotônio Vilela, na noite em que o entrevistamos na redação do *Pasquim*.

Era um texto, como quase tudo n'*O Pasquim*, cheio de hipérboles — o exagero era um dos vícios da carioquice da época, que o jornal logicamente incorporou, até porque seu estilo editorial era a mais perfeita tradução do Rio de Janeiro. Teotônio, na verdade, tinha 1,80m, não era baixo, mas também não era tão alto assim que pudesse ser comparado a um jogador de basquete. De fato, tinha as mãos grandes e os cabelos muito pretos mas sem a menor aparência de serem pintados (até porque seu bigode e sobrancelhas eram também pretos). Sua voz de barítono era clara: ele escandia as sílabas ao falar, revelava uma nítida preocupação de ser entendido pelos interlocutores.

De cara, Teotônio — que havia parado de beber três anos antes — recusou o tradicional uísque das entrevistas d'*O Pasquim*, todas feitas num clima de alta intensidade etílica, tanto por parte dos entrevistados quanto dos entrevistadores. Além de Ziraldo e de Félix de Athayde, à época também redator de *O Globo*, Henfil participou da entrevista, entre outros convidados. A entrevista começou num ambiente cuidadoso, como seria comum numa conversa de desconhecidos. Perguntaram a Teotônio se ele era membro da "aristocracia do açúcar", por ser usineiro (uma palavra que impressionava muito a chamada esquerda festiva da época, fartamente representada n'*O Pasquim*). Teotônio recusou a berlinda: "Alagoas não teve aristocracia do açúcar, só Pernambuco." Logo o entrevistado deu um jeito de dizer que fora preso na juventude pela polícia da ditadura getulista, no Rio de Janeiro, o que automaticamente o fazia mais simpático ao olhar daqueles que eram viscerais oponentes da ditadura militar — na época, as ditaduras em geral, com exceção da cubana, eram rejeitadas pelo sentimento de oposição brasileiro.

Perguntaram-lhe — a pergunta não poderia faltar — sobre seu liberalismo:

> Liberalismo, no fundo, é um roteiro para minhas posições políticas. Mas não é o liberalismo econômico ou qualquer coisa ultrapassada. O liberalismo é uma filosofia cujo núcleo está naquilo que chamamos de pensamento ocidental. Toda a base da democracia ocidental vem de um conceito sobre o Estado de direito e que se firmou, fazendo parte da nossa cultura. Liberalismo é uma expressão que é o próprio Estado de direito.

Pronto: embora se confessasse um liberal, Teotônio se acomodou como um opositor legítimo ao regime militar. Em seguida, explicou que a ideia do *laissez-faire* foi uma distorção do liberalismo, urdida em benefício de grupos, não da coletividade. E invocou suas grandes referências político-ideológicas. Primeiro, Milton Campos, que rotulou como seu grande mentor; depois, frei Joaquim do Amor Divino Caneca:

> Era um doutrinador liberal puro. Foi talvez o primeiro a introduzir a palavra liberalismo, ao escrever: 'O homem não deve ser liberal somente quando está na oposição mas sobretudo quando está no poder.'

A partir daí, as perguntas afrouxaram e Teotônio nadou de braçada, prestes a, mesmo sendo um liberal, tornar-se um líder das massas populares cariocas. O resto da entrevista foi um relato lúdico de suas encantadoras histórias de boiadeiro, que deliciaram os muito urbanos entrevistadores cariocas, e muito pau no lombo da ditadura.

* * *

Paralelamente ao discurso político-institucional, na tribuna do Senado, Teotônio sustentava outro tema que se originara em sua conversa com Geisel, no já distante abril de 1975 — a mudança da matriz energética do país. Era um assunto que adulava o general-presidente, pois apoiava a sua delicada travessia para superar a crise do petróleo e Teotônio sabia disso. Mas discretamente servia também a ele próprio e a suas velhas bases alagoanas, a indústria do açúcar, os usineiros, que logo se tornariam prósperos fabricantes de álcool com a decisiva ajuda do governo.

No mesmo dia em que Geisel ocupou uma cadeia nacional de rádio e televisão para anunciar a criação do Proálcool, Teotônio — uma

1. Teotônio aos 12 anos.

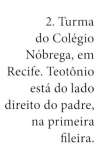

2. Turma do Colégio Nóbrega, em Recife. Teotônio está do lado direito do padre, na primeira fileira.

3. Teotônio (o mais alto) com amigos, já no Rio de Janeiro.

34. Fernando Henrique Cardoso, Aldo Arantes, Carlos Marchi (na fileira de trás), Ulysses Guimarães, Humberto Lucena e Franco Montoro no enterro de Teotônio.

35. Charge para o necrológio de Zé do Cavaquinho, escrito por Teotônio.

no cravo, outra na ferradura, num momento em que não havia ainda rompido formalmente com o governo — foi à tribuna do Senado apoiar entusiasticamente a medida:

> Não encontro e não há quem me aponte outro caminho senão o álcool. Dizer a esta Nação que possuímos, a esta altura, capacidade técnica instalada para produzir dois bilhões e quinhentos milhões de litros de álcool, e não o fazemos, não é nenhuma fantasia — é só constatar.

Ele, que fizera havia pouco uma nova usina para empregar novas tecnologias e reduzir a mão de obra, passou a defender o novo programa como alavanca para ampliar o mercado de trabalho numa região com altos níveis de desemprego, como o Nordeste:

> O outro aspecto da valorização do álcool está na ocupação do homem e da terra. Dentro desses mesmos cálculos, para produzir e processar 25 milhões de toneladas de cana por ano seriam necessários cerca de cem mil trabalhadores, entre rurais e industriais.

Agregou a seu discurso salvacionista um elemento nacionalista — o programa Proálcool reduziria a dependência que pendurava o Brasil nos interesses das indústrias multinacionais do petróleo. Ligou as pontas e passou a expressar o argumento de que a solução para a dependência estratégica do petróleo facilitaria a solução do problema institucional, como se o Proálcool estivesse a ponto de ser um porta-bandeira da restauração democrática. Era uma ideia mirabolante e, curiosamente, a combinação das duas ocupara a pauta de sua conversa com Geisel. De fato, no gabinete presidencial, falara-se de álcool como solução técnica para a crise do petróleo e depois de abertura democrática (embora, por óbvio, nenhum dos dois tenha dito que as duas soluções eram gêmeas e se complementavam).

* * *

Mas sobretudo florescia em Teotônio o sentimento liberal, que o fazia prezar os valores da democracia e pleitear a plena liberdade no exercício da política. Em 9 de julho de 1976 pronunciou, na seção gaúcha da Ordem dos Advogados do Brasil (OAB), em Porto Alegre, uma conferência que seria a sua mais candente confissão de fé liberal. Na fala, homenageou o bicentenário da independência americana, que transcorrera cinco dias antes.

Haverá sempre opiniões conflitantes sobre o verdadeiro credo de Teotônio mas, naquele momento, em que mantinha uma luta desassombrada pelas liberdades no Brasil, ele mostrou que sua maior crença era, efetivamente, nos princípios liberais e nos valores propiciados pela prevalência das liberdades públicas. E que elas eram suficientemente densas para desafiar a ditadura e para cobrar dela as razões pelas quais o movimento de 1964 acontecera — para garantir as liberdades, não para suprimi-las.

> Não creio, nos dias de hoje, que haja qualquer coisa de mais importante a se celebrar, em nome do presente e do passado, e ainda mais com alvissareiras perspectivas para o futuro, do que o 4 de julho americano de 1776.

E prosseguiu:

> Na verdade, são três pedaços de papel que servem de inspiração à mística: a Declaração de Direitos da Virgínia, a Declaração de Independência e a Constituição Americana. Três pedaços de papel, sim, que o povo venera e o governo respeita. Três pedaços de papel que compõem a maior nação do mundo. Três pedaços de papel que resistem a todas as armas, a todas as ambições e a todas as loucuras dos que se perdem no poder.

Realçou a importância e a perenidade dos valores constitucionais:

> Nenhum povo passou por tão violenta transformação de progresso. E nenhum povo permaneceu mais fiel ao constitucionalismo.

Festejou a força moral da nação americana:

> O que chama a atenção política do mundo é que a América do Norte triunfa sobre todos os males, mantendo o estandarte do direito à vida, à liberdade e à prosperidade com o mesmo entusiasmo cívico dos patriarcas da independência.

Usou uma expressão que seria a antítese da liberdade — "iliberais" — para traçar a comparação:

> Entre muitas e graves diferenças entre liberais e iliberais, há uma sutilidade que muito me impressiona. No primeiro caso, os governados são cidadãos; no segundo, simplesmente súditos; pelo que se infere que a figura da liberdade, num caso, relaciona-se entre governante e governado; no outro, subsiste unicamente na faixa dos governantes.

E estabeleceu sua compreensão sobre os confrontos do liberalismo:

> O liberalismo americano, ou anglo-americano, que se pode traduzir em termos amplos por democracia, marcou, nos tempos modernos, uma posição filosófica que se opõe frontalmente com o comunismo e o fascismo.

* * *

Como sabemos, Geisel nunca mais chamaria Teotônio ao palácio. Aquela conversa que parecia apontar para um denominador comum esfumaçou-se, como se eles tivessem por um tempo partilhado a mesma reta e, na primeira encruzilhada, cada um escolhesse um caminho diferente. A sucessão de discursos incômodos de Teotônio começou a irritar o general-presidente e os seus principais assessores. Esse tipo de irritação, no tempo da ditadura militar, costumava se expressar em algum tipo de retaliação, onde fosse possível e viável retaliar, o que não é difícil de acontecer quando o lado irritado tem a seu dispor uma força desmedida e não se constrange em aplicá-la, o que o deixa apto a praticar o mal apenas para se vingar de quem o provocou.

Teotônio tinha pronto, a essa época, um projeto de ampliação da Usina Seresta e a criação de uma nova fábrica, a Destilaria Indiana, no município de Junqueiro, para produzir 300 milhões de litros de álcool por ano. O projeto já estava aprovado pelo IAA e os indispensáveis financiamentos do Banco do Nordeste e do Banco do Brasil estavam aprovados. Da noite para o dia, Teotônio descobriu que lhe haviam retirado a escada sob os pés — e seu projeto estava pendurado no ar. Primeiro, soube que o Banco do Brasil cancelara o financiamento; correu ao Banco do Nordeste e lá, por esquisita coincidência, acontecera o mesmo, tudo a despeito do estímulo que o governo distribuía a mancheias para a instalação de novas destilarias de álcool.

Investigou mais profundamente e descobriu que a ordem para cancelar os financiamentos viera "lá de cima". Quer dizer, os financiamentos — sem os quais a Usina Indiana jamais seria erigida — foram retirados de uma hora para outra, como num passe de mágica perversa. Uma ordem naquele patamar, desferida para prejudicar um projeto já pronto, com terreno comprado e preparado para receber a usina, não poderia ser dada por qualquer um. Só poderia ter sido dada por alguém muito importante e com muito respaldo na hierarquia governamental. "Foi sabotagem", conclui hoje Teotônio Filho. E, para piorar a situação, o Banco do Brasil financiou uma usina vizinha à de Teotônio, de propriedade de um concorrente, para criar dificuldades econômicas para a Seresta.

Um dia, Teotônio recebeu em casa um envelope pardo grande e gordo, cheio de documentos e fitas de gravação, devidamente subscritado: "Com os cumprimentos do PCdoB". Dentro vinham cópias de documentos e relatórios oficiais, além de gravações que provavam a sabotagem montada. Tudo fora arquitetado no coração do governo Geisel. Teotônio percebeu, definitivamente, que a profecia feita à saída do gabinete de Geisel se cumpriria na totalidade: jamais seria convidado para voltar ao Palácio do Planalto, pelo menos enquanto aquele general-presidente, com quem alinhara ideias um ano antes, estivesse no poder.

As críticas duríssimas que ao longo dos últimos anos fizera ao ministro Delfim Netto, do Planejamento, e a continuidade das críticas, em tom semelhante, já no governo Geisel, a sua habitual rebeldia, estavam na origem do boicote dos bancos e das instituições oficiais a seu novo projeto. Teotônio tivera à mão meios para amenizar o confronto com o governo militar e esses meios passavam pelo usineiro Evaldo Inojosa, nomeado presidente do IAA, que era seu amigo íntimo e tinha uma proximidade invejável com Shigeaki Ueki, ministro das Minas e Energia de Geisel. Por alguma razão que nunca explicaria, ele preferiu não pedir que Inojosa interferisse. Cumpriu o que dissera, um dia, a seu amigo Luiz Cavalcante: "Se um dia eu tiver de escolher entre a Usina Seresta e a pátria, escolho a pátria." Na hora certa, escolheu. E a Destilaria Indiana nunca sairia do papel.

* * *

Depois que enfrentou as dificuldades iniciais de seu governo, Geisel parece ter sofrido pressões insistentes, partidas daquele setor que ele chamava de "bolsões sinceros, porém radicais" e a mídia apelidava quase em sussurro de "linha-dura", a fração militar que operava a comunidade de informações e o sistema repressivo da ditadura. A "tigrada" — expressão que o jornalista Elio Gaspari criou para apelidar a turma da repressão — se expressava por ações que desmoralizavam o governo e assustavam a opinião pública.

Em outubro de 1975, quando já estavam liquidadas as organizações que sustentaram a luta armada, o sistema repressivo deflagrou uma vistosa e mal explicada operação contra o PCB, que optara pela luta civilista-eleitoral e atuava pacificamente no MDB. Começou a prender militantes do PCB que integravam a mídia — de forma a robustecer o argumento preferido da comunidade de informações, que dizia estar a mídia infiltrada por comunistas. Acabou por assassinar, propositadamente ou não, um dos presos, o jornalista Vladimir Herzog, diretor de jornalismo da TV Cultura (que era, como até hoje, vinculada ao governo de São Paulo, então ocupado por Paulo Egydio Martins). Mais do que um recado, era uma provocação à imprensa, a Paulo Egydio, a Geisel e, por extensão, à sociedade.

Consta que Geisel afirmou em recados aos expoentes do sistema repressivo que não aturaria uma segunda morte nos órgãos oficiais. Como se fosse resposta ao desafio, a segunda morte, do metalúrgico Manoel Fiel Filho, também militante do PCB, veio apenas três meses depois, também em São Paulo. Geisel, então, demitiu o comandante do II Exército, general Ednardo D'Ávila Melo.

Mas, como se devesse respostas aos subterrâneos do meio militar, continuou — num claro retrocesso — a adotar medidas autoritárias, a cassar mandatos de parlamentares e suspender seus direitos políticos. Em 1975, cassou o senador Wilson Campos (Arena-PE), após acusações de corrupção; em 1976, cassou os combativos deputados Marcelo Gatto (MDB-SP), Amaury Muller (MDB-RS), Nadir Rossetti (MDB-RS) e Lysâneas Maciel (MDB-RJ), além de Ney Lopes (Arena--RN), este por acusações de corrupção; em 1977, cassou Marcos Tito (MDB-MG) e o líder do MDB, Alencar Furtado (PR), além dos vereadores Glênio Perez e Marcos Klassman, de Porto Alegre.

Era nesse cenário tumultuado que Teotônio operava sua rebeldia dentro de uma Arena que ele não respeitava e que, de sua parte, também não o queria mais havia tempo. Sempre que se lembrava das promessas democratizantes de Geisel em 1975 abria um irônico sorriso.

* * *

Desde 1975, o governo Geisel enviara um projeto de emenda constitucional ao Congresso em que propunha uma reforma do Poder Judiciário. O projeto era uma salvaguarda pensada pelos juristas palacianos para quando fosse extinto o AI-5 e listava duas medidas nada democráticas que interessavam ao regime militar: excluía o *habeas corpus* para os crimes contra a segurança nacional (à época, crimes de fundamento político) e mantinha a possibilidade de o governo remover e aposentar juízes. Geisel tinha a promessa do voto favorável de moderados do MDB e precisava que o partido não fechasse questão no caso, para liberar o voto dissidente.

O que era "fechar questão"? Os partidos podiam declarar formalmente "questão fechada" sobre um projeto de seu alto interesse que fosse a voto na Câmara ou no Senado; isso significava que todos os seus parlamentares tinham de votar da forma indicada pelo partido. O parlamentar que descumprisse a orientação partidária poderia perder o mandato. Esse artifício parlamentar fora inventado pelo regime militar para evitar traições de seus próprios parlamentares, mas a oposição passou a fazer uso dele para controlar suas bancadas.

Assim, se o MDB fechasse questão contra o projeto da Reforma do Judiciário o governo militar não poderia contabilizar os votos dos dissidentes. E esses votos eram vitais, já que o governo não detinha maioria de dois terços para aprovar emendas constitucionais na Casa. Geisel alertara seu negociador, Petrônio Portella, que fecharia o Congresso se o projeto não fosse aprovado.

Naquele momento, Tancredo Neves defendia a tese de que o MDB apoiasse a reforma capenga do Judiciário e colocasse todo o seu empenho na manutenção da eleição direta para governadores em 1978, que estava prevista em lei e assustava bem mais o governo militar. Os retrocessos da reforma do Judiciário seriam corrigidos mais tarde, quando a redemocratização chegasse. Mas Tancredo perdeu a batalha interna, e o MDB aprovou o fechamento de questão, o que liquidava as pretensões de aprovação da reforma. O general-presidente cumpriu a promessa: em 1º de abril de 1977 decretou o fechamento do Congresso mais uma vez. Era um enorme retrocesso.

Geisel chegava ao extremo em sua estratégia de dar uma no cravo e outra na ferradura. Em seguida ao fechamento do Congresso, decretou a famigerada Emenda Constitucional nº 8, logo apelidada pela imprensa de Pacote de Abril. O pacote confirmaria o temor de Tancredo Neves: determinava eleições indiretas para as eleições de governadores em 1978 e, pior ainda, alterava a composição do colégio eleitoral que elegeria indiretamente os governadores, para impedir que o MDB tivesse maioria em vários estados.

Para bloquear o risco de o MDB fazer maioria no Senado nas eleições de 1978, o pacote criou a figura grotesca do senador "biônico", que preencheria uma das duas vagas de cada estado nas eleições daquele ano (e seria indicado pelo partido com maioria em cada estado). Alterou o cálculo das representações de cada estado na Câmara dos Deputados — em vez de usar o eleitorado como base do cálculo das cadeiras, passou a usar a população, com limites de oito deputados no mínimo e 55 no máximo, o que estabeleceu uma sub-representação nos estados de maior eleitorado, como São Paulo e Minas Gerais, e uma super-representação em estados menores, onde a Arena era hegemônica. E mais: estendeu o mandato do sucessor de Geisel para seis anos, restringiu a propaganda na televisão e no rádio para as eleições de 1978 e, por fim, alterou o quórum para aprovação de emendas constitucionais de dois terços para maioria simples (que a Arena detinha nas duas Casas do Congresso).

Essas foram as marteladas no cravo. A na ferradura, Geisel daria em outubro, quando demitiu o general Sylvio Frota do Ministério do Exército. Como sempre, como antes, muitas no cravo, uma apenas na ferradura.

O Congresso ficaria fechado por 14 dias. Na verdade, o Pacote de Abril era um sub-AI-5 que restaurava os interesses estritos da "Revolução de 1964" e prorrogava a prevalência do regime militar.

* * *

Teotônio viu tudo isso esmagado em seu partido original, a Arena, e tomou uma decisão definitiva — a partir do Pacote de Abril agiria como se fosse um parlamentar da oposição, seria um franco-atirador da redemocratização. Como ele mesmo pregara premonitoriamente num discurso feito em 1967, quando nem desconfiava de seu futuro divórcio com o regime militar, o Brasil era mesmo um país precário e inconcluso. Disse então, citando Alceu de Amoroso Lima, o Tristão de Ataíde:

> O Brasil se formara às avessas, começara pelo fim. Tivera Coroa antes de ter Povo. Tivera parlamentarismo antes de ter eleição. Tivera escolas superiores antes de ter alfabetismo. Tivera bancos antes de ter economia. Tivera salões antes de ter educação popular. Tivera artistas antes de ter arte. Tivera conceito externo antes de ter consciência interna.

Em 20 de abril de 1977, subiu à tribuna do Senado mais uma vez e desfiou sua profunda decepção e revolta com o Pacote de Abril. Era a senha para fazer a travessia até o partido de oposição. Com o passar das crises e dos desencantos com a Arena, e principalmente com as ameaças de cassação com que padecera, Teotônio voltou a usar sua vacina contra os riscos — atacava a ausência de democracia com os mesmos argumentos que usara para defender o movimento de 1964 e que representavam os princípios basilares da "revolução". Assim, ninguém em sã consciência poderia dizer que ele estava contra o movimento de 1964.

É bem possível que em algum momento, a despeito da vacina, algum general radical tenha pedido a sua cassação, mas se isso aconteceu, não frutificou, além dos casos que já conhecemos. Enquanto a linha-dura engrossava o pirão, Teotônio, o velho boiadeiro que comia o *quarenta* e banhava o seu cavalo nas alvoradas, aprendeu que contra a tirania é preciso ser sempre lindeiro, operar no limite extremo do significado das palavras e aboios proferidos da tribuna do Senado, usar sempre um ponto extremo que gerasse efeitos, não circunscrevesse a coragem política e, por fim, não entornasse o caldo.

Teotônio continuou como sempre, falando alto, expurgando as metáforas, sem conspirar, exatamente ao contrário do que faziam antes as piores facções de seu velho partido, a briosa e golpista UDN. "Eu não conspiro, não sussurro, só falo alto", dizia o velho boiadeiro dos aboios da Zona da Mata, à guisa de explicação de seu estilo de fazer e desfazer.

9
A GEOGRAFIA GUARDADA NA RETINA

Por um tempo, logo após o Pacote de Abril, Teotônio desanimou e passou a encarnar a completa desesperança de que o regime militar um dia se conscientizasse do seu enorme fracasso e aceitasse negociar o seu fim. Em lugar disso, o que justificava a máxima de que o poder se conquista, não se recebe de mão beijada, os militares se aferravam aos cargos; mais do que isso, a cada crise tirariam um novo coelho da cartola, um casuísmo imoral para prorrogar a sua maléfica permanência no comando do país — o Pacote de Abril fora apenas um deles. Teotônio percebeu, então, que a opção pela abertura deveria incorporar uma luta política que enfrentasse o regime militar até destroná-lo com o uso das armas civis do convencimento popular e da educação política do eleitorado. Essas práticas civis seriam essenciais para herdar o espólio de um país destruído por uma sequência de governos que praticavam sistematicamente políticas excludentes, que enfraqueciam a economia, não se preocupavam com os indicadores sociais e infelicitavam o povo. Essa luta precisava de povo para ser vencida.

Em setembro de 1977, quando foi buscar o povo, envolveu-se num grave incidente em Recife. Ele e os senadores Paulo Brossard (RS) e Marcos Freire (PE) foram convidados para um debate na Faculdade de Direito da capital pernambucana. Quando chegaram à sede do Diretório Demócrito de Souza Filho, à hora aprazada, encontraram-no fechado, com as luzes apagadas e cercado pela polícia. Do lado de fora, os dirigentes do diretório comunicaram que o debate fora proibido, a despeito da autorização prévia dada pelo reitor da universidade, Paulo Maciel. Esse tipo de ação era comum na ditadura militar, ainda mais em Pernambuco, onde governava José de Moura Cavalcanti, um arenista atrabiliário que ingressara no mesmo Colégio Nóbrega oito anos antes de Teotônio.

Em meio a uma situação tensa, os senadores decidiram não criar caso; Teotônio e Brossard voltariam ao hotel, Freire iria para casa. Os três pediram aos estudantes que também fossem para suas casas. Quando começaram a caminhar de volta ao carro que os levara, os estudantes os seguiram e, no trajeto, começaram a cantar o Hino Nacional. Por conhecer o tradicional despautério do governador, capaz de emitir ordens as mais absurdas, pediram mais uma vez aos jovens que se dispersassem. A essa altura, já se formara uma multidão de cinco mil pessoas, com todas as características de uma passeata. Não houve tempo para contra-argumentar: a polícia de Cavalcanti atacou violentamente e os três senadores acabaram envolvidos pelos gases das bombas de efeito moral.

* * *

A oposição precisava alinhar opções imediatamente, porque o mais novo fechamento do regime indicava que os militares continuariam a usar a força para impor a manutenção de um regime que já não tinha sustentação na sociedade. O ano seguinte, 1978, previa eleições e elas seriam feitas sob regras que garantiriam, pela imposição das medidas de força, uma maioria do governo militar nas Casas do Congresso. A sucessão de Geisel apontava para a indicação de um novo general, que, pelas novas regras, teria seis anos de mandato. O regime militar, pois, com as medidas de exceção estipuladas no Pacote de Abril, garantia-se uma sobrevida de pelo menos sete anos. Com a oposição hesitante, Teotônio saiu na frente, a seu modo.

Há algum tempo, ele incorporara novos elementos e motivações a seu discurso político. À pregação pela democracia, passou a agregar valores nacionalistas e princípios de esquerda, o que dava a seu novo discurso um tom que divagava entre a Esquerda Democrática, que deixara a UDN logo depois do nascedouro, para formar o PSB, a Bossa Nova da UDN, nos anos 1950, e elementos antiamericanos cedidos pelo discurso do PCdoB.

Escolheu como seu alvo preferencial a Comissão Trilateral, uma entidade privada criada em 1973 por sugestão do banqueiro americano David Rockefeller, que juntava empresários, economistas e pensadores de vários países, os quais se reuniriam periodicamente para propor soluções inovadoras ao mundo. A Comissão formara grupos regionais em países do hemisfério norte (inclusive Coreia do Sul e Filipinas) e do hemisfério sul (inclusive Indonésia e Austrália). Alguns de seus membros eram de países comunistas, como Tchecoslováquia, Polônia, Estônia, Hungria e China. Reunia em torno de três centenas de associados; se algum membro ingressasse no governo de seu país deveria renunciar a seu posto na Comissão.

Ao pinçar a Trilateral como seu adversário número 1 Teotônio não inovava, apenas repetia um movimento adotado pela esquerda mundial, que apontara a Trilateral como a grande causadora dos males sociais do mundo, a figura encarnada da malignidade capitalista e que, por isso, merecia se tornar o boneco de Judas malhado por todo o mundo. Alguns pensadores de esquerda a condenavam como se fosse um novo vetor conspiratório para direcionar o mundo para o mal, sem considerar as forças antagônicas que se equilibravam naquele mundo bipolar, numa época em que o universo socialista ainda existia.

A Trilateral não podia ser avaliada por si só, mas pela sua capacidade de influenciar políticas num mundo conturbado; essa capacidade era grande, mas estava longe de ser hegemônica. Até hoje há quem acuse a Trilateral de ter lançado as sementes da globalização, que assombraria o mundo 15 anos depois de sua entrada em cena. Teotônio embarcou nessa canoa e não havia discurso em que ele não invectivasse contra a Trilateral, como se ela fosse o comando secreto que despachava ordens conspiratórias de um escritório de Washington para que os peões do capitalismo se movessem e mudassem a realidade do mundo nos dois hemisférios.

Nessa época, as sempre ferinas críticas de Teotônio adotaram um viés que ele tomara emprestado ao jargão das esquerdas. A partir dessas mudanças, o seu discurso passou a ser uma salada ideológica que continuava a brandir a velha temática liberal mas agora cravejava suas bordas com pérolas esquerdistas e hipérboles xenofóbicas.

Esse foi o momento em que, mais que nunca antes, ele se distanciou dos princípios da velha UDN, que era liberal, sim, mas sempre se manteve de acordo com os princípios do capitalismo e simpática aos valores americanos. Passou a citar e defender as conquistas nacionalistas brasileiras e a criticar a presença de empresas americanas no Brasil. Mais que isso, incorporou um espírito estatista absoluto, daquele tipo que desconfia do capitalismo, acha que o mundo deve bani-lo e a gestão pública deve ser feita por um imenso ente estatal que controla todos os movimentos, todos os estamentos, todos os cidadãos. Daqueles que veem o Estado como o grande provedor nacional, a alma mater capaz de acionar sua imensa contabilidade para pagar todas as contas do universo brasileiro, inclusive aquelas para as quais não haja nem dinheiro nem justificativa. Enfim, passou-se para aquele lado da torcida que acredita que o dinheiro do Estado nunca acaba, seja qual for a estripulia que se faça com a gestão pública, e se por acaso um dia acabar, é só fabricar mais.

A indisposição de Teotônio com a ditadura se somou a um ódio pelas multinacionais. Um dia, entrou em estado de fúria quando recebeu, em seu gabinete no Senado, alguns exemplares de cadernos escolares editados pelo Ministério da Educação (MEC), os quais seriam distribuídos aos alunos de escolas públicas de todo o país. Os cadernos traziam, na contracapa, um anúncio do refrigerante Coca-Cola, que patrocinara a impressão de milhões de exemplares. Era uma mera experiência pioneira de parceria público-privada, mas Teotônio achava que, em vez do anúncio de Coca-Cola, o caderno deveria trazer a letra do Hino Nacional. Pegou um exemplar, foi para o plenário, interrompeu a sessão e questionou o líder do governo, Jarbas Passarinho (Arena-PA), que anos antes fora ministro da Educação:

> Então, é a esse ponto de desrespeito que chegamos em relação ao símbolo da pátria e a seu hino? O símbolo que este governo quer ensinar às gerações futuras é a garrafa de Coca-Cola, em vez de ser o auriverde pavilhão que precedeu as nossas tropas nas lutas pela independência?

Havia alguns exageros em seu discurso sempre emocionado, só justificáveis pelo desejo de impactar. O primeiro deles era que a bandeira nacional, como sabemos, não existia à época da independência; com o atual formato, ela fora idealizada após a Proclamação da República. Da mesma forma, a independência brasileira fora conquistada em lutas que supunham uma revolução violenta semelhante às de outros países, e nós sabemos que não foi bem assim que transcorreu a história. Por último, nada obstaria que a letra do Hino Nacional fosse inserida num verso de capa ou de contracapa, talvez não obrigatoriamente no lugar do anúncio da empresa que pagara a impressão daqueles cadernos e recebera como permuta um mero anúncio. Passarinho explicou que o anúncio apenas compensava o custeio da edição inteira, mas pouco adiantou. Teotônio continuou a imprecar contra o governo mediante arroubos patrióticos.

Teotônio já tinha incorporado a seu discurso um nacionalismo canhestro que olhava para trás e o fazia regredir no tempo: pregava em defesa das estatais brasileiras e em detrimento das multinacionais, o que continha um pecado e um equívoco. O pecado era que esse argumento era próprio das calendas em que reinara sobre o Brasil seu velho adversário figadal, o ditador Getúlio Vargas. Getúlio inventara a falácia de que as estatais representam o interesse nacional e as empresas privadas, o interesse estrangeiro. O equívoco era que naquele exato momento o mundo se preparava para mudar radicalmente. O discurso xenófobo-nacionalista envelheceria com progressiva velocidade e cada vez mais se questionaria o papel das empresas estatais, que sugavam os investimentos dos Estados e custavam um alto preço às nações, enquanto seus defensores bradavam envoltos na bandeira nacional.

* * *

Sempre atento ao papel da oposição no futuro, Teotônio teve a ideia de montar o que seria um programa opcional da oposição, quando essa chegasse ao poder. As regras eleitorais de então estabeleciam uma equação matemática impossível de favorecer uma vitória da oposição para a Presidência da República, já que a Arena e o regime militar tinham ampla maioria no colégio eleitoral. Mas, em tese, a oposição precisava mostrar que almejava a Presidência e, mais do que isso, precisava mobilizar a população mais consciente para debater o seu programa de governo, que seria diferente do da ditadura. Oferecer um programa de governo alternativo respondia à acusação sempre invocada pelos governos militares de que a oposição só sabia criticar.

Teotônio se juntou ao ex-deputado Raphael de Almeida Magalhães para escrever e lançar um projeto de governo com a marca da oposição. Chamaram-no Projeto Brasil e advertiram que aquele documento representava mais do que um programa de governo das oposições — era um conjunto de elementos para configurar uma nova sociedade, sob os auspícios da democracia representativa, incorporava o princípio de um pacto social amplo e promovia uma abrangente participação popular. O prólogo do projeto, assinado por Teotônio e Raphael, dava bem uma medida da sua motivação:

> A situação brasileira é singular. Nenhum exemplo histórico se aplica, satisfatoriamente, ao caso do Brasil. Essa originalidade, entretanto, não pode ser legitimamente invocada para privar o povo do seu inalienável direito de participar ativamente do processo político.

O texto começou a ser discutido em meados de 1977, ficou pronto em março de 1978 e juntava contribuições de políticos e economistas. Na área política e institucional, Raphael juntou dissidentes da Arena que se uniram a ele na contestação da ditadura, em especial os egressos da Arena de Vanguarda de São Paulo — Marco Antônio Castelo Branco, Paulo Kobayashi e Sampaio Dória. O grupo de economistas vinha quase todo da Unicamp, muitos recém-retornados do exílio, como Maria da Conceição Tavares, José Serra e Carlos Lessa. Teotônio entrou com a grife da rebeldia, já nacionalmente consagrada; Raphael, com a capacidade de coordenar mentes pensantes. Teotônio, com sua inesgotável energia para correr o Brasil, de norte a sul; Raphael, com seu livre trânsito nos setores liberais e no alto empresariado paulista e fluminense.

A abordagem do Projeto Brasil deixava entrever a marca do pensamento liberal-empirista, tradição dos segmentos liberais brasileiros. Se o discurso de Teotônio incorporara nos últimos tempos importantes pinceladas de esquerda, no Projeto Brasil estava cravada de forma indelével uma presença equânime das matrizes ideológicas de Teotônio e Raphael. Os dois apresentaram ao Brasil, como receita de redemocratização, um projeto marcantemente liberal e essencialmente democrático. No limite, o projeto pregava a ideia de um capitalismo socialmente responsável, uma proposta importada diretamente do social liberalismo ou, mais pragmaticamente, do pensamento social-democrata europeu.

O Projeto Brasil seria um documento de referência para os muitos movimentos que despontavam na sociedade brasileira: a Igreja se movia politicamente pela via da CNBB, sob a batuta do cardeal-arcebispo de São Paulo, dom Paulo Evaristo Arns; a Ordem dos Advogados do Brasil (OAB) e a Associação Brasileira de Imprensa (ABI) produziam um novo discurso em favor das liberdades públicas, contra a censura e engajado na proposta de uma anistia ampla, geral e irrestrita; o Centro Brasileiro de Análise e Planejamento (Cebrap) organizava linhas de pensamento e o Departamento Intersindical de Estatísticas e Estudos Socioeconômicos (Dieese) fornecia substância para a luta sindical que se fortalecia no ABC. Em vários aspectos e em muitos patamares se organizava a luta pelo fim da ditadura — Teotônio teria papel essencial na condução dessa luta e o Projeto Brasil cumpriria o papel de sinalizador de caminhos. Propunha-se que o país adotasse um regime semiparlamentar, com voto distrital misto, no qual o presidente da República teria o poder de dissolver o Congresso e convocar novas eleições sempre que surgisse um impasse incontornável entre os poderes Executivo e Legislativo.

O documento tinha uma virtude e um pecado. A virtude era traçar um elaborado e minucioso plano para reordenar a sociedade, preocupar-se com o equilíbrio na convivência entre os poderes da República e prever as reformas institucionais indispensáveis. Essas reformas deveriam fortalecer o Poder Legislativo, estabelecer a liberdade de organizar partidos políticos, reformar os parâmetros da política de investimentos públicos e sugerir novos modelos para as áreas de educação e saúde. Mencionava até uma área de interesse público que à época ainda tinha pequeno impacto e que o Projeto chamou de Proteção Ambiental.

O pecado era a linguagem acadêmica, empolada, quase pedante, e uma interminável maçaroca de análises nacionais e setoriais que só seriam lidas por eles mesmos, pelos jornalistas que fossem cobrir o lançamento e, naturalmente, pelos analistas do SNI que as interpretariam. De qualquer maneira, críticas à parte, era o que de mais consistente a oposição fizera, em 14 anos de enfrentamento com a ditadura, para contrapor-se a ela e para oferecer-se à distinta sociedade como opção ao regime militar.

Ainda senador da Arena, Teotônio passou a viajar pelo país para pregar o Projeto Brasil. Era uma pauta nova, que enriquecia o proselitismo da oposição em favor da redemocratização. Nesse mister, agitava mais do que o MDB inteiro. Seu grande mérito era oferecer uma resposta à insistente pergunta que preocupava o Brasil: tudo bem, queremos derrubar a ditadura, mas o que colocaremos em lugar dela? O Projeto Brasil tentava responder, de uma forma consistente, que a oposição sabia o que fazer se fosse chamada a ocupar o lugar dos militares.

Uma divulgação maciça do Projeto teria propiciado um efeito extraordinário, mas isso não aconteceu. A divulgação do Projeto Brasil foi restrita. O único órgão de imprensa que o noticiou com destaque foi o jornal *O Estado de S. Paulo*, certamente por suas vinculações com o pensamento liberal ao longo do século XX. A televisão o ignorou solenemente. Ele chegou, no máximo, pela voz solitária de Teotônio junto aos meios acadêmicos e pelas entrevistas que ele dava à imprensa regional, sempre que ia falar em algum estado.

Sua pregação foi abalada, junto com toda a oposição, quando em 30 de julho de 1977 o general-presidente Ernesto Geisel endureceu repentinamente e assinou a cassação do mandato do líder do MDB na Câmara, o combativo deputado Alencar Furtado, um advogado de instigantes olhos pequenos e verdes, instalados numa cabeçorra de cearense, bom de tribuna. Jovem, Furtado migrara para o Paraná, onde se elegera para seguidos mandatos de deputado com expressivas votações.

Três dias antes da cassação ele aparecera no programa nacional de propaganda do MDB, divulgado em cadeia nacional de televisão e rádio, ao lado de Ulysses Guimarães (presidente do partido), de Franco Montoro (líder no Senado) e do deputado gaúcho Alceu Collares (presidente da Fundação Pedroso Horta). Esses três criticaram o custo de vida e o arrocho salarial, mas Furtado optou por um discurso mais radical, no qual mencionou as prisões arbitrárias e, numa frase metafórica, as torturas praticadas nos porões de quartéis e o desaparecimento de opositores do regime. Citou "as viúvas do talvez, do quem sabe" para homenagear as esposas dos desaparecidos.

Sabia que infringia uma regra não escrita, imposta pelos militares ao Congresso: parlamentares da oposição podiam criticar o regime dentro de parâmetros moderados mas era inaceitável que mencionassem prisões e torturas, principalmente envolvendo nelas os militares. Furtado não disse explicitamente que militares torturavam, mas afirmou que torturas ocorriam nos "porões" dos "quartéis". Dizer na televisão que havia torturas em quartéis — pior ainda, nos porões — estava muito além do limite permitido, embora ele mencionasse uma verdade inquestionável.

Além de cassar o líder do MDB na Câmara, o governo abriu processo contra Ulysses, que criticara o AI-5 no Supremo Tribunal Federal (STF). Ulysses seria absolvido mas a brutal e inesperada cassação de seu líder na Câmara desanimou profundamente o MDB; algumas correntes voltaram, por um curto período, a falar em autodissolução. O clima pestilento que se seguiu praticamente sepultou o Projeto Brasil de Teotônio e Raphael.

* * *

O MDB custou a se reencontrar. O primeiro passo para retomar a marcha oposicionista foi aplacar a tese de autodissolução, que verberava muito no grupo autêntico, o grupo de jovens deputados mais à esquerda. Numa manhã de janeiro de 1979, quase seis meses depois da cassação de Alencar Furtado, Ulysses conversava com o senador Pedro Simon (RS), um de seus seguidores mais fiéis, e o deputado Marcelo Cerqueira (RJ), um recém-eleito deputado egresso das fileiras do PCB, que ainda não tomara posse. Era recesso no Congresso. Simon perguntou aos dois se Teotônio não estaria maduro para se filiar ao MDB. Ulysses comentou que o caminho natural dele era ir para o MDB. Cerqueira provocou:

— Por que o senhor não o convida?

Ulysses respondeu:

— Eu convido.

Marcelo pegou o pião na unha:

— Então vamos.

Os três se dirigiram para o corredor de gabinetes de senadores que hoje se chama "Ala Teotônio Vilela". Entraram no de Teotônio e ele, sempre muito expansivo, abriu os braços e soltou o vozeirão:

— A que devo tamanha honra?

Ulysses foi diretamente ao ponto:

— Vim aqui convidá-lo para assinar a ficha do MDB. Acho que chegou a hora.

Sem hesitação, como se esperasse aquele convite havia muito tempo, Teotônio aquiesceu:

— Eu aceito, Ulysses.

O entendimento dos três era que não havia lei que impedisse a transferência partidária. Àquela época, poucos integrantes da Arena tinham coragem e disposição para deixar o abrigo seguro do governo militar e entrar na selva da oposição, onde poderiam ser perseguidos e até cassados. Já os casos de parlamentares do MDB cooptados pela Arena eram bem mais frequentes. Era uma época binária na política, uma divisão maniqueísta entre governistas (Arena) e oposição (MDB). Ficar na Arena significava receber benesses do governo militar, mas ficar na oposição requeria algum teor de ideal.

Os quatro saíram do gabinete, pegaram um táxi na chapelaria do Senado e foram conversar com o diretor-geral do Tribunal Superior Eleitoral, Geraldo Costa Manso, para saber se a lei permitia a mudança de partido de Teotônio sem que ele perdesse o mandato. À época, ninguém entendia mais de leis eleitorais que Costa Manso, que estava no cargo havia anos. Ouviram que a questão era polêmica, mas dificilmente o governo militar obstaria a saída de Teotônio, porque, mesmo perdendo um voto no Senado, livrar-se-ia de um rebelde incômodo.

Juridicamente, não havia dúvidas, registrou Costa Manso. Havia um risco. A Emenda Constitucional número 11, editada pelo governo Geisel em outubro de 1978 e em pleno vigor naquele momento, dizia no parágrafo quinto do artigo 152:

> Perderá o mandato no Senado Federal, na Câmara dos Deputados, nas Assembleias Legislativas e nas Câmaras Municipais quem, por atitude ou pelo voto, se opuser às diretrizes legitimamente estabelecidas pelos órgãos de direção partidária *ou deixar o partido sob cuja rege for eleito*, salvo se para participar, como fundador, da constituição de novo partido.

Nos dias posteriores, Teotônio foi informado de que o então senador José Sarney fora encarregado pelo governo Geisel de redigir um recurso contra sua saída da Arena e filiação ao MDB. Foi a Ulysses e pediu para se filiar diretamente ao Diretório Nacional, o que criava um vínculo solene, formal, mais difícil de ser contestado por quem quisesse, eventualmente, recorrer contra a troca de partidos e pedir o seu mandato. Ulysses pensava em transformar o ato de filiação numa festa, como fizera recentemente com o economista Celso Furtado. Mas não deu tempo e a filiação acabou por ser feita de improviso, no gabinete da presidência do MDB, ante uma plateia de parlamentares convocados às pressas. Na cerimônia, Teotônio disse a seu já veterano companheiro de lutas:

— Ulysses, eu sou um doido manso que perdeu o rumo do hospício. O que eu quero é que você me deixe andar pelo Brasil.

Depois Ulysses transformaria essa confissão em desafio: "Teotônio é o único político capaz de competir comigo em quilometragem. Já percorri este país 13 vezes e tenho a geografia humana do Brasil guardada na retina. Ele também."

* * *

Ulysses jamais confessou publicamente a razão pela qual era favorável à ida de Teotônio para o MDB, mas viu com olhos de lince um corolário que lhe seria favorável, opina o jornalista Jorge Bastos Moreno, companhia constante do timoneiro do MDB por anos. Como a ditadura dava sinais claros de esgotamento, aproximava-se o momento em que a sucessão presidencial apontaria para um líder da oposição. Era o momento que Ulysses aguardava, depois de ter tecido criteriosamente o seu perfil de chefe histórico do único partido da oposição brasileira, a comandá-lo desde os anos de completo cinza.

Seu grande rival era o mineiro Tancredo Neves, que ocupava o espaço da moderação, enquanto Ulysses navegava águas mais progressistas — embora fosse também, ele próprio, um moderado de origem e pregação. Mas ele, Ulysses, detinha os canais para toda a esquerda do partido, além do reconhecimento popular; Tancredo dominava apenas o lado direito da cena oposicionista. Muitas vezes, detectavam-se sinais da moderação excessiva de Tancredo, cujo estilo era muito afeito a conversas de gabinete e guardava solene desprezo pelas ideias da esquerda do partido.

Ao desembarcar no MDB com sua expansividade e sua franqueza ideológica, Teotônio ocuparia naturalmente um lugar de liderança no partido, capaz até mesmo de disputar espaço com Ulysses do centro para a esquerda. Mas Teotônio seria também um incômodo e intransigente fiscal das ações extrapartidárias de Tancredo, cobraria dele ostensivamente compromissos que Ulysses não podia — ou não queria — cobrar. Em suma, daí em diante Teotônio passaria a ser um permanente fiscal do que Tancredo falava ou fazia, sussurrava ou negociava com as chefias da Arena e até mesmo do Palácio do Planalto. Esse novo personagem atento dentro do partido constrangeria Tancredo e daria mais liberdade às ações de Ulysses numa disputa futura pela Presidência da República.

No dia 25 de abril de 1979, Teotônio assinou a ficha de filiação ao MDB ao lado de Ulysses, do líder do partido no Senado, Paulo Brossard (RS) e de vários parlamentares que estavam em Brasília e foram chamados às pressas para "engordar" a plateia, já que a cerimônia era improvisada. Já na chegada deixava a marca de sua rebeldia, ao descrever sua maneira de ser político:

> A minha fidelidade é a princípios, a um núcleo de ideias que procuro divulgar pelo país em andanças, e que, na verdade, constitui meu único patrimônio político. Portanto, trago ao MDB apenas esse pequeno núcleo de ideias, e ao MDB só peço para continuar com ele.

Pela primeira vez em muitos e muitos anos ele proferia um discurso que não estava fora de sintonia com o partido a que pertencia. Ainda assim, obsequiosamente pediu a seu partido que aceitasse seus princípios e suas ideias — e o partido as aceitaria com naturalidade, até porque eram princípios coerentes com o seu programa.

Dias depois, Teotônio montou nas escadarias da Assembleia Legislativa, em Maceió, um evento público para assinar sua ficha oficial no diretório do MDB em Alagoas. Era uma maneira de comunicar oficialmente a seus eleitores que mudara de partido. Lá estavam lideranças nacionais do MDB, como Ulysses Guimarães e Fernando Henrique Cardoso, muitos jornalistas de Brasília. Pronunciou um longuíssimo discurso, no qual contou toda a sua vida, com destaque para os movimentos políticos que o tinham levado a escolher a UDN, a apoiar o golpe ("a Revolução") em 1964 e, por fim, durante anos, a dar apoio parlamentar ao regime militar.

As pessoas começaram a se angustiar porque perceberam que ele tinha perdido o fecho do discurso e, àquela altura, não sabia como encerrar. Quando terminou abruptamente deixou no ar o que parecia ser uma dúvida existencial: não saber encerrar mostra que o orador tem mais dúvidas do que certezas sobre o assunto que desenvolve. Os alagoanos podem até ter recebido bem a mudança partidária, mas os jornalistas que viajaram a Maceió voltaram acreditando que, no íntimo, Teotônio vivera algum tipo de conflito em sua corajosa mudança de ares.

Aquela troca não era fácil para ele, que tinha um embate eleitoral no horizonte, a reeleição para o Senado, em 1982. A troca de partidos, àquela altura, embaralhava a sua confortável situação partidária em Alagoas, mesmo depois de rompido com o governo militar, porque os seus amigos e aliados de toda uma vida estavam na Arena. Talvez não fosse tão problemático sair da Arena em um grande estado do Sul, onde a oposição era forte e recebia vigorosas votações; mas, no Nordeste, o domínio da Arena era incontrastável. O governo estadual e a grande maioria das prefeituras de Alagoas estavam nas mãos do partido do regime militar, todos os grandes empresários costumavam financiar as campanhas da Arena e quase sempre tinham feito isso a pedido dele próprio. Ir para o MDB significava perder suas bases eleitorais de todo o sempre, além de complicar a relação com as antigas bases financeiras que custeavam as campanhas. Ele teria, pois, de se reinventar para se reeleger em 1982.

E não só. Intimamente ele se debatia com uma grande angústia: a aventura do Projeto Brasil revelava que ele já não pensava apenas em Alagoas mas começava a desbravar para si um projeto nacional. Nunca dissera nada a respeito, mas desde muito antes acalentava conquistar um espaço político que lhe permitisse um dia alçar voos nacionais, ser, quem sabe, candidato à Presidência da República. Ir para o MDB, portanto, trazia outro complicador. Na oposição, havia candidatos naturais à Presidência, os quais esperavam apenas um enfraquecimento maior do regime militar para postular seus legítimos planos presidenciais. E um deles, naquele momento o mais visível, estava a seu lado naquela movimentação — era Ulysses. E não só ele, também o mineiro Tancredo Neves e o paulista Franco Montoro, ambos egressos de estados poderosos, com grandes eleitorados.

* * *

A migração partidária de Teotônio era mapeada pela imprensa nacional desde o começo do ano, logo depois que ele recebera o convite de Ulysses, Simon e Cerqueira. Em 16 de janeiro, as manchetes dos principais jornais tratariam dela e a informação da mudança era confirmada pelo líder da Arena, senador Jarbas Passarinho, a quem interessava apressar a saída daquele infiel incômodo. "Passarinho admite saída de Vilela", afirmava *O Estado de S. Paulo*; "Passarinho informa que Teotônio vai para o MDB", veiculava o *Jornal do Brasil*; "Novo líder [do governo] admite saída de Teotônio", informava a *Folha de S.Paulo*.

Em 18 de abril de 1979, como se pretendesse mostrar sua rápida adaptação ao novo ninho, Teotônio, ainda oficialmente filiado à Arena, leu em plenário um manifesto que lançava a candidatura do general Euler Bentes Monteiro à Presidência da República pelo MDB. Era assinado por 67 pessoas que seguramente compunham a vanguarda oposicionista do país. O primeiro nome era dele mesmo, Teotônio, seguido pelos senadores Roberto Saturnino (RJ) e Franco Montoro (SP), o próprio Euler, os ex-ministros do regime militar Severo Gomes e Ivo Arzua (um antigo signatário do AI-5 que se bandeara para a oposição). E figuras destacadas do partido como o suplente de senador Fernando Henrique Cardoso, os economistas José Serra, Maria da Conceição Tavares, Pedro Malan, Luiz Gonzaga Belluzzo e Carlos Lessa, o escritor Ariano Suassuna, os juristas José Carlos Dias (pela Comissão de Justiça e Paz), Márcio Thomaz Bastos, Goffredo da Silva Telles, Miguel Reale Júnior e Dalmo de Abreu Dallari, o historiador Sérgio Buarque de Hollanda e seu filho Chico, o escritor Antônio Houaiss, o arquiteto Oscar Niemeyer e os ex-deputados Raphael de Almeida Magalhães e Paulo Kobayashi.

Ler o manifesto em plenário era bem mais do que uma provocação ao regime, era uma sinalização da luta que ele, Teotônio, desenvolveria, daí em diante, contra a ditadura militar. No discurso, Teotônio disse:

> O partido de oposição, criado como pano de fundo que legitimasse o regime, transformou-se, afinal, em porta-voz credenciado das aspirações democráticas de reforma da sociedade.

Tempos depois, Ulysses lembraria o episódio:

> Quando Teotônio entrou no partido, ele declarou que chegara aonde já estava. Doutrinariamente, ele já estava no MDB havia muito tempo, mas o caso não era estar ou não estar no MDB, era estar na luta pela democracia.

Em 12 de junho, Teotônio fez seu primeiro discurso em plenário como senador filiado ao MDB. Comandada pelo líder Jarbas Passarinho, a bancada da Arena se retirou, numa atitude descortês, desobedecida apenas por seu velho amigo major Luiz, o senador Luiz Cavalcante, que lhe fez um aparte nostálgico e saudou sua coragem invulgar:

> Sem desdouro algum para o novo partido de Vossa Excelência, confesso que é com saudade, com um laivo mesmo de nostalgia, que não o vejo mais sentado à minha esquerda, nem falando na minha frente, mas lá, bem à direita, a milhares e milhares de milímetros de distância. Na mutação partidária de Vossa Excelência há um paradoxo com o qual não me conformei ainda. É que foi Vossa Excelência, filho dileto do Capitão Sinhô da Mata Verde, o grande apóstolo da distensão. Isto quando falar em distensão implicava alguns riscos. E tudo Vossa Excelência fez sem nenhum escudo, sem quaisquer outros trunfos que não a sua palavra, a sua vibrante palavra. Mas quando o fantasma da distensão se foi corporificando, eis que os fatos empurraram Vossa Excelência para o outro lado.

A filiação de Teotônio, a aliança com a fina flor da inteligência nacional, a adesão ao partido de ex-ministros dos governos militares, a reunião de um amplo leque de ideias que agora se catalisavam em torno do MDB, a existência de uma candidatura presidencial egressa da melhor porção dos quadros castrenses, tudo isso constituía a maior ameaça que o regime militar já enfrentara, desde sua instituição, 15 anos antes.

Ferido, o governo militar revolveria sua cartola de coelhos para, mais uma vez, inventar um casuísmo, mudar as regras partidárias e eleitorais e adiar sua saída do poder. Mas antes viveria o receio da candidatura Euler Bentes Monteiro, inventada por Teotônio, Severo Gomes, Roberto Saturnino e Fernando Henrique Cardoso. Logo se veria que a invenção da candidatura, em si, era uma boa ação. O problema é que esta ação não fora combinada com os verdadeiros candidatos presidenciais do MDB, Ulysses, Tancredo e Montoro. Teriam eles gostado da ideia de bancar a candidatura de um general?

* * *

Quatro anos antes, em 1974, o MDB cumprira um papel digno, ao lançar e sustentar a anticandidatura de Ulysses à Presidência da República. Valeu a pena encarar uma disputa sabidamente perdida no colégio eleitoral em troca do espaço na mídia para esclarecer a população sobre o papel e a importância da oposição. Ulysses sustentou uma disputa meramente simbólica, mas o debate suscitado serviu para atrair a atenção do eleitorado e mostrar que havia uma oposição consequente no país, havia uma opção democrática aos desmandos da ditadura repressora e casuísta. Em novembro de 1974, veio o retorno, a vitória esmagadora do MDB nas disputas para o Senado, além de um substancial aumento em sua representação na Câmara dos Deputados. Quatro anos depois essa fórmula já não era surpreendente, estava gasta. Em 1978, uma opção como esta significaria muito pouco, quase nada — seria a repetição de uma história da qual todos antecipadamente conheciam o enredo e sabiam o fim. O cenário, também, era outro, bem diferente do anterior. Foi com essas convicções que o MDB partiu, então, para buscar uma opção à luz de um gesto típico de pragmatismo político.

O primeiro a mencionar o nome do general Euler, então incompatibilizado com o Palácio do Planalto, foi o senador Roberto Saturnino, ainda no primeiro semestre de 1978. Ele levou a ideia ao senador Paulo

Brossard, que aderiu a ela e atraiu Teotônio para a conversa. Teotônio aprovou com entusiasmo e começou a articular a candidatura com um triunvirato que o juntava a Severo Gomes e Fernando Henrique Cardoso, ambos sem cargo público mas com enorme capacidade de articulação política. Os patrocinadores do nome de Euler tentaram manter a ação em segredo, mas ele acabaria desvendado num momento que pegou o governo militar de surpresa.

Nos primeiros momentos da conspiração, Fernando Henrique estava no Rio de Janeiro e Severo Gomes o chamou para participar de uma conversa com Euler. Na conversa, Euler não chegou a declarar que aceitava ser candidato, mas admitiu, pela primeira vez, que poderia ser o candidato do MDB. Severo saiu do encontro dando pulos de alegria e pediu que Fernando Henrique fosse a São Paulo contar a conversa a Ulysses. Fernando Henrique foi e contou. Ulysses ouviu o relato sem mexer um músculo. Ele queria, na verdade, que o candidato de oposição fosse o mineiro Magalhães Pinto, um dissidente do regime militar, com Severo Gomes como vice.

Algumas semanas depois, Ulysses convocou Fernando Henrique para uma conversa.

— O que o senhor [*Na época eles ainda se tratavam por "senhor"*] acha desse tal de Euler?

Fernando Henrique foi franco:

— Já perdemos muito tempo. Devíamos ter apoiado a candidatura dele há mais tempo.

Ulysses defendeu-se:

— Mas São Paulo é civilista.

Fernando Henrique deu-lhe uma resposta tática:

— Eu sei que São Paulo é civilista, mas é a primeira vez que há uma divisão no Alto-Comando e nós não vamos chegar lá com o Alto-Comando unido.

Ulysses soltou uma de suas grandes máximas:

— O senhor sabe que uma decisão dessa importância eu tomo sozinho.

Dias após Teotônio foi conversar com Euler, que ainda resistiu um pouco, mas terminou por sucumbir à empolgação natural do alagoano e aceitar objetivamente a candidatura pelo MDB. O convencimento final se dera graças a uma característica inata de Teotônio, que nunca fora um articulador político, nunca tratara as questões políticas com cochichos nos cantos, nunca fora um homem de conversas de gabinete, mas quando resolvia conquistar uma adesão juntava ótimos argumentos, uma lógica imbatível e a empolgação que lhe vinha da alma. A receita era irresistível.

Em 11 de maio de 1978, quinta-feira, uma conversa telefônica entre Severo e Fernando Henrique, na qual ambos falaram por meio de signos e codinomes, foi gravada pelo Serviço Nacional de Informações (SNI), que facilmente "traduziu" o significado, como relata Elio Gaspari. Feita a "tradução", do extrato da conversa surgiu a informação de que Teotônio, recém-incorporado ao MDB, estivera com o general Euler para tratar de uma possível candidatura dele à Presidência pelo MDB e que até o fim de semana seguinte ele, Euler, seria levado a conversar com Ulysses. No fim da conversa, Severo pedia a Fernando Henrique que avisasse o senador Paulo Brossard (RS) das tratativas.

Quem ficou muito mal na cena foi o SNI, que pouco antes produzira um relatório em que garantia a Geisel que Euler não aceitaria ser candidato pelo MDB. Menos pior para os dirigentes do nefasto órgão que um xereta minimamente eficaz tenha gravado e decodificado a conversa de Severo com Fernando Henrique. A primeira dedução fora um erro crasso, até porque havia indícios caudalosos de que Euler estava, sim, em passo acelerado para aceitar a candidatura oposicionista à Presidência.

* * *

Dessa vez a postulação não tinha características de anticandidatura, era uma candidatura para valer e construída a partir das costelas do regime militar. E o SNI, em busca de corrigir a avaliação equivocada, correu a relatar a novidade ao general-presidente.

Euler não era um homem vaidoso. Assinara o "manifesto dos coronéis", em 1954, que ajudara a enfraquecer o presidente Getúlio Vargas. Dez anos depois se abstivera de participar da conspiração militar que derrubou o presidente João Goulart. Com o andar da "revolução", acertou o passo e se integrou a seus princípios. Geisel tinha admiração por ele e, em 1972, chegou a admitir que Euler poderia ser o sucessor de Médici. Quando ele próprio foi o escolhido, pensou em Euler para o Ministério dos Transportes e depois acabou convidando-o para a Previdência, conta Elio Gaspari. Ouviu uma recusa.

A confirmação pública veio na forma de um furo do jornalista Carlos Chagas, em sua coluna em *O Estado de S. Paulo*: a contragosto de Ulysses e Tancredo (e possivelmente de Montoro), Euler seria o candidato do MDB à Presidência, contra o general a ser escolhido por seu admirador Geisel.

Frente a isso, Geisel partiu para a solução mais simples, embora um tanto desagradável para muitos aliados. Ele, que até as eleições de 1974 chegara a imaginar a possibilidade de uma opção civil para sua sucessão, recuou e percebeu, ao longo de seu governo, que o sucessor deveria ser, ainda uma vez, um general. Desde a polêmica (mas vitoriosa) demissão do general Sylvio Frota, em 1977, Geisel garantira a si mesmo o direito de indicar o seu sucessor sem grandes contestações. Com Euler descartado, chegou a pensar no general Reynaldo Mello de Almeida, um nome palatável até para a oposição, porque era um homem equilibrado e com pendores democráticos.

Centrou-se, afinal, no general João Figueiredo, um nome que integrava a cúpula militar havia tempos. No governo Castello Branco estivera na Agência Central do SNI, em Brasília; depois fora chefe da Casa Militar de Médici; por fim ocupara a chefia do SNI no próprio governo Geisel. Quer dizer, passara com méritos em todas as provas no vestibular para comandar uma ditadura. Concretizou-se, então, uma situação curiosa: Geisel teve de improvisar para inventar um candidato que enfrentasse aquele que, antes, fora o seu preferido.

10
UM BARCO, TRÊS COMANDANTES

A relação de Teotônio com Ulysses Guimarães nunca foi hostil, mas era sempre tensa, embora respeitosa. Eles nunca brigaram, porque eram ambos experientes e sabiam que a travessia a ser feita dependeria, em parte, da harmonia com que soubessem combinar suas expertises e seus desempenhos. No caminho para a redemocratização, eles não eram excludentes, um em relação ao outro, mas complementares — como, aliás, Ulysses intuíra quando Teotônio chegou ao MDB. Na melhor das hipóteses, um venceria para o outro perder ou talvez os dois perdessem. Mas desde o início, naquele enfrentamento, não havia desavisados; os dois sabiam que jogavam um jogo decisivo e participavam dele limpa e gostosamente.

Teotônio fazia honrosos elogios a Ulysses (e recebia a recíproca), mas explicitava claramente que havia divergências entre os dois:

> Ulysses é um homem que sabe ceder e sabe liderar. Tem uma resistência democrática imbatível. Ninguém é mais democrata, neste país, do que ele. Tenho grande admiração por ele, não obstante as nossas divergências.

Ele localizava as origens dessas divergências:

> Ulysses se criou em um mundo e eu me criei em outro. Tem uma concepção de política em parte diferente da minha. Ele é acadêmico pela formação universitária e é um conservador no bom sentido da palavra. Um conservador necessário a todas as horas. Mas eu não sou um conservador.

A única vez em que a hostilidade bordejou a relação dos dois aconteceu no correr de 1982. Em seu gabinete da Câmara, desde o qual presidia o PMDB, Ulysses ditava um texto para seu secretário particular, Oswaldo Manicardi, quando um já doente Teotônio entrou, apoiado na sua bengala e com cara de poucos amigos. Bufava. Colocou ostensivamente — talvez fosse mais preciso dizer agressivamente — a bengala sobre a mesa, como se requisitasse atenção, e se sentou. Ulysses não percebeu ou não quis perceber e continuou a ditar, concentrado no tema e no mister. Subitamente, Teotônio pegou a bengala e a fez explodir contra o vidro da mesa, num gesto intensamente agressivo que não era de seu feitio cometer nem do feitio de Ulysses suportar. Depois do susto inicial, Ulysses respirou fundo, levantou o olhar com um misto de reprovação e perplexidade, mirou-o com uma expressão estudadamente inflexível e dura, como quem preconizasse o introito de uma reação também agressiva. Teotônio então abrandou o tom para desculpar seu gesto descabido:
— Ulysses, a deputada Maria Luíza Fontenele está sendo processada e você não faz nada, está aqui ditando uma carta sem a menor importância!
Ali, Ulysses decodificou a senha e percebeu que o súbito e desusado interesse de Teotônio tinha razões que só o coração poderia conhecer — e talvez explicar. Não era caso de replicar com veemência nem de devolver a agressividade no tom inicial. Um tanto mecanicamente, baixou a pressão no olhar e prometeu tomar alguma providência.

Segundo testemunhas, Teotônio parece ter entendido que sua reação fora despropositada; agradeceu em voz baixa e saiu, quem sabe, envergonhado pela atitude acima do tom.

Teotônio estava apenas tocado pela flecha de Cupido. Não era, como pode sugerir esse relato, um mal-humorado convicto e permanente. Ele adorava cometer gaiatices e aplicar trotes. Certa vez, conversava com amigos em seu gabinete de senador sobre símbolos bizarros da política nacional. Deu dois exemplos dessa exótica simbologia — o topete de Itamar Franco (PMDB-MG) e o bigode de José Sarney (à época, PDS-MA), ambos então seus colegas de Senado. Ato contínuo, para estupefação dos interlocutores, levantou-se da cadeira, apropriou-se de uma grande tesoura que estava na mesa de uma funcionária do gabinete e saiu pelos corredores a bradar que ia tosar os dois ostensivos símbolos a tesouradas. E com esse propósito invadiu o gabinete de Itamar que, para fugir dele, homiziou-se no banheiro de outro gabinete e passou os dias posteriores fugindo de Teotônio, para manter íntegra a sua inconfundível marca pessoal. Sarney deu mais sorte, pois não estava no Senado. A brincadeira entrou para o rol das piadas políticas e Teotônio, para a listagem dos políticos bem-humorados, capazes de extrair o máximo humor de uma piada, por mais bizarra que pudesse parecer.

Ulysses sempre soube que enfrentava, em sua missão partidária, dois candidatos à Presidência. Um, à sua direita, seria Tancredo Neves; outro, à sua esquerda, seria Teotônio Vilela. O quarto seria Franco Montoro, mas este era tão desprovido de vaidade que nunca entrava em disputas. Ulysses recolheria os louros pela campanha das Diretas Já — chegou a ganhar o apelido de "Senhor Diretas" — mas a ideia inicial da campanha foi de Henfil, que a corporificou com uma homenagem a Teotônio. O símbolo dos primeiros comícios, no nascedouro das Diretas Já, no começo de 1984, era uma caricatura de Teotônio magríssimo, comprido, chapeuzinho na cabeça, alçando a bengala que usava para se locomover, desenhada por Henfil. No entanto, quando essa caricatura foi usada pela primeira vez, no comício inaugural de Olinda, Teotônio já havia morrido.

Em mais de uma ocasião, Ulysses revelou um ciúme explícito de Teotônio, principalmente quando a imprensa abria páginas para o alagoano falar. O ápice se deu quando Teotônio avançou no tema das Diretas Já, uma área que Ulysses reservara para si. O eterno presidente do PMDB usaria Teotônio contra Tancredo, mas nem por isso o deixava livre na área, pelo contrário, marcava-o como um zagueiro *pitbull* que caça o atacante arisco. Com seu faro político, pressentia que, quando cortava o Brasil de sul a norte e de leste a oeste, Teotônio exibia uma desenvoltura de óbvio futuro candidato à Presidência.

O "zagueiro" Ulysses não teve muito sucesso naqueles primeiros tempos porque, nessa área, Teotônio era imarcável — se mexia com uma agilidade e uma disposição invulgares. Logo começou a disputar com ele o espaço nobre na imprensa nacional: Ulysses era muito requisitado porque tinha o poder de decisão principal no MDB; Teotônio era igualmente procurado não porque tivesse tantas informações mas porque falava o que Ulysses não arriscava. Como viajava muito, Teotônio criava fatos políticos em todas as regiões do Brasil, além de ser muito querido pelos jornalistas. E ainda levava mais uma vantagem: não tinha sobre si as responsabilidades da direção nacional do PMDB, o que o deixava livre para debulhar o seu próprio repertório da forma que bem entendesse, sem obrigações de uma agenda formal.

Coragem pessoal nunca lhe faltou. Em 1981, o MDB promoveu um almoço em homenagem a Miguel Arraes num restaurante de São Paulo. Reuniram-se, numa sala reservada, Ulysses Guimarães, Mário Covas, Franco Montoro, Fernando Henrique Cardoso, Raphael de Almeida Magalhães, Renato Archer, Teotônio e muitos outros. Inesperadamente um coronel do Exército entrou na sala, pediu licença para falar, disse que era da Secretaria de Segurança do estado (então governado por Paulo Maluf) e informou que todos naquela sala corriam grande perigo: a Secretaria recebera a informação de que uma bomba fora colocada ali. Ato contínuo pediu que todos saíssem para que a polícia fizesse uma varredura na sala. Fez-se um silêncio sepulcral. Todos perplexos. Teotônio foi o primeiro a falar:

— Coronel, nós somos homens pacíficos, cidadãos brasileiros, estamos aqui reunidos numa confraternização de cidadãos. Não nos sentimos ameaçados por nenhuma bomba. Se o senhor acha que existe uma bomba aqui, o senhor se ponha de quatro e vá procurá-la, porque nós vamos continuar no nosso almoço.

Os outros gelaram — todos queriam deixar a sala, mas o blefe de Teotônio impunha que cada um demonstrasse a mesma coragem. O coronel ficou perplexo quando Teotônio apostou no seu blefe e pagou para ver suas cartas. Saiu sem dizer mais nada, envergonhado. Depois de algum tempo, voltou e justificou-se: "Houve um equívoco. Foi um rebate falso."

Fora mesmo um blefe estúpido para assustar as pessoas e melar a confraternização. A propósito, Fernando Henrique comentou: "Nunca vi um homem com a coragem de Teotônio. Nós estávamos mesmo assustados, afinal estavam colocando bombas no Brasil inteiro." A homenagem a Arraes correu sem sobressaltos até a sobremesa.

Teotônio detectava áreas que demandavam a atenção do MDB, como aconteceria com a greve de 1980 no ABC, e nelas mergulhava de cabeça. Preenchia um campo político que até então o MDB evitara. Em geral, eram espaços interditados, com um alto percentual de minas terrestres encravadas em volta — como eram os sindicatos. Como o restante do partido, com honrosas exceções, não ocupava esses espaços, certamente por receio da interdição que a ditadura militar impunha, Teotônio nadava de braçada e aumentava sua visibilidade. Assim passava a imagem de um oposicionista diferente, mais presente, mais abrangente, menos preconceituoso e mais confiável, um franco--atirador que abraçava todas as causas e estava pronto para oferecer solidariedade e buscar alianças em todos os setores.

Ulysses acabou por confessar, um dia, qual a maior dificuldade de acompanhar Teotônio:

> Ele se desamarrou de tudo. Sendo empresário, deixou completamente a sua empresa; sendo pai de sete filhos, deixou a família. Nas férias de fim de ano, ficava que nem um doido, perguntando quando iríamos reunir o Diretório Nacional, a Comissão Executiva. Com ele não tinha feriado, dia santo de guarda, fim de semana, pôquer, cinema, teatro, nada — era política, e só política. Com isso conseguia dar a sua ação política um rendimento que ninguém mais conseguia.

Quando chegou ao MDB, foi recebido com honras e privilégios. Passou a participar das decisões do partido e a compartilhar as grandes informações. Não demandou tempo de ajuste: já chegou adaptado, falando o jargão do grupo autêntico e movendo-se com desenvoltura no campo partidário. Isso se devia a uma lógica: quando chegou ao MDB ele já exercia papel de oposicionista havia muito tempo. Para os jornalistas, passou a ser uma importante fonte do partido, pois estava em todas as reuniões. Esse posto antes era reservado a Ulysses e Tancredo, apenas.

O maior aperreio se deu quando Teotônio começou a buscar a companhia do jornalista Jorge Bastos Moreno, de quem Ulysses gostava muito. Uma noite, convidou Moreno para jantar. Foi buscá-lo por volta das 20h na sucursal de *O Globo*, no Setor Comercial Sul, e de lá foram para o restaurante Piantella. Era muito cedo para a noite brasiliense e, por isso, o restaurante ainda estava vazio. Os dois conversavam quando chegaram uma arquiteta amiga de Moreno e um senhor e vieram cumprimentar Moreno e Teotônio. O senhor anunciou seu nome — Paulo Vanzolini. Teotônio não o identificou como o famoso compositor e muito menos como o prestigiado zoólogo. Os dois sentaram-se em outra mesa e Moreno idealizou uma forma de transmitir a Teotônio quem era Vanzolini: foi até o pianista e pediu-lhe para tocar "Ronda". Voltou à mesa e disse a Teotônio: "Aquele senhor que nos cumprimentou é o autor desta música." Mal o pianista começara a execução, Vanzolini levantou-se, voltou à mesa dos dois e disse: "Normalmente, quando estou num lugar e tocam 'Ronda', eu me levanto e vou embora. Mas hoje, em homenagem ao senhor, senador, a quem admiro muito, eu vou ficar." Caiu imediatamente a ficha de Teotônio, porque "Ronda" era a música preferida de sua esposa Lenita.

* * *

No bom sentido, Ulysses Guimarães foi um dos políticos mais ladinos que o Brasil já produziu. A sua chegada à presidência do MDB, oito anos antes, em 1970, fora uma operação que juntou esperteza, paciência e sorte, relata seu grande amigo Pedro Simon. Desde a sua fundação, quatro anos antes, o MDB fora presidido por Oscar Passos, um político que tinha uma virtude (firmes convicções, embora fosse um moderado) e um defeito (morava no Rio de Janeiro, mas fazia política no Acre, onde aparecia apenas ocasionalmente). Pouco antes da eleição de 1970, o MDB da Guanabara reclamou que era hegemônico no estado, mas essa prevalência não tinha correspondência na Executiva Nacional do partido.

De fato, em 1966 o MDB elegera o governador (Negrão de Lima) e o senador em disputa (Mário Martins, que seria cassado pelo AI-5 em 1968); em 1970, fora o único estado onde o MDB elegera indiretamente o governador (Antônio de Pádua Chagas Freitas), porque detinha ampla maioria no colégio eleitoral. Naquele ano, conquistaria as três vagas em disputa para o Senado (Danton Jobim, Benjamim Farah e Nelson Carneiro). Chagas Freitas era mais confiável à ditadura do que qualquer nome que fosse escolhido pela Arena, mas nominalmente era do MDB. E toda essa força não tinha correspondência no plano superior do partido — e precisava ter, reclamavam.

Era um momento em que o MDB estava destroçado. Naquele ano, elegeria apenas cinco senadores das 46 vagas em disputa (os três da Guanabara, mais Franco Montoro em São Paulo e Amaral Peixoto no antigo Estado do Rio de Janeiro). Dos cinco, apenas três (Montoro, Jobim e Carneiro) eram opositores mais severos do regime; os outros eram moderadíssimos, quase "da casa".

O MDB carioca queria um dos dois cargos que São Paulo tinha na Executiva Nacional — a primeira vice-presidência, ocupada por Montoro ou a segunda secretaria, então com Ulysses Guimarães. A Executiva acolheu a reclamação e começou a discutir de que forma poderia abrir uma vaga para o MDB carioca. Ulysses ficou calado mas Montoro, sempre generoso, dispôs-se imediatamente a ceder o seu lugar para os cariocas.

A eleição do membro carioca ficou para a reunião seguinte. No dia aprazado, Ulysses pediu a palavra pela primeira vez e reclamou que São Paulo ficaria no prejuízo, pois antes tinha dois cargos e agora, se cedesse a primeira vice, deteria apenas um cargo sem importância — e São Paulo era o estado mais importante da Federação. Sugeriu o que, para ele, era uma forma justa de resolver o impasse: como remanescente paulista, ele deveria ser alçado ao cargo cedido por Montoro e o membro do MDB carioca ocuparia o seu lugar na segunda secretaria. Assim Ulysses se tornou primeiro vice-presidente.

Pouco tempo depois ocorreram as eleições gerais e o Acre elegeu dois ex-governadores da Arena (José Guiomard e Geraldo Mesquita) para o Senado, derrotando Oscar Passos. Desencantado, Passos decidiu afastar-se da política e renunciou ao cargo máximo do partido. Em fevereiro de 1971, no auge da ditadura militar, em meio ao governo Médici, Ulysses chegou à presidência do MDB, uma barca instável em meio à tormenta da ditadura. Na convenção nacional de abril de 1972, ele foi confirmado na presidência. Daí em diante, nos anos mais difíceis se identificou com a sigla de tal forma que os dois — o MDB e ele — eram indistinguíveis. Só deixaria o cargo com a morte.

* * *

Até 1980, o movimento operário não atraíra a atenção do MDB. Aliás, não é que o MDB estivesse distante das movimentações operárias: elas simplesmente não existiam porque os sindicatos eram controlados por uma legislação sindical duríssima, rigidamente manejada pela Secretaria de Relações do Trabalho do Ministério do Trabalho (SRT-MTb) e, fora dela, espionados pelo SNI e seus congêneres nos ministérios. Dificilmente um líder com ímpeto combativo conseguia se candidatar em seu sindicato. Em geral, a candidatura morria no nascedouro, rejeitada pela SRT. Como resultante, os sindicatos eram ocupados por pelegos simpáticos aos militares e conduzidos sob uma política estritamente assistencialista. Mas no ABC esse elo fora quebrado, em especial nos sindicatos metalúrgicos.

No fim dos anos 1960, o Sindicato dos Metalúrgicos de São Bernardo e Diadema tinha em sua base os operários da indústria automobilística, o mais moderno setor industrial do Brasil. Aos poucos, sob a presidência de Paulo Vidal, se destacou como a agremiação sindical mais importante do estado e do país. Mas tinha um enorme entrave para ascender em sua progressiva evolução: sua data-base — 1º de abril — era agregada à dos sindicatos de metalúrgicos do interior. Esse bloco de sindicatos, que incluía a Baixada Santista, o ABC e outras pequenas cidades, era vinculado à Federação dos Metalúrgicos de São Paulo, então presidida pelo pelego Argeu Egídio dos Santos. A outra data-base do estado era em novembro e beneficiava os sindicatos dos metalúrgicos de São Paulo, que abrangia Guarulhos e Osasco e era então presidido por Joaquim dos Santos Andrade, o Joaquinzão.

O sindicato de São Bernardo, presidido por Vidal, brigava desde o início dos anos 1970 para ter uma data-base exclusivamente sua, mas a federação impedia. Em 1974, uma assembleia feita no Cine Anchieta, à qual estava presente o jovem metalúrgico Luiz Inácio da Silva, tentou aprovar a desvinculação da data-base do interior, mas acabou em pancadaria generalizada provocada por seguranças da federação. A manutenção da data-base vinculada à Federação tinha dois patrocinadores: a própria Federação, que perderia substância política se os sindicatos do ABC saíssem, e a Federação das Indústrias do Estado de São Paulo (Fiesp), que obtinha acordos fáceis ao negociar com Argeu.

Em 1974, quanto Teotônio se reelegia em Alagoas, Vidal começou a pensar em sua sucessão. Ele não poderia se candidatar no ano seguinte porque sua empresa tinha se mudado para Mauá. O primeiro nome que lhe ocorreu para sucedê-lo foi o do seu vice-presidente Rubens Teodoro de Arruda, o Rubão, que não aceitou. Tentou Luís dos Santos, o Lulinha, que acabou descartado por ser inexperiente. O terceiro nome considerado por ele foi o de um diretor de desempenho até então obscuro em sua chapa: Luiz Inácio da Silva, o Lula, só aceitou ser presidente se Vidal permanecesse a seu lado para orientá-lo e se, no fim do mandato, não precisasse ser candidato à reeleição.

Lula era tão desconhecido que a cédula eleitoral não apresentava a chapa pela ordem de cargos mas apenas uma relação dos candidatos, com a explicação de que a distribuição dos cargos na diretoria seria feita pelos eleitos, posteriormente. A chapa teve 92% dos votos. Depois de eleita, por indicação expressa de Vidal, Lula foi escolhido para ocupar a presidência.

O primeiro grande movimento feito por Lula na presidência do sindicato, em 1976, foi abrir luta pela reposição de perdas salariais de 34,1%. Um documento do Banco Mundial que chegara ao Brasil atestava que houvera manipulação dos índices inflacionários pelo então ministro da Fazenda, Mário Henrique Simonsen, e que essa manipulação causara importantes perdas salariais aos trabalhadores.

Lula perguntou ao advogado do sindicato, Almir Pazzianotto, se cabia uma ação na Justiça para recuperar as perdas. Pazzianotto lhe disse que cabia uma ação política, porque a Justiça Trabalhista, pressionada pelo governo militar, nunca daria a reposição. O sindicato aprendeu um pouco mais.

No terceiro ano da gestão de Lula, em 1978, antes que o sindicato se posicionasse, a Fiesp fechou um acordo com a Federação de Argeu e o Tribunal Regional do Trabalho (TRT-SP) decidiu que ele valeria para todo o ABC. A Scania Vabis entrou em greve e o governo logo despachou para lá uma forte repressão policial e uma forte pressão do Ministério do Trabalho. A Fiesp instaurou o dissídio mas a greve se expandiu. No julgamento do TRT os trabalhadores perderam o dissídio e mantiveram a greve.

Dias depois o sindicato fez um acordo razoável com a Fiesp, pelo qual os metalúrgicos teriam 11% de aumento em duas parcelas. Isso era menos do que a Scania Vabis oferecera no início, na primeira tentativa frustrada de acordo. Outras áreas empresariais copiaram o acordo e um mês depois foram firmados 166 acordos que envolviam 280 mil operários. Nada mal. Mais importante do que o aumento, em si, fora quebrar um precedente vital para a nova luta sindical — uma negociação bem-sucedida fora concluída sem intervenção do governo. Talvez esse fosse um bom exemplo para as campanhas dos anos posteriores.

* * *

Naquele começo de 1979, os enfrentamentos do MDB eram de outra ordem e neles havia povo. Mas o partido que se dedicava a falar com o povo em geral não fazia esforços para chegar aos trabalhadores; ou melhor, cuidava de questões institucionais mas não se preocupava com os direitos trabalhistas e, em particular, com as questões salariais, que influenciavam diretamente a política econômica. Um exemplo disso se dera na Bahia. Quando Ulysses e Tancredo chegaram a Salvador para lançar a candidatura do economista Rômulo Almeida ao Senado, numa manifestação no Campo Grande, foram informados de que a polícia proibira o comício. Ulysses se encaminhou à sede do MDB e, no caminho, foi bloqueado por uma tropa da Polícia Militar. Enfrentou os soldados: "Respeitem o líder da oposição!" A polícia abriu para Ulysses e o comício aconteceu. Mas no ABC a polícia do governador Paulo Egydio, comandada por oficiais do Exército, não abriria para os metalúrgicos grevistas.

* * *

O resultado animador levou Lula, no ano seguinte, a decretar greve logo no início da campanha salarial. A adesão maciça de operários fez com que o sindicato buscasse um local maior do que o minúsculo auditório do sindicato para fazer as assembleias gerais da categoria. O prefeito Tito Costa, que era do MDB, cedeu o Estádio Municipal de Vila Euclides. Nele, a primeira assembleia da campanha salarial reuniu sessenta mil trabalhadores, que ocuparam o gramado e as arquibancadas. Como não havia sistema de som, Lula teve de subir numa mesa de escritório e usar um megafone para ser ouvido pelos operários reunidos no estádio.

Ante o evidente potencial da greve, o ministro do Trabalho, Murilo Macedo, resolveu agir. Ele pretendia ser candidato ao governo de São Paulo e, naquele momento, interessava-lhe impedir que a greve se alastrasse, assim como não desejava que uma repressão policial contra os operários manchasse sua gestão. Convocou líderes empresariais e trabalhistas para uma reunião em seu apartamento em São Paulo. Em um dia e meio de reuniões foi possível fechar um excelente acordo.

Com o documento debaixo do braço, Almir Pazzianotto, o advogado do Sindicato dos Metalúrgicos, foi para o Estádio de Vila Euclides, onde os trabalhadores estavam em assembleia. Era um acordo bem melhor do que o dissídio julgado pelo TRT-SP. Pazzianotto explicou o acordo a Lula, que subiu ao palanque para submetê-lo aos trabalhadores. No mundo real era tudo muito fácil: Lula explicava, os operários votavam e todos iriam para casa vitoriosos. Mas no mundo da política era muito diferente. O palanque que Lula atravessava estava cheio de representantes das mais radicais tendências ideológicas, da Liberdade e Luta (Libelu) ao Movimento Revolucionário 8 de Outubro (MR-8), do PCdoB a variadas microcorrentes marxistas. Olhando lá de baixo Pazzianotto pensou: "Não vai dar certo." Mal Lula começara a falar alguém na plateia gritou "Greve!". Seguiram-se muitos gritos de "Greve!" da plateia e do palanque. Lula fez uma cena: enfiou o microfone debaixo do braço enquanto usava as duas mãos para rasgar cinematograficamente o acordo. A greve venceu. Representaria depois uma fragorosa derrota, mas naquele momento venceu.

A greve prosseguiu, o governo interveio no sindicato, esgotou-se qualquer possibilidade de acordo. Vendo-se sem condições de negociar, o sindicato aceitou um acordo bem menos favorável, que até instituía o chamado "carnê da greve", o desconto dos dias parados, inexistente no acordo que Lula rasgara no palanque. Com o mau resultado propiciado pela greve estabanada de 1979, o prestígio de Lula caiu vertiginosamente. Para recuperar o prestígio perdido, ele faria a greve de 1980.

* * *

Antes da campanha salarial de 1980, Lula voltava suas atenções para outro horizonte. Em janeiro de 1979, a Federação dos Metalúrgicos de São Paulo, presidida por Argeu Egídio dos Santos, promoveu, na cidade de Lins, o 9º Congresso dos Trabalhadores Metalúrgicos, Mecânicos e Eletricitários do Estado de São Paulo. O evento deveria debater a questão sindical dos metalúrgicos, mas Lula, num discurso surpreendente, abriu uma pauta política incomum naquele tipo de evento e pregou que os operários deveriam ir além da organização sindical — deveriam fundar um partido só de trabalhadores, no qual seriam vetados intelectuais e estudantes. Depois, como sabemos, mudaria seus conceitos. Naquele primeiro momento ele queria um partido de trabalhadores sem os embaraços ideológicos dos intelectuais nem a agitação inconsequente dos estudantes.

A ideia, recebida inicialmente como utopia, se concretizaria exatamente um ano depois, só que com a participação de intelectuais, estudantes e de vários segmentos da Igreja Católica. Lula mudaria sua maneira de escolher aliados. Logo ele entenderia que o novo partido não nasceria se não fosse a capacidade mobilizadora dos estudantes (como estudantes Lula entendia aqueles que fizeram as manifestações de rua contra o regime militar e mais adiante seriam recrutados para a guerrilha urbana), a sustentação teórica dos intelectuais e o papel galvanizador e organizador da Igreja. Em janeiro de 1980, antes de partir para a campanha salarial daquele ano, Lula aproveitou a nova legislação partidária imposta pela ditadura — que acabou com o bipartidarismo — e fundou o Partido dos Trabalhadores, cujo papel e importância ao longo do tempo se confundiriam com ele próprio.

Já a oposição, por seu turno, nunca se aproximara do movimento sindical porque intuía que o regime militar era um caldo originário de uma aliança entre os militares e o alto empresariado e, nela, a questão salarial era regra de ouro, em especial num ano que marcaria o segundo choque do petróleo e um aprofundamento da crise econômica. Apoiar o movimento sindical representaria abrir um confronto com o governo militar e atuar no coração da economia significaria atrair a antipatia do empresariado. O partido não se preocupava muito com os maus bofes dos militares mas não queria perder o vínculo com o empresariado, que seguramente seria seu aliado na rota da democratização.

Um ano antes do discurso de Lula em Lins, Fernando Henrique — que observava a crescente importância política dos líderes sindicais do ABC e queria atraí-los para o MDB — marcara para sua casa uma conversa de Lula com Ulysses Guimarães. No dia da conversa, estava em seu sítio de Ibiúna e dirigiu com pressa para São Paulo. Um pneu furado no carro quase o impediu de chegar a tempo e receber os dois. De todo modo, a conversa travou: Ulysses convidou Lula para dirigir um "departamento sindical" do MDB e Lula recusou, certamente já pensando em fundar o próprio partido. "Naquela altura, para Ulysses, sindicato era uma coisa, partido era outra", opina Fernando Henrique.

Parece claro que, quando partiu para a campanha salarial de 1980, Lula se sentia fortalecido pela experiência dos anos anteriores e também pelo partido que acabara de fundar à sua imagem e semelhança. Talvez preferisse que a greve fosse comandada pelo partido recém-fundado, mas essa possibilidade foi atropelada pela própria repercussão que a greve decretada em 1980 alcançaria — uma repercussão de âmbito nacional, que atraiu inarredavelmente os quadros políticos mais argutos a São Bernardo.

Dessa vez, embora já existisse um partido só de trabalhadores, Lula e seu sindicato não esnobaram o apoio dos outros partidos de oposição recém-fundados. É certo que esse apoio foi muito tímido e até débil, no começo — resumiu-se, inicialmente, ao do prefeito de São Bernardo, Tito Costa, que era do PMDB, embora em seu rastro logo viessem outros políticos. Desses, um dos primeiros a se aproximar foi Teotônio Vilela. Logo vieram parlamentares paulistas, como os então senadores Franco Montoro e Orestes Quércia e deputados como Alberto Goldman (PMDB-SP), Airton Soares (PT-SP), Antônio Carlos Pereira (PT-MS).

Tudo começara no dia em que o advogado Almir Pazzianotto, então deputado estadual pelo PMDB em São Paulo, recebeu um telefonema de Teotônio, que queria conhecer Lula e São Bernardo. Pazzianotto o recebeu no Aeroporto de Congonhas, levou-o a almoçar em sua casa, onde Teotônio descobriu que a cozinheira alagoana de Pazzianotto fora sua eleitora antes de migrar para o Sul. Depois os dois partiram para São Bernardo, onde encontraram Lula. A partir desse encontro,

Teotônio nunca mais ficaria longe da cidade e ainda atrairia a ela outros políticos que antes nem sequer tinham noção de sua posição geográfica.

* * *

Quando abriram o confronto com a indústria automobilística, os trabalhadores traziam na memória a paralisação de Contagem (MG), 11 anos antes, em 1968, antes do AI-5. Na assembleia que decretou a greve, os operários aprovaram uma agenda de negociações que reivindicava um reajuste salarial de 78,1%. Depois de duas semanas de uma greve fustigada por repressão da polícia e intervenção governamental em alguns sindicatos, os operários suspenderam o movimento por 45 dias para permitir a reabertura das negociações com as empresas. No fim, foram premiados com um reajuste de 63%. Fora uma conquista salarial singular, um modelo que bem serviria de exemplo aos sindicatos do ABC, principalmente depois da derrota de 1979.

De todo modo, o caráter organizativo que Paulo Vidal deixara era um exemplo notável. Muito por causa disso o que acontecia no ABC no fim da década de 1970 e no começo da de 1980 punha à prova o regime militar. Quando chegou a data-base e a greve foi decretada, o governo percebeu que o entorno da greve estava muito bem fundamentado. Primeiro, porque mostrava um nível de organização sindical inédito para o país. Segundo, pelos números superlativos de participantes: duzentos mil metalúrgicos aderiram e paralisaram a produção das indústrias automobilísticas e de autopeças da época. Houve adesão total na Volkswagen, na Ford, na Mercedes-Benz e na Scania Vabis, que arrastaram junto indústrias de autopeças e outras grandes empresas metalúrgicas do ABC. Terceiro, porque dessa vez o movimento tinha um instrumento de sustentação muito bem organizado — um fundo de greve para amparar os operários. Quarto, porque os sindicatos receberam apoio decisivo da Igreja Católica, de entidades civis paulistas, de artistas famosos... e, então, do recém-fundado PMDB, na figura de Teotônio Vilela.

Logo no começo o movimento teve uma boa notícia. A Fiesp pediu ao TRT-SP que declarasse a greve ilegal, mas o tribunal se declarou incompetente para julgar o pedido. Era uma grande vitória política do sindicato. Acabado o julgamento, o advogado Pazzianotto e o suplente de senador Fernando Henrique Cardoso foram para o sindicato. Comunicaram a Lula a vitória e informaram que ela teria um corolário: pela legislação da época, depois do julgamento a greve teria de ser suspensa, sob pena de, aí sim, se tornar ilegal. O caminho tático seria a volta ao trabalho e a negociação, agora com o sindicato numa posição de força. Lula não quis ouvir detalhes; pediu tempo para consultar a diretoria. Voltou alguns minutos depois para dizer que a greve continuaria. As empresas ajuizaram um novo dissídio, sobreviriam a repressão, as prisões e, por fim, a intervenção no sindicato. Ademais, àquela altura todos sabiam que havia uma relação de 1.800 trabalhadores que seriam demitidos logo que a greve terminasse. Todos sabiam que eles entrariam numa lista negra das empresas e não conseguiriam mais emprego.

* * *

Ulysses e Tancredo engoliram a candidatura de Euler Bentes Monteiro, formulada por Teotônio, Severo Gomes, Roberto Saturnino, Paulo Brossard e Fernando Henrique, como um guarda-chuva aberto, ao revés. E Teotônio formara, com Severo, Fernando Henrique e Raphael de Almeida Magalhães, uma aliança para sustentá-la e incentivá--la. Mal comparando, parecia, no começo, uma solução udenista nos velhos moldes dos anos 1940 — civis liberais que corriam aos quartéis para descobrir a solução de uma candidatura militar para vencer a eleição.

A candidatura de Euler, que trazia uma simbologia definida, não tinha programa nem muita substância. O candidato não era carismático, pelo contrário, era pesado de carregar, era completamente desconhecido na sociedade e tinha pouca convivência com a política partidária; seu ponto forte era uma inserção respeitável no segmento militar. O regime, que já o cogitara como candidato, não tinha o que falar dele. A cúpula do MDB, por insistência de Ulysses e do segmento de esquerda do partido, empenhou-se em montar para a candidatura um programa que defendia a instalação de uma Assembleia Nacional Constituinte para restaurar a nação perdida. A Constituinte era uma reivindicação que empolgava as elites intelectuais e as principais instituições da sociedade civil, mas não chegava ao povo e, portanto, não ampliava a base popular da candidatura.

Euler era candidato a presidente com um mandato previsto de seis anos, mas aceitaria chefiar um governo de transição (com mandato de apenas três) e ser sucedido pelo ungido em uma eleição direta, relata Elio Gaspari. Isso podia ter lógica para o comando do MDB, mas criava uma enorme confusão na hora de explicar ao povo o papel e a serventia do candidato, o que não ajudava a consolidação da candidatura. O calendário eleitoral também não colaborava: os 21 governadores seriam eleitos em setembro e o novo presidente, em outubro, sempre de forma indireta e sob as regras inflexíveis do Pacote de Abril, desfavoráveis para a oposição. E o novo Congresso e as Assembleias Legislativas seriam eleitos em novembro — uma enorme confusão.

Na época, Constituinte era uma ideia um tanto obscura, difícil de explicar ao povo, mas o MDB preferiu centrar a campanha nesse tema, pois um dos itens principais do programa feito às pressas para Euler propunha que o Congresso eleito em novembro se transformasse em Constituinte um ano depois. Teotônio percebeu essa dificuldade e passou a pregar que, para chegar ao cidadão comum, era preciso suscitar teses que tivessem um significado realmente popular, porque a Constituinte e a candidatura de Euler eram temas de gabinete. Pressionada por Teotônio e seus aliados, a cúpula tentava colaborar mas os parlamentares do partido não se mexiam, o que influenciava negativamente as bases do partido. Afinal, em pleno curso da eleição presidencial, os candidatos a deputado e senador já faziam a própria campanha, com vistas à eleição parlamentar de novembro. Os comícios de Euler eram pouco apoiados e mal organizados. O coordenador da campanha era o secretário-geral do MDB, deputado Thales Ramalho (PE), que não demonstrava empolgação com seu papel. Cada um cuidava da própria campanha e não se interessava em apresentar um general a seus eleitores. Aliás, boa parte do MDB se enrolava num ponto: se o partido criticava generais havia 14 anos, por que diabos agora inventara justamente um general para seu candidato?

Euler cumpria penosamente sua parte e falava na necessidade de uma Constituinte para reordenar a vida nacional, pregava a anistia e a volta dos exilados para pacificar a vida nacional e reivindicava a restauração das liberdades plenas. Empurrado por Teotônio, abriu importante caminho para a aceitação da anistia entre os militares e, ainda na campanha, obrigou seu rival, general João Figueiredo — que inicialmente rejeitara o tema — a perfilhar a tese de uma anistia que não incluísse os envolvidos na luta armada. Essa, talvez, tenha sido a grande vitória da candidatura Euler.

Mas sem participação popular, sem a empolgação natural das campanhas presidenciais, a candidatura naufragou ante o desinteresse do próprio MDB. Num certo momento, Euler chegou a pensar em renunciar à candidatura e denunciar o MDB por não se interessar pela campanha, contou Raphael de Almeida Magalhães em um depoimento, tempos depois. À época, o jornalista Carlos Castello Branco, o mais importante colunista político brasileiro, escreveu que o MDB se isolara.

A eleição presidencial indireta aconteceu em 15 de outubro de 1978 e nela o general João Figueiredo, candidato do PDS, alcançou 355 votos (61,1%) do colégio eleitoral inchado pelo Pacote de Abril, que, naquela oportunidade, contou com senadores, deputados federais e delegados das assembleias legislativas. O general Euler, candidato da oposição, obteve 226 votos (38,9%). Teotônio, ainda na Arena, votou em Euler.

Vitorioso na tessitura de sua colcha de retalhos que atrasava o fim do regime militar, o general Geisel cumpriu a promessa de, ao fim de seu reinado, extinguir os instrumentos de exceção. A edição do *Jornal do Brasil* de 31 de dezembro de 1978 se encarregou de avisar aos distraídos que, à mesma hora em que se extinguia o ano velho e nascia o ano novo, se apagavam os efeitos do Ato Institucional número 5, o mais absurdo, o mais estúpido, o mais discricionário de todos os documentos legais já produzidos no Brasil. A manchete do jornal carioca nesse dia era: "Regime do AI-5 acaba à meia-noite de hoje".

Com a extinção do AI-5, ansiosamente aguardada pelos democratas brasileiros e decomposto em prosa e verso por Teotônio Vilela, desaparecia do quadro legal brasileiro uma excrescência que poderia ter sido símbolo de uma monarquia absolutista fora de hora e dos tempos mais turvos da política nacional.

Depois de ser ungido pelo colégio eleitoral, o general João Figueiredo instalou sua verborragia típica de cavalariano. Firmou compromisso com a abertura democrática ao pronunciar uma frase que ficaria famosa: "É para abrir mesmo, e quem não quiser que abra, eu prendo e arrebento."

Muita gente ficou esperançosa com essa frase um tanto vulgar, mas Teotônio não acreditaria nela. Ele sabia que a verdadeira abertura só viria depois de muita luta.

11
REFORMISTAS E PORRA-LOUCAS

O Brasil do ano nascente de 1979 guardava um longo inventário de repressão e dor: um país com milhões de operários oprimidos e explorados, a quem se proibia a prática da mais elementar forma de luta por seus direitos trabalhistas — a livre organização sindical e a greve. Sem organização sindical legítima, o operariado brasileiro vivia à mercê do patronato. O governo militar favorecia as empresas ao impor uma dura legislação para as eleições nessas entidades, como forma de inibir o surgimento de líderes legítimos, e ao reprimir as greves. O filtro ideológico do Ministério do Trabalho não apenas escrutinava os candidatos a dirigentes na época de eleições; ele também monitorava permanentemente os sindicatos e os dirigentes e podia a qualquer momento decretar intervenção no sindicato ou afastamento de um diretor. Para o regime militar, o essencial era dificultar ou barrar livres negociações trabalhistas.

As grandes empresas se beneficiavam do jogo sujo da ditadura e forçavam os empregados a aceitar acordos que lhes eram prejudiciais. Mas no fim dos anos 1970, na mesma época em que dirigentes sindicais sérios começaram a furar o filtro do governo, surgiram também empresários mais esclarecidos, principalmente em São Paulo, onde havia a mais forte concentração de indústrias modernas. Esses empresários percebiam que a livre negociação apontava o melhor caminho porque era inútil esperar maior produtividade de operários insatisfeitos.

À medida que os anos passavam, empresários e trabalhadores iam se convencendo de que negociações diretas entre as duas partes eram boas para ambos os lados. Mas para os economistas do regime militar a questão não se centrava na busca de boas relações patrão-empregado mas na necessidade de engessar índices econômicos e não permitir que eles excedessem determinados patamares. Se um grande empresário quisesse negociar abertamente com seus empregados sofreria pressão do governo militar para não conceder reajustes e benefícios além do permitido pela cartilha da política econômica comandada, nos governos dos generais Médici e Figueiredo, pelo controverso ministro Delfim Netto e, no governo Geisel, pelo ministro Mário Henrique Simonsen. Na essência, o governo militar administrava os ganhos salariais dos trabalhadores com mão de ferro, da mesma forma como fazia com os demais preços da economia.

Isso aconteceria nas greves deflagradas nas zonas industriais de São Paulo em 1979 e 1980. Nesse tipo de imposição política, as relações trabalhistas deixavam de ter os tradicionais dois atores — empresas e trabalhadores — e ganhavam um indesejado terceiro participante, o governo, que não entrava em cena para arbitrar ou mediar um acordo, mas para impedir que a empresa fizesse concessões demasiadas e que os operários obtivessem ganhos salariais acima do teto fixado pelo governo. Era como se o Brasil vivesse numa economia artificial.

Não havia liberdade para reivindicar, não havia liberdade para conceder. Mas no começo de 1980, o cenário político se tornara menos dramático e ameaçador, pois já não havia AI-5 e o arbítrio do general-presidente já não podia extinguir subitamente mandatos parlamentares e executivos concedidos pelo voto popular, embora o rigor atribuído à repressão sindical continuasse o mesmo. Era possível, no entanto, que os políticos acompanhassem e até estimulassem greves e apoiassem grevistas sem serem ameaçados pelo tacão da ditadura. Nesse momento, poucos políticos perceberam essa fresta que se abria para deixar entrar uma aragem democrática.

* * *

Vinte anos antes, no começo da década de 1960, o histórico Partido Comunista Brasileiro (PCB, até então chamado Partido Comunista do Brasil) se dividira: o grosso do PCB, chamado Partidão, se vinculara aos novos ventos que sopravam no comunismo europeu, em especial o italiano, e renunciara à luta armada. Um importante grupo, no entanto, recusara esse caminho e fundou uma dissidência com o mesmo antigo nome e a sigla PCdoB. A principal organização católica de esquerda, a Ação Popular (AP), abandonou a orientação cristã, assumiu uma cartilha marxista e formou a Ação Popular Marxista-Leninista (AP-ML). Durante a ditadura militar, e com o fracionamento das possibilidades de luta, surgiu uma algaravia de novas siglas, que absorveram os militantes antigos e atraíram novos quadros na juventude universitária. Cada uma delas julgava ter a chave que conduziria o Brasil pelas sendas utópicas do socialismo. O PCdoB, influenciado pela China, assumiu uma orientação estratégica voltada para a guerrilha rural, enquanto a maioria das novas siglas adotaria a guerrilha urbana de inspiração cubana.

O PCB foi a única organização de esquerda que, por todo esse tempo, manteve-se contrária à luta armada. Militou no MDB e se engajou na luta civilista da redemocratização pelo voto. Sua tese central era que a ditadura só seria vencida pela gradual conscientização política do povo brasileiro no exercício do voto. A partir dessas definições, ficou claro que o PCB lutava por uma democracia representativa e pelo direito de livre escolha popular nas eleições. Mas todas as outras siglas foram à guerra por uma utopia — a luta pela derrubada violenta da ditadura militar e pela implantação de um regime socialista no Brasil. Pode até ser que esse sonho fosse bom, mas era um sonho irrealizável.

E era irrealizável porque ela importava em declarar e sustentar uma guerra civil que só terminaria com a vitória das chamadas "forças revolucionárias" e a derrota das Forças Armadas, algo irreal no campo estratégico. O PCB argumentava que era impossível a um pequeno exército de jovens estudantes mal armados derrotar a estrutura bélica altamente profissional e treinada das Forças Armadas. Esse ponto foi o vértice das discussões ideológicas na esquerda dividida desde o primeiro momento em que a ditadura se instalou até que a vitória militar da ditadura se tornou definitiva. Quando isso aconteceu, restava à esquerda martirizar seus mortos, vitimizar seus heróis vivos e cobrar a democracia pela qual deveria ter lutado unida a partir de 1964.

O ódio divisionista que repartiu a esquerda brasileira a partir do fim dos anos 1960 ajudou muito a ditadura militar. Tinha um inimigo em armas que lhe permitia justificar a severa repressão e ampliar suas bases de combate específico (o que gerou o recrudescimento da linha dura e a criação dos DOI-Codi). A existência desse inimigo reforçava seus elos internos. Mas na verdade o inimigo se pulverizara em várias siglas e várias estratégias que não se complementavam. E ainda se espicaçavam. Os adeptos da luta armada usavam uma expressão que à época era carregada de desprezo para rotular os militantes do PCB — eram os "reformistas". E o pessoal do Partidão, com igual menosprezo, alcunhava o outro lado da esquerda, que se afundara na luta armada, de "porra-loucas".

A intensa discussão sobre quem lutava a luta certa, na verdade, começara a se esgotar, em grande parte, lá pelos idos de 1973, quando a esquerda se viu obrigada a repensar sua atuação no país. A guerrilha urbana fora desbaratada desde 1972 e a guerrilha rural do PCdoB estava sendo dizimada naquele ano na região do rio Araguaia. Extintos os setores da luta armada, a repressão da ditadura voltou suas forças, em 1974 e 1975, contra os militantes do PCB. Duas razões explicavam essa perseguição ao grupo que aceitara as regras democráticas: 1) a nova luta mantinha azeitada a máquina da repressão e era uma justificativa para sua continuidade; 2) o regime militar percebeu que era tático enfraquecer o grupamento de esquerda que fora vital à organização interna do MDB na expressiva vitória eleitoral em 1974.

O resultado foi que, nos anos seguintes, os dois lados da esquerda tinham uma mesma vulnerabilidade — estavam enfraquecidos e passaram anos a prantear seus presos e a chorar seus mortos. Apenas no fim dos anos 1970, quando a ditadura militar já exibia claros sinais de esgotamento, a oposição começou a se reorganizar com relativa unidade para a luta pela redemocratização. Havia, então, uma estratégia clara: o avanço pela redemocratização seria pacífico e visaria à organização e conscientização popular. No fim da década, ninguém mais duvidava disso.

De preferência, essa luta deveria se concentrar no MDB, que detinha a melhor marca pública de tradição oposicionista. Mas aquele ano, 1979, que poderia ser tão promissor para uma unidade contra o regime militar, mostraria, ao contrário, a inesgotável capacidade de desunião das esquerdas. Por um lado, o regime militar percebeu que o fim do bipartidarismo provocaria um fracionamento nas esquerdas. Por outro, o avanço da luta sindical no ABC, que revelara as melhores lideranças sindicais do pós-golpe de 1964, também empurrou essas lideranças para a política com ambições exclusivas. Tudo isso demarcaria a pulverização político-ideológica e, consequentemente, a multiplicação partidária que se seguiria.

* * *

Com a anistia, aproximava-se o regresso dos antigos líderes político-partidários — como Leonel Brizola, Miguel Arraes, Luiz Carlos Prestes — mas esse retorno, antes de representar uma soma, significava um enorme potencial de divisão. Aqui, os anos de ditadura haviam consolidado novas lideranças políticas, alguns abatidos pela cassação, mas outros permaneciam atuantes. Como seria a convivência entre esses líderes que ficaram aqui e os que haviam passado quinze anos no exílio?

Nas eleições de 1978 e nos meses seguintes prosperava a discussão sobre a forma de encaminhar a nova luta. Havia uma certeza: ela seria democrática. E uma expectativa desastrosa: dificilmente haveria união das oposições. Nessa época, o que ainda mantinha precariamente a unidade das oposições era a legislação partidária da ditadura, que impunha o sistema bipartidário. Logo, se alguém era de oposição não tinha outra alternativa senão militar no MDB. Mas logo a ditadura perceberia que justamente aí estava o ponto mais vulnerável das oposições — assim, no plural, já que a oposição não era uma, na verdade eram várias. Pela ótica da ditadura, o erro estratégico era manter todos abrigados no MDB; o certo seria acabar com o bipartidarismo, o que certamente levaria cada um para seu ninho original — e as oposições se esfacelariam.

* * *

Os segmentos mais politizados do país entoavam o cântico da anistia cada vez com mais ênfase. Era um posicionamento natural — o fim do AI-5 e a promessa de uma efetiva restauração democrática clamavam pela normalização da vida política e ela não poderia se dar sem que o Brasil voltasse a ser o lar de todos os brasileiros. O estrategista do regime, o general Golbery do Couto e Silva, contava criteriosamente os prós e contras da anistia e do retorno dos exilados. Se por um lado essa volta em massa amplificaria a voz da oposição, por outro ajudaria a multiplicar as teses e os movimentos oposicionistas — e a dividiria ainda mais.

Eram favas contadas, por exemplo, que Brizola, tão logo colocasse os pés em território brasileiro, lançaria a tese da refundação do velho e histórico PTB, em vez de se abrigar humildemente no MDB. E que a volta de Prestes apontaria para a legalização do PCB, o que afastaria os comunistas do MDB (e comunistas como Marcelo Cerqueira, Roberto Freire e Marcelo Gatto eram quadros importantes do partido). E que o regresso de Arraes era uma incógnita — caberia ele no MDB? Como influenciaria o vigoroso MDB de Pernambuco?

Enfim, a volta dos exilados era um fato histórico de inegável expressão, mas estava longe de significar automaticamente uma soma; em muitos casos, corresponderia a uma divisão das oposições. Empolgados com o aspecto emocional da volta para casa, os simpatizantes da oposição não conseguiam antever que, além da divisão por segmento ideológico, o retorno em massa conduziria a um desgastante confronto entre os líderes antigos e os novos quadros gerados pelo MDB na luta contra a ditadura.

O MDB e seus aliados não tinham nenhum controle sobre o momento em que a anistia começaria a ser debatida no Congresso porque propor a anistia não estava a seu alcance. Quando a Constituição de 1967, em vigor naquele momento, foi promulgada o governo militar fez questão de retirar do Congresso a atribuição de legislar originariamente sobre anistia. No anteprojeto da Constituição, essa atribuição fora mantida, mas o então ministro da Justiça, Carlos Medeiros e Silva, vetou a fórmula por determinação expressa do marechal-presidente Humberto de Alencar Castello Branco. Em 1979, 12 anos depois, chegara enfim a hora da anistia, mas ao Congresso caberia, no máximo, apreciar um projeto que fosse enviado pelo Executivo — se fosse e quando fosse.

* * *

Em 1975, Therezinha de Godoy Zerbini, mulher do general cassado Euryale de Jesus Zerbini e cunhada do renomado cirurgião cardíaco Euryclides de Jesus Zerbini, fundou o Movimento Feminino pela Anistia (MFA). Era um movimento legal, registrado em cartório, mas mesmo assim o SNI viu nele vinculações com o movimento comunista internacional. Tudo porque uma de suas integrantes entregara à jovem Denise Goulart uma faixa com a palavra "anistia" para ser colocada no caixão de seu pai, o ex-presidente João Goulart, morto por enfarte em dezembro de 1976.

Therezinha, uma mulher de coragem invulgar, usou um expediente engenhoso para formar uma teia de seções estaduais do MFA: começou a escrever cartas para parentes de presos políticos e apelar a que eles se tornassem militantes do MFA. Uma de suas cartas alcançou, no Ceará, Rosa Fonseca, que tinha uma irmã presa. Rosa aceitou o desafio e chamou para ajudá-la a amiga Maria Luíza Fontenele, uma assistente social que nos tempos de estudante universitária fora militante da Juventude Estudantil Católica (JEC), uma antiga fração da AP. Maria Luíza, que pertencia a uma família católica de Quixadá, chegara havia três anos dos EUA, onde seu então marido completara o doutorado e ela, o mestrado na Vanderbilt University. Para não perder a embocadura de militante da JEC, em Vanderbilt Maria Luíza participara de protestos no campus contra a guerra do Vietnã e contra o golpe no Chile. Unir-se a Rosa na luta pela anistia seria apenas uma nova fronteira em sua vida política.

Nessa mesma época, o general Golbery do Couto e Silva, chefe da Casa Civil de Geisel, revelou a Ulysses Guimarães, num encontro secreto que os dois tiveram em Brasília, que a anistia viria no final da década e que seria o corolário natural da distensão lenta, segura e gradual que Geisel desenhara. E disse mais: que o primeiro passo na sua concessão começaria pela revisão de algumas punições impostas pelo regime militar e que depois se comprovaram injustas.

Therezinha, que jamais conversara com Golbery, ignorava as promessas. Pedia audiências aos generais do governo (que invariavelmente as negavam), dava entrevistas onde pudesse, ocupava todos os espaços que se lhe abrissem para falar de um único tema — anistia. Sua entidade foi a única associação específica na luta pela anistia até que, em fevereiro de 1978, ganharia um aliado. Nesse mês foi fundado o Comitê Brasileiro pela Anistia (CBA) do Rio de Janeiro, sob a presidência de um militar cassado, o general Pery Constant Bevilacqua, "revolucionário" de 1964 e depois ministro do Superior Tribunal Militar (STM). Fora cassado por seus colegas de farda sob a acusação de "dar *habeas corpus* demais" e usualmente interpretar com excessiva liberalidade a Lei de Segurança Nacional.

* * *

No início de 1979, segundo cálculo da Comissão de Justiça e Paz da Arquidiocese de São Paulo, o Brasil tinha 55 presos políticos e, desde 1964, 2.429 pessoas haviam sido condenadas pela famigerada Lei de Segurança Nacional, 1.729 por crimes políticos e setecentas por ações violentas das guerrilhas urbana e rural. E mais: 122 pessoas desaparecidas, duzentos mortos, dez mil exilados, 4.877 pessoas que tiveram seus direitos políticos suspensos e 550 mandatos eletivos cassados. A conta do governo era um pouco diferente, relata Elio Gaspari: 1.088 suspensões de direitos políticos, inclusive de três ex-presidentes da República (Jânio Quadros, João Goulart e Juscelino Kubitschek); 3.215 civis afastados do serviço público; 1.387 militares afastados do serviço ativo, entre eles 55 generais; 125 brasileiros banidos, 11 mil pessoas condenadas e 213 encarceradas naquele momento (82 com sentenças superiores a dez anos de reclusão). Em *A ditadura acabada*, Gaspari estima que, no Brasil de janeiro de 1979, havia 268 presos políticos. Uns e outros eram números espantosos. O governo não tinha mais como explicar os sucessivos adiamentos à pacificação do país. Demorava, certamente, porque o reencontro do Brasil consigo mesmo impunha o retorno dos exilados.

Quando, no começo de 1979, o assunto estava maduro, o *Jornal do Brasil* publicou uma pesquisa que indagara aos brasileiros sua posição sobre a anistia e quem deveria ser anistiado. A imensa maioria da população era favorável à concessão da anistia, mas uma maioria semelhante era contrária à anistia aos guerrilheiros envolvidos em "crimes de sangue". Em parte a população acreditara na propaganda da ditadura, que rotulava os militantes da guerrilha urbana como "terroristas".

Aos políticos da oposição cabia pedir, propor, gritar, se fosse o caso, mas não era possível iniciar a luta da anistia pelo Congresso. Os olhares se voltavam para o general Figueiredo, que tomaria posse em março de 1979. Ele aceitava a ideia geral da anistia, mas não admitia o regresso dos políticos mais radicais, como Leonel Brizola (que mais tarde, retornado ao Brasil, o apoiaria e bajularia com desusado entusiasmo), nem o perdão a responsáveis pelos chamados "crimes de sangue" (condenados que tivessem participado de ações violentas da esquerda armada). Não era uma posição esdrúxula: fora do governo, dela compartilhavam os respeitáveis arcebispos Vicente Scherer (Porto Alegre) e Aloísio Lorscheider (presidente da CNBB), o general Euler Bentes Monteiro, candidato oposicionista à Presidência em 1978, e Tancredo Neves, um dos principais líderes da oposição.

* * *

A anistia tinha duas metas essenciais — liberar para a vida política os cidadãos atingidos por cassações e suspensões de direitos políticos e libertar os presos políticos das cadeias. A primeira era vital para reencaminhar a questão política; a segunda era importante para reparar a questão dos direitos humanos. Somadas, as duas promoveriam a pacificação do país. A visão transmitida à sociedade, entretanto, parecia expressar que a anistia significava apenas a libertação dos presos políticos, talvez porque eles fossem o símbolo visível e palpável do sofrimento dos que lutaram contra o regime militar. Quem sabe porque fosse mais fácil vitimizá-los e, mediante a vitimização, ganhar a batalha da comunicação contra o regime militar. O fato é que as menções à anistia eram concebidas dentro de uma compreensão de que ela libertaria os presos. Poucas vezes se dizia que a anistia permitiria que os cassados pudessem novamente disputar eleições. Se os prisioneiros eram, naquele momento, rejeitados pela população, era bem possível que esse enquadramento da anistia produzisse uma comoção pública em favor de sua libertação.

Os primeiros presos políticos da ditadura não estavam vinculados às organizações de guerrilha que conhecemos; eles foram detidos entre 1964 e 1968, eram quase todos militares, sargentos, cabos e soldados inconformados com o golpe de 1964. A maioria estava presa no Rio de Janeiro, na Penitenciária Lemos de Brito, à rua Frei Caneca, e não havia separação entre eles e os presos comuns. Nesse período, ainda não havia esquerda armada vinculada à miríade de grupamentos revolucionários que surgiriam a partir de 1967/1968. Esses militares de baixa patente eram de extrato social pobre — os militantes da esquerda armada que surgiria depois eram, em geral, jovens universitários originários da classe média — e se identificaram naturalmente com os presos comuns, pois pertenciam à mesma classe.

Em 1969, aliados a presos comuns, esses militares organizaram a famosa fuga da Lemos de Brito que assustou o regime, porque os fugitivos se juntaram a um Movimento Armado Revolucionário (MAR), que logo seria dizimado, mas forneceria o embrião das futuras organizações guerrilheiras. Essa fugaz aliança com presos comuns faria ferver o imaginário dos guerrilheiros urbanos nos anos seguintes. Uma boa parcela da esquerda revolucionária começou a especular que seria possível conscientizar e cooptar a bandidagem para lutar pela revolução. Como sabemos, essa tentativa esborrachou-se na enorme diferença de concepção de vida, de comportamento e certamente de classe entre os dois lados.

No começo de 1968, três organizações de esquerda deram início à luta armada. Eram a Vanguarda Popular Revolucionária (VPR), que se originara em 1966 com a fusão da Política Operária (Polop) e o Movimento Nacionalista Revolucionário (MNR), e que a partir de setembro de 1968 seria liderada pelo ex-capitão Carlos Lamarca; a Ação Libertadora Nacional (ALN), uma dissidência do PCB liderada por Carlos Marighella; o MR-8, resultante da fusão de várias organizações dissidentes do PCB. Promoviam assaltos a bancos, a carros-fortes e a empresas que comercializavam armas, mas também visavam casas de pessoas ricas para obter dinheiro vivo e joias que financiassem a luta armada. Até 1970, esses grupos e outros menores promoveram cerca de cinquenta assaltos a bancos. Inicialmente despreparada para enfrentá-las, a repressão patinou meses antes de alcançar os primeiros resultados concretos. No fim de 1968 viria o AI-5 e o sistema repressivo teve sua tarefa facilitada pela supressão virtual das liberdades, as prisões indiscriminadas, a tortura desenfreada, a supressão do *habeas corpus*, o Congresso Nacional fechado e a imprensa censurada.

A repressão começou a se sofisticar. Em julho de 1969, surgiu em São Paulo a Oban (Operação Bandeirante). Financiada por empresários e com ampla liberdade de ação, essa organização estava além de qualquer limite jurídico ou burocrático e tinha uma estrutura flexível, composta por militares do Exército e policiais civis e militares. A partir daí as torturas passaram a ser o cotidiano dos militares. Um ano depois o modelo se espalhara para todo o país na forma dos temidos DOI-Codis, inspirados pela Doutrina de Segurança Nacional. Com o delegado Sérgio Paranhos Fleury no comando do Dops paulista e a chegada do major Carlos Alberto Brilhante Ustra para liderar o DOI-Codi em São Paulo, as mortes sob tortura deixaram de ser "acidentes de trabalho". A partir de 1970, a repressão adotou a fachada de atropelamentos e tiroteios para a eliminação sistemática de opositores.

A primeira grande ação espetacular da nova guerrilha urbana foi uma parceria entre a ALN e o MR-8 para sequestrar o então embaixador americano no Brasil, Charles Burke Elbrick, em setembro de 1969. O embaixador foi trocado por 15 militantes esquerdistas de variadas tendências que estavam presos. O regime militar respondeu com o fuzilamento de Marighella, em novembro de 1969, em plena Alameda Casa Branca, nos Jardins, em São Paulo.

A ideia da guerrilha urbana era uma utopia fantasiosa. Antepunha jovens que abandonavam a universidade e até recentemente nunca haviam segurado um revólver para lutar contra um sistema militar profissional altamente treinado e bem armado. Era de prever que daria errado, como de fato deu. Vencida a surpresa inicial, a repressão se organizou e começou a dizimar as organizações. Os que eram presos passavam por uma temporada de interrogatórios e torturas nos serviços de informação das três forças armadas — o Centro de Informações do Exército (CIE), o Centro de Informações da Marinha (Cenimar) e o Centro de Informações da Aeronáutica (Cisa) ou nos Dops estaduais — e os que restavam vivos depois dessas sinistras jornadas eram julgados e remetidos para cumprir pena em presídios.

No fim do seu governo, o general-presidente Geisel aprovou uma nova Lei de Segurança Nacional (LSN), que abrandava as interpretações penais e reduzia as penas dos presos políticos condenados. Era um sinal de boa vontade, um prenúncio da anistia, que seria anunciada poucos meses depois, na posse do novo general-presidente João Figueiredo. Nesse período de transição, os presos políticos passaram a compartilhar galerias com bandidos comuns que também estavam incursos na LSN porque, em vez de aprender a fazer a revolução, aprenderam a assaltar bancos (e assalto a banco era um crime previsto na LSN).

No começo, isso era apenas uma evidente distorção da legislação da ditadura, mas logo começou a criar impasses na convivência dentro das cadeias. Com o passar do tempo, já não havia bancos assaltados por guerrilheiros, pois os grupos estavam sendo extintos e os antigos integrantes estavam presos ou mortos. Mas os bandidos comuns continuavam a assaltar bancos cada vez com mais assiduidade. Todos eram condenados pela mesma LSN e enviados à mesma ala da Lemos de Brito. No começo, eram poucos presos comuns para muitos presos políticos e todos se olhavam com simpatia por estarem na mesma situação desfavorável. Mas logo a relação começou a mudar, porque gradativamente os presos políticos diminuíam de número, soltos ao término das penas, e os presos comuns aumentavam.

Nas galerias dos presídios, começaram a espocar atritos, porque os presos políticos tinham uma ética revolucionária — ninguém roubava, estuprava, agredia ou insultava um companheiro — mas os presos comuns não tinham essa ética e ignoravam essas regras. Logo deu para perceber a imensa diferença de classe que havia entre libertadores e presumidos libertados. Assim a vida nos presídios começou a virar um inferno — e um inferno perigoso.

Estar preso é sempre angustiante mas estar preso por motivo político é muito mais dramático, porque o réu não concebe que houvesse transgredido uma lei ou, pelo menos, uma lei penal. Mas a cadeia dos presos políticos tinha cores (ou ausência de cores) muito mais tensas. Eles passavam por uma dolorosa via-crúcis. No começo, sofriam torturas da repressão e passavam semanas, às vezes meses, sem saber se sobreviveriam ou não. Depois ficavam presos em condições desumanas, severamente castigados. Na cela, muitas vezes sofriam provocações dos carcereiros militares, que esperavam a reação para impor punições. E, na última etapa, passaram a sofrer risco de vida no confronto com bandidos comuns, equivocadamente condenados pela mesma lei que punia "crimes" políticos.

Para eles, o movimento da anistia tinha esse condimento adicional — não apenas iria libertá-los mas também devolver-lhes a vida. Por ela, fizeram sucessivas greves de fome na cadeia. Passaram a denunciar sistematicamente nas audiências da Justiça Militar as ameaças que pairavam sobre suas vidas no convívio forçado com bandidos comuns. Era um mundo irreal: as viagens para essas audiências eram sofridas, encerrados nas caçambas escuras de camburões fechados e calorentos, o que multiplicava o mal-estar nas curvas das estradas.

Um dos protestos dos presos da Ilha Grande foi bizarro: o grupo que ia depor em audiência tirou toda a roupa no camburão e, quando os guardas abriram a porta na Auditoria Militar, todos desceram nus. Os protestos surtiram efeito. A repressão determinou a separação de presos, o que melhorou a segurança dos presos políticos dentro dos presídios. A essa altura, havia um clima totalmente hostil entre os dois grupamentos, com juras de morte de lado a lado. Não dava mais para conviverem na mesma ala do presídio.

Mas a luta pela anistia ainda tinha outro viés: o regime militar a entendia como um processo que previa o perdão para os dois lados — a esquerda, em suas ações violentas, e a repressão, em suas torturas e assassinatos. Essa fórmula abrigava a negociação que os militares da repressão tanto cobravam: seus eventuais "crimes" também deveriam ser oficialmente perdoados. Os militares aceitavam a fórmula, mas a esquerda a recusou desde o início. Os dois lados mataram, torturaram, cometeram atos violentos; a pacificação do país teria de passar, pois, pelo esquecimento desses atos, os quais estariam embutidos no perdão. À época, a não aceitação por parte da esquerda se limitou a protestos, mas esse desencontro teria repercussões no futuro. Quando a esquerda chegou ao poder passou a defender a tese de rever a anistia.

Em 1979, quando o general Figueiredo anunciou o projeto da anistia, a vida nos presídios já era bem menos tormentosa. Os presos já podiam receber visitação toda semana, não só de amigos, mas de pessoas que lhes eram desconhecidas, e até visitas íntimas (no fim, a esposa e os filhos podiam dormir com o preso na própria penitenciária). Thiago, o filho mais velho de Paulo Roberto Jabur, hoje com 38 anos, foi concebido num catre da Lemos de Brito. Amigos podiam visitar os presos, o que era vedado na Ilha Grande. A alimentação melhorou e era possível ler livros e jornais quase todos os dias, além de assistir à televisão.

Pouco antes da primeira visita de Teotônio à Lemos de Brito, em julho de 1979, os presos políticos lá encarcerados começaram uma greve de fome para clamar pela anistia que estava a caminho e que não previa sua libertação. Dessa vez era uma greve de fome bem diferente. Anos antes, quando estavam presos na Fortaleza de Santa Cruz, aqueles mesmos presos tinham feito uma greve de fome desafiadora, para o que desse e viesse, para morrer, se necessário. Agora a greve de fome de 1979 não era para morrer, mas para viver.

***

O governo acabou por surpreender a oposição quando, a dois dias do início do recesso parlamentar, em 28 de junho de 1979, enviou ao Congresso um projeto de lei (14/79) que propunha a anistia aos brasileiros atingidos por punições de atos institucionais e por crimes ditos político-ideológicos. Seu conteúdo, como prometera o governo, propunha anistiar "os que hajam cometido crimes políticos ou conexos". Essa expressão, "conexos", achada no dicionário Aurélio pelo general Golbery do Couto e Silva, queria significar "crimes de qualquer natureza relacionados com crimes políticos ou praticados por motivação política". O parágrafo segundo do artigo primeiro estabelecia: "Excetuam-se dos benefícios da anistia os que foram condenados pela prática de crimes de terrorismo, assalto, sequestro e atentado pessoal." Esta exceção atingia quase todos os que estavam presos. Espertamente, o governo propunha anistiar quase todos os exilados políticos, mas negava o perdão para os acusados de "crimes de sangue".

Enviar o projeto a dois dias do recesso parlamentar tinha um objetivo político evidente: o governo queria que ele repercutisse na imprensa e maturasse na opinião pública durante os trinta dias da pausa do Congresso em julho. O debate promovido pela imprensa durante o recesso poderia, segundo a ótica do governo militar, amenizar as críticas que a oposição tentava amplificar. E faria, esperava o governo, que a opinião pública aceitasse com naturalidade que os presos por "crimes de sangue" ficassem fora da anistia. O governo usava expressões carregadas para explicar o parágrafo segundo do artigo primeiro — dizia que a anistia estava sendo negada "aos terroristas".

O MDB não acusou o golpe. Imediatamente definiu seus membros na Comissão Mista do Congresso que analisaria o projeto, a qual seria composta por 11 deputados e 11 senadores. É tradição no Congresso (ou no Senado ou na Câmara, isoladamente, se for o caso), que o partido majoritário escolha se vai indicar o relator ou o presidente (e geralmente escolhe o relator, que dará formato ao relatório a ser votado no fim dos debates) da comissão. No caso do projeto da anistia a Arena escolheu indicar o relator, o deputado paraibano Ernani Satyro, um dos parlamentares mais fiéis ao regime militar. E o MDB, de uma forma absolutamente inesperada, indicou Teotônio Vilela para presidi-la.

Teotônio percebeu que só havia uma fórmula para compensar a minoria do MDB na Comissão Mista e a inevitável derrota na votação final: era preciso levar o debate para a opinião pública. Assessorado por quatro jovens e combativos deputados da esquerda do MDB — Marcelo Cerqueira (RJ), Roberto Freire (PE), Airton Soares (SP) e Tarcísio Delgado (MG) —, optou por criar um fato político para atingir o fígado do regime militar. Programou visitas dos membros da Comissão aos presos políticos remanescentes do regime, cadeia por cadeia, cela por cela, estado a estado.

A execução da surpreendente ideia trouxe à evidência da mídia a situação em que estavam encarcerados esses presos, os ditos "terroristas", até então desconhecida pela opinião pública. No fundo, o objetivo era mostrar que eles, os "terroristas", eram apenas jovens idealistas de boas famílias, que trocaram suas juventudes pelo ideário socialista. Como presidente da Comissão Mista, Teotônio ainda foi mais longe: anunciou que designaria várias subcomissões oficiais para visitar os presídios onde estavam os presos políticos. A Arena acusou o golpe e recusou integrar essas subcomissões, mas a recusa não reduziu o interesse da mídia no assunto.

Teotônio inaugurou, então, o que seria a sua marca política, daí por diante, na luta pela redemocratização — viajar pelo país para entrar nos presídios e conversar com os presos, ocupar os espaços da mídia já liberada da censura e, afinal, ser ouvido pela população. O tema da anistia não penetrou em todas as camadas da população, mas inegavelmente sensibilizou a classe média, fator de influência sobre as decisões nacionais.

Nas semanas seguintes, o Brasil descobriu que havia um negrume em seus porões, pessoas condenadas por crimes que a ditadura rotulava como políticos — e as pessoas se perguntavam desde quando ter opinião ou lado político era crime. Estabeleceu-se um slogan que varreria o país: a luta pela anistia "ampla, geral e irrestrita" (que, ainda assim, apesar de ser ampla, geral e irrestrita, não deveria abranger o lado da repressão). Em 11 de fevereiro de 1979, durante um jogo entre Santos e Corinthians pelo campeonato paulista, no Pacaembu, vencido pelo Corinthians por 2 a 1, torcedores abriram uma faixa que pedia anistia para os banidos e presos políticos. Pelo Brasil inteiro pipocavam campanhas civilistas em favor da anistia.

Quando no dia 10 de julho Teotônio fez sua primeira visita à Penitenciária Lemos de Brito, no Rio de Janeiro, encontrou 15 presos políticos, a maioria jovens que estavam encarcerados havia pelo menos cinco anos. Teotônio estava acompanhado por Marcelo Cerqueira e os deputados estaduais do Rio de Janeiro Délio dos Santos e Raymundo de Oliveira. Faria uma outra visita a eles em companhia de vários parlamentares, inclusive Ulysses Guimarães, o senador Nelson Carneiro (RJ), o deputado Euclydes Scalco (PR) e novamente Marcelo Cerqueira. Na primeira visita, Teotônio ouviu dos presos relatos de torturas de que haviam sido vítimas e os nomes dos seus torturadores.

Numa das vezes em que foi à Lemos de Brito, Marcelo Cerqueira arregimentou a atriz Bete Mendes e o senador Dinarte Mariz (Arena-PB). A dupla representava um elástico paradoxo: Dinarte era um expoente do radicalismo de direita no Senado, daqueles que viam comunismo em tudo e em todos, embora mantivesse um diálogo relativamente civilizado com a oposição; Bete era de esquerda (adiante, seria deputada pelo PT, do qual seria expulsa por votar em Tancredo Neves no colégio eleitoral). À saída, Dinarte atendeu a um pedido de Cerqueira e proferiu uma surpreendente declaração que ajudava a anistia dos acusados por "crimes de sangue": "Não vi terrorista aqui, não. Aqui tem inimigos do governo." Essa fala ajudaria a desmontar o sofisma do governo militar, que pretendia estigmatizar os jovens presos, quase todos oriundos da luta armada, ao rotulá-los como "terroristas".

Duas semanas depois, em 25 de julho, acompanhado de Bete Mendes e novamente de Marcelo Cerqueira, Teotônio visitou presas políticas no presídio feminino Talavera Bruce, em Bangu. Lá conheceria Inês Etiènne Romeu, presa havia mais de oito anos pela participação no sequestro do embaixador suíço Giovanni Enrico Bucher.

* * *

Naquele mesmo ano, Teotônio, Cerqueira, Maria Luíza Fontenele e militantes pela anistia acompanharam Inês, então já libertada, a Petrópolis, para identificar a "Casa da Morte", usada entre 1971 e 1973 por militares da comunidade de informações para interrogar e assassinar adversários do regime. Inês, que militara na VPR, fora a única pessoa a sair viva da "Casa", depois de resistir a 96 dias de tortura. Ela identificou o lugar de uma maneira original: um dia, enquanto estava presa, ouvira um militar dizer o número ao atender ao telefone — 4090 — e o guardou na memória. Dez anos depois, a partir desse número, que nunca seria trocado, num descuido da repressão, foi possível identificar o endereço da casa, à rua Artur Barbosa, 668.

A casa pertencia ao empresário alemão Mário Lodders, que a alugara a Fernando Ayres da Mota, ex-interventor municipal em Petrópolis (o município, por ser estância hidromineral, era considerado "área de segurança nacional" e tinha prefeitos nomeados pela ditadura); em seguida, Mota a cedeu ao Centro de Informações do Exército (CIE) para funcionar como local de tortura máxima, de onde, presumidamente, nenhum preso deveria sair com vida.

No ato da identificação, o grupo comandado por Teotônio foi até a casa e bateu à porta. Atendeu o próprio dono, Lodders, que voltara a habitá-la, a despeito das recordações sinistras que suscitava. Quando deu de cara com o grupo, Lodders tentou fechar a porta, mas Teotônio travou-a com o pé e o impediu, num gesto que encantou uma das participantes da investigação, a deputada estadual cearense Maria Luíza Fontenele. Lodders proibiu que o grupo entrasse na casa, mas foi obrigado a trocar algumas palavras com os visitantes.

* * *

Teotônio seguiu visitando presídios em todo o Brasil. Certo dia, foi visitar os seis presos que estavam encarcerados no Presídio do Barro Branco, hoje Presídio Militar Romão Gomes, em São Paulo, acompanhado pelo deputado Airton Soares e o suplente de senador Fernando Henrique Cardoso. O grupo foi barrado na portaria e Teotônio intimidou a sentinela, gritando com seu vozeirão: "Eu sou um senador da República!" O soldado recuou e os deixou entrar. "Entramos porque Teotônio era uma pessoa completamente audaz", comenta a propósito Fernando Henrique.

Na visita a um grupo de ex-policiais militares que estavam presos por pertencerem à célula do PCB na PM-SP, Teotônio se horrorizou quando ouviu os relatos das brutais torturas sofridas por um dos presos. Para perplexidade do interlocutor, jogou-se ao chão de joelhos e lhe pediu perdão por não ter sabido daquilo e por não ter agido antes em seu favor. Quando tentou repetir a visita, Teotônio foi barrado na portaria e soube que havia uma proibição taxativa de deixá-lo entrar, emitida por um juiz auditor da Justiça Militar em São Paulo.

A última visita foi à Penitenciária de Salvador, que também se chamava Lemos de Brito. A reunião foi na cela do detento político Haroldo

Lima, hoje dirigente nacional do PCdoB. No encontro estava ainda o preso Theodomiro Romeiro dos Santos, um caso raro, pois havia sido condenado à morte, teve a pena comutada para prisão perpétua e logo depois fugiu do presídio. Haroldo lembra até hoje com emoção uma frase de Teotônio: "Eu não considero vocês terroristas." Os presos tinham uma mini-TV a pilha e nela, naquela noite, assistiram no telejornal baiano a uma entrevista em que Teotônio repetia a frase.

Em Brasília, o ministro da Justiça, Petrônio Portella, disse que Teotônio extrapolava as funções de presidente da Comissão Mista e só fazia as visitas a presídios porque era "doente por mídia". Acusava o golpe — a cobertura que a imprensa passou a dar às visitas levara, afinal, a questão da anistia à grande maioria da população, que antes pouco sabia sobre o interior soturno das prisões políticas. Teotônio rebateu:

> Estou cumprindo o meu dever e não dou satisfações a quem não as merece.

Mais adiante, o general Reynaldo Mello, ministro do Superior Tribunal Militar (STM), enviou ofício a Teotônio afirmando que as suas visitas eram ilegais. Teotônio devolveu o ofício e voltou à carga:

> Os senadores não dizem aos ministros do STM como devem instruir os seus processos. Logo, os ministros não têm que dar opiniões sobre o funcionamento do Congresso.

Eram reações que partiam de um desassombro a que o regime militar não estava acostumado. O regime se acostumara a impor regras e quase sempre era obedecido. Mas agora Teotônio simplesmente as recusava e, pior, as recusava de público, dava ao ato uma repercussão que demonstrava impotência do regime e enfraquecia o governo do general Figueiredo.

Nas visitas, as conversas giravam sempre em torno de críticas ao projeto do governo. Os presos pressionavam Teotônio e parlamentares para que resistissem nas negociações e exigissem a ampliação da anistia. Roberto Freire e Marcelo Cerqueira se lembram dessas conversas e do constrangimento que elas traziam. Diz Freire:

— Concordava em parte com eles. Era lamentável não libertar todos os presos, mas eu não podia votar contra um projeto que trazia de volta ao Brasil líderes políticos do porte de Leonel Brizola, Miguel Arraes e Luiz Carlos Prestes.

Ia mais longe: argumentava que a volta dos exilados significaria uma pressão maior sobre o governo e criaria um cenário político que redundaria inevitavelmente na ampliação da anistia — era só uma questão de tempo. Mas os presos não aceitavam esses argumentos e retomavam a pressão.

Os presos baianos entregaram a Teotônio uma carta em que criticavam o projeto e avaliavam que, dos 55 presos políticos naquele momento, apenas 13 seriam anistiados; 15 dos banidos não poderiam voltar ao país e cerca de 150 condenados continuariam sujeitos a cumprir suas penas. Na carta e em todas as conversas, era lugar-comum lembrar que o projeto do governo criava restrições à libertação de presos políticos, mas perdoava todos os militares acusados de torturas e mortes.

Essa postura era essencialmente política, mas continha o que poderia ser tomado como uma certa incoerência. Era importante que todos fossem libertados, mas era muito mais justo que a imensa maioria dos brasileiros exilados, cassados, sem direitos políticos — todos pudessem retornar à vida política legal. No limite, essa postura dos presos políticos atrasava a luta contra a ditadura.

À saída das visitas, Teotônio declarava sempre que não vira terroristas nas celas que visitara:

> Devo declarar que não encontrei em parte alguma, entre os cinquenta presos políticos que visitei, nenhum terrorista. Se a anistia tem por objetivo esquecer o que ocorreu em certo e determinado período, não pode, de maneira alguma, deixar fora os presos políticos.

* * *

Ao contrário de importantes líderes do MDB — que admitiam gradações no projeto —, ele embarcou de corpo, alma e mente na tese da anistia ampla, geral e irrestrita. Radicalizou cada vez mais sua posição. Marcelo Cerqueira acha que o grande processo de radicalização de Teotônio ocorreu no mês em que ele visitou os presídios e os presos políticos.

— Ali, ele conheceu os porões da ditadura militar, que até então desconhecia e, possivelmente, nem desconfiava que existiam. Foi isso que o levou à radicalização.

Airton Soares opina que foi a convivência com a esquerda, pelo lado racional, e sua furiosa paixão tardia, pelo lado emocional, as duas alternativas combinadas numa mágica fórmula transformadora.

Mas é certo que a radicalização teve poderoso insumo na pressão que sobre ele passou a exercer a jovem deputada estadual cearense Maria Luíza Fontenele, eleita no ano anterior (e que sete anos depois ganharia a eleição para a prefeitura de Fortaleza pelo PT, tornando-se a primeira prefeita de uma capital brasileira). Os dois se conheceram no preâmbulo da anistia.

No dia da instalação da Comissão Mista que analisaria o projeto enviado pelo Executivo, Teotônio convocou a Brasília militantes dos movimentos de anistia dos vários estados. Entre eles, estava a seção cearense do MFA, ali representada por Rosa Fonseca e Maria Luíza Fontenele. Depois da instalação formal, Teotônio convidou todos para uma confraternização e, no restaurante, chamou Maria Luíza, uma morena bonita, falante, briguenta e inteligente, então com 36 anos e já separada do marido, para sentar-se a seu lado. Durante o jantar, ele só teve olhos para ela. Quem estava lá assegura que Teotônio passou por uma instantânea e mágica transformação. A partir do momento em que ela se sentou a seu lado, ele evitava outras pessoas para continuar conversando com ela. Dedicou-lhe tantas mesuras que mesmo de longe era possível intuir o encantamento.

A partir daí, Teotônio acentuou sua radicalização política. Ela pode ter sido causada por seu envolvimento com a anistia e pela descoberta do que acontecia nos porões do regime militar, que antes ignorava, como pensa Marcelo Cerqueira. Mas a proximidade com Maria Luíza, uma militante radical desde a juventude, de alguma forma o influenciou, como insiste Airton Soares. Uma coisa é certa: Teotônio mudou sua tendência ideológica a partir de meados de 1979.

* * *

Ele sempre fora ligado à imprensa em seu estado. A atividade política e seu papel de pensador o aproximaram da imprensa alagoana ainda nos anos 1950. Sem ser jornalista e mesmo sem ter formação universitária, era um erudito, leitor voraz, e sua inteligência e seu bom texto o habilitaram a ser, primeiro, editorialista da *Gazeta de Alagoas* e, depois, cronista de grande fama em Alagoas. Sua formação liberal o fez amar os jornais; em mais de uma ocasião, dormiu, com outras pessoas, sobre o estoque de bobinas da *Gazeta* para prevenir empastelamentos, muito comuns em Alagoas, onde os grupos políticos achavam normal predar jornais adversários. Em sua visão política, a imprensa era o símbolo da liberdade de informação e opinião, um valor caríssimo aos liberais.

Foi esse conceito que animou Teotônio a fazer parte de um consórcio de vinte empresários alagoanos que bancou a criação da *Tribuna de Alagoas* em 1979, para concorrer com a tradicional *Gazeta de Alagoas*. Mas sua vivência vinha de muito tempo. Começara em 1954, quando os irmãos Silveira, que haviam fundado a *Gazeta* 45 anos antes, a venderam para Arnon de Mello. Teotônio passou a ser ativo colaborador do jornal e a partir daí entendeu que em Alagoas era difícil fazer política sem ter um jornal para apoiá-lo.

No começo, ele simplesmente aderiu à ideia do jornalista Noaldo Dantas, que fundou a *Tribuna de Alagoas* com o apoio de um grupo de empresários, entre eles Teotônio. No grupo, alguns tinham uma visão oposicionista e outros sentiam receio da sucessão familiar no grupo da *Gazeta de Alagoas* (dono de jornal, rádio, televisão e uma gráfica). Fora guindado à direção do principal grupo de comunicação de Alagoas um filho de Arnon chamado Fernando Collor de Melo, que chegara do Rio de Janeiro pouco tempo antes, era falante e tinha boa aparência. Numa demonstração de que chegara para mandar, foi nomeado prefeito de Maceió pela ditadura em 1978.

O projeto da *Tribuna* previa o apoio às candidaturas de oposição nas eleições de 1982, para se contrapor ao maciço poder do grupo *Gazeta*. Mas em pouco tempo as dificuldades do novo jornal se tornaram intransponíveis. Naquela época, como até hoje, um meio de comunicação em Alagoas não se sustenta sem apoio publicitário do governo estadual e das prefeituras das principais cidades. E a *Tribuna* teve a publicidade oficial cortada. A crise bateu em 1981, quando o jornal simplesmente quebrou, não tinha mais meios de pagar-se.

Teotônio, então, assumiu sozinho a massa falida e passou a ser *publisher* e controlador da *Tribuna*. Nesse momento, juntava-se a visão política à de empresário — a ditadura aparentava estar esgotada e certamente era momento de investir em um meio de comunicação de massa para enfrentar a primeira eleição em que os governadores seriam eleitos pela via direta. E ele não pensava apenas em Alagoas. Acalentava, em seu íntimo, também a possibilidade de, numa curva do rio, viabilizar-se como candidato à Presidência da República. Declarou isso, alto e bom som, em uma entrevista que deu à *Tribuna*, à época.

Para ajustar-se ao novo momento, o jornal ficou um mês sem circular. Quando voltou, já estava sob propriedade plena de Teotônio, sob sustentação financeira da Usina Seresta. Na redação, os melhores jornalistas de Alagoas — o próprio Noaldo Dantas, Dênis Agra, João Vicente Freitas Neto e Ênio Lins, que fazia as charges. A *Tribuna* era um nicho de jornalistas de esquerda, vinculados às mais variadas siglas e tendências político-ideológicas. Teotônio dava à equipe total liberdade de ação e ainda participava ativamente da elaboração do jornal — ia a reuniões de pauta, apresentava sugestões, discutia as ideias apresentadas e aprovava editoriais.

Por um tempo, a coisa funcionou: entre 1980 e 1982, no que seria o seu auge, a *Tribuna* alcançou uma tiragem muito próxima da *Gazeta*. Quando ficou doente, em 1982, Teotônio passou o comando do jornal para o candidato a governador José Costa, mas depois da derrota nas eleições de 1982 o jornal esmoreceu. Não tinha mais como sobreviver. Após a morte de Teotônio, a *Tribuna* se tornou um espólio incômodo no patrimônio da família Vilela; acabou arrendada a outros políticos, até que foi parar nas mãos de Paulo César Farias, ex-tesoureiro de Collor, e seria um dos pivôs no desentendimento entre os irmãos Fernando e Pedro, que redundaria no *impeachment* do primeiro.

* * *

O governo militar perdera a primeira batalha, a do convencimento da sociedade, no processo da aprovação da anistia. Contara ganhar com certa facilidade, pois tinha folgada maioria parlamentar na Comissão Mista, mas não contara com o engajamento da sociedade naquele debate. Incansável, Teotônio trançou o Brasil de sul a norte naquele mês de julho, visitou todos os presídios onde houvesse pelo menos um preso político, criou fatos políticos novos, sempre acompanhado pela mídia, num mês em que tradicionalmente o noticiário político era mais escasso e sobravam espaços para ocupar. Ele perfilhou o slogan "anistia ampla, geral e irrestrita" e, de certa forma, encurralou o governo do general Figueiredo e seu ministro da Justiça, Petrônio Portella. A OAB se aliou a Teotônio, que tinha em sua retaguarda a ação firme do CBA e do MFA.

Sua movimentação nas visitas a presídios criou uma nova moda. Muitos artistas passaram a visitar os presos, principalmente no Rio de Janeiro, entre eles alguns que eram conhecidos por seu engajamento político-ideológico e outros que nem tanto. Foram aos presídios Milton Nascimento, Chico Buarque, Elke Maravilha, Joel Barcelos, Louise Cardoso, Lucélia Santos, John Neschling, Betina Viany, Vanda Lacerda, Sônia Braga, Osmar Prado, Stepan Nercessian, Renata Sorrah, Francisco Cuoco, Miúcha, Paulinho da Viola, os rapazes do MPB-4, Hugo Carvana, Marcelo Picchi, Mário Lago, Ney Latorraca, Dina Sfat, Paulo José, Elizabeth Savalla, Guilherme Karam, Dênis Carvalho e Cristiane Torloni.

Nesse clima, a Comissão Mista para analisar o projeto de anistia foi instalada em 2 de agosto de 1979, sob uma forte pressão para torná-la ampla, geral e irrestrita, cantilena repetida incansavelmente pelo presidente da comissão, ali presente. Uma pesquisa do Instituto Gallup apresentada poucos dias antes mostrara: 80% dos brasileiros que conheciam o tema eram favoráveis à anistia ampla, geral e irrestrita e apenas 26% do universo pesquisado não aceitavam anistiar os que houvessem praticado atos violentos. Em pouco tempo, os números haviam mudado drasticamente em favor da anistia irrestrita.

Na cerimônia de instalação da Comissão Mista, Teotônio fez um discurso afirmativo, no qual afirmou que a anistia não era uma questão de Estado mas um problema que deveria ser resolvido pela sociedade.

> Dois acusados pelo mesmo fato terão tratamento diametralmente oposto. O condenado seguirá na prisão. O que ainda não foi sentenciado recuperará seus direitos e não responderá pelos atos praticados. Não há argumento lógico nem princípio ético que justifique tão odiosa desigualdade.

O texto que depois seria aprovado pelo Congresso mantinha um princípio colocado no projeto enviado pelo general Figueiredo que significava uma incômoda brecha jurídica: excluía do perdão os condenados pelos chamados crimes de sangue. A lei aprovada pelo Congresso, no parágrafo 2º do artigo 1º, rezava:

> Excetuam-se dos benefícios da anistia os que foram condenados pela prática de crimes de terrorismo, assalto, sequestro e atentado pessoal.

O que isso significava exatamente? Na interpretação jurídica mais estrita, os "condenados" mencionados pela lei são aqueles que tiveram sua condenação confirmada em segunda (ou terceira) instância por órgão colegiado. Se uma pessoa estivesse condenada apenas em primeira instância, essa condenação não valia para a lei.

A partir daí, examinemos um exemplo fictício. Um comando integrado por dez guerrilheiros assaltou um banco. Na ação, três dos atacantes foram presos, três foram mortos e quatro fugiram. Esses quatro posteriormente se exilaram em outro país e foram declarados banidos do Brasil. A promotoria denunciava os dez, o processo entrava em juízo, os dez réus eram citados. Ao final, a auditoria condenava os dez. Os revéis (os mortos e os banidos) tinham a ação sobrestada na primeira instância, perdiam o direito de recorrer e a ação contra eles não chegava à segunda instância. Os três presos recorriam à segunda instância, na qual eram irremediavelmente condenados. A partir daí se consolidava uma situação esdrúxula: os três presos estariam fora da anistia (pois haviam sido condenados em segunda instância), mas os quatro banidos seriam declarados anistiados pois só teriam sido condenados pela primeira instância.

Cada um poderia ter sua opinião sobre a abrangência da anistia, mas a proposta enviada pelo governo militar e aprovada no Congresso sem dúvida era torta.

12
A RECONCILIAÇÃO

O deputado Djalma Marinho (Arena-RN) tinha muitas parecenças com Teotônio: ambos eram leitores compulsivos, egressos da UDN, liberais convictos, cultores das liberdades, odiavam ditaduras, mas viviam um paradoxo — Teotônio fora por muitos anos e Marinho continuava sendo filiado ao partido que apoiava uma delas. A ficha pregressa de Marinho na Arena indicava uma rebeldia renitente diante de momentos autoritários. Em 1968, fora presidente da Comissão de Justiça da Câmara quando o governo do general-presidente Arthur da Costa e Silva pediu licença para processar o deputado Márcio Moreira Alves (RJ). A licença fora negada, o governo decretara o AI-5 e fechara o Congresso; em retaliação, Marinho renunciara à presidência da Comissão. Mas continuara na Arena até aquele momento, mais de dez anos depois, em que se votaria a anistia.

Teotônio e ele eram amigos diletos, uma amizade cevada por intermináveis conversas sobre o papel do liberalismo no Brasil, os preceitos e as interpretações de John Locke e Adam Smith, suas repercussões sobre o Brasil contemporâneo. Essa intimidade ajudou Teotônio a convencê-lo e Marinho aceitou apresentar um substitutivo ao projeto de anistia do governo. A intenção era astuciosa. Um substitutivo apresentado por alguém do MDB poderia não coletar votos na Arena, mas um substitutivo de um respeitado deputado da Arena certamente iria angariar votos dissidentes no lado do governo e, quem sabe, levar à aprovação do substitutivo, em lugar do duro projeto oficial. Aquela microconspiração montada por Teotônio parecia mesmo coisa de liberal. A emenda substitutiva apresentada por Marinho fora redigida por Raphael de Almeida Magalhães, um liberal de longo curso. E os esperados votos dissidentes também viriam de parlamentares com tendência liberal, é claro.

Nos dias anteriores à votação, o governo vivera sob tensão. O MDB fechara questão em torno do substitutivo de Marinho, o que indicava uma votação unânime dos emedebistas da Comissão Mista. O partido montou uma *blitzkrieg* sobre os arenistas da Comissão para arrancar votos dissidentes. Não conseguiu. A Arena selecionara a dedo seus integrantes e todos foram leais ao projeto original. Na votação do plenário, a próxima etapa, o alvo seria a bancada inteira da Arena, o que dava algumas esperanças.

A Arena e o governo militar suportaram o primeiro *round* de pressão. No fim, a Comissão Mista aprovou o relatório de Satyro, que acatara várias emendas e melhorara um pouco o projeto do governo, mas mantivera a exclusão dos que haviam praticado "crimes de sangue". Teotônio saiu da Comissão vencido, mas minimizou a derrota, lembrando que a decisão final sairia do plenário do Congresso. As esperanças escassearam quando o governo do general Figueiredo desfechou enorme pressão sobre sua bancada, oferecendo benesses para os que gostavam de vantagens e despejando ameaças sobre os que costumavam se deixar intimidar.

Na sessão de votação no Congresso, em 22 de agosto, Teotônio fez um encaminhamento radical. Criticou o relatório de Ernani Satyro, disse que ele ficara muito pior do que o projeto original proposto pelo general-presidente Figueiredo (o que não era verdade) e fez uma candente defesa do substitutivo Djalma Marinho. Chamou o projeto do governo de "iníquo, imoral e inconstitucional" por ter excluído "95% daqueles que tiveram seus direitos lesados por motivação política" (o que também não era verdade). Seu discurso foi tão radical que ele chegou a criticar a sentença do juiz auditor de Salvador, que negara liberdade condicional ao condenado Theodomiro Romeiro dos Santos, fugitivo da cadeia semanas antes (que juiz concederia liberdade condicional a um fugitivo da cadeia?). Denunciou que militantes dados como desaparecidos haviam sido mortos e sepultados como indigentes, com identidade falsa (o que depois se comprovaria como verdadeiro).

Observou que os tribunais não adequavam as penas à nova LSN (o que era uma afirmação precipitada, pois a adequação estava agendada e seria feita em mais alguns dias). Condenou, por fim, a exclusão do benefício da anistia aos que cometeram "crimes de sangue", pois houvera mortes violentas de parte a parte — e citou, para exemplificar, os casos do jornalista Vladimir Herzog, assassinado no DOI-Codi paulistano, e os insurretos da guerrilha do PCdoB no Araguaia.

A sessão do Congresso para votar a anistia durou mais de oito horas e foi extremamente tumultuada. As galerias lotadas de partidários da anistia intervieram muitas vezes com aplausos e vaias; no plenário, parlamentares chegaram a trocar empurrões. O deputado Erasmo Dias(Arena-SP), coronel da reserva que fora membro ativo da repressão política, foi vaiado por mais de um minuto quando falou pelo microfone de apartes.

Na votação, o relatório de Ernani Satyro foi aprovado por 206 votos a 201, com prejuízo dos outros substitutivos, inclusive o de Djalma Marinho, apesar do apoio que lhe deram 15 arenistas. Mas houve dissidência também no MDB: alguns parlamentares emedebistas votaram a favor do relatório de Satyro porque para eles interessava garantir o retorno ao país dos grandes líderes do passado. Teotônio votou contra o relatório Satyro.

O general-presidente João Figueiredo sancionou o projeto aprovado em 28 de agosto de 1979 e o transformou na Lei 6.683/79. Estava aberta a porteira para a volta dos exilados, à frente Leonel Brizola, Miguel Arraes e Luiz Carlos Prestes.

Após a sanção presidencial, foram imediatamente libertados os presos políticos beneficiados pela Lei de Anistia. No Rio e em Natal os presos políticos que estavam em greve de fome suspenderam o movimento por considerarem que ela tinha sido politicamente vitoriosa. Era um engano. A greve de fome fora derrotada, como derrotada fora também a tentativa de derrubar a ditadura militar pelas armas. Vitoriosa, sim, seria a estratégia de aprovar a anistia do governo num primeiro momento para, em seguida, pressionar o regime militar a conceder mais. Nesse primeiro momento, cerca de duzentas pessoas ficaram excluídas da anistia, embora usufruindo da liberdade, e só seriam formalmente perdoadas em 1985, no governo José Sarney.

Mas o regime faria seguidas concessões. Primeiro, ainda no governo Geisel, providenciara uma ágil reforma na famigerada LSN, reduzindo as penas aplicadas aos chamados crimes políticos. A mudança beneficiava praticamente todos os presos políticos encarcerados naquele momento. Com elogiável diligência, o Superior Tribunal Militar (STM) revisou rapidamente os processos dos que ainda estavam presos e a maioria foi posta em liberdade condicional, embora permanecessem vigentes a pena de suspensão dos direitos políticos por dez anos e a obrigação de comparecer semanalmente a auditorias militares para assinar um boletim de localização. Dos cinquenta presos que haviam restado nas cadeias, a maioria já estava em liberdade. Os poucos que permaneceram presos receberiam indulto presidencial em novembro.

No réveillon de 1979, restavam apenas dois presos políticos no Brasil, conta Paulo Roberto Jabur (que já estava solto, a essa altura): Hélio Silva, no Rio de Janeiro, seria libertado em janeiro de 1980; e José Sales de Oliveira, recluso no quartel do Corpo de Bombeiros de Fortaleza, foi libertado em 7 de outubro de 1980. A partir de então, o Brasil não tinha mais presos políticos.

* * *

Esvaziar as prisões políticas e dar um novo marco jurídico à situação dos seus opositores redundaram na primeira alegria que a ditadura militar proporcionou a um segmento amplo de brasileiros. Os aviões de carreira não paravam de despejar opositores do regime militar nos aeroportos e, nos presídios, a cada dia era solto um dos poucos presos que restavam. Dava para ver que, efetivamente, de uma maneira acima do esperado, o general-presidente João Figueiredo cumpria sua promessa de liberalizar o regime, feita seis anos antes pelo seu antecessor Ernesto Geisel. Doravante, o Brasil não seria mais o mesmo. Mas não seria muito simples, como veremos mais adiante, nem Figueiredo prenderia e arrebentaria quem não quisesse a abertura. Na verdade, havia pessoas determinadas a não aceitar a abertura e ele não prenderia nenhum deles, embora esses facínoras estivessem bem a seu lado.

O Comitê Brasileiro de Anistia (CBA) calculava que a ditadura militar empurrara algo como 25 mil brasileiros para viverem em outros países, entre perseguidos e assustados.

Um dos primeiros a voltar foi o jornalista Fernando Gabeira, que estava exilado havia nove anos e desembarcou, procedente da Suécia, em 1º de setembro de 1979, apenas três dias depois da sanção da Lei de Anistia. Além dos numerosos amigos, parentes e admiradores, Gabeira apareceu no desembarque ao mesmo tempo que o time do Flamengo, que fora campeão carioca naquele ano. A festa foi completa. Em entrevista no aeroporto, disse que voltara para trabalhar e para contribuir para a nova luta política que se faria no país.

No fim da tarde de 6 de setembro, o engenheiro Leonel Brizola desembarcou de um avião Piper no Aeroporto de Foz do Iguaçu, no Paraná, apenas nove dias depois de sancionada a Lei da Anistia. Com um terno de jeans e o distintivo preto, vermelho e branco do antigo PTB na lapela, de cabelos longos, ele atravessou a pista e acenou alegremente a seus partidários que lotavam o aeroporto. À imprensa, falou pouco, escolheu palavras cautelosas. No dia seguinte, viajou a São Borja para visitar os túmulos dos ex-presidentes Getúlio Vargas, seu padrinho de casamento, e João Goulart, seu cunhado, que morrera menos de três anos antes. Dava todos os sinais de que o mais importante, para ele, era ressuscitar o velho PTB. Chegou cercado por seus partidários, a velha guarda petebista gaúcha e alguns jovens que compartilhavam o ideal trabalhista e portavam faixas em que pregavam o "trabalhismo popular e socialista". Brizola, no entanto, não era mais o carbonário de 15 anos antes; baixara em muitos graus seu tom tradicionalmente agressivo, sinalizava a seus partidários que o momento não era de guerra mas de paciência e prudência. Ele não voltara para derrubar o regime militar mas para ajudar na reconciliação nacional e participar da nova política que se faria no Brasil.

Miguel Arraes teve um retorno tenso. Desembarcara no Galeão, no Rio, procedente de Paris, mas não foi diretamente para Recife, onde era esperado. Na véspera da chegada, quatro amigos que coordenavam as festividades de sua chegada a Recife — o deputado Jarbas Vasconcelos, os jornalistas Ricardo Carvalho e Eurico Andrade e o comunista Byron Sarinho — captaram informações de que ex-integrantes dos órgãos de informação promoveriam, à sua chegada, uma quebradeira no Aeroporto dos Guararapes para depois culpar os partidários de Arraes, numa arruaça que poderia levar a uma perda de controle da situação. Na época, era importante comemorar a volta, mas sem incidentes, para mostrar à sociedade que os antigos fantasmas da esquerda não eram meros bandalhas.

Amigos de São Paulo já haviam contratado para Arraes um voo direto do Rio para Recife; mas o plano foi alterado e ele foi para o Crato (CE), sua terra natal, a pretexto de visitar a mãe e as irmãs. No dia seguinte, um domingo, 16 de setembro de 1979, dezenove dias após a sanção da Lei da Anistia, ele finalmente deixou o Crato num pequeno avião e enfim desembarcou em Recife, mas não no aeroporto comercial, e sim no aeroclube da cidade. Foi levado para a casa da filha Ana Lúcia e do genro Maximiliano, no bairro da Torre, onde reviu seu velho amigo Teotônio Vilela e almoçou com ele. À noite, participou de um comício de boas-vindas no bairro de Santo Amaro, no qual Teotônio também discursou para um público de cinquenta mil pessoas.

Como Brizola dez dias antes, Arraes usou um tom conciliador: sereno, cauteloso e nada revanchista. No dia seguinte, participou de um novo almoço que juntou Arraes, Teotônio, Ulysses Guimarães, Pedro Simon, Marcos Freire, Jarbas Vasconcelos e Lula, que saiu cedo. Nele se juntaram, pela primeira vez, políticos da velha guarda exilados, como ele, políticos da velha guarda que haviam sobrevivido à ditadura aqui no Brasil, como Ulysses e, de certa forma, Teotônio, e novos líderes, como Freire, Jarbas e Lula (que nem político era nessa época, mas um sindicalista de estrela ascendente). Teotônio convidou Arraes para reeditar, em Maceió, o comício de 29 de março de 1964. Ele topou e o comício aconteceria três dias depois. Ele e Teotônio, que nunca tiveram rusgas, agora estavam no mesmo palanque, no mesmo partido e, mais do que isso, seriam amigos até o fim de suas vidas.

No mesmo dia, desembarcou no Aeroporto de Congonhas, em São Paulo (à época, São Paulo ainda não construíra o Aeroporto de Cumbica e Congonhas recebia voos internacionais), o "irmão do Henfil", o sociólogo Herbert de Souza, o Betinho, após oito anos de um exílio em que vagara por Chile, Panamá, Canadá e México. Foi talvez o único não político a desembarcar sob homenagens; embora fosse totalmente desconhecido das novas gerações brasileiras, ele tinha a glória de ter sido cantado nos versos da canção "O bêbado e a equilibrista", composta em 1969 por João Bosco e Aldyr Blanc e imortalizada por Elis Regina. A canção se tornaria o hino da anistia, embora tenha sido composta num momento de chumbo e não fosse exatamente um canto de alegria; antes, era um poema da derrota que adiante celebraria uma vitória sobre a tirania.

Luiz Carlos Prestes esperou um pouco. Seu nome era emblemático demais para voltar na primeira hora. Ele desembarcou no Galeão em 20 de outubro de 1979, com sua mulher Maria, e foi recebido por uma multidão incalculável que gritava entusiasmada o velho slogan de rima pobre dos anos 1940: "De norte a sul, de leste a oeste, o povo todo grita, Luiz Carlos Prestes." Não estava alegre, ao contrário dos outros exilados, que desembarcavam com largos sorrisos e exibiam o encanto de rever a terra natal. Ele, ao revés, pressentia que o Brasil havia mudado e seu partido também; e, consigo mesmo, talvez conjecturasse qual espaço lhe restaria na nova política brasileira. Estava lá toda a velha guarda do Partidão que sobrevivera ao extermínio dos anos 1974/5 e que se antecipara a ele no retorno — Giocondo Dias, Gregório Bezerra, Lindolfo Silva — e mais o historiador Nelson Werneck Sodré, o arquiteto Oscar Niemeyer e seu velho advogado dos processos instaurados pela ditadura getulista, Heráclito Sobral Pinto.

Ao contrário de Brizola e Arraes, Prestes fez, ainda no aeroporto, um virulento discurso contra a ditadura militar, no qual lembrou os nomes dos dirigentes do PCB assassinados em 1974/5. Curiosamente, ele aceitara conciliações na juventude — na década dos 1940 saíra da prisão para subir no palanque do ditador Getúlio Vargas, que poucos anos antes entregara Olga, sua mulher grávida, à SS nazista — e virara incendiário na velhice, exatamente ao contrário do que agora praticavam Brizola e Arraes.

Brizola, Arraes e Prestes, nessa ordem, eram os líderes cujos regressos mais preocupavam o regime militar. Mas havia outras preocupações, centenas delas como o ex-deputado Francisco Julião, líder das Ligas Camponesas, Vladimir Palmeira [*filho do senador Rui Palmeira, o velho aliado de Teotônio em Alagoas*] e Luiz Travassos, estes dois últimos, líderes das manifestações estudantis de 1968. Eles e mais centenas de políticos, esquerdistas de variados matizes, antigos líderes sindicais e intelectuais, que também estavam de volta.

* * *

Logo se revelaria o maquiavelismo de Golbery que se escondia por trás de uma aparente concessão, a anistia. Não era coisa que se falasse, mas coisa que se sentia no ar: o retorno dos velhos líderes ao Brasil não era exatamente algo que provocasse uma indizível alegria aos políticos que haviam construído a oposição ao regime militar. Os políticos que aqui ficaram se achavam mais responsáveis pela consolidação de um sentimento de oposição no Brasil e, mais do que isso, pela aceitação e pelo reconhecimento da oposição pelo eleitorado brasileiro. E agora, com o retorno de todos, teriam de dividir espaços com os antigos.

Da mesma forma, os novos sindicalistas do ABC, que trouxeram a renovação ao movimento sindical, não repetiam a empolgação demonstrada nas campanhas salariais quando se falava em engajamento na luta pela anistia. O recém-fundado PT absorvera os estudantes que Lula rejeitara no discurso de Lins, mas os líderes sindicais sentiam-se donos do partido. Era como se alguém falasse de um Brasil velho, que nada tinha a ver com eles, que habitavam um Brasil novo. E agora, anistia aprovada, essa conversa iria mais longe. Seu ponto principal seria: deve a oposição se esfarinhar, dividida em muitos partidos, que teriam cada qual a sua estratégia, ou ficar junta, una e indivisível ante os acenos do regime militar?

Depois de anistiar os opositores do regime punidos, depois de permitir a volta ao Brasil dos exilados, depois de esvaziar as cadeias, o general Figueiredo e o matreiro general Golbery mostraram o outro lado da moeda da anistia e da pacificação do Brasil. Com o retorno dos exilados, eles trucaram as oposições com o fim do bipartidarismo. Os cálculos feitos no Palácio do Planalto, revelados por Elio Gaspari, avaliavam que o Brasil teria pelo menos quatro grandes partidos — um, "do governo"; outro, "independente" (que seria o partido moderado de Tancredo Neves e Magalhães Pinto); um terceiro, "trabalhista populista" (que seria o de Leonel Brizola); e um quarto, "esquerdista" (que seria uma versão condensada dos grupos comunistas). O raciocínio dos generais sobre o fim do bipartidarismo, como se vê, superestimava Brizola, não considerava que o MDB sobrevivesse e nem incluía Lula na conta.

O governo Figueiredo não deu muito tempo para o MDB se acomodar, após a guerra santa pela anistia. Logo enviou ao Congresso um projeto de lei que propunha a extinção do sistema bipartidário imposto, em 1965, pelo Ato Complementar número 4 — quem fizera agora desfazia. Não só enviou o projeto, mas também usou sua maioria parlamentar para tratorar a tramitação e numa aprovação célere. Uma das novas regras fora feita para atingir frontalmente o MDB — as novas agremiações tinham de usar a palavra "partido" obrigatoriamente no início do nome. A ideia malandra atingia em cheio o principal valor do velho partido oposicionista — seu nome, sua marca, sua fonte de respeitabilidade.

Em princípio, para se adaptar à nova lei, o MDB teria de adotar um nome com a palavra "partido" e tentar expressar para a sociedade a ideia de que continuaria a ser o mesmo que lutara por 14 anos contra a ditadura, mutilado aqui e ali, achacado pelo casuísmo com o jogo em andamento, sempre em inferioridade de condições, tinha ganhado batalhas memoráveis para, no fim delas, ver a regra mudar mais uma vez e a vitória ser absorvida por uma nova legislação casuística.

Para piorar, era fim de ano e logo começaria o recesso do Congresso, onde tramitaria o projeto; o MDB começou a pensar no que fazer, como agir rapidamente para se preservar ao máximo. Ao mesmo tempo que o governo agia, Brizola lançara a ideia de reeditar o histórico PTB; Tancredo se juntava a Magalhães Pinto para formar o Partido Popular (PP), uma versão artificial do velho PSD, formada exclusivamente para dar um conforto ao governo militar na transição; Lula conseguia criar o seu PT, que atrairia uma parte da esquerda parlamentar. O velho e cansado MDB tentava, de todas as formas, fechar as porteiras para evitar a sangria desatada em seus quadros. De antemão, sabia que perderia os trabalhistas históricos, que se bandeariam para Brizola; os esquerdistas não vinculados ao PCB, que se aninhariam no PT; e os moderados, que correram para os braços de Tancredo e Magalhães. Eram sangrias inevitáveis à esquerda e à direita.

O senador Marcos Freire teve uma ideia brilhante: que tal se o velho MDB continuasse a ser MDB e apenas pusesse um "P", de "Partido", à frente? Todos aprovaram a criativa ideia, que permitia manter a imagem da velha oposição em suas três letras essenciais. Durante bons anos, o novo PMDB faria seus cartazes de propaganda com um "p" bem pequeno, em uma cor, e o restante da sigla, MDB, em tamanho maior e em outra cor. Era a forma possível de chamar a atenção do eleitor para o fato de que o novato PMDB era o mesmo MDB que durante tantos anos combatera a ditadura, o mesmo que ele, eleitor, escolhera em 1974 e em 1978. Teotônio teve outra ideia: juntou os senadores do partido, inclusive os 16 vitoriosos históricos de 1974, e arrancou de todos um pacto — todos iriam para o mesmo partido, de preferência o próprio PMDB ou outro que fosse escolhido pela maioria. Mas permaneceriam juntos. Esse movimento foi fundamental para preservar o partido.

A Lei 6.767, que extinguiu o bipartidarismo, foi sancionada em 20 de dezembro de 1979 e estabelecia que os novos partidos deveriam abrigar, pelo menos, 10% dos deputados e senadores, além do apoio expresso em lista de, no mínimo, 5% do eleitorado em pelo menos nove estados, com um mínimo de 3% de apoio em cada um deles. Eram cláusulas de barreira razoáveis, impostas, no caso, para impedir que houvesse uma plêiade de partidecos a inflar a cena política. Para o MDB, essas cláusulas seriam alcançáveis facilmente, assim como para a velha Arena.

* * *

O governo logo anunciou o sucedâneo da Arena — seria o Partido Democrático Social (PDS), no qual se concentraria a base política do governo militar. Era curioso que o novo partido da ditadura militar realçasse em seu nome duas destinações que pouco ou nada tinham a ver com os compromissos dos governos militares, que foram profundamente antidemocráticos, pois solaparam seguidamente a democracia; e mantiveram, em suas sucessivas versões, um histórico distanciamento de programas de cunho efetivamente social. Era risível que justamente o novo partido adotasse esse nome e tentasse apresentar uma legitimidade que não cabia nele. Era um nome falso, para começar.

Depois de tentativas feitas por Teotônio, Raphael de Almeida Magalhães chamou Leonel Brizola para uma conversa particular, para tentar atraí-lo para o novo PMDB, como forma de responder a uma artimanha do regime militar. Raphael contaria num depoimento:

> Com aquele jeito dele, apertou os olhos e disse que era muito difícil conviver com os comunistas. "Eu já convivi com essa gente, é muito difícil fazer qualquer coisa com eles", declarou. "Vamos fazer o seguinte: eu tenho uma situação de credibilidade peculiar, ninguém me joga pedra. Eu fico acima do bem e do mal. A gente põe o cadáver do MDB em cima da mesa e eu esquartejo. Corto a perna direita, corto a perna esquerda. A massa, deixa comigo. Fica um partido ideal.

Raphael perguntou quem ele queria cortar. À esquerda, teria respondido Brizola, Arraes seria decepado, isto é, afastado; à direita, o governador do Estado do Rio de Janeiro, o fisiológico Chagas Freitas. Ficou claro para Raphael que Brizola queria "limpar a área" para si mesmo, preparar o terreno no Rio de Janeiro, onde fixaria seu domicílio eleitoral e de onde partiria para uma candidatura presidencial em futuro próximo; e deixar a esquerda do novo PMDB à sua feição, sem outros adversários do mesmo quilate. Respondeu a Brizola, de cara, que seria impossível excluir Arraes — e a conversa parou por aí.

Dias depois Brizola ligou para Raphael, contou que teria um encontro com o senador Franco Montoro e deu sinais de que pretendia cooptá-lo para o seu novo PTB. Raphael imediatamente relatou a conversa a Teotônio e a Fernando Henrique Cardoso. Os três se juntaram para iniciar uma *blitzkrieg* junto à bancada do MDB na Assembleia de São Paulo, que girava em torno de Montoro, para forçá-lo a um recuo. Haveria ainda uma última tentativa: Montoro convidou Brizola para uma reunião com a forte bancada de senadores do partido, em Brasília. Ele foi. A conversa andou bem até que Brizola quis impor o nome do novo partido a que todos se filiariam — PTB. Teotônio, Marcos Freire, Jaison Barreto (SC), Henrique Santillo (GO) e Pedro Simon foram contrários. A pá de cal foi lançada por Teotônio: os senadores tinham um compromisso de irem todos para um só partido e esse partido não se chamaria PTB mas PMDB. Brizola deu-se por vencido. Naquele instante, Teotônio defendia encarniçadamente a unidade do PMDB como forma de preservar a sobrevivência e a força da oposição. Disse: "Mantenhamos o nosso partido unido, sob o comando de Ulysses. É uma beleza este meu partido, com todas as suas tendências, mas, no fundo, o amor ao nosso país, o sentimento de responsabilidade da oposição."

O que Brizola queria era um MDB sem a ala direita e sem os comunistas, que tinham sido a alma estratégica do partido nos anos mais cinzentos. Ficaria o que se poderia chamar de centro e a ala esquerda, por assim dizer, seria ocupada por ele e seus seguidores. No fundo, a dificuldade maior não seria depurar o partido; a depuração se faria naturalmente. A chamada ala direita — Tancredo Neves e o secretário-geral Thales Ramalho — já saía do futuro partido, sem que alguém pedisse, para formar o PP. O problema maior seria o espaço que a personalidade expansiva e dominadora de Brizola ocuparia no partido futuramente e seu papel diante dos expressivos quadros que haviam se consolidado nos anos de chumbo, como Ulysses, Marcos Freire, Paulo Brossard, Pedro Simon, Franco Montoro e o próprio Teotônio. O que restaria para eles depois da ocupação do espaço por Brizola? A proposta foi recusada por todos e Brizola seguiu sua trilha pessoal, em busca de uma sigla que representasse as suas ideias, um lugar em que ninguém disputasse espaço com ele.

Teotônio explicou, um dia, o que achara de tudo aquilo:

> Eu não tinha nada que ver com as brigas pessoais entre Brizola e Arraes, com o medo que muitos tinham do Partido Comunista, com as ambições de Tancredo ou de quem quer que fosse. Eu tinha a ver era com o restabelecimento da democracia em minha pátria. Se as oposições estivessem unidas, elas conseguiriam lutar melhor e acabar mais rapidamente com a ditadura. Se estivessem divididas, o povo teria que sofrer mais tempo. Logo, o que eu queria era que Tancredo, Brizola, todos os que tivessem alguma razão, qualquer que fosse, para enfrentar o regime, ficassem juntos no mesmo partido, e esse partido era o que nasceria do MDB. Só isso.

E lembrou um velho ditado que aprendera nos tempos em que era um boiadeiro e canavieiro da Zona da Mata alagoana: "Uma cana só não é nada. Juntando, é um canavial."

* * *

Em 15 de janeiro de 1980, foi fundado o Partido do Movimento Democrático Brasileiro (PMDB), presidido por Ulysses Guimarães e com Teotônio como primeiro vice-presidente. A resposta do velho MDB fora tão cabal que a fundação do seu sucedâneo antecedeu a própria formação do novo partido do governo, o PDS, só instalado em 31 de janeiro de 1980. Nasceu muito mais forte do que previra o comando do regime militar.

O novo partido trabalhista enfrentou problemas enormes para se registrar. Ainda em Portugal, em junho de 1979, num evento que contou com a presença do socialista português Mário Soares, Brizola anunciara a refundação do PTB. Depois de voltar do exílio, o general Golbery lhe preparara uma cilada: estimulou a deputada Ivete Vargas, sobrinha-neta de Getúlio Vargas e adversária de Brizola, a pedir o registro da sigla PTB. Ela e Brizola passaram a disputar a sigla na Justiça Eleitoral, que deu prioridade a Ivete em maio de 1980. Restou a Brizola lamuriar-se e inventar outra sigla para o seu partido, que passou a chamar-se Partido Democrático Trabalhista (PDT) e disputaria com o PT de Lula a preferência dos trabalhadores. O PDT foi o último dos grandes partidos a ser fundado, em 25 de maio de 1980.

À época, Teotônio conversou algumas vezes com Brizola, tentou demovê-lo de fundar um partido e alertou sempre que isso dividiria a oposição e fortaleceria o governo militar. Brizola recusou todos os apelos. Na verdade, o velho caudilho gaúcho tinha uma singularidade que os outros não tinham, talvez com uma única exceção, Lula. Por um lado, ele parecia ter uma trajetória própria, já traçada em sua mente quando retornou ao Brasil: com a fama de radical e desagregador que trazia dos idos de 1964, teria de agir com cautela e moderação para ser assimilado pelos militares e, assim, descongelar a pecha de incendiário. E esse degelo teria de ser rápido, porque a idade chegara e ele continuava a cultivar o sonho de sua candidatura à Presidência. Para ganhar a confiança dos militares, precisava fazer algumas concessões que no PMDB não teria como explicar, mas num partido seu poderia fazê-lo sem ter de dar explicações. Por outro lado, Brizola e PTB eram marcas fortes demais para serem desfeitas ou separadas. Tempos depois da formação dos novos partidos, Teotônio omitiu críticas que guardava na alma e falou respeitosamente de Brizola:

> O que eu posso dizer de Brizola é que ele é um lutador. É um homem que padeceu 15 anos de sofrimento no exílio. Pessoalmente, um homem digno. O engenheiro Leonel de Moura Brizola é um homem digno. Foi prefeito de Porto Alegre e fez uma administração maravilhosa. Foi governador do Rio Grande do Sul e fez uma administração igualmente respeitável. Volta do exílio e enfrenta uma batalha política como ele vem enfrentando [*a dificuldade de registrar seu novo partido*]. Por que esse homem não haveria de ter o meu respeito?

Em 12 de fevereiro foi fundado o PP de Tancredo Neves e Magalhães Pinto. Era uma aliança impensável de dois políticos que sempre foram adversários e litigantes, um do velho PSD (Tancredo), outro da velha UDN (Magalhães). As dificuldades na união dos dois se refletiram na própria fundação do PP. Quem seria o mandatário supremo do novo partido? O impasse se resolveu com a entrega da presidência real a Tancredo e a presidência de honra a Magalhães. O mais grave, entretanto, era que ambos almejavam com igual intensidade a Presidência da República na sucessão de Figueiredo.

Dois dias antes, em 10 de fevereiro de 1980, o novo partido que deveria reunir os trabalhadores brasileiros foi fundado no Colégio Sion, em Higienópolis, uma escola chique situada num bairro de classe média alta de São Paulo. O manifesto do PT pregava que os trabalhadores deveriam ser mobilizados não apenas em épocas eleitorais, para "construir uma sociedade igualitária, onde não haja explorados nem exploradores". Estavam lá os líderes sindicais, mas também as Comunidades Eclesiais de Base (CEBs) da Igreja, participantes de "movimentos sociais", e, *last but not least*, os intelectuais e os ex-estudantes que haviam militado nas organizações da guerrilha urbana, de quem Lula desdenhara em Lins, um ano antes.

O principal líder do PT, Lula, era mais do que um simples líder — era o sindicalista que simbolizara a reorganização dos operários do ABC, de fala fácil e simples, excepcional carisma e um instigante faro político. Mas a ficha de filiação número 1 foi assinada por Apolônio de Carvalho, antigo dirigente comunista que lutara contra o nazifascismo na Guerra Civil Espanhola e na Resistência Francesa. Os filiados que assinaram a seguir eram intelectuais, o crítico de arte Mário Pedrosa, o crítico literário Antonio Candido e o historiador Sérgio Buarque de Hollanda.

Para o governo militar, era um quadro mais favorável do que o cenário imaginado por Golbery. Foram meses de intensas negociações, em que alguns personagens tentaram desesperadamente fazer ver que a oposição não podia se dividir — e, entre eles, comandavam essa luta Ulysses Guimarães e Teotônio. Eles fizeram o possível e o impossível para juntar as forças, de um lado, com Tancredo, que estava a montar o seu PP; de outro, com Brizola e Lula, que fundavam partidos à sua feição. Foi inútil; os três se foram em busca de uma aventura personalizada, cada um a seu modo e com seu interesse. O que se tinha, com o advento do multipartidarismo, foi que os adeptos do regime militar ficaram juntos, com raras exceções, e ainda ganharam a adesão tática de Tancredo e seus moderados. Já a oposição se partira em três, embora a parcela mais significativa tivesse ficado no PMDB. Golbery acertara.

O que foi possível fazer — e isso se deveu em muito a Ulysses e Teotônio — foi controlar a hemorragia e perder o mínimo possível de adesões importantes. Nas contas finais, o que antes era Arena perdeu 37 deputados; o antigo MDB perdeu 79 filiações no Congresso. As transferências, em grande parte, foram em direção ao PP, o novo partido de Tancredo. O novo PDT de Brizola reuniu apenas dez deputados e o falso PTB de Ivete Vargas, só quatro. O PP começou a sua curta história com quase noventa deputados mas em pouco tempo refluiria para setenta. Montados os novos partidos, todos começaram a preparar seus planos para as estratégicas eleições de 1982.

O novo PMDB de Ulysses e Teotônio continuou a ser o maior partido de oposição mas já não tinha a harmonia que antes era obtida pela conversa ou pelo apelo à fidelidade partidária nas votações. Por um tempo, a vida do governo do general Figueiredo ficaria mais fácil. Mas só por um tempo.

* * *

Do seu ponto de vista, o governo militar anotara uma grande vitória com o fim do bipartidarismo. E essa grande vitória deveria ser creditada à ação do general Golbery e do ministro Petrônio Portella. Personalidade afirmativa, Petrônio era, em geral, um homem de conversa afável e um negociador inato, mas, se as circunstâncias pedissem, sabia elevar o tom e olhar o interlocutor de cima para baixo. Tivera altos e baixos na vida. Jovem, foi para o Rio de Janeiro trabalhar nos Correios e estudar direito; voltou à terra natal, o Piauí, para engajar-se na política, vocação que herdara do pai, prefeito de Valença do Piauí por duas vezes. Filiou-se à UDN e passou a assessorar o partido, mas aos 25 anos disputou sua primeira eleição, ficou como suplente de deputado estadual e assumiu o cargo algumas vezes. Quatro anos depois foi eleito deputado estadual e, em mais quatro anos, prefeito da capital, Teresina, aos 33 anos. Tinha uma inteligência bem acima da média e a paciência dos que serão bem-sucedidos na política. Numa carreira meteórica, elegeu-se governador do Piauí na eleição seguinte. Em 1964, cometeu uma séria derrapagem — colocou-se, no primeiro momento, a favor do presidente João Goulart, que seria deposto pelas forças militares. Logo trocou de lado e conseguiu sobreviver à cassação que se afigurava inevitável; seria sua primeira demonstração de agilidade e esperteza política. Ingressou na Arena e em 1966 elegeu-se senador na mesma leva que ungira Teotônio em Alagoas. Daí por diante mostrou-se um fiel — e extraordinariamente competente — servidor da Arena. Ganhou a confiança dos militares e chegou à presidência da Arena em 1973, mesmo ano em que fora eleito para a presidência do Senado.

Em 1974, o general Geisel o incumbira de fazer um périplo nacional para ouvir opiniões sobre a reforma político-institucional do regime. Ocupou novamente a presidência do Senado e logo seria nomeado ministro da Justiça do governo Figueiredo. Foi um dos artífices do projeto governamental para a anistia e da reforma partidária. Essa ascensão fulminante e uma parceria frutífera com o general Golbery fizeram dele, no início do governo Figueiredo, um potencial candidato civil patrocinado pelos militares na sucessão de 1985. Nos arraiais oposicionistas a ideia não era considerada de todo má: se era um negociador duro, Petrônio era visto como um genuíno democrata.

Mas era também um homem de saúde extremamente frágil — pálido, a ponto de ser quase incolor, atrás de pesados óculos de aros grossos, tinha uma compleição física que beirava uma preocupante morbidez. A aparência doentia tinha correlação com seu organismo vulnerável — era diabético, hipertenso, portava uma incômoda hérnia de hiato. Conseguira curar (ou estabilizar) um câncer no pulmão, mas continuava a fumar um maço de cigarros por dia; mesmo nas audiências, puxava e acendia um cigarro, que degustava suspenso entre os dedos muito finos e brancos. Para completar o quadro desfavorável, era *workaholic*.

Naquele começo de 1980, Petrônio se tornara imprescindível ao governo e, de certa forma, confiável à oposição. No réveillon de 1980, sentiu-se mal em casa, mas não quis cancelar uma agenda oficial prevista para Santa Catarina. Viajou e, no terceiro dia em Florianópolis, sentiu-se mal no hotel. Um médico constatou que tivera um enfarte. Foi levado de volta a Brasília, consultou um novo médico e foi tratar--se em casa. No dia seguinte, 6 de janeiro, morreu. Deixava duas orfandades: uma, o próprio governo ao qual se tornara vital; outra, a oposição que o enfrentava, mas que o considerava um interlocutor confiável, no que tangia à redemocratização. Certamente, o governo do general Figueiredo seria pior sem ele, em especial na articulação com o Congresso, num momento absolutamente crucial da abertura política.

* * *

Greve, nos últimos 15 anos, fora uma palavra proscrita no dicionário político da ditadura militar. O próprio golpe de 1964 não fora deflagrado contra uma greve, mas um dos ingredientes mais delicados do que os militares chamavam de "baderna" era a organização sindical Comando Geral dos Trabalhadores (CGT), que tinha por trás de si o PCB e algumas outras facções de esquerda, e que convocava greves em sequência. Agora, no fim dos anos 1970, a liberalização do regime era testada na sua capacidade de absorver e controlar movimentos operários que tinham reivindicações muito específicas — lutavam por salários e condições de trabalho e não embarcavam em pautas políticas, como os sindicalistas de 1964 faziam. Os sinais eram dados desde 1978, quando os metalúrgicos do ABC fizeram uma greve que terminou com resultados razoáveis para os dois lados. Mas em 1979 o confronto foi mais agressivo. Agora, em 1980, aproximava-se a data-base dos metalúrgicos, em abril, e as tensões voltavam a toldar o clima no ABC.

Em 1978, o governo militar não interviera nas negociações e na greve; em 1979, não só escalou forças policiais para conter passeatas dos trabalhadores como também interveio nos sindicatos, afastou diretores e só os devolveu a seus postos depois do fim da campanha salarial. Em março de 1980, os portuários de Santos fizeram uma greve bem-sucedida, pois o governo, surpreendentemente, cedeu às reivindicações para evitar a paralisação do porto. O sucesso dos portuários estimulou, aqui no alto da serra, os metalúrgicos. Do Palácio do Planalto, o general Golbery do Couto e Silva recebeu as contas feitas pelo Ministério da Fazenda e determinou o limite de concessões que os patrões poderiam dar aos empregados, relata Elio Gaspari — um máximo de 3% acima da inflação.

Em tempos de liberdade, um governo não se imiscui nos negócios das empresas privadas nem interfere nos aumentos que elas negociam com seus empregados. Mas eram tempos autoritários e, neles, o governo militar tinha dois vetores de pensamento — um, que a ordem pública não poderia ser afetada por um bando de operários, provavelmente tangidos por ideologias estranhas; dois, que as negociações salariais tinham de ser contidas em determinados padrões para não afetar a política econômica governamental.

São Bernardo do Campo, epicentro das ações, era uma cidade industrial; em 1980, 99% de seus habitantes viviam em áreas urbanas. Nos últimos trinta anos, a população saltara de menos de trinta mil habitantes para 425 mil. E o principal fator de crescimento demográfico não era a geração de filhos, mas a migração; somados, os migrantes do Nordeste e do Sudeste (exceto São Paulo) somavam mais de 20% da população. Não era, pois, de surpreender que o presidente do sindicato dos metalúrgicos fosse, também ele, um migrante nordestino, vindo de Garanhuns (PE).

Quase 70% da produção industrial do município advinham do setor automobilístico. Considerada em bloco, a indústria metalúrgica era responsável por quase 85% da produção. Quer dizer: se havia um sindicato de ampla representação em São Bernardo do Campo, esse era o dos metalúrgicos, presidido por Lula. Se fossem computadas outras cidades próximas e aferida a proporção entre habitantes e metalúrgicos, a força da representatividade aumentava.

Havia diferenças imensas entre o velho sindicalismo carcomido dos pelegos de 1964 e o novo sindicalismo que brotava no ABC. O velho sindicalismo tinha marcas notórias: uma organização de cúpula, as direções não eram questionadas quanto à eficácia de seu trabalho, não se sintonizavam com as bases porque pouco as ouviam, tinham poder de mobilização mais voltado para o setor público, e não para o setor privado, seu interlocutor mais privilegiado era o Estado (e não as empresas) e quase todo sindicato era subordinado a políticos populistas. O novo sindicato do ABC organizava os operários a partir do local de trabalho e, com isso, conseguiu ampla adesão nas indústrias privadas; pregava a autonomia sindical e a negociação direta com os patrões e condenava as interferências governamentais. Esses aspectos tinham feito a diferença já nas campanhas salariais de 1978 e 1979. Nelas, se não houve pleno sucesso no alcance das reivindicações, era certo que esses novos sindicatos, efetivamente, eram mais respeitados pelos operários.

A organização dos sindicatos era tão bem estruturada que, em 1979, nem mesmo uma intervenção no Sindicato dos Metalúrgicos de São Bernardo do Campo, decretada pelo governo militar, conseguiu paralisar ou enfraquecer a greve. A organização da greve se deslocou do sindicato para a praça em frente à igreja matriz e, em contatos informais com os trabalhadores, os líderes operários conseguiram sustentar a greve. Ademais, fortaleceu-se naquele ano o acompanhamento das lutas operárias por setores vinculados à Igreja Católica, em especial as Comunidades Eclesiais de Base (CEBs) e os bispos do ABC (que foram fundamentais na organização e no suprimento dos fundos de greve). A greve não precisava de assembleias para manter-se acesa — os contatos eram feitos a partir de uma rede social que levava informações de casa em casa, de bar em bar, de amigo a amigo. Os piquetes se modernizaram: não eram feitos em portas de fábricas, para não atiçar a repressão da polícia, mas em pontos de ônibus e até mesmo nas ruas de bairros onde havia concentração de residências de metalúrgicos. Foi assim que a greve de 1979 se sustentou por 15 dias.

Em 1980, o compositor Chico Buarque gravou um disco com arrecadação que reverteria para o fundo de greve. Dele constava a canção "Linha de montagem", inspirada na paralisação dos metalúrgicos:

> As cabeças levantadas/Máquinas paradas/Dia de pescar/Pois quem toca o trem pra frente/Também de repente/Pode o trem parar.

Os sindicatos começaram a negociação e pediram muito mais do que o teto fixado por Golbery — apresentaram uma escala que ia de 6,5% a 15%, mais estabilidade assegurada por um ano. Em 31 de março, foi recusada a última proposta de negociação, que pedia um aumento de 7% mais estabilidade por 12 meses. Em 1º de abril, foi decretada a greve. No dia 9, metalúrgicos de outros municípios aceitaram a proposta conciliatória do Tribunal Regional do Trabalho (TRT), com um aumento de até 7% acima da inflação, e encerraram a greve. Lula exigiu a estabilidade por 12 meses, que foi negada pelo tribunal. Permaneceram em greve apenas os três principais municípios industriais — São Bernardo, Santo André e Diadema (os metalúrgicos de São Caetano do Sul eram vinculados a outro sindicato).

Em 14 de abril, o TRT decretou a ilegalidade da greve, ante uma plateia em que se sentavam o senador Teotônio Vilela, o suplente de senador Fernando Henrique Cardoso e o deputado Airton Soares; estava dada a senha para a intervenção policial. Fernando Henrique e Almir Pazzianotto saíram do tribunal para levar a má notícia aos metalúrgicos reunidos; entraram no Estádio de Vila Euclides e atravessaram a massa de operários até um pequeno palanque onde estavam Lula e a diretoria. Em rápida confabulação, Pazzianotto deu a notícia a Lula, que lhe pediu para falar — já que tinha todas as informações sobre a decisão do tribunal — e, dentro das possibilidades, que encaminhasse a proposta de fim da greve. Quando Pazzianotto começou a falar vieram os helicópteros militares em voos rasantes. Dava para ver, relatou Fernando Henrique, as portas abertas dos aparelhos e os militares com metralhadoras apontadas para a massa de operários. Fernando Henrique confidenciou a frei Betto:

— Isso está muito tenso. Precisamos parar para pensar.

Sob o intenso rugir dos helicópteros, a ventania que eles acionavam e a tensão na massa, Pazzianotto não conseguiu explicar direito o que se passara no tribunal. Lula então pegou o microfone e propôs uma votação sobre a continuidade da greve. Naquela circunstância, esmagados por aquela provocação extrema, todos levantaram o braço pela continuidade. Era o encaminhamento do confronto que àquela altura seguramente interessava mais ao general Milton Tavares de Souza, comandante do II Exército, integrante da linha-dura militar e inspirador daquela repressão, jocosamente apelidado de *Caveirinha*, do que aos operários. Ali, Lula poderia ter sustado a greve e teria uma vitória parcial. Mas provavelmente enfurecido pela provocação ameaçadora dos militares, optou pelo confronto — que era também a resposta mais fácil para a massa humilhada. Pazzianotto se dera conta, ali, de que as negociações naufragavam definitivamente. Tempos depois, diria: "A oportunidade passara."

Logo as portas de fábricas passaram a ser policiadas para evitar a ação de piquetes. No dia 17, o ministro do Trabalho, Murilo Macedo, decretou intervenção nos sindicatos de São Bernardo e Santo André e afastou as respectivas diretorias. Consumado o ato, o diretor do Dops, delegado Romeu Tuma, ligou para Pazzianotto, no sindicato:

— Doutor Almir, estão indo aí dois funcionários da Justiça do Trabalho para comunicar a intervenção. Eu quero que eles sejam bem recebidos, que não sejam hostilizados, e que saiam daí bem. Se houver qualquer tentativa de agressão, a Rota [*Rondas Ostensivas Tobias de Aguiar, tropa de choque da PM paulista*] vai descer.

Pazzianotto tampou o fone com a mão e perguntou a Lula:

— Você garante que os oficiais de Justiça não serão hostilizados?

Lula garantiu e Pazzianotto transmitiu a garantia a Tuma. Os oficiais de Justiça chegaram, os papéis foram assinados, mas na hora em que saíam um grande grupo de trabalhadores avançou sobre eles; os dois foram protegidos pelo advogado e alguns diretores do sindicato. Assim que eles foram embora, o telefone tocou novamente, era Tuma.

— Olhe, doutor, o sindicato não cumpriu o acordo. A Rota vai descer para levar o interventor.

Lula e os diretores do sindicato foram para casa. Ficaram Pazzianotto e o deputado estadual Flávio Bierrenbach (PMDB-SP). No novo cortejo, vinham o interventor, o comandante da Polícia Militar de São Paulo, coronel do Exército Arnaldo Braga e o próprio Tuma.

A intervenção no sindicato foi mantida até o fim do mandato da diretoria. Lula não mais reassumiria o posto. Ele e seus colegas de diretoria só seriam reabilitados, à luz da legislação sindical, em 1985, um dia após Pazzianotto assumir o Ministério do Trabalho do Brasil redemocratizado.

13
MERGULHO NO ABC

Se por um lado o governo militar intrometia-se decididamente na greve e entregava o poder de polícia ao general Milton, por outro o PMDB se engajava para apoiar as lideranças sindicais que antes ignorara. Logo começariam as prisões de líderes sindicais, feitas por agentes do Dops e os detidos eram levados para sua sede, mas o comando geral da repressão policial era ditado pelo general Milton. Ao lado, pronto a referendar sem questionamentos todas as decisões do general, o governador de São Paulo, Paulo Salim Maluf.

Na noite de 19 de abril, Lula jantava num bar de São Bernardo com Fernando Henrique e o jornalista Fernando Moraes quando chegou a informação de que ele seria preso. Acabado o jantar, Lula foi para sua casa esperar a prisão. Tarde da noite chegaria o advogado José Carlos Dias, presidente da Comissão de Justiça e Paz da Arquidiocese de São Paulo. Já era madrugada quando Dias cansou de esperar e foi dormir em sua casa, no distante bairro do Butantã. Foi acordado às 6 horas com duas más notícias: no meio da madrugada, Lula fora efetivamente preso em casa; e o advogado Dalmo de Abreu Dallari, ex-presidente da Comissão de Justiça e Paz, também fora preso durante a noite.

Era um sábado e Dias vestiu terno e gravata para ir ao Dops ver os presos; antes de deixar o quarto, pelo sim pelo não, colocou o passaporte no bolso interno do paletó. A cozinheira da casa chegou assustada da rua: havia vários homens de terno e gravata que confabulavam na esquina e olhavam para a casa. Dias intuiu que também seria preso e pediu a sua mulher que avisasse o cardeal dom Paulo Evaristo Arns e o presidente da Ordem dos Advogados do Brasil, Mário Sérgio Duarte Garcia.

Ao sair, percebeu que seu carro era seguido. Na Praça Panamericana, no Alto de Pinheiros, foi alcançado e fechado por duas viaturas da polícia. Levado para o Dops, ao chegar viu os presos da véspera juntos no saguão do edifício, entre eles, Dallari. Conduzido para uma sala onde já estava Lula, Dias pediu ao delegado Edson Magnotti que trouxesse Dallari para junto deles. Logo chegaria o advogado Airton Soares. Depois de uma curta conversa, Airton disse a Dias:

— Bem, Zé Carlos, vamos embora que a gente tem muito trabalho pela frente.

Ele não percebera que Dias e Dallari estavam presos. Lula interveio:
—Airton, larga de ser besta, rapaz. O cara tá em cana.

No correr do dia 19, dez sindicalistas foram presos: Djalma de Souza Bom, Devanir Ribeiro, Gilson Menezes, Enílson Simões de Moura (Alemão), José Maria de Almeida, Severino Alves da Silva, Luiz Inácio da Silva, Expedito Soares Batista, José Venâncio de Souza e João Batista dos Santos. As prisões tiveram lances de flagrante desrespeito institucional. Policiais tentaram prender Alemão dentro do gabinete do prefeito Tito Costa; quando um policial agarrou o braço de Alemão, o senador Franco Montoro envolveu o líder sindical num abraço e o levou para o seu carro, estacionado em frente à prefeitura. Pouco adiantou, Alemão acabou arrastado para o Dops. Mais ágil, Osmar Pereira Campos, o Osmarzinho, fugiu da prefeitura escondido no carro de Ulysses Guimarães.

Tudo isso mostrava a ousadia e o descaso da ditadura militar com as questões político-religiosas: a pouco mais de um mês da primeira visita de um papa ao Brasil — João Paulo II chegaria em 30 de junho

— o presidente e o ex-presidente da Comissão de Justiça e Paz da principal arquidiocese brasileira tinham sido presos.

A audácia da ditadura militar não parou por aí. Na véspera da chegada do papa, Dallari sofreria novas violências. Sequestrado por estranhos, foi levado para um terreno baldio perto da Marginal Pinheiros e lá agredido e esfaqueado. Ferido, foi conduzido ao hospital e, no dia seguinte, teve de ser empurrado numa cadeira de rodas, com partes do corpo enfaixadas, para dividir com Dias a leitura de uma epístola na missa rezada pelo papa.

Depois de ser solto, Dias passou a ser sistematicamente seguido por estranhos. Pediu proteção à Secretaria de Segurança de São Paulo, que designou um grupo de policiais para protegê-lo 24 horas. Ao conviver com os policiais dentro de casa, sua filha Celina perguntou a um deles: "Por que às vezes vocês prendem papai e às vezes vêm tomar conta dele?"

Não havia bons augúrios no ar.

* * *

A prisão de dez sindicalistas que então eram os principais líderes dos sindicatos de metalúrgicos de São Bernardo do Campo, Santo André e Diadema visava esvaziar a greve e quebrar as pernas do novo movimento sindical. O deputado Marcelo Cerqueira propôs uma fórmula engenhosa à guisa de saída política: o TRT-SP suspenderia a ilegalidade da greve, os trabalhadores voltariam às fábricas e as negociações seriam reabertas. Quando chegou ao Palácio do Planalto, a proposta foi rebatida de voleio pelo general Golbery, que confirmou o que todo mundo já sabia: "Nosso objetivo é quebrar a espinha dorsal do movimento do ABC." Estava claro: ao governo, não interessava resolver o impasse mas travar o novo sindicalismo.

Por quê? A revista *Veja* indicava a razão em sua edição de 14 de maio de 1980: o governo estava convicto de que o movimento grevista daquele ano fora fortemente contaminado por ativistas de variadas origens ideológicas. Era um raciocínio óbvio. Afinal, o surgimento do novo sindicalismo atrairia militantes recém-chegados do exílio, sequiosos de atuar na vida política brasileira. E eles escolheram participar do que de mais promissor surgia no Brasil da ditadura agonizante, era um cenário do confronto clássico que eles gostavam — o embate entre patrões e operários. A greve de 1980 era a primeira depois da anistia e, pelo fato de ter sido desfechada no epicentro do capitalismo brasileiro, num parque industrial moderno, tecnologicamente avançado, apontava para uma experiência inovadora no campo sindical e no campo político.

Ao acusar o golpe, o governo apenas traduzia o que os serviços de informação haviam monitorado ao mapear o destino dos militantes regressados — uma parte expressiva fora para São Paulo e muitos eram constantemente vistos a circular os sindicatos no ABC. O depoimento de Almir Pazzianotto comprova: o número de "assessores" dos sindicatos aumentara significativamente após a anistia. E não eram assessores quaisquer, eram os mais radicais que já tinham aparecido na região.

Pretender quebrar as pernas do novo sindicalismo era claramente uma atitude que extrapolava a liberalização prometida pelo general Figueiredo e, mais do que isso, configurava uma declaração de guerra que ameaçava incendiar o ABC e comprometer a sonhada abertura democrática. Essas possibilidades passaram a habitar a agenda de preocupações de Teotônio. Depois das prisões dos sindicalistas, ele achou que deveria intervir. Ligou antes para o advogado do Sindicato de São Bernardo, Almir Pazzianotto, que era deputado estadual pelo PMDB, e combinou uma ida a São Bernardo. Tomou um avião em Brasília, desembarcou em São Paulo, almoçou com Pazzianotto e depois tomou o rumo de São Bernardo do Campo, onde encontrou o prefeito Tito Costa, também do PMDB. Preferiu conversar com companheiros de partido para apreender a situação.

Encontrou uma São Bernardo em clima de guerra, com tropas já não apenas nas portas de fábricas mas espalhadas pelas ruas. Depois da conversa com Tito foi encontrar os líderes sindicais remanescentes, os que estavam em liberdade. Montou uma tática, que começava por uma conversa com o secretário de Segurança de São Paulo, desembargador Octavio Gonzaga Júnior.

Dali partiu para uma conversa com o presidente da Fiesp, Theobaldo de Nigris — era uma conversa apenas protocolar, pois nenhum dos dois tinha o comando das grandes decisões, mas Teotônio bordejava as possibilidades de intervir para acalmar os ânimos e repor no ambiente um espírito de negociação.

De Nigris era presidente da Fiesp desde 1967. Apoiava incondicionalmente o regime militar. Via o sindicalismo patronal como uma extensão do domínio das elites sobre o povo. Não deve ter recebido o pedido de audiência de Teotônio como um encaminhamento de soluções, mas como um estorvo para sua agenda.

Da conversa com os dois, Teotônio recolheu uma informação boa e uma ruim. A ruim, comunicada de pronto pelo secretário de Segurança, era que a próxima assembleia dos metalúrgicos estava proibida, onde quer que fosse programada, no Estádio de Vila Euclides ou no Paço Municipal. A boa, comunicada por De Nigris, era que a Fiesp concordava com a retomada das negociações, embora em termos muito diferentes do que seria aceitável pelos sindicatos. E ainda havia um problema: De Nigris concordara em tese com a retomada das conversas sem saber que o Palácio do Planalto já tomara a decisão de não mais permitir negociações mas deixar as coisas piorarem até — como diria Golbery — quebrar as pernas do movimento sindical.

Teotônio combinou com De Nigris que, para simbolizar a retomada das negociações, deveria haver uma conversa preliminar entre advogados da Fiesp e do Sindicato dos Metalúrgicos, com base numa agenda moderada, entregue pelos sindicatos. De Nigris examinou a agenda e perguntou a Teotônio se aqueles pontos tinham a aprovação de Lula. Até aquele momento, não tinham.

Teotônio pediu tempo. Voltou ao secretário Gonzaga e lhe disse que precisava conversar com Lula. Muito tenso, Gonzaga lhe disse que essa conversa era impossível porque Lula estava em prisão incomunicável.

Teotônio, com um jeito de boiadeiro que está pragmaticamente cercando reses para juntar a boiada, lhe disse que a incomunicabilidade seria mantida, do ponto de vista formal. Mas o que ele pedia era um encontro informal com Lula. O secretário resistiu por um tempo, mas cedeu. Convocou o delegado Romeu Tuma a seu gabinete e relatou a ideia maluca de Teotônio — uma conversa secreta com Lula, uma conversa que poderia ter o dom, quem sabe, de estancar a greve e reabrir as negociações.

Tuma, um pragmático por excelência, disse-lhe:

— Não tenho como tirar Lula do Dops. Só vejo um jeito. O senhor vai lá comigo.

Teotônio topou. E Tuma:

— Mas vai ter de entrar no prédio abaixado no banco de trás do meu carro. Ninguém poderá vê-lo. O senhor topa?

Mais uma vez Teotônio aceitou. Os dois desceram até a garagem da Secretaria de Segurança; quando chegaram ao carro de Tuma, o delegado olhou em volta e, ao ver que não havia alguém à vista, empurrou Teotônio, de terno e gravata, pela porta traseira. Teotônio se abaixou entre o assento do banco de trás e o espaldar dos bancos da frente. Quando Tuma sentou-se no banco do motorista, Teotônio falou-lhe pela fresta entre os bancos:

— O senhor é responsável pela integridade de um senador da República!

O carro dirigido por Tuma entrou na garagem do Dops; Tuma estacionou num lugar discreto, saiu do carro, olhou em volta. Ninguém. Abriu a porta traseira e cochichou para Teotônio sair; levou-o por um caminho ermo, que passava por corredores em penumbra até uma cela onde os dois toparam com um Lula atônito.

* * *

Lula nunca se esqueceria desse momento. Quando já era presidente da República, recebeu em audiência o então governador de Alagoas, Teotônio Filho. No fim da audiência, perguntou:

— E o Renan, como é que está?

O senador Renan Calheiros (PMDB-AL) havia renunciado à presidência do Senado um mês antes, pressionado por acusações de corrupção. Teotônio Filho contou que Renan estava meio triste, meio cabisbaixo. Lula deu-se conta:

— Porra, nunca mais falei com Renan.

Já no carro, a caminho do hotel, o celular de Teotônio Filho tocou. Era Renan, excitado, contando que Lula acabara de ligar e o convidara para jantar no Palácio da Alvorada.

— E ele quer que você vá também, Téo.

Naquela mesma noite, de moletom, descalço, Lula recebeu os dois numa sala do Palácio da Alvorada, ao lado do quarto de dormir. Os três começaram a abater uma garrafa de uísque Johnny Walker rótulo verde e a comer tira-gostos nada apetitosos. Quando a garrafa meiou, Lula olhou para o teto, como se procurasse se lembrar de algum detalhe, e disse:

— Téo, nunca vou esquecer o dia em que eu estava preso, incomunicável, numa solidão danada, e ouvi o vozeirão dele chegando pelo corredor da cela.

O vozeirão, naturalmente, era do velho barítono que cantava aboios. Lula continuou a narrativa:

— Entrou na cela conversando, me deu um abraço e disse: "Lula, eu sou usineiro da Arena de Alagoas, sou um enxerido, e estou metido aqui tentando evitar um desastre. Mas não tenho autoridade para isso. Como é que vou falar em nome dos operários? Preciso que você faça um bilhete dizendo que posso conversar com eles em seu nome."

Conversaram mais um pouco, favorecidos pela liberalidade de Tuma. Na sala do Palácio da Alvorada, quando Téo mirou bem os olhos de Lula, notou que estavam marejados. Logo sua voz embargou e o Presidente da República começou a chorar. Téo também desabou no choro.

* * *

Na cela do Dops, Teotônio foi pragmático. Evitou as emoções e não prolongou os salamaleques. Submeteu a agenda de seis pontos a Lula, que os examinou e aprovou; em seguida, escreveu o bilhete que credenciava Teotônio a falar em seu nome perante os operários. Concluída a tarefa secreta, Teotônio e Tuma voltaram ao carro e dessa vez Teotônio entrou no compartimento traseiro sem hesitação e logo se abaixou. Tuma dirigiu de volta à Secretaria de Segurança, onde um saltitante Teotônio pôde garantir ao secretário Gonzaga que os seis pontos da agenda tinham a chancela de Lula.

O SNI do general Octavio Aguiar de Medeiros e o general Milton, que formavam a primeira barricada da linha-dura, provavelmente nunca souberam dessa solução engenhosa. Mas o general Milton deve ter desconfiado, relata Elio Gaspari: superado o episódio da greve, foi a Brasília denunciar ao ministro do Exército [à época, havia um ministério para cada força militar], general Walter Pires de Albuquerque, que o general Golbery e o capitão Heitor de Aquino Ferreira, seu secretário particular, falavam secretamente com Lula durante sua prisão. Em razão da denúncia, Milton acabou por se desentender com Medeiros e o caso foi resolvido com o envio de um oficial para interrogar Lula ainda na prisão. O major indagou a Lula se havia falado "com alguma autoridade federal". Lula negou que tivesse falado com Golbery, embora admitisse que tentara ligar para ele quando os helicópteros sobrevoaram São Bernardo pela primeira vez.

Nada disse sobre sua conversa com Teotônio nem o oficial lhe perguntou a respeito, pois não tinha indício do encontro. Seu objetivo era descobrir se Golbery ou Heitor haviam, de alguma forma, falado com Lula. Não era segredo que a linha-dura odiava Golbery e procurava incriminá-lo ou minar a confiança nele de alguma forma. Em 1975, quando uma célula comunista foi desbaratada em São Paulo, o oficial que interrogava o jornalista Frederico Pessoa da Silva lhe disse, em plena função, nas câmaras de tortura do DOI-Codi paulistano:

— Aqui é o porão do regime! Agora, seu filho da puta, sai daqui e vai falar com aquele comunista de Brasília, aquele puto do Golbery!

Teotônio ligou para De Nigris e lhe disse que Lula tinha aprovado a agenda de seis pontos. De Nigris respondeu que as negociações estavam reabertas. Para amarrar melhor a situação, Teotônio falou com o ministro da Justiça, Ibrahim Abi-Ackel, que estava em Belo Horizonte. O ministro concordou exultante com as novidades e estimulou a continuidade das negociações. No dia seguinte, às 7 horas, Teotônio foi informado pelo advogado do sindicato, Almir Pazzianotto, que o advogado da Fiesp lhe ligara momentos antes para comunicar que as negociações estavam encerradas. Ordens superiores haviam vencido a habilidade política de Teotônio. O lado duro vencera, mais uma vez. E não ficaria por aí.

Teotônio deixou seu hotel em São Paulo e foi para São Bernardo. Quando chegou lá, foi informado que os advogados Dalmo de Abreu Dallari e José Carlos Dias, que acompanhavam os sindicatos, estavam presos. A besta estava solta novamente — era o general Milton ensandecido, à frente de batalhões militares e do Dops estadual, agindo em nome dos governos federal e estadual. Como diria Teotônio na tribuna do Senado:

> Passamos a raciocinar que a ausência total de autoridade era a única coisa que reinava, além dos policiais montados a cavalo, de jipes com um tipo especial de canhões de pequeno porte, de metralhadoras, de helicópteros, de tropas, de centenas de policiais. São Bernardo era uma praça de guerra.

A assembleia geral proibida no estádio ou no Paço Municipal foi remarcada, então, para o interior da igreja matriz de São Bernardo, cedida corajosamente pelo bispo dom Cláudio Hummes. Surgia um componente novo: a Igreja, que até então ocupava discretamente o proscênio, ao prestar um apoio quase invisível à greve, agora entrava ostensivamente no embate, o que ajudava o esforço ingente de Teotônio.

Teotônio foi para a igreja matriz, para acompanhar a nova assembleia dos operários, comandada pelos diretores que não haviam sido presos. Dessa vez, arrastou com ele o presidente do PMDB, Ulysses

Guimarães. Ao se engajar pela primeira vez num cenário de luta de trabalhadores, o partido de oposição passava a ser outro componente ativo do confronto. Pela narrativa que Teotônio faria no dia seguinte, na tribuna do Senado, a assembleia — que tinha tudo para ser explosiva — foi serena. E custava muito que aquela serenidade fosse mantida; com aquele clima, poderia perfeitamente acontecer que a multidão operária perdesse a paciência e partisse para o enfrentamento com os militares. Mas não aconteceu. A palavra dos políticos foi respeitada e, mais do que isso, a assembleia aprovou a pauta apresentada na véspera à Fiesp, numa prova inequívoca de invejável maturidade. Tudo que a assembleia queria era a retomada das negociações, nada mais do que isso.

Começava a se formar um quadro que, analisado mais adiante, determinaria rumos importantes. Até então, a ditadura militar se sustentava com artifícios variados, que iam do manejo de verbas públicas para pressionar a imprensa, casuísmos eleitorais, ameaças veladas com supostos azedumes da linha-dura e sua confortável maioria eleitoral no Parlamento. A partir daí, perderia boa parte de seus argumentos e de suas armas, no que seria o seu ponto de inflexão. Do início de 1980 para a frente, a ditadura só desceria a ladeira, o que levaria a linha-dura a cada vez mais estúpidas manifestações de violência. E a cada manifestação, mais descambava ladeira abaixo.

O episódio do ABC demonstrava como o regime militar se esgotara visivelmente e, doravante, sobreviveria à base exclusivamente de ameaças e violência, acuado pela paciência, pela coragem e pela obstinação dos operários, dos líderes sindicais e, a novidade, da Igreja, do partido de oposição e de Teotônio. Essa visão logo seria compartilhada por alguns empresários que não apostavam no pior (e que mais adiante impulsionariam a modernização política da Fiesp), como Cláudio Bardella, Paulo Francini, Dílson Funaro e outros, que mantinham constante diálogo com os sindicatos e com o PMDB.

Terminada a assembleia, Teotônio pegou um avião no rumo de Brasília, foi diretamente para o Senado, subiu à tribuna e, dela, relatou o que vira, ouvira e falara. Disse o que todo mundo sabia, Golbery confessara e outros não tinham coragem de reproduzir:

> Já se tornara evidente que o caso já não se prendia a uma demanda entre assalariados e patrões, mas transpunha os limites de São Bernardo do Campo. (...) A partir da conversa com o secretário de Segurança de São Paulo, cheguei à conclusão de que o fato não era meramente social, mas eminentemente político. Uma vez que não havia mais diálogo entre o operário e o patrão, ou entre os metalúrgicos e os empresários, e se transferiu a figura do empresário para a figura do soldado armado, todos nós tínhamos o direito de concluir que esse confronto não podia ser pacífico.

Narrou o que fora a assembleia dentro da igreja:

> Assisti ao encontro dos metalúrgicos. (...) Com aquela multidão magoada, cercada, ameaçada, sobrevoada por helicópteros, havia 23 dias em greve, (...) essa multidão comportava-se como num ato de oração cristã. (...) No momento em que a direção daquela massa afirmou que não constava da pauta de negociações a libertação dos [*diretores*] presos, não houve um só protesto, quando a lógica das coisas insinuava que aquela massa humana se voltaria contra os seus dirigentes.

Acabado o discurso, foi ter com o ministro Ibrahim Abi-Ackel e relatou a ele a sua aventura paulista, a conversa com De Nigris e Gonzaga, a assembleia na igreja matriz — excluiu do relato apenas o encontro secreto com Lula proporcionado por Tuma, que não podia ser contado sem prejudicar o secretário Gonzaga e o diretor do Dops. Era uma conversa meramente cerimonial, pois também Abi-Ackel não tinha poder nem vontade para mudar o encaminhamento do governo, assim como não tinha a habilidade política de seu antecessor Petrônio Portella para desdobrar aquelas impossibilidades em soluções. Mas Teotônio ganhava tempo e usava o efeito desses encontros relatados pela mídia para expor publicamente a intransigência do governo militar.

Adiantou pouco: ele não sabia mas naquele momento o governo do general Figueiredo, como um todo, optara por endurecer a posição e pressionar as empresas a não aceitarem o caminho da negociação. Era mais grave do que parecia: a postura absurdamente discricionária adotada pelo general Milton não era, naquele momento, uma opção inventada por ele, mas uma estratégia adotada pelo governo Figueiredo. Não era coisa da linha-dura, embora parecesse; era coisa da linha branda, de Golbery. Terminada a audiência, Teotônio voltou a São Paulo. Eram dias tensos para ele, que resolvera parar de fumar naquele começo de ano, na segunda escolha que fazia para vencer vícios e prolongar a sua vida.

* * *

Quando chegou a São Bernardo, soube de mais um ato arbitrário do general Milton, que determinara a ocupação militar da praça em frente à igreja matriz de Nossa Senhora da Boa Viagem, à rua Marechal Deodoro. Quando chegou à prefeitura, acompanhado pelo senador Franco Montoro, Teotônio recebeu nova informação, transmitida ao prefeito Tito Costa pelo secretário Gonzaga: a praça fora liberada, porque, como era terreno contíguo à matriz, sua interdição poderia ser tomada como insultuosa pela Igreja.

Houve nova assembleia dentro da igreja e a situação, embora dramática, parecia ter ganhado um mínimo de estabilidade. Mas ao fim da assembleia, quando ia para casa, o vice-presidente do Sindicato dos Metalúrgicos de São Bernardo, Rubens Teodoro de Arruda, o Rubão, foi agarrado por policiais e levado para o Dops. À tarde, Teotônio voltou a Brasília, ao Senado e à tribuna para oficializar mais um relato da situação. No avião, ele lera na *Folha de S.Paulo* que o general-presidente Figueiredo recomendara aos empresários da indústria metalúrgica a reabertura das negociações.

Teotônio trabalhava para constranger o governo pela interferência na greve. Se havia um impasse entre trabalhadores e empresas, por que o governo tinha de se intrometer? E por que tinha de se intrometer para prejudicar um lado? A ação do governo militar fazia mais do que escolher um lado e prejudicar o outro. Na verdade, o governo militar pressionava o empresariado para fazer apenas o que ele, governo, queria que fosse feito. O ministro do Planejamento, Delfim Netto, influenciara o governo a determinar que as empresas não poderiam conceder aos trabalhadores aumentos acima de um determinado patamar. Aos poucos, Teotônio percebeu que, por trás da intransigência do governo, não havia razões policiais ou políticas, mas econômicas, sugeridas por seu arqui-inimigo Delfim Netto. Com a política econômica do governo rateando em vários aspectos, o controle de reajustes salariais se tornara fundamental para segurar os indicadores da inflação.

Em São Bernardo, os metalúrgicos se declararam em assembleia permanente, numa vigília pela retomada das negociações frustrada pela ação do governo militar. Todos os dias, eles afluíam de seus bairros pobres e se reuniam na igreja para saber das novidades, que eram quase sempre desfavoráveis. Mas não se deixavam abater por isso. Sabiam que o mais importante era que todos fossem solidários com o sindicato e com o movimento. Os grupos se revezavam e passavam a noite em vigília dentro da igreja.

Com a proximidade do 1º de maio, surgiu a ideia de programar uma grande reunião no Estádio de Vila Euclides para comemorar o Dia do Trabalho e, com isso, fortalecer o moral dos operários e o espírito de greve. Não se tratava de uma provocação, era mais uma atitude para tomar o pulso do governo e saber se a declaração do general Figueiredo (a recomendação aos empresários para reabrirem as negociações, publicada pela *Folha de S.Paulo*) era para valer ou não.

Para prevenir uma possível intervenção policial, a agenda foi anunciada, desde o início, com um marcante caráter festivo. Os folhetos deixavam bem claro que era uma comemoração, e não uma assembleia — e o que estava proibido de acontecer no estádio eram assembleias, não festividades. Por isso, o convite distribuído aos trabalhadores era claramente extensivo às suas famílias e estimulavam os metalúrgicos a levarem suas esposas, mães, sogras e filhos. Os dirigentes sindicais queriam deixar claro para o governo e seus agentes militares: ninguém engendraria uma provocação e levaria a própria família, como escudo, para o epicentro do fato.

Na véspera, 30 de abril, uma quarta-feira, Teotônio subiu pela terceira vez à tribuna do Senado para falar sobre o movimento. Dessa vez, não aliviou, usou um tom duro já no começo da sua fala:

> Amanhã o Brasil comemora o Dia do Trabalho com um confronto entre os trabalhadores e aquela operação militar montada em Brasília para destruí-los, em São Bernardo do Campo.

Explicitou claramente as razões do travamento das negociações entre empresas e trabalhadores:

> Em contato com os empresários de São Paulo, em contato com os metalúrgicos de São Bernardo, chego à conclusão de que o empresário não pode negociar porque recebe ordens de Brasília e a Operação São Bernardo escapa aos interesses do próprio empresariado da área metalúrgica. Os operários não podem apontar uma solução porque lhes falta um interlocutor. Eles querem negociar, não querem brigar. Estão fazendo uma greve pacífica, ordeira.

Foi mais longe e advertiu que os próprios parlamentares que acompanhavam e tentavam mediar a greve — como os senadores Orestes Quércia e Franco Montoro e os deputados Freitas Nobre e Airton Soares, todos de São Paulo — haviam sido destratados por homens que ocupavam camionetes Veraneio (muito usadas pela polícia política da época) e portavam ostensivamente armas pesadas. No fim do discurso, deixou claro que a pretensão dos operários era fazer uma festa, razão pela qual ele responsabilizaria o governo militar pelo que viesse a acontecer de ruim no dia seguinte, em São Bernardo do Campo.

Toda essa sequência de participações criou uma sólida confiança dos dirigentes sindicais locais e dos próprios operários em Teotônio. Quando passou a ir com frequência a São Bernardo, o então deputado Airton Soares passava no hotel, pegava Teotônio e os dois seguiam para o ABC. Para Teotônio, era um sofrimento físico. Como fazia muito frio na região, na saída de São Paulo Airton ligava o ar quente de seu velho e potente Alfa Romeo JK. Agradecido, Teotônio imediatamente colocava as duas mãos sobre as aletas de saída do ar quente — ele, um sertanejo acostumado ao calor do Nordeste — e cobrava com singeleza: "Não dá pra aumentar esse ar quente?"

Desde o primeiro momento em que apareceu em São Bernardo, Teotônio andou entre os operários, conversou muito com eles, fez discursos, falou em assembleias e nunca foi questionado por ser um usineiro ou por ter sido um udenista. Os metalúrgicos sabiam quem ele era, mas interpretaram, acima disso, que era um usineiro rico que tinha deixado o conforto do outro lado e agora lutava ao lado deles.

Essa proximidade acontecia quase automaticamente quando os operários — quase todos migrantes do Nordeste — percebiam o inequívoco sotaque nordestino de Teotônio, que os outros políticos paulistas não tinham. E logo se sintonizavam quando Teotônio usava o jargão do sertão — para os operários, ele era um cabra capaz de falar uma linguagem que eles entendiam. Airton Soares se lembra de ter ouvido várias vezes, no meio dos operários, comentários tais como: "Pô, esse cara saiu do lado de lá e veio aqui apoiar a gente." Se veio de lá para apoiá-los, deixou de ser usineiro rico para se tornar um "companheiro".

* * *

Em 1º de maio, São Bernardo do Campo acordou eletrizada. Todos os acessos à cidade estavam bloqueados por forças militares; as ruas tinham policiamento ostensivo de tropas pesadamente armadas, auxiliadas por carros blindados. Helicópteros militares davam rasantes sobre a cidade com estudado estardalhaço. Cedo, dom Cláudio Hummes e outros bispos celebraram missa para os trabalhadores e suas famílias, numa igreja matriz cercada por tropas do Exército. Via-se claramente que o policiamento ostensivo em todas as ruas visava impedir que a saída da missa se transformasse numa passeata dos metalúrgicos e suas famílias; do lado dos operários havia uma combinação de, efetivamente, fazer uma passeata pacífica e silenciosa. Por isso, havia grupos de pessoas que não compareceram à missa mas aguardavam, em vários pontos da cidade, a caminhada, que eles pretendiam engordar no trajeto. Tempos depois, Teotônio contou a Henfil o que vira ao chegar à cidade naquela manhã:

> No que eu salto na praça, sinto no ar a gravidade da situação. Se riscasse um fósforo, pegava fogo. De um lado, as tropas, de outro, os operários. Olhe que já tinha participado de reuniões anteriores com a presença de tropas militares, mas não com aquela tensão.

Quando a missa acabou, Teotônio saiu na frente dos operários e viu que o quadro piorara — as cercanias da matriz estavam tomadas por militares embalados. Nos dias anteriores, sempre que se afigurava um confronto, Teotônio ia conversar com o coronel Arnaldo Braga, comandante da PM-SP. Estabelecera-se entre eles não propriamente uma amizade, mas uma interlocução respeitosa que gerara uma relativa empatia, baseada no respeito mútuo.

Naquele dia, Teotônio viu o coronel a uns cinquenta metros, em um dos lados da praça. Atravessou-a, foi até ele. A conversa que iria acontecer entre os dois talvez fosse a única esperança de evitar uma tragédia em São Bernardo do Campo. Fernando Henrique descreveria o caminhar de Teotônio, anos depois: "A nós, ele parecia um cisne branco caminhando sobre as águas." O bispo dom Cláudio Hummes se aproximou do coronel Dalterdimas Rigonatto, comandante da tropa de choque da PM, e, com um sorriso nos lábios, querendo ser simpático e estabelecer um mínimo diálogo, buscou amenizar o ambiente:

— Então, coronel, como vai a sua paciência?

Se dom Cláudio acertou a patente, o coronel pouco ligou para dar-lhe a recíproca:

— Padre, não tenho mais saco. Eu devia pegar a minha certidão de nascimento e riscar a parte em que está escrito que sou homem.

Do outro lado, Teotônio se aproximou do coronel Braga:

— Coronel, nós hoje vamos nos dar mal. Isto aqui não vai terminar bem. Os operários estão mesmo dispostos a fazer a passeata.

— O senhor sabe, senador, que tenho ordens para impedir que a passeata saia.

— E o senhor sabe que ela vai sair, coronel. Sem que isso signifique desafio a seu comando ou às forças militares.

— Se sair, será reprimida, senador. São as ordens que tenho e que vou cumprir.

— Não será uma simples repressão, coronel. Será uma guerra. E, nela, nós seremos os primeiros a morrer.

E emendou:

— Amanhã, coronel, a história haverá de nos julgar. E dirá que fomos incapazes de resolver um problema tão simples. Um coronel do Exército e um senador da República, mortos na praça por terem sido incapazes de resolver um problema tão simples.

Parecia repetir-se a história do coronel que invadira o almoço de confraternização com Arraes para falar de uma presumida bomba plantada na sala. Aquele alagoano teimoso novamente zombava da possibilidade da morte a centímetros de distância e nem sequer tremia os lábios. Na praça, o coronel Braga estacou. Parecia ter-se sensibilizado ante argumento tão veraz e tão audacioso. Tentava evitar o confronto e prolongava a conversa. Primeiro, pediu a Teotônio que tirasse as mulheres e crianças da praça; Teotônio disse-lhe que as mulheres eram trabalhadoras, tanto quanto os maridos, e não podia pedir-lhes que saíssem nem que levassem embora as crianças. Deixá-las com quem, onde? O coronel pareceu entender e, por fim, pediu que Teotônio voltasse à igreja e rogasse ao comando de greve que desistisse da passeata.

Era nítido que o coronel não era um militar radical como os que lhe tinham dado aquela estúpida ordem e que queria, dentro de suas possibilidades e sem parecer hesitante (embora sua escalada de pedidos já o demonstrasse), buscar uma saída honrosa. Teotônio lhe disse que pediria aquilo ao comando de greve, mas achava difícil, quase impossível, que os líderes e principalmente a massa aceitassem.

Foi e voltou acompanhado do líder sindical José Dilermando, o Ratinho, menos de 1,50m, mulato, porte e jeito de nordestino, representante do sindicato na Ford do Brasil. Ratinho era tão bom de papo quanto Teotônio. Amenizou a conversa com o coronel Braga, contou-lhe que era pai de seis filhos, dois deles doentes; narrou a epopeia que fora conseguir dinheiro para comprar um aparelho de surdez para uma filha deficiente auditiva. Deixou claro para o coronel que estava em greve para melhorar suas condições de vida e que deplorava as manifestações agressivas de alguns grupos.

— Eu não aprovo baderna, coronel. Estou em greve para poder comprar mais um carocinho de feijão.

A atenção de todos desviou-se para um grupo de metalúrgicos que atirava pedras na tropa. Um soldado reagiu e lançou bombas de gás. O coronel Rigonatto, ao lado, pediu a Ratinho que convencesse o grupo a parar com as pedras. Ratinho disse que tinha medo de ir lá e ser preso pelo Dops. Só iria se o coronel designasse um cabo para acompanhá-lo. Rigonatto retrucou:

— Não vai cabo, não. Vai um coronel.

E acompanhou Ratinho até próximo ao grupo, ambos pulando sobre bombas de gás no chão, ainda fumegantes. Ratinho convenceu os operários a parar e provou, à vista dos militares, que realmente não queria baderna.

Dava para ver que, de tanto dialogar, as duas partes — tropa, parlamentares e operários — começavam a se entender, se não como litigantes, pelo menos como seres humanos sensíveis — sim, havia alguma sensibilidade do lado dos militares também. De outro, empacava entre os dois lados a intransigência das ordens dadas pela linha-dura militar, que parecia empolgar o governo para o confronto. Entre as duas, uma coisa parecia certa: os comandantes militares que estavam ali na praça não queriam confronto, mas as ordens que haviam recebido eram inquestionáveis. A possibilidade do confronto assustava os dois lados. Eram 14 mil soldados contra setenta mil trabalhadores e, dessa vez, suas famílias, incontáveis mulheres e crianças.

Teotônio voltou da igreja com a resposta. Os metalúrgicos não desistiriam da passeata. O coronel deu mais um passo atrás:

— Espere um pouco, senador. Vou fazer um contato com meus chefes.

Foi até sua camionete para falar por rádio com seus superiores. Na praça, um grupo de metalúrgicos começou a cantar uma canção que dizia algo como "soldado, irmão, não atire em mim, não". Às 10h30, da sua camionete, a uns trinta metros de distância, com uma expressão aliviada e um tanto eufórica, o coronel Braga gritou para Teotônio:

— Senador, a praça está livre! Eu só preciso de oito minutos pra retirar as minhas tropas.

Tempos depois, quando Teotônio contou esse episódio, deixou entrever que o diálogo respeitoso entre eles suscitara certa admiração pelo coronel, não como militar mas como uma pessoa humana com quem se podia dialogar. Fernando Henrique, que estava a seu lado e acompanhou todo o diálogo, contaria:

> Nós todos tínhamos a sensação de estar andando no fio da navalha. Acho que essa sensação o coronel Braga tinha também. Não guardo a impressão de que estivesse ali para arrebentar com o povo. Podia até chegar a isso, mas me parecia contido. Essas situações de tensão são muito interessantes: quando chegam ao limite, as pessoas começam a conversar.

Teotônio tinha essa virtude inata, que torna as pessoas respeitáveis pela simples presença, pelo simples olhar, antes que falem ou argumentem. Era algo parecido com carisma ou algum atrativo que o tornava especial para quem passava em volta e se sentia atraído a dispensar uma atenção afetuosa àquela figura esguia e séria, ao mesmo tempo generosa e fraterna. A Teotônio, a menção a morrer juntos parecia coisa de quem desprezava o medo de morrer, o que talvez tenha atiçado o sentimento militar do coronel, como se lembrasse do general Luís Alves de Lima e Silva a desembainhar a espada e avançar sobre a pequena ponte do arroio Itororó. Talvez, com seu acendrado respeito militar, tenha homenageado a bravura intimorata do civil que encarnava Caxias, que topava suavemente a possibilidade de morrer ali, na praça em frente à igreja matriz de São Bernardo.

* * *

As pessoas começaram a sair da igreja e a caminhar pacificamente, em absoluto silêncio, pela rua em frente. O bloco era adensado por pessoas que saíam das casas e de outros locais, como se estivessem escondidas, simplesmente aguardavam seu momento de brotar do nada e engrossar a massa humana. Ao fim, juntaram-se cem mil pessoas, homens, mulheres, crianças e velhos, no rumo do Estádio de Vila Euclides. Em alguns momentos, cantaram "Caminhando", a canção de Geraldo Vandré, que dizia "quem sabe faz a hora, não espera acontecer". E se sentiam como se o fizessem. No estádio, os metalúrgicos e suas famílias assistiram a um show musical.

Era o trigésimo dia de greve. A partir daquele dia, qualquer um poderia ser demitido por abandono de emprego, já que o TRT declarara a greve ilegal. A passeata, que começara tensa, terminou na mais absoluta paz. Foi o primeiro momento em que os operários do ABC se sentiram minimamente vitoriosos (e intensamente orgulhosos) naquela guerra desigual.

Tempos depois, Tuma informou que a ordem para não reprimir a passeata teria sido dada à última hora pelo próprio general Figueiredo, quem sabe receando o peso que uma repressão popular maciça teria sobre o julgamento que a história faria dele próprio. Outros disseram que o general Golbery pressionara Figueiredo e o convencera de que aquela queda de braço não lhe seria favorável e sua pressão teria preponderado sobre a opinião do general Octavio Aguiar de Medeiros, o homem do SNI, que antes recomendara mais repressão.

* * *

Teotônio alertou os sindicalistas: se houvera ali uma mínima vitória dos metalúrgicos, agora viria um troco dos militares para não deixar que a vitória fosse completa. Durante alguns dias, o esquema militar desapareceu das vistas. Parecia que o governo dera uma trégua para testar os metalúrgicos. Trégua relativa, porque os dez sindicalistas levados pelo Dops continuavam presos.

Em 6 de maio, foi marcada uma nova assembleia no agora liberado Estádio de Vila Euclides. A massa de operários partiria em passeata, como sempre, da praça da igreja matriz. Às 10h30, a caminhada deixou a praça e logo se percebeu que o esquema militar voltara com uma ostensiva exibição de força.

Dessa vez não houve diálogo; os militares partiram diretamente para a pancadaria. O pretexto usado pelos militares para explicar a repressão foi que os grevistas começaram a insultar o governo com slogans e refrões contra a ditadura. O fato é que a repressão, num dado momento, explodiu em todos os lugares, com helicópteros em rasantes, homens armados com escudos e cassetetes, cães policiais e jatos d'água. A tropa usou uma forma cruel de encurralar os manifestantes: carros militares fechavam uma rua e a multidão, por instinto de fuga, corria para o outro lado; nesse momento outros carros fechavam a rua posterior e os operários ficavam acuados entre as duas tropas, que distribuíam bordunadas sobre eles.

Teotônio voltou à tribuna do Senado no dia 7 para relatar essas novas atrocidades e lembrou que o ministro do Trabalho, Murilo Macedo, ao depor na véspera na Comissão Parlamentar de Inquérito (CPI) sobre a Violência, dissera que o governo não aprovara a retomada das negociações, mas aceitava o diálogo. Na sessão da CPI, Teotônio lhe perguntara como qualificaria, no caso de São Bernardo, a dimensão desta palavra — "diálogo". O ministro dissera apenas que, na visão do governo, o diálogo só poderia se instalar depois que os operários decretassem o fim da greve e voltassem às fábricas. No fundo, o governo militar apenas tergiversava e sofismava com falsas retóricas ao falar em diálogo. O que de fato pretendia era a submissão pura e simples dos metalúrgicos. Qualquer alma bem-intencionada veria isso e uma delas, o senador Luiz Cavalcante, seu velho amigo velho major Luiz, disse num aparte: "Não adianta o governo vencer essa greve e nós, do seu partido, sermos os grandes derrotados." Seriam. Foram.

Por uns dias, parecera haver um mínimo de vontade democrática na solução da grande greve de 1980; de repente, tudo se esfumaçara.

* * *

Em 9 de maio, os dez sindicalistas presos iniciaram uma greve de fome para forçar a abertura de negociações, mas da Fiesp ou das grandes empresas não veio resposta; a Fiesp estava amordaçada pelo governo Figueiredo. Uma nova assembleia foi marcada para 11 de maio, na igreja matriz. Quando chegou à praça, o deputado Airton Soares parou o carro bem próximo à igreja e abriu o porta-malas, do qual saltou um ágil Osmarzinho, que entrou na igreja com os parlamentares. Foram todos para a sacristia, no fundo da igreja, uma maneira que bolaram para esconder Osmarzinho até a assembleia começar.

De repente alguns homens que se passavam por operários, mas eram agentes do DOI-Codi, cercaram Osmarzinho na sacristia e o algemaram. Os metalúrgicos logo entenderam a ousada tentativa e os cercaram. Em seguida, aconteceram cenas de filme de ação: os agentes agarraram Osmarzinho e sacaram suas armas; os metalúrgicos, à sua volta, gritavam para que eles soltassem o líder sindical. Era um momento de extrema tensão.

No preâmbulo desse episódio, acontecera um fato típico da ditadura. A comunidade de informações considerava que o Dops do delegado Romeu Tuma fazia corpo mole para prender Osmarzinho. Naquele dia, com informações de que Osmarzinho iria à assembleia, agentes do DOI-Codi à paisana foram para a Praça da Matriz às dezenas, muito bem armados. Alguns agentes se misturaram aos operários, entraram na igreja e foram até a sacristia, onde deram o bote sobre Osmarzinho. A ideia era atropelar o Dops e prendê-lo para mostrar a "fraqueza" de Tuma e seus comandados.

Quando os metalúrgicos reagiram e gritaram que eles não sairiam da sacristia com Osmarzinho, os dois grupos passaram a se insultar e se ameaçar mutuamente. Eram dez agentes do DOI-Codi contra uns quarenta metalúrgicos na sacristia e mais uns três mil na nave da igreja. Se os operários partissem para a briga, os outros agentes que estavam na praça invadiriam a igreja a tiros e depois explicariam que foram salvar seus parceiros que estariam sendo massacrados pelos metalúrgicos — e então aconteceria uma chacina pior do que a planejada para o Riocentro, um ano depois. Esse era o cenário armado pela imaginação perversa dos agentes da repressão.

Não era exagero que parlamentares e metalúrgicos deduzissem o plano macabro urdido pelos agentes do DOI-Codi. Dias antes, quando chegaram à cidade, Teotônio e Airton foram alertados pelo coronel Braga sobre os autores de depredações que desde cedo ocorriam nas ruas de São Bernardo do Campo:

— Não somos nós, são os paisanos.

No caso, "nós" eram os militares fardados, que estavam ali comandados por ele, como força legal e identificada; "paisanos" eram os integrantes do DOI-Codi e da P-2 da Polícia Militar, disfarçados como se fossem metalúrgicos. A "tigrada" estava mesmo a fim de criar um ambiente propício a um confronto.

Teotônio e seus colegas congressistas agiram rápida e habilmente. Ligaram para o delegado Nivaldo Leme, do Dops, e negociaram rapidamente uma solução para o impasse — Osmarzinho se entregaria. O delegado se acertou com Tuma, que pediu ao coronel Braga para fazer um corredor polonês com seus soldados da PM, desde a nave da igreja até o lugar onde estacionariam os três carros do Dops. Osmarzinho não seguiria sozinho no carro do Dops mas seria acompanhado pelo deputado e advogado Airton Soares.

Assim foi feito: Airton foi até a rua buscar o delegado Nivaldo e sua equipe do Dops e, até a porta da igreja, o grupo recebeu a proteção da tropa em corredor polonês; ao entrar na igreja, agora sob a proteção do deputado, o grupo atravessou a nave lotada de operários; na sacristia, Osmarzinho foi entregue ao delegado e saíram todos juntos, Airton e Teotônio à frente. Sob enorme tensão, o grupo atravessou a nave, onde se apertava uma turba de metalúrgicos irados, mas que se souberam se conter e não fizeram uma mínima provocação. A partir da porta da igreja, o grupo passou pelo corredor polonês dos soldados do coronel Braga até os carros do Dops. O delegado, Airton e Osmarzinho entraram no carro do meio e os outros dois, que iam à frente e atrás, serviram como batedores, com agentes do Dops fortemente armados, prontos para rechaçar uma eventual tentativa de interceptação dos "paisanos" no caminho até o Dops. Os carros saíram em disparada, relata Airton. Osmarzinho estava na lista de prisões desde 19 de abril, quando conseguira escapar da prefeitura de São Bernardo no carro de Ulysses Guimarães. Com a sua prisão, naquele momento, os metalúrgicos ficaram sem liderança mais experiente — todos os principais diretores do sindicato estavam presos. Ainda assim, numa prova que atestou mais uma vez a maturidade dos metalúrgicos, a assembleia foi feita e conduzida até o fim, sem provocações e sem remoer a perda de seu líder. Concluiu pela decretação do fim da greve, após 41 dias de paralisação. Aprovou-se que o fim da greve deveria ser sucedido por uma operação tartaruga que não teria repercussão.

* * *

Nove dias depois, em 20 de maio, o juiz da Auditoria Militar revogaria a prisão de todos os sindicalistas presos — note-se que o caso, após as prisões dos sindicalistas, fora incurso na LSN e entregue a uma auditoria militar. No domingo seguinte, 25 de maio, uma assembleia no Estádio de Vila Euclides declarou a diretoria cassada do sindicato como única legítima representante dos metalúrgicos. No primeiro momento, de pouco adiantou. A intervenção nos três sindicatos duraria até abril de 1981.

Foi uma conta dura de pagar. A greve terminou sem obter ganhos salariais. Mais de mil trabalhadores que se destacaram na greve — seja como representantes de fábrica, como piqueteiros, como coordenadores de apoio ou em outras funções — foram demitidos. Ainda assim a greve de 1980 marcou o avanço da organização sindical e da consciência política dos trabalhadores. O governo militar usou seu surrado argumento — havia "infiltração comunista" no movimento. Talvez tivesse havido mesmo, mas o tempo se encarregaria de provar que um dos fatores que menos teriam influenciado a maior greve desde 1964 tenha sido a tal "infiltração comunista".

Algum tempo depois, em conversa com seus correligionários do PDS, o general-presidente João Figueiredo reconheceu que a greve provocara "um enorme desgaste para o governo". Sim, provocara um enorme desgaste para o governo militar, mas fora uma derrota bem maior para a linha-dura do regime, que pretendia provocar uma carnificina para mudar, dali em diante, os padrões de tratamento que os militares deveriam dar a todas as manifestações democráticas — o que era apenas um raciocínio tacanho. A linha-dura perdera seus meios para exprimir sua estupidez política.

A postura que o governo Figueiredo adotara para enfrentar a greve de 1980 deixava claro que o projeto de abertura alardeado pelo general-presidente era, no mínimo, limitado. Lidou com a nova organização sindical como lidara, até então, com as oposições e esses dois grupos eram muito diferentes. Ficou dali uma lição para os segmentos de oposição — a redemocratização não era algo que viesse a ser doado pelos militares; ela teria de ser arrancada deles, conquistada nas ruas e na conscientização popular. E essa era uma tarefa que caberia às oposições (agora, no plural, já que havia, a essa altura, quatro partidos que se diziam a favor da redemocratização).

Na greve, o novo PMDB passou no teste: esteve presente em São Bernardo do Campo todo o tempo, usou todas as armas que tinha para defender os operários em greve e, até onde lhe foi possível, confrontou o poder militar. O recém-fundado PT, com sua força limitada, fez-lhe companhia no bom combate. Mas o PDT de Leonel Brizola e o PP de Tancredo Neves em nenhum momento foram vistos nas ruas de São Bernardo do Campo.

A greve ensinara outra lição para alcançar os rumos da democracia — a luta, além de dura, desse momento em diante seria fracionada, com a criação dos novos partidos, uns mais radicais, outros nem tanto, uns mais à direita, outros mais à esquerda. Uns com mais pressa, outros com menos. Alguns dispostos a varrer os militares, outros que queriam conviver com eles conciliatoriamente.

14
O SOPRO DO AMOR TARDIO

A paixão explodiu num olhar. Era 1979 e tudo aconteceu, como só poderia acontecer a um político, em plena sessão de instalação da Comissão Mista que iria analisar o projeto de anistia enviado pelo governo, frente a uma multidão buliçosa, sob grande tensão política. Na presidência da comissão, Teotônio esquadrinhou a plateia até que seus olhos pousaram nela. A flecha de Cupido voou sobre as cabeças das pessoas e pousou suavemente no peito do velho boiadeiro de 62 anos. Quando acabou a sessão, ele se levantou, flecha cravada no peito, e, cercado por militantes entusiasmados, acabou se aproximando dela. O jeito que encontrou foi coletivizar a relação — chamou para um jantar todos os convidados que formavam os núcleos da luta pela anistia nos estados, convidados a Brasília para verem a instalação da Comissão Mista.

No restaurante, deu outro jeito para que ela se sentasse em sua mesa, a seu lado. Durante o jantar falou mais do que habitualmente falava, só para impressioná-la. Não era difícil, com sua palavra densa e fácil, seduzir uma mulher, a despeito dos mais de 25 anos que separavam as suas idades. Nos quatro anos seguintes, enquanto vida lhe restou e até que a vida se esvaísse ele viveu para contar a ela o seu encanto. Depois daquela noite, Teotônio voltou aos verdes anos para cultivar um amor tardio que espocava como o milho nascente.

Quando estavam longe, ligava para Maria Luíza Fontenele lhe dizia coisas especialmente para encantá-la. Apurava o tempo em Fortaleza e descobria que estava chovendo; ato contínuo, telefonava e lhe falava de lembranças da infância, da chuva que fazia o milho pipocar sob a terra molhada — ploquete, ploquete. Repetia a mesma história que contara centenas de vezes, vida afora; mas ela, que a ouvia pela primeira vez, ficava enternecida a ponto de sonhar de olhos abertos. Hoje, ainda chamuscada pelo encanto, admite — era impossível pegar no sono à noite. Ele repetia histórias do sertão, cantava aboios, relatava episódios de boiadas que conduzira para atravessar a torrente do São Francisco na cheia, contava a ambiciosa mudança de lugar da usina, essas histórias fantásticas que estipulavam um espantoso paradoxo entre o boiadeiro que cortava o sertão e o político que entusiasmava o Brasil. Eram homens tão díspares, léguas entre os dois, e no entanto eram o mesmo homem. E ambos, os dois homens que fluíam para um só, se afogavam na paixão por ela.

Ele não descansava. Quando lançou o livro que relatava os episódios da aprovação da anistia, revirou céus e terras para que a noite de autógrafos no Ceará fosse marcada para 27 de novembro, data do aniversário dela — que seria, por sinal, o dia da sua morte, três anos depois. Voou para Fortaleza, fez o lançamento e no fim da noite os dois comemoraram o aniversário juntos.

Certa vez se encontraram em Brasília e numa quinta-feira voariam para seus estados. Ela poderia pegar um avião direto para Fortaleza, mas Teotônio instruiu sua secretária a marcar passagem para os dois num outro voo, com escala em Recife, de onde ela faria conexão para Fortaleza e ele, para Maceió. Quando o avião pousou em Recife, ele se despediu e saiu para pegar a sua conexão para Maceió; ela permaneceu no avião, que seguiria para o Ceará. Maria Luíza lia quando os passageiros para Fortaleza começaram a entrar no avião e ela percebeu que havia um homem parado em frente a seu assento. Levantou o olhar e ali estava Teotônio de volta; sentou-se na poltrona a seu lado e confessou a razão da travessura:

— Saudade! Muita saudade!

Os dois foram juntos até Fortaleza, onde passaram a noite. No dia seguinte, ele pegou um avião para Maceió.

De outra feita ela foi a Maceió para um ato público. À noite, Teotônio levou-a para dormir num apartamento, sem dizer de quem era. Quando ela entrou no apartamento, havia dezenas de fotos de Teotônio — era o apartamento de uma de suas filhas. Maria Luíza intuiu no gesto o cuidado amoroso de protegê-la, de guardá-la para si. Da mesma forma, quando foram juntos ao Rio, ele a levou para dormir em seu apartamento permanente no Hotel OK; à noite, foram jantar no restaurante italiano da rua, bem em frente ao hotel.

Quando ele chegou certa vez a Fortaleza, Maria Luíza lhe perguntou se havia reservado hotel; ele disse que não, porque ficaria hospedado em seu apartamento. Ela não esperava, mas isso não significava problema, pois sua filha adolescente Andréa sabia do namoro e vivia pedindo a ela que lhe apresentasse Teotônio, a quem admirava muito. Naquela noite, Andréa o conheceu e fez questão de tocar flauta doce para ele. Maria Luíza tinha o hábito de andar descalça em casa e suscitou um comentário de Teotônio a Andréa:

— Já viu como sua mãe tem pés lindos?

Andréa se comoveu com o elogio imprevisto. À noite, ele se encaminhou para a suíte de Maria Luíza. Ela objetou: "Não, não, não!" E o pôs para dormir no quarto de Andréa, que por sua vez foi dormir no sofá da sala.

A mais escandalosa situação, no entanto, foi uma peripécia minuciosamente planejada por Teotônio. Ele a levou a um comício eleitoral no interior de Alagoas, numa cidade cujo nome Maria Luíza esqueceu, mas que certamente não era a Viçosa. No palanque, ante uma plateia de cem sertanejos, ele pronunciou um discurso inspirado e, ao término, sem meias palavras e sem demonstrar o menor pudor, declarou-se perdidamente apaixonado por ela — e em seguida anunciou que ela iria discursar. A plateia foi ao delírio, aplaudiu fervorosamente. Maria Luíza ficou enrubescida e, nervosa, fez um discurso meramente político, cuidando-se para não ampliar eventuais mal-entendidos que pudessem derivar daquela confissão abusada.

Antes de ingressar no PT, Maria Luíza fora clandestinamente filiada ao Partido Comunista Revolucionário (PCR), fundado por seu conterrâneo José Genoíno ao término de sua pena por ter participado da guerrilha do Araguaia. Adiante o PRC decidiu pela sua autoextinção e seus militantes confluíram para o PT.

Quando eles se conheceram, ela era da ala mais radical do PT — talvez fosse mais correto dizer da ala mais incendiária — e ele, um velho liberal rebelde que penetrava tardiamente nos meandros do pensamento de esquerda. Ela disse um dia a um Teotônio já doente:

— Nossa relação não pode dar certo. Eu sou uma comunista, vinculada ao PRC, e você é um usineiro liberal que foi da Arena. Para onde esse caso da gente vai?

Teotônio riu e respondeu:

— Nós vamos juntos até uma curva da estrada que está lá na frente, onde vou descer. Não se preocupe, essa curva não está longe.

Assim era Teotônio: de uma transparência tão diáfana, tão crucial, tão obrigatória que amou em público um amor interditado, sofreu em público a dor de uma doença cruel e, por fim, morreria em público.

* * *

O segundo choque do petróleo derramara seus efeitos malignos pela economia mundial e causara enormes estragos na desprotegida economia brasileira, extremamente dependente do petróleo. A economia funcionava mal e provocava uma generalizada insatisfação na sociedade. Os maus resultados econômicos enfraqueciam o governo e deixavam-no inseguro para avançar na abertura democrática. Um barril de petróleo, que custava 14 dólares em 1978, chegara a 34 dólares em fins de 1981. A produção industrial brasileira, que crescera à média de 7% de 1968 a 1980, encolhera 12% em 1981. Os investimentos públicos e privados se reduziram bruscamente. As exportações brasileiras se comprimiram, as taxas de desemprego dispararam. A inflação, com toda essa retração econômica, diminuiu só um pouco — de 110% para 100% ao ano. E os indicadores externos também eram negativos, o que presumia uma crise de abrangência mundial: a economia americana também entrara em recessão, elevara os juros que gravavam o serviço da dívida externa brasileira e com isso atraíra capitais que poderiam ter sido direcionados para o Brasil. Era uma crise assustadora que rondava o governo hesitante de Figueiredo e começava a ameaçar os próprios rumos da abertura democrática.

As primeiras bombas começaram a explodir. Elas eram a nova forma de expressão da linha-dura concentrada na comunidade de informações, temerosa de que a abertura política, a despeito da anistia, conduzisse a investigações sobre os abusos perpetrados durante anos nos porões militares e a punições para seus autores. A primeira delas foi colocada no Hotel Everest, no Rio de Janeiro, em 18 de janeiro de 1980, para atingir Leonel Brizola, que lá estava hospedado, mas foi desarmada antes de explodir. Nove dias depois uma outra, colocada na quadra da Escola de Samba Acadêmicos do Salgueiro, no Rio de Janeiro, explodiu durante um comício do PMDB.

Em abril, teve início uma série de atentados contra bancas de jornais em várias capitais e que durariam até setembro, quando, afinal, atemorizados, os jornaleiros pararam de vender jornais da chamada imprensa alternativa, como *O Pasquim, Movimento, Opinião, Em Tempo, Hora do Povo, Tribuna da Luta Operária, Companheiro.* Em Belo Horizonte, uma bomba destruiu a redação do semanário *Em Tempo*, que publicara os nomes de vários torturadores; no Rio, outra bomba destruiu o carro do jornalista Hélio Fernandes, dono da *Tribuna da Imprensa.*

A comunidade de informações, que era o inequívoco centro gerador dos atentados, conseguia certo êxito, do seu ponto de vista obscurantista: o semanário *Movimento*, que chegara a vender 20 mil exemplares por edição, no fim de 1978, chegava ao fim de 1980 com menos de cinco mil. A sequência assustadora atordoava a sociedade e não se sabia como aquilo iria acabar porque o governo não investigava e ainda tinha o desplante de sugerir que os atentados eram praticados por ativistas de esquerda, o que criava uma zona cinzenta de dúvida e insegurança. Era um filme que se repetia: os ataques feitos pelo Comando de Caça aos Comunistas (CCC) em 1968 e os atentados cometidos em 1976 por uma autodenominada Aliança Anticomunista Brasileira (AAB) já haviam permanecido impunes.

A angústia dos que haviam lutado tanto tempo pela redemocratização crescia a cada atentado, por várias razões. Uma é que não havia como controlar os atentados e o governo, que tinha aparato para fazê-lo, parecia não querer ou não poder usá-lo. Outra é que aquele processo insano assustava a população das grandes cidades. Uma terceira era que a inação do governo o enfraquecia a olhos vistos e atrasava as medidas para aprofundar a abertura política. Essa terceira razão tinha uma variável mais delicada ainda: em certos momentos, parecia que, no máximo, o governo Figueiredo se sentia impelido a agradar a comunidade de informações e, quem sabe, assim convencê-la a parar de produzir atentados.

O fato é que a linha-dura, enquistada na comunidade de informações, parecia intocada e expressava com os atentados a sua inconformidade com a redemocratização. Os setores democráticos ficavam perplexos porque antes pensaram que a anistia, o perdão implícito às torturas e mortes cometidas nos porões haviam aplacado os temores da repressão militar. Mas agora a sequência de atentados deixava claro que não. O mais impactante é que a comunidade repressora não tinha mais razão de existir, já que os inimigos tinham sido eliminados. Nesse momento, ela própria informava à sociedade que sua única tarefa remanescente era assustar as pessoas.

* * *

Tempos loucos eram aqueles em que a música binária composta pela ditadura militar decadente emitia dois tipos de compasso — uma medida em favor da abertura tinha de ser compensada por outra que agradasse a comunidade de informações. Assim foi no fim daquele tumultuado ano de 1980, em que o governo do general-presidente João Figueiredo, depois de espancar os metalúrgicos do ABC e impedir que fizessem um acordo que os próprios patrões desejavam, resolveu enviar ao Congresso uma proposta de emenda constitucional restabelecendo a eleição direta para governadores de estado de 1982. O governo militar, naturalmente, considerava que as salvaguardas adotadas no Pacote de Abril eram suficientes para garantir sua maioria no Congresso e que as oposições, agora devidamente retalhadas em vários partidos, não teriam força para se opor ao forte e unido partido oficial, o PDS, nas eleições de 1982.

A emenda teve transcurso rápido e empolgante. O PDS, por óbvio, aplaudiu a proposta do governo e tentou posar de inspirador daquele avanço formidável. As oposições concordavam com maior entusiasmo, pois poderiam ter candidatos próprios nas futuras eleições, o que ajudaria na consolidação dos novos partidos. Pela primeira vez na história do Congresso uma emenda constitucional foi aprovada por unanimidade. Além das eleições diretas para governadores, a emenda extinguiu a figura abjeta do senador biônico, preservando os últimos quatro anos de mandato dos nomeados em 1978. As oposições tentaram aduzir-lhe uma subemenda que restabelecia as eleições diretas para a Presidência da República, mas ela não chegou a ser votada. Afinal, um avanço, bradavam as oposições com entusiasmo.

* * *

O deputado Marcelo Cerqueira (RJ), conhecido advogado de presos políticos na década de 1970, conhecera o senador Teotônio Vilela num voo de Brasília para o Rio quando uma coincidência no *check--in* colocara os dois em poltronas contíguas. Era começo de 1979 e se iniciava a nova legislatura do Congresso eleito no ano anterior. Embora os dois ainda fossem de partidos rivais e de origem ideológica diversa — Cerqueira, um comunista de longo curso, no MDB, e Teotônio, um usineiro alagoano, na Arena (mas em marcha batida a caminho do MDB) —, logo a conversa indicaria que os dois falavam linguagem muito parecida. Quando desembarcaram no Rio, Teotônio contou que tinha um quarto fixo no tradicional Hotel OK, no Centro, e convidou Cerqueira para jantar, uma forma de dizer que gostara da conversa. Os dois pegaram o carro que Cerqueira deixara no estacionamento do Aeroporto Santos Dumont e foram jantar num restaurante italiano em frente ao hotel. A partir daí, ficaram amigos e, mais do que amigos, se tornaram parceiros inseparáveis na luta pela anistia que sustentariam no segundo semestre daquele ano e as preocupantes emoções que continuariam vivenciando no começo de 1981.

Na madrugada de 26 de março de 1981, um comando de 15 homens armados e encapuzados, munidos de radiotransmissores, invadiu a redação do jornal *Tribuna da Imprensa*, na rua do Lavradio, no Centro. Os invasores algemaram dez funcionários que trabalhavam na impressão do jornal e colocaram bombas que destruíram as impressoras.

Em 2 de abril, Cerqueira estava no Congresso quando recebeu um telefonema nervoso de sua mulher — duas bombas haviam explodido no casarão em que morava com a família, no bairro de Santa Teresa. A casa fora construída no século XVIII por Mestre Valentim, consagrado escultor mineiro, para ser morada de uma filha. Tinha, portanto, todo um valor histórico — janelas de esquadrias finamente cortadas e guarnecidas por vidros belgas, azulejos portugueses na varanda lateral. Uma das bombas foi colocada justamente sob uma das janelas que davam para a varanda, quarto de dormir do casal. A explosão destruiu as esquadrias, desnudou as paredes da varanda e estilhaçou os azulejos. A outra bomba foi posta sob seu carro, um Chevrolet Opala Comodoro, estacionado em frente ao casarão. Acabou com o carro. As duas bombas foram plantadas pelo capitão Wilson Machado e pelo sargento Guilherme Pereira do Rosário, de quem muito se ouviria falar pouco menos de um ano depois.

No mesmo dia Teotônio subiu à tribuna do Senado e denunciou o atentado:

> Aqueles que colocaram a bomba na janela do quarto de sua esposa sabia que lá não se encontrava o deputado. O objetivo era atingir a família, a privacidade do lar, levantar o clima de terror contra os parentes, ou seja, aqueles que são mais sensíveis a esse tipo de violência.

Teotônio explicou a origem do ódio que a comunidade de informações nutria por Cerqueira e lembrou que ambos haviam acompanhado Inês Etiènne Romeu na localização da "Casa da Morte", em Petrópolis.

De fato, a bomba foi colocada logo após a descoberta e a revelação da "Casa da Morte". Em sua denúncia, Teotônio deu nome a todos os bois:

> Essa central de violência, que tem sede aqui em Brasília, está abrangendo todos os estados da federação.

No fim, jogou a responsabilidade no colo do general Figueiredo:

> Qualquer coisa que venha a acontecer à esposa e às duas filhas do deputado Marcelo Cerqueira só terá um responsável: o chefe desta infeliz Nação.

Aconteceu, não à esposa ou às filhas mas ao próprio Cerqueira. Poucas semanas depois, ele chegava em casa no novo carro que havia comprado, um Alfa Romeo JK, e saltou para abrir o portão da garagem. A 15 metros de distância um homem saiu de um Volkswagen estacionado na rua, sacou uma pistola e começou a atirar em sua direção.

Cerqueira não foi atingido e logo perceberia que a intenção não era acertá-lo, porque um profissional não erraria todos os tiros àquela curta distância, mas simplesmente deixá-lo aterrorizado.

Em 27 de agosto, no entanto, a coisa foi bem mais séria. Em seu gabinete, o jornalista Barbosa Lima Sobrinho, presidente da Associação Brasileira de Imprensa (ABI), recebeu um telefonema de um homem que se dizia membro do Comando de Caça aos Comunistas (CCC) — uma entidade sinistra integrada por civis e militares de extrema-direita que literalmente caçava conhecidos comunistas nos idos de 1964. A entidade desaparecera depois da intensa atividade de 1964, fora substituída pela própria comunidade de informações. O interlocutor de Barbosa Lima, portanto, usava um estratagema para esconder sua real vinculação. Com voz cavernosa, vociferou uma ameaça: uma bomba explodiria no prédio da ABI às 17 horas. Barbosa Lima mandou evacuar o prédio imediatamente e chamou a polícia e o Corpo de Bombeiros.

A bomba de fato estava plantada na ABI, não explodiu e só seria encontrada pela polícia no dia seguinte, no banheiro do 8º andar do prédio da rua Araújo Porto Alegre, no Centro do Rio de Janeiro. Um pouco antes do estranho telefonema, a secretária do presidente da OAB, Lyda Monteiro, de 59 anos, voltava do almoço quando foi avisada de que um homem de cabelos encaracolados, com trinta anos presumíveis — anos depois identificado como o sargento Magno Cantarino Mota —, queria falar com ela. O homem entregou-lhe um envelope pardo endereçado ao presidente da OAB, Eduardo Seabra Fagundes. Lyda foi até sua mesa e quando abriu o envelope sobreveio uma violenta explosão que a matou.

Na mesma tarde, outro envelope foi entregue no gabinete do vereador Antônio Carlos de Carvalho, do PMDB. Quando foi aberto pelo assessor José Ribamar de Freitas, tio do vereador, explodiu e lhe decepou um braço; cinco pessoas que estavam próximas ficaram feridas.

A sequência indicava que esses fatos não eram isolados. Tratava-se, evidentemente, de uma onda de atentados perpetrada por "especialistas" e ninguém, no país, tinha dúvidas do local onde batiam ponto. Mas o governo não parecia ter ímpeto para apurar as explosões e descobrir os criminosos. Encenou um teatro compungido, como se estivesse verdadeiramente contristado com a violência. Como ator principal, e mau ator, o general Figueiredo bradou: "Peço a esses facínoras que desviem sua mão criminosa sobre mim, mas que deixem de matar inocentes." Não precisaria pedir pela imprensa. Como conhecera todos bem de perto quando fora chefe do SNI, poderia dirigir-se a eles de viva voz. No fundo, optou pela declaração teatral para causar impacto no público e simular um distanciamento dos criminosos que não havia de fato.

O ministro Ibrahim Abi-Ackel, da Justiça, mandou a Polícia Federal abrir inquérito, mas sabia antecipadamente que nada seria revelado, como de fato não o foi. O líder do governo no Senado, Jarbas Passarinho, foi analisar os atentados com o general Golbery do Couto e Silva, chefe da Casa Civil, e à saída declarou: "É uma tentativa de desestabilizar o presidente da República." O secretário de Segurança do Estado do Rio, general Edmundo Murgel, colocou os trinta mil homens das polícias civil e militar de prontidão e, em nota, considerou os atentados "repugnantes e totalmente injustificáveis". O presidente do PMDB, deputado Ulysses Guimarães, afirmou: "A impotência do governo mergulhará o país no caos e na anarquia." Dom Cláudio Hummes, agora presidente da Conferência Nacional dos Bispos do Brasil (CNBB), disse que os atentados intranquilizavam a Nação, "sobretudo porque não se vê uma saída que faça cessar os atos de terrorismo".

* * *

Na noite de 30 de abril de 1981 estava marcado um grande show de música num dos pavilhões do Riocentro, na Barra da Tijuca, Zona Oeste do Rio de Janeiro, para comemorar o Dia do Trabalhador. No palco, a fina flor da música popular brasileira; na plateia, pelo menos 15 mil pessoas (hoje o Riocentro comporta dez mil pessoas sentadas), em sua enorme maioria jovens que gostavam de música e partilhavam a ideia de redemocratização do país. Era, ao mesmo tempo, um espetáculo de congraçamento democrático e protesto contra a quase finada ditadura militar.

O Riocentro fora inaugurado quatro anos antes e ainda não era bem conhecido dos cariocas. Desde então, ao longo dos anos, tem sido destinado a eventos de grande porte. Em 1992, por exemplo, sediou a Conferência Internacional da ONU sobre Meio Ambiente, a Eco-92, e vinte anos depois abrigaria a Rio+20. Lá acontece há anos a Bienal do Livro do Rio de Janeiro.

Naquela noite, havia sinais esquisitos no ar. Cedo, o tenente César Wachulec, chefe da segurança do Riocentro, recebera uma ordem para controlar apenas o movimento das bilheterias. Um mês antes, o antecessor de Wachulec, o coronel Dickson Grael (pai dos consagrados iatistas Lars e Torben Grael), fora demitido sem justificativas. Era comum que os grandes espetáculos no Riocentro recebessem patrulhamento externo da Polícia Militar, mas naquela noite esse serviço também fora cancelado por misteriosas ordens superiores.

Logo depois que o show começou, um Puma cinza metálico, placa OT-0297, do Rio de Janeiro, estacionou numa vaga destinada ao policiamento; o motorista era o capitão do Exército Wilson Luiz Chaves Machado e a seu lado estava o sargento Guilherme Pereira do Rosário; os dois, que menos de um ano antes haviam colocado duas bombas na casa do deputado Marcelo Cerqueira, estavam lotados no DOI-Codi do Rio, à rua Barão de Mesquita. A placa do Puma era falsa, mas o carro efetivamente pertencia ao capitão Machado.

O sargento Rosário saltou do Puma e foi até a miniestação de energia do Riocentro, onde plantou uma das bombas que carregava. Voltou a sentar-se no banco do carona do Puma, ao lado do capitão Machado, e começou a manipular uma segunda bomba (e ainda havia uma terceira no pequeno banco traseiro do carro), que seria colocada diretamente junto a uma das portas de saída do Riocentro. A ideia dos dois delinquentes era que a primeira bomba, ao explodir na casa de força, provocaria uma queda total de energia e, presumivelmente, uma debandada desesperada das pessoas. Nesse momento explodiria a segunda bomba, junto à porta, o que amplificaria o pânico e causaria o provável morticínio de muitas pessoas.

Inesperadamente, a segunda bomba explodiu no colo do sargento e, por consequência direta, do regime militar. Por volta das 21 horas, o teto do Puma foi pelos ares e o sargento Rosário morreu instantaneamente. A seu lado, o capitão Machado foi gravemente atingido e ficara com os intestinos à mostra. Naquele momento, atrasada para o show, chegava ao Riocentro a jovem Andréa da Cunha Neves, neta do então deputado e futuro presidente Tancredo Neves e irmã de Aécio Neves, que depois seria deputado, governador e senador por Minas Gerais. Ela procurava uma vaga para estacionar seu carro quando viu a explosão a 50 metros e pensou que fosse um atentado contra os ocupantes do Puma. Aproximou-se, viu que o capitão estrebuchando no chão, ao lado do carro e, com a ajuda dos amigos que a acompanhavam, colocou Machado no banco traseiro do carro e o levou para o Hospital Lourenço Jorge, também na Barra da Tijuca (posteriormente ele seria removido pelos "amigos" para o Hospital Miguel Couto, no Leblon).

No caminho, agonizante, Machado ainda conseguiu transmitir-lhe um telefone e o pedido para avisar "um amigo chamado Reis". No hospital, Andréa ligou e avisou "Reis". O telefone era do DOI-Codi do Rio. Naquele momento, a comunidade de informações ateava fogo às próprias vestes e dava um golpe de misericórdia em si mesma e no regime militar.

Milagrosamente, o show terminou sem grandes sobressaltos. No fim, o compositor Gonzaguinha relatou ao público: "Algumas pessoas que são contra a democracia jogaram algumas bombas lá fora para nos amedrontar." A versão era correta, embora imprecisa, porque nem mesmo Gonzaguinha, àquela hora, tinha noção da gravidade do que acontecera.

Nos meses posteriores, a comunidade de informações e o próprio Exército tentaram, inutilmente, forjar uma versão que acomodasse os fatos. Mas a versão que eles montaram era absurdamente fantasiosa — a bomba que trucidara o sargento e ferira gravemente o capitão teria sido plantada no Puma por uma organização guerrilheira de esquerda, a VPR. Acusar a VPR era uma farsa. Qualquer pessoa que conhecesse minimamente a evolução das organizações de guerrilha urbana saberia que esse grupo estava extinto e não tinha um único militante ativo havia pelo menos nove anos. Para sustentar essa versão mentirosa, os próprios militares picharam muros próximos ao Riocentro com a sigla VPR. Não colou.

A cada momento surgia um fato novo que desmentia a versão do Exército, que chegou a instalar um Inquérito Policial-Militar (IPM) para oficializar a versão fantasiosa, mas suas conclusões foram completamente desmoralizadas. O Exército, com cobertura do governo Figueiredo, tentou de todas as formas encobrir a ligação entre as explosões e a comunidade de informações, o que levou à renúncia, ainda em maio, do general Golbery do Couto e Silva, que não concordara com a absolvição branca dos autores do atentado.

Na ocasião, até mesmo o moderado Tancredo Neves, presidente nacional do PP, que apoiara várias medidas do governo e evitara denunciar a participação de militares nos atentados, mudou de posição. Afirmou que o governo tinha "a obrigação moral de esclarecer em detalhes e pormenorizadamente todas as ocorrências à Nação". Com o passar dos anos ficaria copiosamente comprovado que aquele crime fora executado pela comunidade de informações — e que, obviamente, todos os demais atentados a bomba perpetrados nos últimos meses eram obra daquela mesma organização criminosa.

* * *

À época todos tinham medo de dizer as coisas como elas eram — medo do governo, de que pudesse haver um retrocesso e, sobretudo, da extrema-direita que explodia bancas de jornal, atirava nas pessoas e perpetrava atentados impunemente. Muitos falavam por enigmas, outros por metáforas. Teotônio, com sua proverbial franqueza política, deixou a coisa mais clara quando, numa entrevista à *Folha de S.Paulo*, publicada em 10 de maio, pôs as coisas em seus devidos lugares:

> A bomba é, em última palavra, um instrumento político. Ela não está sendo jogada aí sem qualquer objetivo, nem está sendo jogada ou vem sendo jogada para mudar o poder, substituir o presidente da República. Ela faz parte de um programa, de um processo político. Ela é um casuísmo.

Fazia uma ironia finíssima com os casuísmos eleitorais que a ditadura programava sempre que sentia a possibilidade de perder uma eleição ou de reduzir (ou mesmo perder) sua maioria parlamentar. É que para manter o modelo sob o qual se estruturara — uma ditadura que usava a fachada de um Congresso em funcionamento, mas sem poder, apenas para argumentar que o Brasil era democrático — o regime militar tinha de garantir sempre maioria nas casas do Congresso. Se a maioria fosse perdida, o modelo se esborracharia no chão.

Agora, segundo a ironia de Teotônio, como os casuísmos eleitorais já não surtiam tanto efeito, ou, quem sabe, o arsenal deles se esgotara com a aposentadoria de Golbery, caberia usar a bomba como novo "casuísmo" — aquele capaz de assustar as pessoas e fazê-las recuar, as oposições, as instituições, a sociedade civil. Teotônio denunciava o objetivo imediato: "O processo terrorista está montado com vistas à eleição de 1982."

E foi além. Disse, alto e bom som, o que as pessoas evitavam dizer naquele momento — o atentado fora praticado pela comunidade de informações, com a cobertura plena do Exército:

> Quando o comandante do I Exército declara que eles, o capitão e o sargento, estavam em missão, não está faltando, de maneira alguma, com a verdade. Disse a coisa correta. São militares do DOI-Codi, cuja função até agora conhecida, depois de extinto o AI-5, tem sido essa, de colocar bombas no país.

Nessa entrevista, que teve grande repercussão, ele voltou a bater na tecla da necessária união das oposições e criticou asperamente o fim do bipartidarismo: "O governo jogou no esfacelamento das oposições, tomando como certo que estaríamos numa democracia, num Estado de direito, e todo mundo engoliu."

"Todo mundo", no caso, era uma expressão para enquadrar as três aventuras partidárias que sangravam e enfraqueciam o PMDB — Leonel Brizola e Lula à esquerda e Tancredo Neves à direita.

* * *

O governo Figueiredo lhe dava razão. Depois de usar o casuísmo da bomba, voltou a mais uma rodada dos casuísmos político-eleitorais para tentar garantir em 1982 uma vitória eleitoral que parecia improvável. As oposições já conheciam o longo e tenebroso histórico de casuísmos da ditadura sempre que se aproximava uma eleição em que o partido oficial aparentava desvantagem. Fora assim nas eleições municipais de 1976, quando, escaldado da derrota acachapante de 1974, o regime militar em junho, a quatro meses do pleito, tirou do bolso do colete a Lei Falcão, que só permitia a exibição de uma foto e um pequeno currículo no horário de propaganda eleitoral. Os candidatos ficaram proibidos de falar. Depois, em 1977, editou o Pacote de Abril, que impôs uma série de medidas esdrúxulas, previstas com o único objetivo de dificultar a vida da oposição e facilitar a do governo. Quando tudo caminhava para uma nova derrota em 1982, o regime militar impôs o fim do bipartidarismo e estimulou a pulverização da oposição em vários partidos. E, como não lhe teria sido bastante, agora, em novembro de 1981, um ano antes da eleição de 1982, baixava o Pacote de Novembro.

Dias antes do anúncio do pacote, o SNI entregara ao general Figueiredo um mapa minucioso das pesquisas eleitorais que mandara fazer em todos os estados. O mapa indicava que o PDS só venceria em quatro: Maranhão, Mato Grosso, Alagoas e Sergipe; o PMDB faria governadores na maioria dos estados do Sudeste, do Sul, do Norte e do Centro-Oeste e PDT e PP venceriam no Rio de Janeiro e em Minas Gerais. As oposições, de fato, tinham candidatos fortíssimos em Minas Gerais (deputado Tancredo Neves, pelo PP), em São Paulo (senador Franco Montoro, pelo PMDB), no Rio de Janeiro (Leonel Brizola, pelo PDT), no Paraná (senador José Richa, pelo PMDB), em Goiás (Iris Rezende, pelo PMDB), no Amazonas (Gilberto Mestrinho, pelo PMDB) e no Pará (deputado Jáder Barbalho, pelo PMDB).

As oposições ganhariam nos estados que tinham relevância política e econômica e passariam a ter sob seu comando o PIB nacional; o governo e o PDS seriam confinados ao Nordeste. Para agravar a situação, o regime militar e seu partido oficial tinham péssimas perspectivas nas eleições para o Congresso. As eleições seguramente levariam as oposições a formar uma forte bancada nas duas Casas, o que reduziria drasticamente a chance de o regime militar fazer o sucessor do general Figueiredo, mesmo com os efeitos dos casuísmos anteriores, gerados no Pacote de Abril.

O Pacote de Novembro era uma tentativa quase desesperada de ajudar o partido do governo, o PDS, a ampliar seus votos, principalmente a partir dos grotões, onde se aninhava o eleitorado menos esclarecido do país. Para isso, o pacote criou o voto vinculado, que obrigava o eleitor a votar em candidatos de um mesmo partido desde vereador e prefeito até deputado estadual, deputado federal, senador e governador. E proibiu as coligações partidárias, o que significava que os partidos oposicionistas não poderiam firmar alianças táticas nas eleições para governador, senador e prefeito. Traduzindo em miúdos: em Minas, o natural seria Tancredo ser apoiado por PMDB e PDT; no Rio de Janeiro, PMDB e PP apoiariam Brizola; em São Paulo, PDT e PP apoiariam Montoro — e assim por diante. A proibição das coligações acabou com essa possibilidade.

As novas regras praticamente fulminavam partidos sem estrutura em muitos estados, como era o caso de PDT e PT. Ao mesmo tempo, inviabilizavam o PP de Tancredo. Havia, nessas novas regras extraídas da cartola, um raciocínio óbvio: para angariar votos para seus candidatos a vereador e deputados, por exemplo, e formar bancadas fortes nos municípios, estados e Câmara dos Deputados, cada partido deveria ter candidatos fortes ao governo estadual e ao Senado.

Mas a nova legislação não apenas atrapalhava as oposições. Ela também favorecia significativamente o partido do governo, o PDS, no que ele tinha de mais fraco, a sua dificuldade histórica de compor suas correntes em cada estado. O Pacote de Novembro deu a solução ao instituir a sublegenda, que permitiria a cada partido ter três candidatos para uma única vaga de senador em cada estado. Isso acomodaria as correntes regionais do PDS e acalmaria as potenciais dissidências. E, de cambulhada, ainda dificultava enormemente a vida dos partidos de oposição, que teriam de escalar um candidato ao Senado para enfrentar três. Para arrematar o casuísmo, o pacote obrigava cada partido a lançar chapas para todos os cargos.

Mas o novo pacote casuístico era ainda mais malicioso do que parecia à primeira vista. Seu principal aspecto era a tendência de municipalizar uma eleição que escolheria governador e a bancada federal. É sabido que a tendência que molda o voto do eleitor em eleições municipais é bem diferente em eleições estaduais e federais. Na eleição municipal, há uma nítida prevalência de temas locais; nas eleições estaduais e federais, o olhar do eleitor se volta mais para questões institucionais e macroeconômicas. Que efeito essa mixórdia eleitoral provocada traria ao cruzar as duas tendências numa só eleição?

O pacote não tinha legitimidade, pois beneficiava claramente o PDS e facilitava a manutenção das suas maiorias no Congresso e em muitas assembleias estaduais, o que, por sua vez, garantia uma hegemonia do regime militar na eleição do sucessor de Figueiredo. A proposta se tornara lei em janeiro, mesmo sem ter sido aprovada pelo Congresso — sua aprovação se deu por decurso de prazo. Mesmo assim, era a nova lei e era com essa lei que as oposições teriam de jogar.

A primeira grande reação ao Pacote de Novembro veio antes mesmo de sua aprovação formal pelo Congresso. Em dezembro de 1981, o PP de Tancredo Neves fez uma convenção e aprovou a fusão do partido com o PMDB. Os parlamentares que tinham saído de outros partidos voltaram aos antigos ninhos, uma parte para o PMDB e outra para o PDS. Feitas as contas, as oposições ainda estavam divididas mas o PMDB se fortaleceu muito eleitoralmente com o retorno dos moderados do PP, não só para a eleição de 1982, mas também para a sucessão do general Figueiredo. Uma jogada desesperada do governo militar indicava para as oposições o remédio exaustivamente pregado por Teotônio um ano antes — as oposições deviam marchar juntas até que a redemocratização fosse alcançada. Teotônio sabia das coisas.

Tancredo refez o seu caminho, acabou com o PP e retornou ao PMDB com ares de arrependimento pela traição do governo militar com quem, por uns meses, flertara. Brizola e Lula mantiveram os seus PDT e PT. Brizola ainda se elegeria governador do Estado do Rio de Janeiro, mas Lula ficou pendurado num futuro incerto.

* * *

A situação fundiária no Pará havia atingido um limite insuportável de tensão. Nos últimos tempos, posseiros estimulados pelas Comunidades Eclesiais de Base (CEBs) invadiam latifúndios nas regiões dos rios Araguaia e Tocantins, faziam apressadamente uma demarcação própria e exigiam que o Grupo Executivo das Terras do Araguaia--Tocantins (Getat), criado para substituir o Instituto Nacional para a Colonização e a Reforma Agrária (Incra) na região, oficializasse essa demarcação, qualquer que fosse o tamanho do terreno apropriado. Os fazendeiros pressionavam em sentido contrário.

Os dois lados estavam armados e preparados para o enfrentamento. Fazendeiros armados sempre foi comum, mas posseiros bem armados e bem treinados militarmente, essa, sim, era uma enorme novidade — e eles estavam, tanto que em mais de uma ocasião mataram pistoleiros contratados pelos fazendeiros. O governo fazia promessas aos posseiros mas o Getat não confirmava formalmente suas conquistas territoriais. À época, o jornalista paraense Lúcio Flávio Pinto, que acompanhava de perto essas disputas, informava que houvera dez invasões em 1981 e cinco em 1982, sem que o Getat, que era vinculado diretamente ao Conselho de Segurança Nacional, e o governo pudessem intermediar uma solução satisfatória para ambos os lados.

Foi sob esse clima que, na tarde de 13 de agosto de 1981, uma quinta--feira, em São Geraldo do Araguaia, perto de Marabá (PA), 13 posseiros emboscaram uma caravana de funcionários do Getat, mataram Luís Antônio dos Santos Nunes e feriram seis pessoas. Os padres dominicanos franceses Aristide Camio e François Gouriou, que atuavam na região e eram vinculados às Comunidades Eclesiais de Base (CEBs), foram acusados de incitar os posseiros e presos. Durante bom tempo o caso repercutiu no noticiário político. O governo do general Figueiredo queria simplesmente expulsar os padres para impedir sua continuada ação político-religiosa junto aos posseiros do Pará.

Mas o general Figueiredo sofreu um enfarte, afastou-se para um tratamento de saúde nos EUA e transmitiu o governo a seu vice--presidente, o mineiro Aureliano Chaves. Um liberal firme e decidido, mas dado a rompantes em defesa da democracia, Aureliano se recusou a assinar a mera expulsão dos padres. Optou por mandá-los a julgamento na Justiça Militar, como recomendava a legislação da época. Essa decisão politizava a solução do caso, pois as oposições aproveitariam o enquadramento dos padres na Lei de Segurança Nacional e o julgamento numa auditoria militar para tirar ganhos políticos. Nada melhor para pressionar a ditadura, até em razão das repercussões no exterior, do que acenar com o julgamento de dois padres franceses numa auditoria militar numa região amazônica.

Em abril de 1982, o deputado paraense Jáder Barbalho, então membro do grupo autêntico do PMDB, pediu a Teotônio que fosse ao Pará visitar os padres na prisão, numa reedição das visitas por ele feitas a presos políticos ao tempo da anistia. O PMDB da época estava muito preocupado com questões das grandes cidades e não dava muita atenção às disputas agrárias, que traziam uma conotação fortemente ideológica por causa da guerrilha sustentada pelo PCdoB uma década antes, justamente naquela região. Mas Teotônio não representava a média do PMDB. Ele convocou os deputados Marcelo Cerqueira (PMDB-RJ) e Cristina Tavares (PMDB-PE) para o acompanharem na viagem.

Quando descem a escada do avião no Aeroporto Val de Cans, em Belém, Teotônio tropeçou no último degrau da escada e caiu pesadamente na pista. Cerqueira, que descia imediatamente atrás, tentou erguê-lo mas não conseguiu. Teve de esperar a chegada de Barbalho, que correu pela pista para ajudar. Os dois conseguiram reerguer Teotônio.

Fora um tombo esquisito, pensou antes de qualquer coisa Cerqueira na ocasião. Qualquer um pode tropeçar e cair, mas algo lhe dizia que houvera algo diferente na forma pesada e fragorosa como Teotônio desabara, como se as pernas lhe tivessem faltado completamente por um instante. Teotônio enfim ergueu-se com a ajuda de Cerqueira e Barbalho, limpou o terno e os três seguiram sua missão.

Do aeroporto, os quatro foram diretamente para a sede da Polícia Federal, onde o delegado Sadoc Reis lhes disse que uma visita aos padres presos não seria permitida. Aquele era um indicativo ruim: três anos antes, nas visitas inopinadas e de surpresa às penitenciárias onde havia presos políticos, Teotônio nunca fora barrado na porta de um presídio. Mas aquele caso era tratado com zelo especial pela ditadura. Logo após a transferência dos padres para Belém, o arcebispo-coadjutor da cidade, dom Vicente Zico, tentara visitá-los e também fora barrado.

Teotônio protestou, disse que o presidente do partido, Ulysses Guimarães, recebera do ministro da Justiça, Ibrahim Abi-Ackel, a garantia de que a incomunicabilidade dos padres presos fora suspensa. Era um blefe. Precavido, o delegado ligou para o Ministério da Justiça, em Brasília, para checar a informação. Até onde ele sabia — e parecia saber tudo a respeito do andamento do processo — o juiz-auditor não suspendera a incomunicabilidade. O ministério negou que Abi-Ackel tivesse informado Ulysses.

Flagrado em seu blefe, Teotônio recorreu a seus velhos truques dos tempos da anistia, quando abrira vários portões de presídio no grito. Dessa vez, voltou a gritar para o delegado, com seu vozeirão de barítono: "Eu sou um senador da República!" Mas o delegado não era uma sentinela de porta de presídio e não se impressionou com a tática de pressão. Teotônio deu-se por vencido e programou para a manhã seguinte uma visita a São Geraldo do Araguaia, teatro do tiroteio entre posseiros e funcionários federais.

Naquele dia, no entanto, restou a Teotônio, Cerqueira, Cristina e Barbalho, sempre seguidos por um batalhão de repórteres, cumprir a procissão do aeroporto até a sede da Polícia Federal e da Polícia Federal até a sede da CNBB em Belém, onde concederam entrevista à imprensa, para criar um fato político e ocupar as páginas dos jornais do dia seguinte.

Os padres Camio e Gouriou acabaram condenados pela Auditoria Militar de Belém a 15 e dez anos de reclusão, penas posteriormente reformadas para, respectivamente, dez e oito anos. Os posseiros, por sua vez, foram condenados a penas que variaram de oito a nove anos de reclusão. Os padres seriam libertados em 17 de dezembro de 1983, vinte dias após a morte de Teotônio, depois de uma revisão do caso que contou com uma interpretação mais branda permitida pela nova Lei de Segurança Nacional, um resultado da anistia.

* * *

Teotônio estava em plena campanha de reeleição para o Senado e tinha pela frente uma disputa extremamente difícil, em condições penosas e nunca experimentadas antes. Em novembro de 1982, ele testaria os efeitos de sua audaciosa transferência para o PMDB, em que abandonara as bases que tinham sido da UDN, depois foram da Arena e, mais adiante, do PDS, com as quais ele tinha ligações de toda uma vida. Teria de enfrentar os seus antigos aliados, aventurar-se contra todos os caciques, empresários, usineiros e coronéis alagoanos que antes foram seus parceiros e agora estavam do lado oposto.

Ele era, praticamente sozinho, o sustentáculo político e financeiro para a campanha do PMDB no estado, ele e seu jornal quixotesco, a *Tribuna de Alagoas*. Se ainda fosse boiadeiro, diria que ali se dava um desmame precoce e absoluto.

15
SUA VERDADE ABSOLUTA

Teotônio chegou a mencionar algumas vezes que seria candidato à Presidência da República. Em 27 de janeiro de 1982, três meses antes de sofrer a falência da perna no aeroporto de Belém, declarou ao *Jornal de Brasília*:

> É preciso que eu, ou qualquer outro candidato à Presidência, levante uma bandeira de esperança para este país, senão teremos uma luta fratricida.

Repetiu a dose, em tom mais afirmativo, quatro dias depois, à *Folha de S.Paulo*:

> Podem anotar aí que em 1984 serei eleito presidente da República, seja qual for o processo de escolha.

É óbvio que, naquele momento, esse tipo de declaração estava mais para bravata, mas indicava um propósito real. Ele falava em ser eleito num pleito que ainda não estava inserido no calendário eleitoral e nem sequer fora previsto na legislação eleitoral, pois até então a lei preceituava eleição indireta, via colégio eleitoral, em 1984, para eleger o sucessor do general-presidente João Figueiredo.

Mas declarar-se potencial candidato tinha, naquele momento, duas motivações: o primeiro era reservar seu pré-espaço na disputa, mantendo mobilizada sua faixa de apoio dentro do partido. O segundo era colocar-se como pré-candidato para estressar os demais candidatos naturais do PMDB, Tancredo Neves e Ulysses Guimarães. E Teotônio ainda fazia mais, dizia-se candidato em eleição direta (na qual Ulysses seria candidato natural) ou indireta (na qual o candidato óbvio era Tancredo). Quer dizer, cutucava os dois ao mesmo tempo.

Ademais, Teotônio guardava, em seu íntimo, uma verdade absoluta: acalentava o sonho de ser candidato à Presidência por um viés de esquerda que, naqueles primeiros anos de pluripartidarismo, configurava uma lacuna não preenchida no PMDB, mas era devidamente ocupada por dois candidatos óbvios em outros partidos — Leonel Brizola, do PDT, e Luiz Inácio Lula da Silva, do PT. Mas Brizola chefiava um pequeno partido, e não um partido amplo e competitivo como o PMDB, e Lula vivia apenas uma aventura nascente. No caso, a marca PMDB, a potência PMDB, condutor das grandes bandeiras políticas — como a redemocratização e a anistia — fazia uma enorme diferença.

Havia espaço para ele, certamente concluiu. Dentro do PMDB, o maior partido do país, o recém-retornado Tancredo ocupava a franja da direita e dificilmente se moveria para a esquerda. Ulysses era dono do centro e tinha bom trânsito na esquerda. Teotônio pretendia ocupar o espaço pela esquerda. Na época, suas relações com o PT eram excelentes, fruto do trabalho que desempenhara na greve de 1980 e de sua proximidade pessoal com Lula. Mas todas essas faixas eram estreitas porque Brizola e Lula seriam candidatos de seus partidos e nada os faria recuar desse propósito; a direita do PMDB, reunida em volta de Tancredo, dificilmente viria com ele.

Dentro do PMDB, Teotônio era visto como um líder estelar do grupo autêntico, a genérica ala de esquerda do partido, que juntava o velho PCB, o PCdoB e uma boa parte da antiga AP, além de parte da esquerda ligada à Igreja Católica e até mesmo a esquerda oriunda das igrejas batistas, como o deputado Lysâneas Maciel (RJ). Com as frações do PCdoB sua relação era excelente, resultado dos longos anos de proximidade com Aldo Rebelo e com as próprias bases em Alagoas, onde o partido sempre fora muito atuante. Com o PCB, as relações eram de intensa simpatia.

No momento em que seu movimento para a esquerda começou a ficar nítido, alguns amigos de longa data e aventurosas travessias se afastaram dele — Severo Gomes, Raphael de Almeida Magalhães e o próprio Ulysses Guimarães, que decifrou a desenvoltura de Teotônio como um movimento natural de potencial candidato por um viés que não era dominante no partido. Teotônio era um azarão. Enquanto estivesse no PMDB, sua candidatura não assustaria os grandes caciques por ser relativamente inviável, já que não uniria o partido e dificilmente seria aprovada numa prévia partidária, ao contrário das candidaturas de Ulysses Guimarães e Tancredo Neves, que dividiam amplo apoio interno.

* * *

A crise voltou a rondar o governo Figueiredo em 1982 quando o Federal Reserve, o Banco Central dos EUA, elevou os juros para combater a inflação americana. O primeiro país a se render foi o México, que declarou sua incapacidade de cumprir os compromissos externos. Na esteira, vieram Brasil e Argentina, ambos com um forte agravo nas suas crises do balanço de pagamentos. Seria um ano terrível, com direito a reflexos diretos na eleição de novembro: o déficit em conta corrente do Brasil pulou de US$ 11,7 bilhões para US$ 16,3 bilhões; o ingresso de capitais estrangeiros no ano foi de US$ 7,9 bilhões (no ano anterior fora US$ 12,8 bilhões).

A dívida externa explodiu para mais de US$ 70 bilhões. O Brasil declarou sua incapacidade de pagar a amortização da dívida externa em 1983 e teve de recorrer a empréstimos-ponte do FMI. Teotônio denunciou, cometendo perceptível exagero, que o desembarque em Brasília de uma equipe do FMI e a visita diplomática do presidente dos EUA, Ronald Reagan, ao Brasil eram "uma intervenção externa". Em dezembro, nos últimos dias de seu mandato de senador, disse: "O Brasil está na mesma situação daquele paciente em estado de coma, deitado na maca de um pronto-socorro."

O alvo principal das investidas de Teotônio era, cada vez mais, o ministro do Planejamento, Delfim Netto. "O Brasil já está em moratória", disse na ocasião, "e é isso que o sr. Delfim Netto e sua equipe já estão executando. Mas executando sem a declaração formal, que é o que dá respeito a um país."

* * *

A derivação de Teotônio para a esquerda deu-se gradualmente, mas houve uma guinada substancial na época da anistia, acionada por três razões. A primeira foi o impacto que ele teve ao ver a realidade das prisões políticas; a segunda foi a perspectiva de ser candidato à Presidência por um viés de esquerda, até então desocupado no PMDB; e a terceira foi a influência que Maria Luíza Fontenele passou a exercer sobre ele (ou a necessidade que ele passou a ter de impressioná-la com gestos políticos radicais). A partir daí ele inaugurou uma nova fase em sua carreira política, que alcançou notável visibilidade pública — ele era conhecido e admirado de Sul a Norte do país. Ajudou muito, esse mister, a sua invulgar capacidade de criar fatos políticos e a disponibilidade de viajar de um lado a outro do Brasil, falando a todas as plateias disponíveis (e elas passaram a ser muitas).

Ele enfrentou corajosamente grandes fatos da vida nacional, como se cumprisse uma escala de ascensão política — a anistia, as greves do ABC e o enfrentamento dos atentados da comunidade de informações.

Inaugurou, no PMDB, uma nova fase: como primeiro vice-presidente do partido, ele era o dirigente que falava coisas incomuns, que fazia críticas desassombradas e que — agora livre do AI-5 — não media as palavras. Esse tipo de atitude empolgava a esquerda e agradava ao povão.

Em agosto de 1981, por exemplo, ele foi à tribuna do Senado para comemorar a I Conferência Nacional das Classes Trabalhadoras, que encaminhava a criação das novas centrais sindicais. O Senado não abordara o tema e talvez jamais abordasse, não fosse a fala de Teotônio. No mesmo discurso, ele condenou a intensa repressão movida pelo governo Antônio Carlos Magalhães, da Bahia, contra os militantes do Movimento Contra a Carestia, patrocinador de sucessivas passeatas e outros eventos públicos que quase sempre acabavam em perseguição da polícia e pancadaria. O Movimento Contra a Carestia era, sabidamente, uma entidade de fachada criada pelo PCdoB para encabeçar, com um temário de fácil assimilação pelas camadas de mais baixa renda, ações políticas baseadas nas teses do partido, ainda não legalizado. Nessa ocasião, Teotônio chamou o baiano Haroldo Lima, líder nacional do PCdoB, de "companheiro".

Mas agora, em maio de 1982, o câncer colocava uma cunha nesses planos. Em vez de se abater, Teotônio usou seus planos como combustível para reacender a autoestima abalada pela doença. Ele se pautava intensamente, ocupava-se das temáticas adotadas pelo partido e inventava outras que poderiam eventualmente ser suscitadas, em especial as que pudessem galvanizar os segmentos de esquerda. Pouco a pouco, no transcorrer entre 1981 e 1983, adotou e praticou um conjunto de ideias que inflamou o velho liberal e o transformou num liberal radical com a mesma rara intensidade que também atingira frei Caneca. Quando chegou ao fim da estrada e desceu na curva que preconizara, já não se sabia se ali estava um liberal ou um homem de esquerda.

* * *

Teotônio ficara impressionado com o seu tombo na escada do avião. Intuíra que aquilo não fora, e nem poderia ser, uma simples e mera fraqueza das pernas. Afinal, ele sentira como ninguém o quão surpreendente, inevitável e fragoroso fora o tombo. Na volta de Belém, foi a Maceió, convocou uma reunião com os homens da família — à frente o irmão Oswaldo e o então genro Jorge Holanda, ambos médicos, e os filhos José Aprígio e Teotônio Filho. Oswaldo e Holanda achavam que o problema poderia ter sido causado por uma infinidade de razões e que, para um diagnóstico, era imprescindível uma bateria de exames que detectasse a razão preponderante, a começar pelo aspecto neurológico.

Oswaldo sugeriu que Teotônio fosse examinado por dois médicos alagoanos, o neurologista Abynada Lyro e o angiologista Francisco Oliveira. Lyro era um dos mais incensados neurologistas de Maceió, além de um notável cervejeiro, e guardava longa amizade com Oswaldo. Os dois foram com Oswaldo até a casa da Gruta de Lourdes e esquadrinharam Teotônio. Lyro partia de um princípio: a falência da perna era um indício preocupante que poderia significar a existência de uma lesão ou deficiência cerebral, mas ele tinha em mente, também, que Teotônio fora um fumante inveterado de pelo menos dois maços de Hollywood por dia, durante muitos decênios.

O primeiro exame que ele pediu foi um estudo radiológico do tórax. O resultado mostrou um tumor no pulmão, o que era um péssimo sinal, mas ainda não explicava a falência da perna. Lyro percebeu que Teotônio apresentava um edema da papila ótica que, aí, sim, podia ser consequência de um aumento da pressão intracraniana, a qual, por sua vez, sugeriria um tumor cerebral. Essa hipertensão cerebral fazia mais nexo com a falência da perna. O neurologista então pediu um exame radiológico do cérebro, que apontou uma metástase cerebral.

Ele apresentou um pré-diagnóstico à família e indicou, para começo de terapia, uma solução medicamentosa que ajudasse a reduzir os tumores. Deixou claro que a solução indicada para o tumor cerebral era cirúrgica. A família considerou temerário operá-lo em Maceió e deliberou que Teotônio seria levado para São Paulo.

* * *

As filhas souberam aos poucos. Rosana, que é médica, soube logo. Janice morava em Brasília e sentiu alguma coisa estranha no ar quando o pai chegou com os filhos Téo e José Aprígio e o genro Jorge Holanda e nem sequer passou em casa — foi direto do aeroporto para o Senado. Era muita gente viajando junta, pensou Janice. À noite, Téo chamou-a para ir ao Beirute, o mais tradicional bar da noite em Brasília e lá lhe disse:

— Não tenho uma boa notícia pra lhe dar. Papai está doente.

Os dois ficaram em silêncio por alguns minutos, enquanto Janice tomava alguns chopes para desentalar a notícia da garganta. Quando chegou ao apartamento, encontrou Teotônio já deitado. Chamou-a:

— Quero falar com você.

Antes de ele começar a falar, Janice interrompeu:

— Já estou sabendo, papai.

Entre abraços e beijos afetuosos da filha, Teotônio pegou na orelha — tinha orelhas grandes e a crendice popular alagoana diz que quem tem orelha grande vive muito — e disse:

— Minha orelha me traiu.

Os exames feitos na Beneficência Portuguesa, em São Paulo, foram reveladores e conclusivos: confirmaram o pré-diagnóstico feito por Lyro. Teotônio portava um tumor cerebral que era metástase de outro tumor, no pulmão, resultante dos mais de quarenta anos de tabagismo. A súbita falência das pernas fora efetivamente uma decorrência do tumor no cérebro. Os médicos paulistas reiteraram que ele deveria ser submetido a uma cirurgia para extirpar o tumor cerebral, a qual seria seguida por um tratamento drástico de quimioterapia e radioterapia para combater o tumor no pulmão. O diagnóstico, de uma forma geral, era preocupante. Para agravar mais a situação familiar, havia uma tragédia combinada — tal como ele, Lenita fora diagnosticada com câncer de mama.

A família optou por levar os dois para consultas numa clínica de oncologia em Houston, nos EUA. Teotônio resistiu à ideia porque não gostava de viajar ao exterior (em toda a sua vida, faria apenas duas viagens: essa, a Houston e à Disneylândia, e a viagem a Roma para presenciar a entrega dos votos cardinalícios ao irmão Avelar). Por trás dessa resistência havia uma explicação psicológica: a grande força da expressão de Teotônio estava na palavra, que lhe era fértil e farta. Mas ele não falava outra língua, além do português, o que lhe criava enorme constrangimento de viajar a outros países, onde se veria completamente tolhido na sua capacidade de expressão, sem poder entender nem se fazer entender, completamente dependente de tradutores e intérpretes.

Formou-se uma pequena trupe familiar para a viagem aos EUA. Embarcaram para Houston: Teotônio, Lenita, a filha Rosana e o então genro José Luiz, à época casado com Helena. Teotônio, já em cadeira de rodas, teria uma consulta e Lenita, outra. Rosana acompanhou Lenita — que não precisava de intérprete, pois falava inglês muito bem — e José Luiz acompanhou o sogro. Teotônio viajou irritado e, à medida que a data da consulta se aproximava, ficava mais irascível. No dia, transbordava de irritação.

Entraram no consultório, o médico viu os exames feitos em São Paulo e começou a traçar seu diagnóstico para José Luiz. Ao lado, a cada pequena pausa, Teotônio cutucava José Luiz e sussurrava: "O que ele está falando?" José Luiz pedia-lhe que tivesse paciência e continuava ouvindo o médico, que ele logo traduziria. Quando o médico americano terminou sua intervenção, José Luiz sintetizou o diagnóstico para Teotônio, que extravasou seu extremo desconforto:

— Porra, ele fala vinte minutos e você me traduz em um?

Vivia intensamente a ansiedade de saber que estava gravemente doente e não entender a explicação, além do constrangimento de desconhecer completamente a língua alheia e não poder questionar o que o médico americano dizia, não poder fazer perguntas que o atormentavam e que gostaria de verbalizar. No fundo, havia pouco o que traduzir. Simplificada a parte científica da explicação de médico para médico e enxugado o jargão técnico, tudo poderia mesmo ser resumido em duas ou três frases — era um caso terminal, com sobrevida máxima de seis meses. Na verdade, ao traduzir, José Luiz procurou amenizar o diagnóstico terrível, omitir as partes que limitavam seu tempo de vida para frases piedosamente enganosas e edulcoradas. Em outra sala, a consulta de Lenita foi igualmente devastadora. Os dois eram casos tardios.

Em meio a tanta tristeza, a família planejou cumprir um sonho que Lenita tentara concretizar por toda a vida sem sucesso por causa da resistência de Teotônio — levá-lo à Disneylândia. Era uma maneira de tingir com um pouco de alegria toda aquela tristeza sem fim. Foram, Teotônio mais uma vez em cadeira de rodas. Ele se agarrou a Rosana. A toda hora recomendava à filha que não saísse de perto, por medo de acontecer alguma situação em que ele tivesse de explicar-se ou fazer perguntas sem conhecer a língua local.

Rosana, que adora os aparelhos radicais nos parques, pediu ao pai para esperar um pouco, pois ela iria passear na imensa montanha-russa da Disney. O medo de ficar sozinho foi maior do que tudo e Teotônio teve uma reação surpreendente: "Eu vou com você!" Na fila, ele viu as placas de advertência e perguntou a Rosana o que elas diziam. Rosana lhe traduziu a mais evidente — era algo como "proibido para cardíacos". Com dificuldade, levantou-se da cadeira de rodas e entrou no carrinho da montanha-russa. Já sentado no carrinho, balbuciou: "Ainda bem que meu problema nunca foi de coração." No fim, enfrentou as vertigens estoicamente para não ficar sozinho.

* * *

Logo que foi diagnosticado com câncer, Teotônio percebeu que suas limitações físicas mudavam completamente a sua vida, sua carreira política e também a situação político-eleitoral de Alagoas. No começo, as dificuldades do quadro político-eleitoral para 1982 não eram insuperáveis. O candidato ao governo estadual seria Divaldo Suruagy, que fora governador nomeado ao tempo do general Geisel e se apresentava agora às urnas com grande força eleitoral no estado. O principal candidato ao Senado pelo PDS seria o governador Guilherme Palmeira, que então encerrava seu mandato anterior. Essas candidaturas dificultavam a vida do PMDB estadual, mas não chegavam a assustar Teotônio que, mesmo nos estertores do seu radicalismo tardio, nunca rompera os laços com seus antigos aliados da velha UDN e da Arena, o que lhe facilitaria eventuais entendimentos. Ele tinha uma relação afetuosa com a família Palmeira e com Guilherme, filho e sucessor do velho amigo Rui Palmeira na política estadual. Até hoje Guilherme garante que se Teotônio fosse candidato ele desistiria, para não ter de enfrentar o velho amigo de seu pai, Rui, que lançara o jovem usineiro na política, nos idos dos anos 1950.

À época, o então presidente da Cooperativa dos Usineiros, João Tenório, hoje casado com Fernanda, uma das filhas de Teotônio, era compadre de Divaldo Suruagy e seria a pessoa indicada para viabilizar com o PDS o acordo que permitiria a reeleição de Teotônio. Mas as hipóteses de um acordo haviam sido atropeladas pelo Pacote de Novembro, que impunha a vinculação dos votos. Numa eleição com voto vinculado não havia possibilidade de um eleitor sufragar Divaldo para governador e Teotônio para senador, porque eles eram de partidos diferentes. A vinculação do voto, mais do que a doença, inviabilizara a sua candidatura; a doença seria apenas a pá de cal.

A notícia da doença de Teotônio seria publicada pelos jornais em junho de 1982 e causaria uma comoção nacional. Logo se percebeu que ele não tinha condições orgânicas ou físicas para ser candidato à reeleição. Mas ainda assim, entre um tratamento e outro, ele influenciaria a adaptação heroica das candidaturas do PMDB para o pleito de 1982. Muita gente queria que o filho Téo o substituísse na disputa pelo Senado, mas ele rechaçou a ideia, alegando que o filho ainda era muito jovem para entrar na política e deveria esperar. Estava certo. Téo seria candidato na eleição seguinte, em 1986, e se elegeria senador por Alagoas, exatamente vinte anos após a primeira eleição do pai. Seria senador por três mandatos consecutivos (o terceiro foi interrompido no meio para ser candidato ao governo estadual, e vencer novamente). Seria governador em duas ocasiões.

Com a bênção de Teotônio, dada desde seu leito de doente, o advogado José Moura Rocha foi candidato ao governo estadual; para o Senado, outro combativo advogado, José Costa, assumiu a candidatura para o Senado. Teotônio só pôde participar um pouco mais ativamente dos últimos eventos da campanha, mas com a ajuda dos filhos manteve em circulação a *Tribuna de Alagoas*, único jornal que apoiava o PMDB em Alagoas.

* * *

Zé do Cavaquinho, o mais intenso e original amigo de Teotônio, morreu de um mal súbito em 10 de abril de 1981. Teotônio chegou cedo à *Tribuna*, chamou o diretor de redação Dênis Agra e lhe disse que, em homenagem ao amigo morto, escreveria um longo artigo que deveria ocupar duas páginas espelhadas na edição do dia seguinte. Convocou o chargista Ênio Lins e lhe pediu uma caricatura de Zé do Cavaquinho para ilustrar o texto. Ênio empalideceu: nunca havia visto Zé do Cavaquinho em vida, não tinha a menor ideia de como eram as suas feições. Ademais, era um bom chargista mas não se achava um bom caricaturista, não se sentia à vontade nessa arte. Para piorar, Teotônio aumentou a dose de dificuldade. Pediu que a caricatura mostrasse Zé do Cavaquinho conversando com ele, Teotônio, numa mesa de bar:

— Mas a caricatura tem de deixar claro que eu não bebo mais.

E logo:

— Tem de ficar claro, também, que Zé do Cavaquinho morreu, mas que eu continuo vivo.

Ênio confessou suas fraquezas:

— Senador, eu conheço as histórias dele de ouvir o senhor contar mas nunca vi Zé do Cavaquinho em minha vida.

Teotônio mandou descer do arquivo três fotos grandes de Zé do Cavaquinho. Com elas à frente, Ênio começou a trabalhar para fazer a caricatura mais difícil de sua vida. O resultado foi bem mais que satisfatório e agradou a Teotônio. Nela, Teotônio e Zé do Cavaquinho estão sentados numa mesa de bar, como sempre acontecia no Trovador Berrante. Teotônio tinha uma máquina de escrever diante de si. Sentado em outra cadeira estava Zé do Cavaquinho, com um copo e uma garrafa de cerveja bem à sua frente. Sobre a figura de Zé do Cavaquinho, Ênio colocou umas asinhas características dos anjos e sobre a garrafa de cerveja, uma auréola. O texto dizia:

> Quando alguém reclamava do excesso de bebida que consumia diariamente, Zé do Cavaquinho retrucava risonho e afável, olhos bem abertos, como para dar mais visibilidade às palavras: — se beber, morre, se não beber, morre. E morreu Zé do Cavaquinho, o mais cavalheiresco e fascinante boêmio que já conheci ao longo das noites de muitos anos que vivi na íntima convivência com os ingredientes objetivos e subjetivos da alma boêmia. Morreu Zé do Cavaquinho, expressão que soa falso aos meus ouvidos, porque ele, Zé do Cavaquinho, é que sempre me comunicava a despedida eterna de um companheiro da noite que não conseguira acompanhá-lo na louvação cotidiana aos encantos fortes e fatais da madrugada.

E mais adiante:

> O que o distinguia do resto era o deslumbramento pela música e pela noite, pelo diálogo usado e por mulher apaixonada. E quando a roda de samba atingia aquele espaço transumano em que a regularidade das coisas se mede pelo entusiasmo do instante, pela majestade da hora, pela glória de viver, pela divindade dos sonhos e pela súbita ascensão da natureza humana a regiões olímpicas, a fisionomia de

Zé do Cavaquinho — cigarro na boca, dedos célebres nas cordas do instrumento mágico, olhos marcando o ritmo da música e fitando maravilhas no infinito, queixo funcionando como batuta de maestro a indicar a cada música sua presença maior ou menor no concerto, perna direita levemente compassando as notas, cabeça erguida, erguida como a dos heróis no orgasmo da luta, cabelos amarfanhados de pensador que os desengomara caçando sob eles a ideia fugidia — a fisionomia de Zé do Cavaquinho era um momento de glória e esplendor da vida. Quantas vezes o vi assim, possuído da mais bela expressão musical, senhor dos mundos, a distribuir felicidade a mancheias — ele, o pródigo Zé do Cavaquinho. Para ele, as noites não tinham tamanho e os dias não tinham cor. Tudo se resumia a um gesto de grandeza, que só a música era capaz de produzir.

Cinco meses depois, em setembro, foi-se o primo Theo Brandão, um dos grandes folcloristas brasileiros. Repetiu-se a cena, quase da mesma forma: Teotônio chegou à *Tribuna*, comunicou que escreveria um longo artigo como necrológio e convocou Ênio para fazer a charge que ilustraria o texto. Dessa vez foi menos difícil para Ênio, que conhecia fartamente Theo Brandão e pôde desenhá-lo de memória, sem recorrer a fotos antigas.

* * *

Na volta dos EUA, a cirurgia para extirpar o tumor no cérebro foi marcada para 7 de junho de 1982, no Hospital Nove de Julho, em São Paulo. Pelo protocolo fixado pelos médicos, primeiro seria retirado o tumor no cérebro e depois se iniciaria o tratamento do tumor no pulmão, com uma vigorosa combinação de quimioterapia e radioterapia. Toda a família foi para São Paulo acompanhar a delicada cirurgia. Na época, uma intervenção de cérebro aberto era — como, de resto, ainda o é hoje — delicada e de prognóstico reservado. Mas Teotônio era um paciente incomum. Além de ser um touro, fisicamente, tinha uma extraordinária gana de viver e um equilíbrio emocional invejável. Com tudo isso, ele não deixou que a tristeza tomasse conta do ambiente. Na véspera da cirurgia, mesmo sem gostar do prato, levou todos para o Bolinha, tradicional restaurante paulistano especializado em feijoada, à Avenida Cidade Jardim. Durante todo o almoço, pontificou à mesa, fez brincadeiras, contou casos e contaminou a todos com uma alegria contrastante com a inevitável tensão do dia seguinte.

Quase no fim da tarde ele se levantou e disse que tinha um compromisso — fora chamado para uma reunião com Ulysses Guimarães e Severo Gomes. As pessoas fizeram menção de encerrar o almoço, mas ele não deixou; instou que todos continuassem na alegre conversação e pediu ao genro Jorge Holanda que o levasse ao local da reunião. No carro, Holanda lhe perguntou o endereço onde encontraria Ulysses e Severo, e Teotônio mencionou um hotel dos Jardins. Holanda achou estranho que Ulysses e Severo, ambos com residência em São Paulo, tivessem marcado uma conversa num hotel, mas tocou o carro.

Quando chegaram ao endereço, Teotônio pediu que Holanda parasse o carro no fim da rampa de desembarque de passageiros, desceu e se encaminhou à recepção. Holanda fez que iria arrancar com o carro e estacionou uns metros adiante. Saiu a pé, aproximou-se cuidadosamente da entrada do hotel, a tempo de ver, pela vidraça dianteira, a cena que se desenrolava na recepção: Teotônio sorridente, de braços abertos para um abraço imensamente carinhoso em seu amor tardio, que o recebia com seu belo sorriso escancarado.

Os dois se abraçaram longamente, se beijaram e subiram enlaçados para uma insólita tarde de amor. Longo amor para tão curto tempo — naquele dia, Teotônio cavalgaria seu derradeiro sonho e só voltaria aos comuns mortais tarde da noite.

* * *

No dia seguinte, a cirurgia foi longa e tensa mas bem-sucedida. Quando deixou o hospital, depois de muitos dias de internação, foi levado para a casa da filha Helena, no bairro Chácara Santo Antônio. Era uma casa pequena, sala e cozinha embaixo, três quartos em cima. Helena alugou uma cama de hospital e a colocou na sala de visitas, porque Teotônio não tinha condições de subir escadas. A agitação era intensa: as visitas se sucediam e a imprensa estava sempre presente, para acompanhar os movimentos. Diariamente, Helena convidava os repórteres para ficarem na sala, junto com as visitas.

Duas semanas depois da cirurgia Teotônio já dava mostras de uma inesperada recuperação: na sala da casa de Helena deu nova entrevista para as "páginas amarelas" da *Veja*, publicada na edição de 23 de junho de 1982 com um título derrotista — "Minha geração fracassou". Nela, confessou o terrível impacto que a notícia da doença tivera sobre ele, mas também acenava com a esperança:

> É preciso acreditar no amanhã, mesmo sabendo que, até lá, é preciso muito esforço, tenacidade. A gente sentir lá dentro que é capaz de ultrapassar a adversidade é uma forma de ilusão. É o meu caso. E não é uma coisa vã, desprovida de qualquer apoio, porque eu sinto isso. É um problema de sensibilidade.

Fez uma compungida autocrítica de seu próprio papel no golpe de 1964:

> Eu tinha a ilusão de que seria possível aplicar aquela frase de Milton Campos: "Tinha que mudar por dentro, porque por fora era muito difícil." Eu e Milton Campos acreditávamos que isso era possível. Nós estávamos errados.

Logo pôde viajar para Maceió, mas sempre fazia viagens periódicas para exames e tratamentos em São Paulo. Na recuperação, renunciou à velha rebeldia e se tornou um paciente obediente, lembra o ex-genro

Jorge Holanda, que passou a acompanhá-lo nas viagens para aplacar seus temores de sentir um problema sem ter um médico por perto. Nos primeiros meses, mover-se-ia numa cadeira de rodas, mas logo a fúria santa se manifestaria e ele engataria uma recuperação impressionante.

Para fortalecer seus passos, passou a usar uma articulação de metal nas pernas, como se fosse uma prótese auxiliar, atada com correias nos joelhos e nos tornozelos. Para assegurar um caminhar mais seguro passou a usar uma bengala. Os médicos lhe deram seis meses de vida, mas ele, movido pelas paixões que o povoavam, viveria mais um ano e meio.

A cada quinze ou vinte dias era levado a São Paulo para os tratamentos, mas nessas viagens posteriores já conseguia subir escadas — com dificuldade, naturalmente, mas subia — e passou a ocupar o quarto de hóspedes da casa de Helena. Nos intervalos, em casa, recebia visitas sucessivas e toda aquela movimentação lhe fazia bem. Invariavelmente, quando a noite chegava ele estava exausto de tanto falar e tanto ouvir. Com sua presença e com as visitas constantes, o ambiente da casa mudou.

Sua primeira providência, depois de recuperar-se da cirurgia, foi fazer a divisão dos seus bens. Deixou a Usina Seresta para os filhos homens e os três mil hectares plantados com cana-de-açúcar para as filhas mulheres. Era uma divisão perfeita, que garantia um elo indissolúvel entre as duas categorias de bens — as terras estavam plantadas com canaviais que proviam a usina. O casarão no bairro da Gruta de Lourdes já estava em nome de todos os filhos, assim como o Engenho da Mata Verde, onde passara a infância, e o Sítio do Sabalangá.

Nos meses seguintes, o caso amoroso de Teotônio provocaria ciúmes incontroláveis em um combativo deputado autêntico do PMDB do Ceará, igualmente apaixonado pela mesma musa, mas sem obter dela a recíproca. Uma noite, ao descer a escada do Restaurante Piantella, em Brasília, depois de muitos uísques, esse deputado disse que daria um tiro em Teotônio. A bravata passional chegou aos ouvidos do velho menestrel, mas ele não se impressionou, talvez porque, morte por morte, a sua já estava encomendada.

Ademais, se não tivera medo de generais nos piores momentos da ditadura, por que haveria de ter medo de um deputado cearense, por mais autêntico que fosse? Não houve briga, não houve tiro, até porque seria um combate desigual. A paixão de Teotônio seguiu desenfreada e, para continuar impressionando a amada, uma militante de extrema--esquerda, ele se tornaria cada vez mais radical.

* * *

Tão logo começou a se locomover, apoiado numa bengala, em fins de julho, Teotônio voltou a pensar política e a repetir sempre a mesma pregação — a necessidade de os partidos de oposição se unirem numa estratégia comum contra a ditadura. Mais do que se preocupar com a viabilização dos partidos, portanto, ele agia para derrubar a ditadura. Mas se a ele era possível influenciar a estratégia do PMDB, era-lhe impossível atrair a unidade de PDT e PT, pois Brizola e Lula rejeitavam amarrarem-se a uma política de rigorosa unidade. Os dois queriam ter liberdade de traçar as suas estratégias, que eram também as estratégias de seus partidos unipessoais. Quando, numa entrevista à *Folha de S.Paulo*, perguntaram a Teotônio sobre o papel do fundador do PT, Luiz Inácio Lula da Silva, respondeu com sua convicção imutável sobre a democracia representativa:

> Gostaria de vê-lo no Congresso — seria a minha grande alegria. Se pudesse vê-lo lá, faria até um passe de mágica, porque o Congresso será a força, a locomotiva que haverá de rasgar as nuvens, os empecilhos enormes que vamos ter pela frente. Se não tivermos o Congresso como nosso condutor, não teremos condições de reformular a situação brasileira.

Em agosto voltou ao Senado, mas não conseguiu fazer o discurso que pretendia porque a sessão do dia fora cancelada. No texto que adrede preparara — publicado no Diário do Congresso Nacional como se tivesse sido pronunciado — Teotônio renovava sua fé na importância da democracia representativa:

> Nada me impede que ouse emitir pensamentos, sobretudo quando não nascem da dor que oprime, mas da que gera esperança. (...) Mesmo com todos os entraves que o governo vem criando à livre manifestação do eleitor, as eleições de 15 de novembro ainda são a salvação da pátria, que é o que nos resta das ruínas a que está reduzido o Brasil.

Em Alagoas, com grande dificuldade de caminhar, participou timidamente do fim da campanha estadual do PMDB. Compareceu a alguns comícios dos candidatos José Costa e José Moura Rocha e durante todo o tempo bancou o enorme esforço financeiro da *Tribuna* para ir às bancas diariamente, pagando as contas com recursos da Usina Seresta. Chegou a passar mal num comício em Arapiraca; depois se emocionou ao discursar na Viçosa e teve de interromper sua fala sob um choro convulso.

Enfrentou as antigas oligarquias alagoanas que conhecera tão bem nos trinta anos anteriores e lutou com todas as suas forças para buscar as vitórias de Costa e Rocha. Não adiantou muito. A indústria do açúcar, que tinha financiado suas campanhas anteriores, agora bancava os seus adversários, enquanto do seu lado havia apenas a Usina Seresta, sozinha, assumindo todas as contas da modesta campanha do PMDB e da *Tribuna*. A estratégia do PMDB fora simples: tentar empolgar o eleitorado formador de opinião, essencialmente em Maceió, e esperar que ele influenciasse o eleitorado menos esclarecido a votar na oposição. Conseguiu o primeiro propósito, não atingiu o segundo.

O candidato Divaldo Suruagy, do PDS, foi eleito para o governo com 258 mil votos (55,5%), contra 207 mil (44,5%) de José Costa. Para o Senado, Guilherme Palmeira obteve 259 mil votos (56,2%) contra 202 mil (43,8%) de José Moura Rocha. Para a Câmara dos Deputados, o PDS elegeu cinco deputados e o PMDB, três. O mais votado do PDS foi o jovem Fernando Collor, com mais de 10% dos votos válidos; o mais votado do PMDB foi o jovem Renan Calheiros, que iria para o seu primeiro mandato federal, com 9,6% dos votos válidos.

Naquela eleição, em todo o Brasil, numa Câmara dos Deputados ampliada para 479 representantes, o PDS elegeu 235 (em 1978 a Arena elegera 231), contra 200 do PMDB (quatro anos antes o MDB elegera 189), 23 do PDT, 18 do PTB e oito do PT. Em tese, a oposição passou a ter 248 deputados, contra 235 da situação mas essa conta era só matemática, não política, porque o PTB nunca funcionaria como oposição. O PDS elegeu 15 senadores, contra nove do PMDB e um do PDT. Se não teria mais a maioria teórica na Câmara, no Senado o PDS mantinha folgada maioria graças aos senadores biônicos remanescentes.

Mas o ponto marcante e transformador das eleições de 1982 foi a vitória da oposição para os governos dos estados mais importantes do país. O PMDB venceu em São Paulo (com Franco Montoro), Minas Gerais (Tancredo Neves), Paraná (José Richa), Goiás (Iris Rezende), Pará (Jáder Barbalho), Amazonas (Gilberto Mestrinho), Mato Grosso do Sul (Wilson Martins), Espírito Santo (Gerson Camata), Acre (Nabor Júnior). O PDT venceu no Rio de Janeiro, com Leonel Brizola. O equilíbrio de forças mudara. E mudara a favor da democracia.

* * *

A doença e o estoicismo de Teotônio rapidamente erigiram a figura de um mito. Ele se recusava a se entregar à doença e fez de sua pregação política pelas liberdades um mantra que aliviava as dores e compensava o sofrimento. Continuou aceitando convites para fazer palestras no Brasil inteiro. Eles vinham principalmente de diretórios estudantis, o que atestava o engajamento da juventude no projeto de redemocratização. Teotônio tinha pressa de viver aqueles momentos, porque sabia que lhe restava pouco tempo de vida e que cada minuto lhe era precioso. Por isso, muitas vezes viajava com dor e se arrastava por aeroportos e hotéis. Aceso, em São Paulo ou em Maceió, enquanto tomava um soro ou um medicamento, gritava para alguém próximo: "Desliga esse troço que está na hora do meu avião!"

Durante uns meses, embarcou nas fantasias em que acreditava e agiu como um Quixote, plantando ideias de rebeldia. Como um Quixote, ele padeceu do descompasso entre seu idealismo e a realidade viciada do cenário político brasileiro. Cem anos antes teria se aliado a Joaquim Nabuco na luta antiescravista; cem anos depois teria fornecido elementos novos para a construção do Brasil. Teria Teotônio se equivocado de século?

Em outubro, foi ao programa *Canal Livre*, da TV Bandeirantes, que reuniu uma seleta bancada de entrevistadores comandada por Roberto d'Ávila, da qual participava Fernando Henrique Cardoso. Com a cabeça raspada e apoiado em sua inseparável bengala, abriu o programa com uma afirmação que emocionou participantes e telespectadores:

Ainda estou vivo.

Tornou-se um mito em vida; era aplaudido pelo povo onde quer que aparecesse. Numa visita a Curitiba, acompanhado do deputado Marcelo Cerqueira, foi convidado pelo então governador José Richa, do PMDB, para presenciar um jogo de basquete. Richa, que era uma figura adorável, tinha algumas superstições. Receava sentar-se na tribuna do governador que havia no ginásio porque achava-se um alvo perfeito e extático para um assassino que porventura pretendesse matá-lo. Preferia sentar-se na plateia e levou Teotônio com ele.

No intervalo do jogo alguns espectadores identificaram Teotônio e começaram a aplaudi-lo. O aplauso foi crescendo em círculos na plateia, até que o ginásio inteiro o aplaudia de pé. Teotônio, que não gostava de basquete e estava doido para ir embora, levantou-se e, amparado na bengala, passou para dentro da quadra para acenar às pessoas e agradecer os aplausos, que se tornaram uma demorada ovação. Da quadra, saiu para a rua com o ego devidamente acarinhado, com a vantagem adicional de ter-se livrado de ver o segundo tempo do jogo.

No fim de 1982, o seu mandato de senador acabou. Em 30 de novembro de 1982, em uma das últimas sessões da legislatura, fez sua despedida da tribuna onde pontificara por 16 anos. Embora fosse nitidamente uma despedida, pois não fora reeleito e, àquela altura, não tinha saúde para esperar a próxima eleição, quatro anos depois, recusou a ideia de despedir-se. Disse:

> Estou saindo desta Casa esta semana. Isto não é despedida, mesmo porque não é do meu hábito despedir de nada. A vida política continua comigo, continuarei lutando lá fora, só não terei o privilégio de usar esta ou aquela tribuna. Quanto ao mais, prosseguirei na minha vida de velho menestrel, cantando aqui, cantando ali, cantando acolá, as minhas pequeninas toadas políticas.

Resumiu, no discurso, uma dura interpretação que dera nos últimos anos sobre as influências externas que, segundo essa visão, influenciavam a crise brasileira. Adotou uma linguagem mais comum à esquerda, talvez para facilitar seu engajamento com as facções que poderiam apoiar sua candidatura à Presidência. Somou, a seu jargão liberal, palavras e conceitos típicos do discurso esquerdista, como insistir na crítica ao "imperialismo" americano e ao que rotulava como intervenções do FMI:

> Será que o pleito de 15 de novembro não nos ensinou que há uma nação, que há uma pátria a ser defendida, nem que seja às armas ou no tapa? (...) Esta pátria há de se levantar, pelas urnas, agora, e pela nossa palavra, pela parcela de poder que o povo nos deu, esta pátria vai se levantar contra essas negociações ignominiosas que querem nos submeter a uma dependência perpétua.

Era uma linguagem política dura, até mesmo para os mais radicais do PMDB, pouco adequada à interpretação dos fatos e negócios da diplomacia mundial, típica de quem via as negociações internacionais como um permanente esbulho dos países e de quem defendia o isolacionismo de um mundo em mutação.

Teotônio despediu-se sem intenção de aposentar-se da política. Pelo contrário, apesar das novas adversidades que o acometeram, nos meses seguintes acelerou sua inserção política e suas aparições para plateias que queriam conhecer o mito.

Parou um pouco em janeiro de 1983 para acompanhar os últimos momentos de Lenita, que morreu no começo do mês. Mas não se abateu. Pelo contrário, continuou a acentuar sua trajetória nacional. Chorou a morte da companheira e uma semana depois estava na ABI, no Rio, para lançar o livro *Anistia*. Para ele, foi uma resposta à pregação que fazia — lá estavam seiscentas pessoas para aplaudi-lo, entre elas o governador eleito Leonel Brizola, o arquiteto Oscar Niemeyer e seu velho amigo Barbosa Lima Sobrinho, presidente da ABI.

* * *

Logo que se refez, decidiu reelaborar o Projeto Brasil, agora com o nome de Projeto Emergência, mas com conteúdo muito mais radical, baseado em quatro dívidas que, a seu juízo, travavam o desenvolvimento do Brasil — a dívida externa, a dívida interna, a dívida social e a dívida política. Primeiro, procurou os velhos parceiros do Projeto Brasil, Raphael de Almeida Magalhães e Severo Gomes, que dessa vez não concordaram com suas ideias e intenções. Foi atrás dos economistas ligados ao PMDB, que também declinaram, por acharem que a proposta de Teotônio havia se radicalizado demais.

O radicalismo de Teotônio começava a sofrer restrições dentro do seu próprio partido. A principal casamata de onde partiam os tiros era Belo Horizonte — preocupado dia e noite com seu projeto de chegar à Presidência pela via indireta, num eventual pacto com parcelas do PDS, Tancredo cevava essa ideia todos os dias da semana, todas as semanas do mês, todos os meses do ano, e tamponava riscos desnecessários nos solavancos causados pela pulsão às vezes desgovernada de Teotônio. Monitorava-o todo o tempo para evitar que ele entornasse o caldo com uma palavra mal colocada ou uma frase inoportuna.

Havia boas razões para temer a elétrica sensibilidade dos militares: anos antes, em 1975, quando o senador Petrônio Portella, líder da Arena, tentava explicar da tribuna o episódio do assassinato de Vladimir Herzog em São Paulo, o senador Francisco Leite Chaves (MDB-PR), um moderado, fez um breve e desimportante aparte. Disse:

> É muito grave colocar-se o Exército, uma organização muito séria, que deveria ser intocável, em meio a tanto abuso. Hitler, quando desejava praticar atos tão ignominiosos como os que estamos presenciando, não se utilizava do Exército, mas sim das forças da SS.

Não era uma fala radical mas as notas taquigráficas da sessão de 27 de outubro de 1975 foram parar nas mãos do general Sylvio Frota, ministro do Exército, que buscava pretexto para armar uma crise.

Ele interpretou como insultuosa ao Exército o que era apenas uma frase ingênua de Leite Chaves — e foi ao Palácio do Planalto exigir a cassação do senador. Todos se juntaram para negociar uma solução menos drástica nesse episódio, inclusive o líder arenista Petrônio Portella, que concedera o aparte. A frase acabou suprimida das notas taquigráficas, a crise foi aplacada e o senador escapou. Em 1983, vivia-se outro tempo, mas em todos os tempos, desde 1964, militares radicais buscavam motivações assim, inexpressivas, banais, para criar um monstro — era esse monstro que Teotônio poderia involuntariamente criar a qualquer momento; e era esse monstro que Tancredo queria evitar.

Ao se sentir imprensado, Teotônio voltou-se contra as duas grandes estruturas do PMDB — o grupo mineiro de Tancredo e o que ele chamava de "grupo paulista". Eram os dois grandes grupamentos do partido que sustentavam as estratégias para a eleição presidencial de 1985. Eram dois grupos consequentes e pragmáticos, que funcionavam à volta de Tancredo, Ulysses Guimarães, Franco Montoro e Fernando Henrique Cardoso. Esses líderes, a partir dos governos de Minas Gerais e de São Paulo, teciam a teia para enfraquecer a ditadura militar.

Até então Teotônio e Fernando Henrique se davam muito bem e se chamavam de "primo". De fato, eram primos em terceiro grau. Teotônio era sobrinho-neto de Manoel Corrêa de Melo Rego, irmão de Cândida Rego de Araújo e Silva, a avó materna de Fernando Henrique. Nayde, a mãe de Fernando Henrique, nasceu em Manaus, mas viveu bom tempo em Alagoas, onde conheceu Octavio Brandão, o primo comunista de Teotônio, de quem se tornou amiga. A tia-avó materna de Fernando Henrique, Maria Loureiro Brandão Rego, a Mariinha, irmã de Octavio Brandão Rego, o primo comunista de Teotônio, se casou com o primo Getúlio Brandão Vilela, que era irmão de Elias, o Capitão Sinhô, pai de Teotônio. Mas quando acusou o "grupo paulista", Teotônio ignorou o entrelaçamento parental.

O Projeto Emergência não se encaixava na estratégia para enfraquecer a ditadura porque usava teses de esquerda, ideias de esquerda e jargão de esquerda. Para derrubar a ditadura, era preciso reunir muito mais forças do que apenas a esquerda. Naquele momento, falar de moratória externa, por exemplo, não ampliava o leque, não atraía alianças e parcerias; pelo contrário, assustava a classe média e, em particular, o empresariado. Na visão do PMDB, o Projeto Emergência era um arco de ideias que expressava um programa para a eventual candidatura de Teotônio à Presidência, não um conjunto de propostas do partido para conseguir aliados e enfraquecer a ditadura.

Era isso. O Projeto Emergência era, sem tirar nem pôr, uma plataforma de uma candidatura à Presidência da República pela esquerda. Sem o apoio da intelectualidade que dava substância e programa ao PMDB, Teotônio rompeu com todos os economistas que se alinhavam com o PMDB. Foi buscar apoio no Instituto Brasileiro de Análise Social Econômica (Ibase), criado por um exilado que voltara ao Brasil depois da anistia, Herbert de Souza, o Betinho, o irmão de Henfil.

Os profissionais do Ibase, em geral, estavam à esquerda da maioria dos economistas do PMDB. Eles consolidaram o Projeto Emergência para Teotônio, que orientou os conceitos principais, com a expectativa de que fosse lançado em fevereiro de 1983. O texto pregava a moratória da dívida externa e a abertura de negociações com os credores brasileiros, com o pressuposto de que o Brasil só pagaria as parcelas da dívida quando lhe fosse possível. Ressuscitava-se, mais uma vez, a velha fórmula de bravata inconsequente, que o PMDB rejeitava, pois significaria um forte abalo da confiança do sistema financeiro internacional na economia brasileira. Era a tal solução que parecia heroica no primeiro momento e se tornava trágica no segundo, quando sobreviessem o corte dos créditos externos, a recessão, o desinvestimento e o desemprego.

No segundo ponto, o Projeto Emergência propunha aumentar "substancialmente" as alíquotas do imposto de renda, para gravar com mais rigor os ricos, uma velha tese que a esquerda brasileira sustentaria nos próximos decênios.

O terceiro ponto do Projeto Emergência tratava da dívida social, na qual o documento propunha uma reforma agrária radical e uma política de pleno emprego que se assentava na estabilidade obrigatória dos trabalhadores. Pregava "a criação de novos empregos para absorver a grande massa de desempregados", sem dizer exatamente de onde viriam os investimentos para isso. Adiante, alinhava uma política de educação e de saúde utópica, que também não explicitava de onde viriam os recursos para custeá-la. Por fim, a dívida política seria o resgate das plenas condições de exercício da democracia.

Naquele momento, a imensa maioria do PMDB carreava toda a sua energia para temas que encaminhassem a restauração da democracia. Não era possível lutar em quatro frentes ao mesmo tempo, como sonhavam as correntes de esquerda. Com o governo militar cada vez mais vulnerável, era fundamental abalar os seus pilares com um tema que fosse amplamente compreendido pela sociedade — e democracia todos sabem o que é. Foi assim que o partido não encampou o Projeto Emergência e não o levou para a discussão com suas bases, como Teotônio pedira.

* * *

Nos meses seguintes, o câncer não lhe deu trégua. A metástase viajava perversamente, atingindo outros órgãos. Apareceram novos tumores no mediastino, na suprarrenal, no fígado; Teotônio parecia uma fábrica de tumores letais. A perna direita cada vez se atrofiava mais e dificultava seu caminhar. Tragado pela quimioterapia, emagrecia a olhos vistos e sofria de uma inapetência devastadora. Mas nada conseguia conter sua vontade de falar aos brasileiros. Continuava a cortar o Brasil num avião, já sem mandato, e muitas vezes dormia sozinho em hotéis de cidades distantes. Agarrou-se a alguns fundamentos que antes recusara:

> Creio na natureza, no homem e em Deus. Essa trilogia é que abre os caminhos dos meus olhos, os passos para os meus pés, as invenções da minha mente. E, se amo a vida a ponto de tanto lutar por ela, é que no fundo das coisas as criaturas resplandecem e se entrechocam numa teia de fundações donde se ergue o próprio Criador.

Encontrava-se, por fim, com os preceitos que seu irmão Avelar tanto lutara para que ele acreditasse. Era uma hora em que se tornava impossível não demonstrar religiosidade ou recusar crenças. Teotônio era um personagem nacional muito querido. De todo o Brasil começaram a chegar receitas, poções, xaropes e garrafadas das mais variadas origens. Teotônio decidiu acreditar nelas, da mesma forma que passara repentinamente a acreditar em Deus.

Em casa, Lenita e as filhas passaram a organizar as beberagens. Depois que Lenita morreu, a filha Rosana, médica e descrente em tratamentos exóticos, assumiu o papel de selecionar o que ele deveria tomar. Não acreditava que elas fizessem bem, mas se preocupava em eliminar aquelas que pudessem fazer mal.

Em casa e nas viagens, Teotônio abandonou sua tradicional rebeldia e passou a aceitar pacificamente as recomendações médicas e os tratamentos receitados, conta seu ex-genro Jorge Holanda. "Ele passou a ser muito obediente com as recomendações médicas. Queria viver o mais possível." Passou a representar um problema insanável: em todas as viagens tinha de levar alguém com ele, pois precisava de assistência nos hotéis, em virtude de sua mobilidade reduzida, sua incapacidade de tomar um banho sozinho ou mesmo de orientar as doses dos remédios — os receitados pelos médicos e as beberagens — na hora marcada. Em sua companhia viajavam os filhos Teotônio Filho, José Aprígio ou Elias, o genro Holanda, alguns amigos de Maceió e, em muitos casos, os deputados Marcelo Cerqueira e Miro Teixeira.

Ulysses Guimarães tinha uma explicação peculiar sobre a relação de Teotônio com o câncer. Para ilustrar essa opinião comparava o caso de Teotônio com o da ex-deputada Cristina Tavares (PMDB-PE), que enfrentou bravamente o seu câncer com um exótico remédio — "água mineral". Ela não se referia propriamente a tomar água mineral mas às caminhadas que fazia todos os dias no Parque Nacional de Brasília, conhecido como "Parque da Água Mineral". Ulysses contava: "Um amigo me disse que isso era uma doce ilusão, mas seguramente lhe prolongou a vida, porque ela acreditava piamente que lhe fazia bem."

Mas esse não parecia ser, segundo julgava Ulysses, o caso de Teotônio: "Teotônio sentia-se na obrigação de morrer. Não podia frustrar o país, que o adorava, de sua morte gloriosa. Expôs o seu sofrimento como forma de presentear o povo. Eu tinha a impressão de que ele achava que não morrer seria uma traição ao povo." Era uma visão extrema e dissonante de todas as outras emitidas à época, mas pode fazer sentido. Teotônio morreu em praça pública, à vista do povo.

* * *

No início dos anos 1980, crise econômica, ditadura agonizante, um general-presidente tosco e despreparado, só se falava de política. O mais importante quadrinista do país, Henfil, baseava seus trabalhos em interpretações da política brasileira, usava uma linguagem cômica que era, ao mesmo tempo, popular e engajada. Tornou-se um diabólico crítico do regime militar, solidamente engajado em teses de esquerda que se resumiam numa simpatia particular para com o PCdoB. Ele conhecera Teotônio seis anos antes, quando participou de sua primeira entrevista a *O Pasquim*. Agora, quando ele e Teotônio estavam doentes, queria aproximar-se do senador. Ligou para Marcelo Cerqueira e o convidou para jantar. Não era conversa política. Henfil queria convencer Cerqueira a levar Teotônio ao paranormal Thomas Green Morton, que ele próprio, Henfil, consultava.

Cerqueira prometeu convencer Teotônio. Corria o mês de novembro de 1982, um momento em que Teotônio estava muito debilitado pela doença. Ele falou com Teotônio e voltou a Henfil: a sugestão fora aceita. Henfil adiantou-se: ligou para o senador, a quem só vira uma vez na redação d'*O Pasquim*, anos antes, e explicou-lhe o modelo de energização que Morton fazia. Garantiu que a coisa funcionava, pois ele mesmo, contaminado pelo vírus HIV numa transfusão descuidada, se tratava com ele e se sentia bem. Teotônio concordou em fazer uma consulta. Henfil contatou Morton e pediu-lhe que atendesse o senador doente.

A aproximação dos dois casava personalidades utópicas, românticas e sonhadoras: os dois embalavam no peito a ideia de defender a pátria e resgatar os miseráveis. Os dois também tinham uma forte aproximação com o PCdoB: Teotônio, desde Alagoas, quando começou a ajudar Aldo Rebelo e o partido inflava as plateias de suas palestras; Henfil guardava vinculações profundas com o partido desde a guerrilha do Araguaia, para a qual ele colaborara com expressivas doações em dinheiro. Mas a química dos dois era bem mais do que os sonhos de uma pátria livre ou a ligação com o PCdoB, apenas. Ambos estavam doentes, condenados a morrer num período presumivelmente curto.

Ambos eram seres profundamente políticos e obsessivos na busca de soluções para o Brasil. Nas conversas que teriam naquele ano de relações intensas e fraternas, Henfil fazia provocações a Teotônio, que se sentia estimulado por elas. Acostumou-se a ir a Maceió sem avisar; de repente alguém batia à porta do velho casarão da Gruta de Lourdes e quando abriam a porta entrava um sorridente Henfil, que chegara para ficar com Teotônio. Em pouco tempo de convivência, passou a chamar as filhas de Teotônio de irmãs. Janice guarda até hoje uma dedicatória feita por ele em um de seus livros: "Do seu irmão Henfil Vilela". Os dois conversavam horas a fio, uma conversa sempre alegre e variada.

Morton, na verdade, chamava-se Thomaz Green Morton de Souza Coutinho e não tinha descendência anglófila, como seu nome poderia sugerir, à primeira vista. Seu pai lhe dera chamara assim porque era dono de uma farmácia em Pouso Alegre (MG) e admirava o famoso dentista americano William Thomas Green Morton, o homem que aplicou a primeira anestesia geral para uma intervenção dentária — até então os pacientes estrebuchavam de dor nas cadeiras odontológicas. Sem formação científica, Morton descobriu que tinha dons paranormais e passou a se dedicar a um trabalho fronteiriço entre a mística e o charlatanismo.

Consultar um paranormal não era exatamente o que Teotônio faria em condições normais. Mas o câncer induz seu portador a dar tiros a esmo, a tentar acertar um alvo móvel e quase invisível, inatingível pelos tiros reais, em particular naquela época. Cada avanço da doença debilitava mais Teotônio, cuja resposta era quebrar suas convicções no mundo da ciência pura e mergulhar no mundo da religiosidade e das crenças.

16
A HORA DE DESCER NA CURVA

As posições radicais de Teotônio sofriam restrições cada vez mais severas dentro do PMDB. O que dois anos antes representara uma honrosa homenagem praticada prazerosamente pelos grandes líderes do partido — obsequiá-lo Teotônio com o cargo de primeiro vice-presidente do PMDB —, agora era tomado como uma atitude temerária e gerava um silencioso arrependimento. Alguns se perguntavam o que dera nele para radicalizar daquela maneira. Muitos pensavam que era um efeito colateral ou emocional causado pela doença; os que conheciam o *affair* com Maria Luíza atribuíam o discurso extremista a um certo, digamos, exibicionismo para impressionar o seu amor tardio. Mas havia outra explicação: Teotônio apenas ocupava um espaço vazio, o da esquerda, para apresentar-se como candidato presidencial na hora certa.

Existia um questionamento vital, no entanto — ele estava doente e marcado para morrer em breve. Como ser candidato à Presidência da República, como sustentar uma campanha extenuante por todo o Brasil, como enfrentar as provas de resistência física, de solidez mental, de equilíbrio emocional, de exercício rigoroso da memória naquele estado profundamente debilitado, física, orgânica, emocional e mentalmente?

* * *

Em março de 1983, tomaram posse os governadores eleitos em novembro do ano anterior. Por um lado, o PMDB, depois de ser oposição por tanto tempo, passava a ocupar governos dos principais estados, o que mudava decisivamente o equilíbrio de poder e encurtava o caminho da completa redemocratização. Por outro, assumir os governos significava assumir uma parte da responsabilidade por uma economia combalida que o regime militar legara. A primeira conta chegou para o governador de São Paulo, Franco Montoro. Em 4 de abril, uma manifestação de rua convocada pelo Movimento Contra a Carestia (leia-se: PCdoB) no bairro de Santo Amaro degenerou em grande tumulto e saques a lojas, com um saldo de cem feridos e setenta presos.

Como represália às prisões, um grupo composto por militantes do PCdoB e do PT, comandado pela deputada Irma Passoni e pela ativista Clara Ant, desviou parte do protesto para a porta do Palácio dos Bandeirantes, sede do governo paulista. Para que evitar que se repetisse a repressão da véspera, Montoro retirou as tropas da Polícia Militar e os manifestantes — que nem eram tantos assim — derrubaram as grades do palácio. Montoro queria dar um exemplo de civilidade na contenção da manifestação, marcando o contraste com a ditadura, mas acabou por passar uma impressão de tibieza. Repercutiu muito um foto em que aparecem as grades derrubadas do palácio e, ao fundo, a efígie de um Montoro apreensivo, recortado no vitral de uma janela do palácio. Em mais uma concessão, o governador aceitou receber uma comitiva dos manifestantes para negociar um problema que não fora causado por ele e sim pela equivocada política econômica do regime militar.

Os números causavam apreensão. Apenas nos dois primeiros meses daquele ano a indústria paulista havia demitido 47 mil trabalhadores; em todo o país, apenas a construtora Odebrecht demitira quatro mil empregados. A inflação dos alimentos atingira 35% naquele ano, com um acréscimo de 15% somente em março. E nada disso era efeito causado pelo recém-empossado governo Montoro. Houve quem imprecasse contra o PCdoB, que não poupara um governador do partido, o PMDB, que ainda abrigava os seus militantes.

A onda de saques também atingiu o Rio, onde Leonel Brizola também tomara posse um mês antes, mas sem o impacto da manifestação de São Paulo. Os governadores agiram com rapidez; Tancredo, governador de Minas Gerais, e Brizola voaram a São Paulo para se solidarizar com Montoro e estudar a adoção de uma atitude comum. Os três emitiram uma nota conjunta dirigida à população, na qual pediam calma e alertavam que manifestações violentas só serviam "aos inimigos da democracia".

O governo do general-presidente João Figueiredo agiu com equilíbrio: convocou para uma reunião os três governadores, que tinham assumido os estados mais importantes, em cujas capitais houvera as manifestações. Ter aquele problema era ruim mas a convocação, em si, era promissora. Depois de muitos anos de ditadura, nos quais os militares decidiam tudo, pela primeira vez o governo militar chamava a oposição para ajudá-lo a resolver um problema. Era uma atitude civilizada, que pautava bons presságios na convivência entre o poder central e os novos poderes estaduais. No dia 9, Figueiredo falou em cadeia de TV para advertir que a violência nas ruas "briga com o processo de abertura".

No mesmo dia, de São Paulo, Tancredo ligou para Ulysses Guimarães, em Brasília, para dizer que aquele momento era "o mais grave que vira desde as crises de Getúlio e Jango". Tancredo informou o presidente do seu partido que Figueiredo convocara os três governadores para uma conversa naquele mesmo dia, em Brasília. Ulysses respondeu: "Tenho duas notícias para vocês, governadores do PMDB. Uma é boa e outra é ruim. A boa é que estou deixando a presidência do PMDB. A ruim é que quem vai ficar no meu lugar é Teotônio Vilela."

A resposta de Tancredo nunca foi revelada, mas ele não deve ter gostado de nenhuma das duas. Embora temporariamente, o PMDB perdia Ulysses num momento delicado. E entregava a presidência do partido a Teotônio, o amigo do PCdoB, num momento em que o PMDB era atacado exatamente pelo PCdoB. De que lado ele ficaria?

* * *

No começo de 1983, as pessoas que conviviam com Ulysses Guimarães começaram a notar que ele dava sinais de uma crescente depressão. Abúlico, desmotivado, desconcentrado, Ulysses exibia um olhar vazio, revelador de que seu cérebro, de repente, desligava. O então senador Pedro Simon (RS) assustou-se num dia em que entrou no gabinete de Ulysses, no subsolo da Câmara dos Deputados, e ele estava sentado sozinho, à grande mesa em que sediara combativas reuniões, mirava o nada, imerso num completo silêncio. Simon falou com ele e não obteve resposta; saiu assustado e foi procurar as pessoas mais próximas a Ulysses para dizer-lhes que tinham de providenciar um tratamento. "Nós achamos que ele ia morrer", confessa hoje Simon. Talvez fosse apenas o cansaço originado no trabalho exaustivo e continuado de decênios, sem férias, sem descanso. Mas era preciso levá-lo a um médico.

Levaram Ulysses a São Paulo para uma consulta secreta com um psiquiatra, que receitou vários medicamentos, inclusive lítio, e uma recomendação expressa de descanso. Sugeriu que ele fosse levado para passar pelo menos um mês num lugar de que gostasse muito, com pessoas que lhe fossem muito agradáveis, para conversar apenas amenidades, zero de política, sem padecer contrariedade. Ulysses gostava muito de mar; a solução natural encontrada pelo grupo que formava o círculo mais íntimo foi a casa de um amigo do ex-ministro Renato Archer, em Búzios. As férias foram pensadas em detalhes: vários casais amigos foram escalados para revezar na casa com Ulysses e dona Mora, um casal a cada semana.

Foi um santo remédio: bem antes do que se imaginara, ele se recuperou e voltou a assumir a presidência do PMDB. Poucos meses depois os sintomas voltaram a aparecer e dessa vez Ulysses e dona Mora, acompanhados pelo casal Fernando Henrique e dona Ruth, foram passar férias em Alagoas. Ulysses e dona Mora ficaram numa casa da praia de Paripueira, pertencente ao sogro do futuro deputado Sérgio Moreira (PMDB-AL), enquanto Fernando Henrique e dona Ruth se hospedaram num hotel da praia de Jatiuca, em Maceió, mas todos os dias cedo iam até Paripueira, a trinta quilômetros de distância, e passavam os dias com o casal Guimarães.

No último dia da estada alagoana os quatro foram até o bairro da Gruta de Lourdes visitar um alegre Teotônio, que no início só puxou assuntos amenos. Mas logo puxaria a conversa para a política e criticaria durante a hipótese de o PMDB "subir a rampa", expressão que se usava na época como eufemismo para uma aproximação com o governo Figueiredo. Ao fim da visita estava decretada a morte da "subida da rampa".

Quando sobreveio a terceira crise, em meados de junho, foi inevitável substituir Ulysses na presidência do PMDB. Ulysses já não estava bem quando, numa tarde, ligou com voz pastosa para Fernando Henrique, que trabalhava no Senado, e convocou-o para uma reunião na casa de Simon. Armava-se uma miniconspiração para impedir que Teotônio assumisse a presidência do partido na ausência de Ulysses. O primeiro vice-presidente era Miguel Arraes, que estava adoentado e não podia assumir; Teotônio era o segundo vice e Pedro Simon, o terceiro. Ulysses queria que Simon assumisse a presidência em sua ausência. Tancredo preferia que o interino fosse o senador biônico Afonso Camargo (PR), que era segundo secretário.

Como os dois não queriam Teotônio, o papel de Fernando Henrique seria convencer Teotônio a aceitar o *by-pass* de um dos dois. Mas Teotônio irrompeu na reunião e já chegou definindo a questão: "Se Ulysses vai para o hospital, deixem que eu tomo conta de tudo." Foi impossível impedir que ele assumisse. Fernando Henrique conta que não havia propriamente uma desconfiança de Ulysses e Tancredo, mas ambos consideravam que Teotônio era muito arrojado para conduzir o partido naquele especial momento.

Tancredo receava dar a presidência do principal partido de oposição a um homem que vivia uma escalada radical havia muito tempo e que, nos últimos dois anos, extrapolara os limites do que o mineiro julgava razoável para conduzir a futura sucessão do general Figueiredo. Tancredo mirava essa questão como quem arruma cálices de cristal da Boêmia numa cristaleira de prateleiras de vidro.

Mas agora estava tudo resolvido. O PMDB teria de suportar Teotônio por um prazo que ninguém poderia, naquele instante, prever. Ele estava até mais doente do que Arraes mas assumiria a presidência interina do partido.

* * *

O núcleo duro dos amigos de Ulysses voltou a ficar apreensivo com a nova crise depressiva que ele apresentou. Levaram-no de volta ao mesmo médico em São Paulo e a receita se repetiu — uma bateria de medicamentos e férias num lugar agradável. Mas dessa vez, no lugar de levá-lo para uma praia, programaram uma estada na fazenda de um concunhado dele que morrera dias antes. Nada ajudava: Ulysses detestava mato, sofria com o frio congelante da região, era inevitável recordar o morto a cada momento e a programação de presença dos amigos não funcionou. Durante vários dias, ele ficou isolado no sítio, com dona Mora e a irmã recentemente enviuvada, envolvidos em conversas tristes de lembrança do falecido.

Em vez de melhorar, como acontecera em Búzios, a depressão voltou a dominá-lo e ele piorou muito. Consultado por telefone, o médico mandou dobrar a dose de lítio, o que conduziu Ulysses a um estado inverso — entrou em euforia alucinatória. Quis voltar à atividade política, embarcou para Brasília e apareceu na Câmara na manhã seguinte. No primeiro dia, subitamente, mergulhou em nova e profunda crise depressiva. Os amigos tiveram de escondê-lo, para evitar que os adversários descobrissem que o comandante da oposição estava fora de combate ou, pior ainda, que a mítica figura de Ulysses fosse personagem de uma pane emocional à vista do público.

Enfiaram-no num avião e o levaram para uma consulta nos Estados Unidos. O médico americano percebeu de cara que os problemas sucessivos tinham sido causados pelo uso errado do protocolo médico — as dosagens de medicamento não tinham sido bem balanceadas pelo médico paulistano. Em uma semana de tratamento, ele voltou à normalidade e pôde voltar a assumir a presidência do PMDB. Depois de quarenta dias de sobressaltos para os líderes moderados, Teotônio devolveu o cargo e voltou a seu posto de primeiro vice-presidente.

O retorno foi acidentado e mostrou claramente as diferenças de tom entre Ulysses e Teotônio. Nos seus quarenta dias de interinidade, Teotônio fora até ríspido para tratar possíveis negociações com o governo Figueiredo. Decerto ele copiava Ulysses, que antes de sair de licença também tinha uma posição dura, contrária a qualquer tipo de negociação. Mas, ao reassumir, Ulysses admitiu fazer negociações ocasionais, "quando for o caso".

Sua mudança de atitude foi, sem dúvida, incentivada pela política dos governadores, que significavam, naquele momento, a parcela real de poder que o PMDB abiscoitara nas eleições de 1982. Agora o partido não tinha apenas a responsabilidade de ser oposição, de gritar, cobrar e criticar; nos estados mais importantes do país passara a ter, concomitantemente, a responsabilidade real de governar e dar soluções aos problemas. A era da retórica pela retórica acabara.

Ulysses anunciou que convocara o economista Celso Furtado para redigir um documento que seria a proposta do PMDB para uma política econômica nacional e que serviria de base para as eventuais negociações com o governo federal. Teotônio reclamou: disse que o seu Projeto Emergência era mais completo do que os documentos redigidos ultimamente por Furtado e que, portanto, deveria ser o documento do PMDB. Como não queria briga, Ulysses amenizou — afirmou que o documento de Furtado teria como base o Projeto Emergência.

Para absorver as críticas de Teotônio, disse que o PMDB era "uma família e suas brigas internas, como brigas de família, não atingem a instituição". Na entrevista coletiva que concedeu ao reassumir, foi o tempo todo fustigado por Teotônio, sentado a seu lado. E tanto Teotônio fez que, no fim da entrevista, Ulysses admitiu que iria negociar, não com Figueiredo mas com a sociedade. Quando os jornalistas perguntaram se os governadores seriam ouvidos para a elaboração da proposta de Furtado, Teotônio atalhou e respondeu na frente: "Os governadores devem obedecer à direção do partido."

Esse era Teotônio — duro, inflexível e até ríspido na defesa de suas posições políticas.

* * *

A audiência dos governadores de oposição com Figueiredo coincidiu com a primeira reunião da Comissão Executiva Nacional do PMDB presidida por Teotônio. Na abertura da reunião, à frente de toda a imprensa, Teotônio lançou seu primeiro petardo:

> Estou sabendo pela imprensa que os governadores de oposição, passando por cima da direção partidária, devem estar, neste momento, subindo a rampa do Palácio do Planalto. Se não vierem aqui depois para dar uma satisfação desse ato imprudente, vou propor a expulsão de todos eles do partido.

Imediatamente alguém deu um jeito de transmitir a farpa de Teotônio aos governadores, no Palácio do Planalto, do outro lado da rua. Aquele não era um problema para Brizola mas era um problemaço para Tancredo e Montoro. Mas o governador do Estado do Rio de Janeiro não regateou solidariedade a seus colegas atingidos pelo mesmo mal-estar e se propôs a ajudá-los. Montoro sugeriu ligar para Teotônio dali mesmo, numa sala próxima ao gabinete presidencial, enquanto esperavam a audiência do general Figueiredo. Mais esperto, Tancredo objetou:

— Se a gente ligar agora ele vai dizer que não devemos conversar com o presidente e vai pedir que a gente vá para o Congresso. Vamos todos lá falar com ele mas depois da audiência.

Na verdade, tamanha tensão inútil era um retrato da época. Nada mais normal e razoável que governadores sejam recebidos pelo presidente da República para tratar de uma crise que afeta e ameaça todas as esferas de poder. Mas aquele era um primeiro — e improvisado — encontro de altas autoridades da oposição com a autoridade máxima do presidente da República. Até então, no doentio Brasil maniqueísta que a ditadura criara não havia vacina contra esse tipo de tolice ideológica. A esquerda do PMDB parecia não ter ainda compreendido que agora tinha uma importante parcela do poder — e Teotônio estava entre eles.

Terminada a audiência, os três governadores atravessaram a Praça dos Três Poderes em direção ao Congresso e entraram de surpresa na reunião da Executiva; a surpresa fora maior ainda porque na pequena comitiva estava também Brizola, que era do PDT. Tancredo entrou à frente, sorridente, festivo, e brandiu uma mensagem de paz em direção a Teotônio: "Meu querido presidente!" Teotônio se derreteu com o vocativo e se emocionou, também, com a surpreendente presença de Brizola, que participaria, pela primeira e única vez na vida, de uma reunião do comando supremo do PMDB. Selou-se ali a paz e o primeiro teste de Teotônio na presidência do PMDB terminou com resultado satisfatório. Mas duraria pouco.

Dias depois, Tancredo, sendo, mais do que nunca, Tancredo, agiu para puxar Teotônio para perto de si. Fez o que fazia de melhor: encantar as pessoas que precisava conquistar, entupi-las de elogios e homenagens. Convidou Teotônio para uma visita a Belo Horizonte e o recebeu no Palácio das Mangabeiras com flores, adjetivos elogiosos e tapetes vermelhos. Dona Risoleta Neves o tratou tão carinhosamente que depois ele se diria comovido.

No mês em que substituiu Ulysses na presidência do PMDB ocorreu uma greve de metalúrgicos em São Paulo, comandada pelo velho sindicalista Joaquim dos Santos Andrade. Joaquinzão, como era conhecido, tinha um perfil semelhante aos antigos pelegos e rivalizava com os novos sindicalistas do ABC paulista, embora fosse bem diferente deles. No começo da greve, instalou-se uma divisão no governo paulista, que assumira três meses antes: o governador Franco Montoro não queria reprimir os grevistas mas seu secretário de Segurança, Manoel Pedro Pimentel, indicado pelo governo militar (ao assumirem, em março de 1983, os governadores de oposição tiveram de aceitar secretários de Segurança apontados pelo comando do Exército), queria impedir a greve a qualquer custo. Assustou Montoro: disse que, se a greve não fosse reprimida pela PM, o II Exército assumiria o controle da segurança no estado. Montoro cedeu e a repressão se fez.

Teotônio desembarcou em São Paulo irritadíssimo. Ligou para Fernando Henrique, que era presidente estadual do partido e estava de repouso porque fora operado de apendicite. "Para acalmá-lo, convidei-o a almoçar em casa de minha mãe, que era prima dele. Só que ela era muito mais radical do que ele e passou o almoço cobrando que o PMDB criticasse Montoro. Era tudo de que Teotônio precisava", conta Fernando Henrique.

Terminado o almoço, os dois se juntaram a Joaquinzão e foram para a Assembleia Legislativa. Lá, Teotônio deu uma entrevista coletiva ao lado de um constrangido Fernando Henrique, batendo duramente em Montoro e denunciando que houvera uma intervenção branca no estado. Declarou-se ao lado dos trabalhadores e não do principal governador do seu partido, que recém assumira o governo do mais poderoso estado do país.

A única ideia que ocorreu a Fernando Henrique foi levar Teotônio para uma conversa com Montoro. Quando chegaram ao Palácio dos Bandeirantes, Montoro o convidou para jantar e explicou-lhe que se vivia, naquele momento, uma fase de transição entre a ditadura e a democracia. Aos governadores de oposição, não cabia desafiar ou questionar o governo militar, sob pena de arriscar um retrocesso. Teotônio concordou e mudou completamente de posição. Fernando Henrique explica hoje: "Teotônio era assim. O partido ficava ligado nele o tempo todo, imaginando o que ele iria armar. E ele armava. Era um homem de grande coragem física e pessoal, que arriscava além dos limites do ponderável."

Em pouco tempo, tudo mudaria. Pimentel, o secretário de Segurança imposto pelos militares, foi afastado por Montoro três meses depois e substituído pelo jurista Miguel Reale Júnior (o qual ficaria pouco tempo no cargo, sendo substituído pelo procurado-geral do Estado, Michel Temer, colega de Montoro no corpo docente da PUC-SP). Depois do jantar com Montoro, Teotônio viajou para Brasília e no dia seguinte, retransmitiu a presidência do PMDB a Ulysses. A estada agitada em São Paulo fora seu derradeiro pontificado.

Apesar desses desencontros, no mês em que Teotônio exerceu a presidência interina do PMDB, o partido decolara. No comando, ele não agiu como Ulysses, que controlava com mão de ferro as ações e os projetos sugeridos para o partido. Isso afetava muito o então secretário-geral, o deputado autêntico Chico Pinto (BA), que trazia muitas ideias para estimular o partido mas jamais conseguira aprovar grandes ações com Ulysses. Com Teotônio foi muito diferente: ele intuía a eficácia das ideias de Chico e as colocava em andamento.

Quando reassumiu o cargo, Ulysses ouviu um relatório verbal inacreditável de Teotônio: "Enquadrei todo mundo, inclusive o Brizola!"

* * *

Teotônio era avesso a qualquer coisa que parecesse espiritismo para evitar que uma sessão — ou consulta, seja lá o que aquilo deveria ser chamado — chegasse ao conhecimento do irmão cardeal e lhe causasse constrangimentos. Para impedir uma repercussão pública, a primeira viagem dele a Pouso Alegre para uma consulta com Thomas Green Morton foi cercada de cuidados. Marcelo Cerqueira o levou, numa viagem de carro que partiria do Rio de Janeiro e teria uma escala para descanso do paciente. Henfil combinou a recepção com o dono do pequeno hotel onde costumava ficar, em Pouso Alegre, no sul de Minas, e acertou os horários com Thomas Green Morton; ele mesmo, Henfil, viajaria também, a partir de São Paulo, para acompanhar as sessões de energização.

Cerqueira previu que os quase quatrocentos quilômetros de distância seriam muito cansativos para Teotônio e preparou a viagem em duas pernas, com uma parada em Resende para dormir. Na primeira perna, de 190 quilômetros, viajaram pela Rodovia Presidente Dutra do Rio a Resende e pararam para pernoite no Hotel-Fazenda Três Pinheiros, do ex-prefeito de Resende Noel de Carvalho. Na chegada, os dois foram colocados em quartos separados mas discretamente Teotônio pediu ao companheiro de viagem que dormisse com ele no mesmo quarto. Cerqueira percebeu que ele estava tão combalido que tinha receio de dormir sozinho, sem alguém ao lado a quem pudesse chamar, se passasse mal à noite.

Na juventude, quando era boiadeiro, Teotônio passava dias sem tomar banho mas na idade madura se tornara um homem muito asseado. À hora de deitar ele disse a Cerqueira que não conseguiria pegar no sono se não tomasse um banho antes, só que não tinha condições de banhar-se sozinho. Cerqueira teve de sentá-lo num banco debaixo do chuveiro e dar-lhe o banho. Sempre em busca de alegria nas coisas, para fazer contraponto às dores que sentia, Teotônio fez uma piada com o enfermeiro improvisado: "Não lave meu pau não, que você pode se acostumar..."

No dia seguinte, foram mais 200 quilômetros por estradas secundárias, bem piores do que a Dutra, até Pouso Alegre. Alojaram-se no hotel e esperaram o chamado para a primeira sessão com Morton, marcada para as 14 horas. Mas o chamado não veio e a tarde avançou sem que o paranormal desse sinal de vida. À noite, quando Henfil chegou Teotônio já estava tão impaciente com a demora que pensava em ir embora. Para acalmá-lo, Henfil começou a contar histórias mirabolantes de Morton.

Contou que tinha cálculos na bexiga e não podia extraí-los numa cirurgia porque era hemofílico. Mas Morton lhe proporcionara um tratamento heterodoxo: passava a mão sobre a sua bexiga e recolhia incontáveis pedrinhas, os cálculos. Era uma coisa inexplicável, ainda mais porque, quando voltava ao Rio, fazia uma radiografia e os cálculos estavam lá na bexiga, não tinham sido retirados. Mas as dores, ah, sim, as dores desapareciam.

Enquanto eles conversavam, inesperadamente Morton passou pelo saguão do hotel e foi chamado por Henfil, que lhe cobrou um atendimento imediato a Teotônio. Às 20 horas, com um atraso de seis horas, Morton recebeu Teotônio pela primeira vez. Nos primeiros diálogos, Teotônio sentiu grande simpatia por Morton — e essa simpatia cresceria no ano seguinte. Como sempre fazia com todas as pessoas, Morton começou o atendimento com trucagens e mágicas que impressionaram Teotônio.

Para começar o espetáculo, entortou o aparelho de metal que Teotônio usava na perna direita; em seguida, passou a mão sobre o metal e o aparelho voltou ao normal, como se fosse novo. Fez mágicas inacreditáveis, como pedir a Teotônio que segurasse um ovo. No momento seguinte, a casca se quebrara e dela brotou um pintinho vivo. Saiu de carro e deu uma volta no quarteirão com sua motorista ao volante, o que seria trivial se a motorista não fosse cega e não dirigisse orientada apenas pelas energizações que Morton silenciosamente lhe transmitia. Teotônio ficou muito impressionado com essas demonstrações, como, de resto, qualquer um ficaria. Insistiu em saber como era feito o truque do ovo e do pintinho; Morton lhe garantiu que não era truque, que era efeito de sua paranormalidade.

Na energização, usou o melhor de seu espetáculo de luzes e odores. As luzes estroboscópicas explodiam no teto e nas paredes como se fossem flashes cósmicos; o ar se inundou com o odor de patchuli. Teotônio melhorou instantaneamente e, a partir daquela sessão, não conseguiria passar um tempo longo sem fazer energizações periódicas. Em nenhum momento Morton prometeu cura-lo do câncer, e de fato não curaria mas o energizava de uma maneira incrivelmente eficaz, tornava aquelas sessões indispensáveis para sustentar a meia vida de que Teotônio dispunha. Quando estava muito mal, uma energização o trazia de volta à vida que ameaçava se esvair.

Morton fez várias energizações estando ele em Pouso Alegre e Teotônio em Maceió ou no Rio de Janeiro, conseguindo resultados convincentes, e provocando, a centenas de quilômetros de distância, o mesmo odor intenso de patchuli. Havia quem gostasse do perfume, como Cerqueira, e havia quem não gostasse, como a filha Helena Vilela. Certa vez, Teotônio chegou a São Paulo, vindo de Pouso Alegre, acompanhado por Henfil, e foi diretamente à Rede Bandeirantes dar uma entrevista a Hebe Camargo. Em casa, quando foi desfazer a mala do pai Helena sentiu-se enjoada com o odor fortíssimo que se desprendia das roupas. Comentou com o pai:

— Puxa, mas que perfume horrível Hebe Camargo usa.

Teotônio, que admirava Hebe, defendeu-a:

— O perfume dela era maravilhoso. O que você está sentindo em minhas roupas é o perfume de Thomas Green Morton.

E emendou:

— Mas ele não é tão ruim assim...

Era, garante Lena.

Na família de Teotônio, as rezas de Morton se tornaram controversas, porque suas mágicas encantadoras e inexplicáveis custavam um alto preço, cobrado na hora da execução por um nissei que era uma espécie de secretário e tesoureiro de Morton. Ele só iniciava o rito depois de o dinheiro pousar em sua conta bancária. Num dado momento José Aprígio não queria mais pagar mas Téo e Elias entendiam que valia a pena porque o pai se sentia bem melhor com as rezas. Henfil entrou na questão para defender o pagamento a Morton.

Teotônio voltaria outras vezes a Pouso Alegre, uma com Cerqueira e duas ou três com Miro Teixeira, e Morton ainda foi a São Paulo pelo menos uma vez para atendê-lo. Em cada sessão, mais se tornava amigo do mago e menos se preocupava com a possibilidade da exposição pública e com eventuais notícias na imprensa, perdendo o receio de que o irmão cardeal soubesse das consultas.

Ele perdera completamente o pudor e o preconceito com rituais exóticos e seus efeitos. Quando ainda consultava Morton, o compositor Chico Buarque sugeriu a Marcelo Cerqueira que levasse Teotônio a um curandeiro do Rio de Janeiro que costumava frequentar, embora desconfiasse das ligações que o homem tinha com militares que lhe facilitavam o acesso a plantas coletadas em reservas indígenas da Amazônia. Chico fazia com ele um tratamento contra o alcoolismo que não lhe permitia dormir a não ser depois de mergulhar num majestoso porre. Cerqueira levou Teotônio à toca do bruxo, em Copacabana, e a receita foi uma relação de beberagens como as que dona Lenita recebia na casa da Gruta de Lourdes. O bruxo não conseguiu repetir os resultados de Morton.

Teotônio já estava acima do bem e do mal. Seu nome era cultuado em todo o Brasil. Nos dias finais, em Maceió, recebeu a visita honrosa dos atores Paulo Autran e Tônia Carrero, que queriam conhecê-lo antes que se fosse. Morria gloriosamente à vista do povo que tanto amara.

* * *

Assumir a presidência provisória do PMDB foi o canto de cisne na sua vida política. Quando Ulysses voltou e reassumiu seu cargo, foi como se Teotônio tivesse murchado. Dali, sem mandato, sem ânimo para atuar decisivamente, sem condições físicas de manter a agenda de palestras que lotavam auditórios e encantavam plateias, ele caminhou suavemente até a curva da estrada onde desceria. Continuava a ser a maior personalidade do mundo político nacional, mas não tinha mais forças para pontificar. Até pouco antes ele ainda conseguia dobrar as dores da doença, mas a partir de agosto de 1983 ele declinou decisivamente.

Ênio Lins foi a uma reunião do PCdoB em São Paulo e comentou com seus correligionários que iria visitar Teotônio, internado no Hospital Albert Einstein. Renato Rabelo, que na época era o segundo na hierarquia do PCdoB, pediu-lhe que, na visita, sondasse se, àquela altura, o velho boiadeiro alagoano ainda tinha condições físicas e mentais para ser candidato à Presidência da República. Ênio entrou no quarto e observou que Teotônio, além de não reconhecê-lo, ficara angustiado com a sua chegada, talvez intuindo pelos remotos registros de memória, que se tratava de uma pessoa que deveria conhecer.

Num determinado momento, Teotônio atinou. E disse:

— Você me deve uma charge.

Realmente, tempos atrás ele havia pedido que Ênio lhe enviasse cópia de uma charge do general Figueiredo a cavalo, num salto sobre o Congresso, que na cena figurava como se fosse um obstáculo hípico. Na conversa que se seguiu, Ênio percebeu que a memória dele oscilava muito. Voltou naquele mesmo dia à direção do PCdoB com um diagnóstico: Teotônio não tinha a menor condição de sustentar uma candidatura. O PCdoB desistiu.

Henfil promoveu a eternização da figura de Teotônio. Preocupado em guardar registros históricos, ele gravava voz e, se possível, imagem de suas falas. Mas no fim o velho sertanejo da Viçosa já não falava coisa com coisa nem mantinha coerência com seu passado de social liberal. Alguns desses registros são confusos, outros são incoerentes.

Em abril de 1983, Henfil chegou a Maceió e foi diretamente para o Sítio do Cumbe encontrar Teotônio. Mal deixou as malas na sala, já tinha a câmera ligada. Começou a fazer perguntas ao menestrel; gravou por nove horas a fala de Teotônio. Nos dias posteriores, resumiu essas nove horas em longos textos, que foram publicados em três edições sucessivas de *O Pasquim* (números 714, 715 e 716). A capa da edição 714 trazia Teotônio de camisa quadriculada e boné e a chamada num "balão" de quadrinhos: "Se pagarem a dívida vão matar o povo de fome." Num curto texto de apresentação, Henfil chamou Teotônio de "cavaleiro da esperança" e "único estadista vivo do Brasil". Havia mais do que concordâncias político-ideológicas entre os dois: em ambos, ecoava um delírio pré-revolucionário de pessoas que viam seu cronos se esgotar e precisavam radicalizar com pressa para, num quase desespero da premência, tentar a conquista em vida.

Teotônio elegera a dívida externa como o bicho-papão da dependência e do atraso brasileiros. E assestava sua metralhadora giratória contra o imperialismo, de uma forma tão extrema que chegou a criticar os shopping-centers por venderem produtos fabricados por empresas multinacionais. Desfiava soluções mágicas que seriam adotadas em seu utópico governo: trocar estradas de rodagem por estradas de ferro, suprimir toda a indústria do luxo e reciclar seus operários para uma indústria de alcance popular, aproveitar as fibras naturais do Nordeste para fabricar roupas e, por fim, suspender as importações e deixar de pagar *royalties* por produtos licenciados.

Uma outra gravação feita em outubro de 1983 foi cedida por Henfil para o documentário *O evangelho segundo Teotônio*, de Vladimir Carvalho. Numa passagem dessa gravação, Teotônio, com voz trôpega, cambaleante, obrigado nitidamente a fazer longas pausas para tomar ar, com os olhos semicerrados, diz: "Pedi tanto que os partidos atendessem aos pedidos do povo..."

E em seguida: "Não tem mais em que mexer. Só tem agora um caminho, o caminho da revolução. Se eu tivesse vinte anos, eu seria um revolucionário na América do Sul."

"Em armas!", completa um empolgado Henfil, que força uma definição "revolucionária" do velho usineiro da Viçosa.

"Em armas", diz Teotônio. "Não se consegue convencer ninguém na América do Sul, a não ser em armas."

Em seguida se corrigiu, como quem pedia desculpas pelo exagero retórico:

"Não acredito nas armas. Por mim, elas nem existiriam. Mas temos de fazer alguma coisa pela Pátria."

O pensamento liberal o acompanhara por toda a vida, até mesmo entrecortando seus momentos de maior radicalismo, embora sempre com a marca renovadora do olhar social que ele recomendava para a miséria crônica do Brasil. Em outubro de 1982, um ano antes de morrer, declarara no programa *Roda Viva*, da TV Cultura de São Paulo: "Não pense ninguém que com velhos esquadros, velhas réguas ou velhos princípios, ainda que clássicos, nós vamos atravessar os problemas e nem tampouco vamos atravessar com violência."

Em agosto de 1983, numa entrevista ao *Correio Braziliense*, Henfil lançou Teotônio candidato à Presidência da República. "Deem espaço a ele e veremos quem ganha eleição no Brasil. Teotônio tem programa para governar, um programa de oposição." Quando no dia seguinte leu a entrevista nas páginas do jornal, Teotônio reagiu: "Homem, pelo amor de Deus, não fale nisto. Eu não tenho mais condições."

Não tinha mesmo. Restavam-lhe menos de três meses de vida.

* * *

Não havia mais esperanças de prolongar a vida de Teotônio. Os médicos do Hospital Albert Einstein, em São Paulo, concordaram em levá-lo para Maceió em 10 de novembro para que ele descesse na curva de uma estrada em sua terra, bem ali no casarão da Gruta de Lourdes. A filha Helena e Henfil voavam para Maceió em 27 de novembro de 1983, para estar junto dele na hora da morte. Durante o voo, o comandante convocou Henfil à cabine de pilotagem e lhe deu a notícia que acabara de receber pelo rádio da aeronave — a ira santa se calara definitivamente fazia alguns minutos. Enfim, depois da dolorosa via-crúcis que percorreu no Brasil, a resistência inaudita do boiadeiro, o outono lhe chegava, bem antes da hora razoável. Henfil voltou da cabine entorpecido. Aproximou-se suavemente de Helena — que notou seus olhos marejados —, acariciou-lhe os cabelos, contou-lhe o que ouvira do comandante e emendou:

— Ele não morreu, Lena. Ele não morrerá nunca. Ele está vivo nos meus pensamentos, está vivo no pensamento de cada brasileiro que o ouviu falar, que aprendeu com ele.

O velório foi na Assembleia Legislativa de Alagoas, onde, 26 anos antes proferira seu incendiário relatório do *impeachment* de Muniz Falcão. Na derradeira peregrinação pelas ruas de Maceió, sob um calor de 35 graus, seu caixão foi levado pelas mãos de trinta mil pessoas, numa procissão solene que deixou a Assembleia, percorreu as principais ruas de Maceió e terminou, oito quilômetros depois, no Cemitério Parque das Flores.

Mais dez mil pessoas aguardavam para prestar a última homenagem ao sertanejo. O enterro de Teotônio foi a maior demonstração de carinho popular a um político jamais vista em Maceió.

Estavam presentes todos os políticos importantes do país. Formavam um arco que ia do governador Tancredo Neves ao presidente do PT, Luís Inácio Lula da Silva, de seu amigo Miguel Arraes a seu primo Fernando Henrique Cardoso, do companheiro de lutas Ulysses Guimarães a seu discípulo Pedro Simon, de Franco Montoro a seus velhos parceiros Marcelo Cerqueira e Miro Teixeira. E Fafá de Belém, que lhe dera a imensa alegria de ouvir-se cantado em versos de Fernando Brant, enrodilhados na melodia de Milton Nascimento.

A presença de todos, ali, dava-lhe uma dimensão que ombreava com os grandes heróis da história da nação brasileira. Ulysses lembrou seu primeiro vice-presidente com um discurso que continha uma frase que proferiria no dia da promulgação da Constituição de 1988, que Teotônio não viu nascer:

> O Estado era Tordesilhas. Rebelada, a sociedade empurrou as fronteiras do Brasil, criando uma das maiores geografias do mundo. O Estado encarnado na metrópole resignara-se ante a invasão holandesa no Nordeste. A sociedade restaurou nossa integridade territorial com a insurreição nativa de Tabocas e Guararapes sob a liderança de André Vidal de Negreiros, Felipe Camarão e João Fernandes Vieira, que cunhou a frase da preeminência da sociedade sobre o Estado: "Desobedecer a El-Rei para servir a El-Rei." O Estado capitulou na entrega do Acre. A sociedade retomou com as foices, os machados e os punhos de Plácido de Castro e seus seringueiros. O Estado prendeu e exilou. A sociedade, com Teotônio Vilela, pela anistia, libertou e repatriou. A sociedade foi Rubens Paiva, não os facínoras que o mataram.

* * *

Quando finalmente desceu na curva prometida Teotônio era uma rara unanimidade nacional. Alguns até tramaram contra ele, mas secretamente, na calada da noite, para que ninguém percebesse a tentativa, que só podia ser sórdida, antipática ou indevida. Mas a população brasileira o amou no pouco tempo em que conviveram nos dias e noites cinzentos da ditadura — ele soubera expressar melhor do que ninguém, com sinceridade e franqueza, o que o povo queria ouvir.

Helena o acompanhou, certa vez, numa palestra em São José dos Campos (SP), na qual ele começou a falar com voz suave e, à medida que avançava na fala, as pessoas ficavam eletrizadas, absorviam cada palavra que ele dizia como se separassem as sílabas para degustá-las em sua plenitude; na sala, fez-se um silêncio de ouvir mosca voando.

Certa feita, Milton Nascimento fez um show no Anhembi e convidou Teotônio para ouvir, ao vivo, a canção que ele fizera para homenageá-lo. Ele não estava bem e não pôde ir mas pediu à filha Helena que o representasse. Quando Milton anunciou o "Menestrel das Alagoas", a plateia veio abaixo e aplaudiu longamente. Helena, então, deu-se conta de que seu pai era um personagem vivo do povo brasileiro.

Era duro enfrentá-lo num embate de ideias, não só porque ele argumentava bem, era erudito e bem-falante mas também porque os seus argumentos tinham a lógica natural da razão, a convicção prenhe do liberal e a honestidade intrínseca da ética. Talvez tenha sido por isso que os senadores da velha Arena deixavam o plenário do Senado quando ele discursava, no começo da sua dissidência, nos primeiros anos do governo Geisel — para eles, era desmoralizante ouvi-lo e inútil ou doloroso contestá-lo.

Assim como ninguém cochichava com ele, porque sabia que ele responderia sempre em voz alta. Sempre se achou o dono da verdade e, por isso, não gostava quando alguém discordava dele. Quando se via acuado pela pressão do interlocutor, não tinha constrangimento de atacar o outro em seu ponto fraco. Certa vez, numa discussão política com um amigo que tinha uma rede de lavanderias e que discordava de tudo o que ele dizia, liquidou a conversa com uma pérola:

— Você entende de lavar cueca. De política, entendo eu.

* * *

Depois que ficou sem mandato parlamentar, Teotônio não parou de ir a Brasília, onde pulsava o coração político do Brasil. Passou a se hospedar no apartamento do senador Pedro Simon, seu grande amigo; no Senado, instalou seu "escritório" de trabalho no gabinete de Simon. Tomava emprestado o motorista e o carro, amparava-se no secretário particular de Simon, Nísio Tostes. Suas visitas quase diárias ao Senado tinham uma aparência de nostalgia; ele ainda cumpria uma copiosa agenda de viagens pelo Brasil, empolgava as plateias jovens que o aguardavam ansiosamente. No Senado, adorava abrir conversas com seus velhos amigos, os jornalistas que cobriam a Casa.

Simon percebera os limites delicados dos devaneios de Teotônio. Estava claríssimo, àquela altura, que o seu empenho e a aceitação nacional de seu nome contrastavam violentamente com seu estado físico-orgânico depauperado; um impedia e obstava o outro, mas ele continuava a emanar sinais de que era candidato à Presidência da República. Um dia contou a Nísio que o PCdoB queria lançar sua candidatura, mas ele achava que o amigo Simon é quem deveria fazê-lo, por sua densidade política, pela liderança natural de que desfrutava no sul do país e dentro do PMDB mas, acima de tudo, porque o queria como se fosse um filho. Deixou claro que sentia ciúmes da proximidade de Simon com Ulysses Guimarães — "Ele só tem andado com Ulysses pra lá e pra cá". Nísio contou a Simon, que percebeu a natureza do sonho — era um antídoto que ele tentava produzir ante a impossibilidade absoluta que o envolvia, uma negação do câncer, a reação natural de quem queria, talvez, não ser candidato à Presidência da República mas simplesmente estar vivo e prolongar uma vida fugaz.

Uma noite, Teotônio chegou empolgado ao apartamento de Simon na SQS 309, em Brasília. Contou a Simon e Nísio, que haviam chegado mais cedo, a sequência de palestras que teria nas semanas seguintes. Meia hora depois se disse cansado e foi deitar. Simon esperou uns dez minutos e foi ao quarto que ele ocupava no apartamento. Teotônio já vestira seu inseparável pijama e estava deitado. Simon sentou-se numa banqueta ao lado da cama, muniu-se de força fraterna. Teotônio percebeu que era uma conversa grave; recostou a cabeça à cabeceira da cama para prestar mais atenção. Simon começou a falar:

— Eu não queria dizer isso, mas tenho de dizer, para o teu bem.

Primeiro, relembrou a história de vida dele, a trajetória que fizera, até onde chegara. Teotônio olhava, desconfiado. Simon falou:

— Tirando o dr. Getúlio, lá no Rio Grande do Sul, e eu tinha vinte anos quando ele morreu, eu nunca vi ninguém mais amado neste país. Tu tens o amor do povo. O povo nunca gostou de alguém da maneira como está te gostando, tchê. E tu tens coragem. Não foi mais senador porque a doença não permitiu, mas no dia seguinte tu vens aqui e continua a tua luta de peito aberto. Viaja para lá e para cá com o teu dinheiro, sem pedir nada a ninguém. Ninguém pode dizer nada de ti. Não tem ninguém melhor do que tu.

— Agora, se tu te lanças candidato a presidente, vais ter o PCdoB a teu lado. O partido de Brizola vai apoiar Brizola, é ele o candidato a presidente; os paulistas têm Montoro, Covas, Fernando Henrique; os mineiros, Tancredo. E tu, onde ficas?

Teotônio não esboçava reação. Só olhava. Simon continuou:

— Em segundo lugar, tu hoje és Deus. Tu tens razão. Tu és uma pessoa espetacular. Tu és um homem íntegro, sério, capacitado, corajoso. Tu és um usineiro rico que preferiu viver nas entranhas da miséria para entendê-la e lutar contra ela. Agora, se tu és candidato a presidente, aí vem o outro lado. E o que é o outro lado?

Respirou um pouco. Teotônio só olhava; não era a primeira vez que ele ouvia aquilo. Semanas antes o deputado Marcelo Cerqueira condenara a aventura da candidatura presidencial:

— Você é mais que um presidente. É um *condottiere*. Não embarque nessa aventura.

Talvez essas palavras lhe tenham vindo à cabeça naquele momento. Simon respirou fundo, porque dizer aquilo tudo lhe doía no fundo do peito, e prosseguiu:

— Primeiro, tu és aplaudido porque tu falas bem demais. Teu discurso é muito bonito. Tuas opiniões são corretas. Tu és um herói. Mas tu não podes ter quatro cânceres, entrar em todo lugar de cadeira de rodas, ter um horizonte sombrio de vida e querer ser presidente da República. Não existe isso. Os caras vão dizer que tu não tens capacidade física, orgânica. És um herói mas não tens condições. É uma aventura impossível e todo mundo sabe que é desgraçadamente impossível. Todo o teu discurso de hoje, quando és Deus, cai. Tu passas a ser uma figura comum, e isso muda tudo. Muda tudo, entendes? Cada candidato vai pegar o seu time e ninguém mais vai estar a teu lado.

Respirou fundo e concluiu:

— Esquece esse negócio de candidatura. Siga com a tua pregação libertária, contra a ditadura e pela democracia. É isso que te fará uma figura inesquecível no universo político brasileiro.

Furtivamente, uma lágrima rolou pelo rosto agreste, vincado, de Teotônio, o sertanejo da Viçosa. E logo rolariam muitas pelo rosto de Simon, que não conseguiu continuar. Com voz entrecortada, Teotônio disse apenas:

— Por favor, chega.

E, virando-se de costas para Simon, enfiou a cabeça no travesseiro, puxou a coberta e decretou o fim de tudo:

— Boa noite.

Agradecimentos

A Nice Vilela, pelo entusiasmo com a ideia do livro e o incentivo constante.

A Adriana Manolio, pela ajuda dada nos trabalhos em Alagoas.

A João Rodarte, amigo velho de guerra, pelo apoio e estímulo.

A Eduardo Sérgio Hermano Balduíno, por me ajudar na pesquisa nos arquivos do Senado.

A Moema São Tiago, por ajudar nos contatos que levaram às várias entrevistas com Maria Luíza Fontenele.

A Luiz Fernando Martins Pereira, amigo do peito, pelo apoio nas estadas em Brasília.

A Ricardo Carvalho, outro amigo querido, pela ajuda nas pesquisas sobre a chegada da aviação a Recife.

A Leonardo Motta Neto, pelo apoio para as entrevistas em Brasília.

A Mário Vítor Rodrigues, por ajudar nos contatos com ex-presos políticos do Rio de Janeiro.

A Felippe Crescenti, pela orientação nas descrições arquitetônicas usadas no livro.

A Jorge Oliveira, mestre no ofício, pelo incentivo e pelas dicas essenciais.

Com especial carinho, agradeço a três amigos de mais de quarenta anos, com quem fiz questão de dividir este livro — Eliane Cantanhêde, Jorge Bastos Moreno e Orlando Brito.

A toda a turma da Record, capitaneada por Carlos Andreazza, profissionais extraordinários e amigos supimpas.

A meus filhos Clarisse, Juliana e Thiago, pelo estímulo constante e pelo amor que me concedem — e que me sustenta como se fosse maná caindo permanentemente do céu.

A Mônica, amor de toda uma vida, pelo incentivo e pelas críticas que corrigem caminhos e apontam destinos.

E, finalmente, a todos os entrevistados, pela paciência e pela contribuição que deram para tornar este livro possível.

Depoimentos

Abynada Lyro, médico, Maceió (AL)

Airton Soares, advogado e ex-deputado, São Paulo (SP)

Aldo Rebelo, ex-deputado, São Paulo (SP)

Almir Pazzianotto, advogado e ex-ministro, São Paulo (SP)

Arthur Gondim, jornalista, Brasília (DF)

Camila Vilela de Holanda, jornalista, São Paulo (SP)

Cícero Gomes, jornalista e blogueiro, São Paulo (SP)

Cláudio Humberto Rosa e Silva, jornalista, Brasília (DF)

Elias Brandão Vilela, economista, Maceió (AL)

Fernando Henrique Cardoso, sociólogo e ex-presidente, São Paulo (SP)

Fernando Montoro, administrador de empresas, São Paulo (SP)

Flávio Franoli Oliveira, historiador, Teotônio Vilela (AL)

Frederico Pessoa da Silva, jornalista, Niterói (RJ)

Guilherme Palmeira, ex-governador e ex-senador, Maceió (AL)

Haroldo Lima, ex-deputado federal, Salvador (BA)

Heráclito Fortes, deputado, Brasília (DF)

Ivaldo de França Vilela, administrador, Teotônio Vilela (AL)

Ivan Cosenza, jornalista, Rio de Janeiro (RJ)

Janice Vilela (Nice), arquiteta, Maceió (AL)

Jorge Bastos Moreno, jornalista, Rio de Janeiro (RJ)

Jorge Holanda, médico, Maceió (AL)

José Carlos Dias, advogado, São Paulo (SP)

Lúcia Hunold Lara, psicóloga, Fortaleza (CE)

Marcelo Cerqueira, advogado e ex-deputado, Brasília (DF)

Maria Beatriz Brandão Sá, professora universitária, Maceió (AL)

Maria de Fátima Palha Figueiredo (Fafá de Belém), cantora, São Paulo (SP)

Maria Helena Quintella Brandão Vilela (Lena), sexóloga, São Paulo (SP)

Maria Luíza Fontenele, assistente social e ex-prefeita, Fortaleza (CE)

Paulo Bahia, mecânico de usina aposentado, Maceió (AL)

Paulo Roberto Jabur, fotógrafo e ex-preso político, Rio de Janeiro (RJ)

Pedro Simon, ex-senador e ex-governador, Porto Alegre (RS)

Roberto Freire, deputado, Brasília (DF)

Rosana Quintella Brandão Vilela (Zana), médica, Maceió (AL)

Sérgio Kobayashi, jornalista, São Paulo (SP)

Sérgio Moreira, economista e ex-deputado, Maceió (AL)

Tárik de Souza, jornalista, Rio de Janeiro (RJ)

Teotônio Brandão Vilela Filho, ex-governador e ex-senador, Maceió (AL)

Cabe registrar, por fim, que, de todas as solicitações de entrevistas, a única que infelizmente nem sequer teve resposta foi feita ao ex-presidente Luiz Inácio Lula da Silva.

Referências bibliográficas

ARQUIVOS

CPDOC (Centro de Pesquisa e Documentação de História Contemporânea do Brasil), Rio de Janeiro, Fundação Getúlio Vargas.
MINISTÉRIO DA JUSTIÇA. Disponível em: <http://www.justica.gov.br/central-de--conteudo/anistia/anexos/2010catalogo_grevefome1979pdf.pdf>.

INTERNET

MENEZES, Catarina Agudo; MUNIZ, Bianca Machado; SILVA, Maria Angélica da. "Os engenhos de açúcar e a construção do patrimônio cultural alagoano". Instituto do Patrimônio Histórico e Artístico Nacional (Iphan). Disponível em: <http://portal.iphan.gov.br/uploads/ckfinder/arquivos/VI_coloquia_t5_engenhos_acucar.pdf>.
NOVA CANA. Disponível em: <https://www.novacana.com/cana-de-acucar/>.
PAIM, Antônio. "História do liberalismo brasileiro". Disponível em: <http://www.institutodehumanidades.com.br/arquivos/historia%20do%20liberalismo%20brasileiro_completo.pdf>.
PORTAL BRADO RETUMBANTE. Disponível em: <http://www.bradoretumbante.org.br>.
PORTAL HISTÓRIA DE ALAGOAS. Disponível em http://www.historiadealagoas.com.br/as-historias-do-major-em-1988.html
RAMOS, Pedro. "Os mercados mundiais de açúcar e a evolução da agroindústria canavieira do Brasil entre 1930 e 1980: do açúcar ao álcool para o mercado interno". Disponível em: <http://www.scielo.br/scielo.php?script=sci_arttext&pid=S1413-80502007000400006>.

SIMI, Luiz. "Liberalismo: político ou econômico?". Disponível em: <http://livre-
-pensamento.blogspot.com.br/2005/02/liberalismo-poltico-ou-econmico.
html>.

JORNAIS

O Globo, acervo digital, Rio de Janeiro.

O Pasquim, coleção em microfilme, Seção de Periódicos, Biblioteca Nacional, Rio de Janeiro.

Folha de S.Paulo, edição de 31/01/2016, artigo "Raízes de um Brasil político: os caminhos de um projeto iliberal", de Marcus André Melo, cientista político e professor da Universidade Federal de Pernambuco.

Tribuna do Norte. Disponível em: <http://www.tribunadonorte.com.br/noticia/esque-
ceram-o-menestrel/280505>.

LIVROS

ALVES, Márcio Moreira. *Teotônio, guerreiro da paz*. Brasília: Secretaria de Editoração e Publicações do Senado Federal, [s.d.].

BARROS, Francisco Reinaldo Amorim de. *ABC das Alagoas* — Dicionário bibliográfico, histórico e geográfico de Alagoas. T. I-A, v. 62-A. Brasília: Senado Federal, 2005.

BRANDÃO, Alfredo. *Viçosa de Alagoas* — O município e a cidade. Brasília: Plátano, 2005 (edição original da Imprensa Industrial, Recife, 1914).

CINTRA, Rodrigo Suzuki. *Liberalismo e natureza* — A propriedade em John Locke. São Paulo: Ateliê, 2010.

DELGADO, Tarcísio. *A história de um rebelde* — 40 anos 1966/2006. Brasília: Fundação Ulysses Guimarães, 2006.

DIÁRIOS DO CONGRESSO NACIONAL. Discursos e apartes. Brasília: Senado Federal, 1966/1983.

FARIAS, Amy Caldwell de. *Mergulho no Letes*: uma reinterpretação político-histórica da Confederação do Equador. Porto Alegre: Edipucrs, 2006.

FREITAS, Décio. *Palmares* — A guerra dos escravos. 4ª ed. Rio de Janeiro: Graal, 1982.

FUNDAÇÃO TEOTÔNIO VILELA. *Tributo a Teotônio*. Maceió, 1987.

JORDÃO, Fernando Pacheco. *Dossiê Herzog*. São Paulo: Global, 2005.

GASPARI, Elio. *A ditadura acabada*. Rio de Janeiro: Intrínseca, 2016.

_____. *A ditadura encurralada*. Rio de Janeiro: Intrínseca, 2014.

_____. *A ditadura envergonhada*. Rio de Janeiro: Intrínseca, 2014.

KRIEGER, Daniel. *Desde as missões... Saudades, lutas, esperanças*. Rio de Janeiro: José Olympio, 1977.

LACERDA, Rodrigo. *Carlos Lacerda* — A república das abelhas. São Paulo: Companhia das Letras, 2014.
LEITÃO, Míriam. *Saga brasileira*. Rio de Janeiro: Record, 2011.
LEONELLI, Domingos; OLIVEIRA, Dante. *Diretas Já* — 15 meses que abalaram a ditadura. 2ª ed. Rio de Janeiro: Record, 2004.
LOCKE, John. *Ensaios políticos*. Mark Goldie (org.). São Paulo: Martins Fontes, 2007.
MERQUIOR, José Guilherme. *O liberalismo antigo e moderno*. São Paulo: É Realizações, 2007.
MEZAROBBA, Glenda. *Um acerto de contas com o futuro* — A anistia e suas consequências: um estudo do caso brasileiro. São Paulo: Humanitas, 2006.
MONTENEGRO, João Alfredo de Sousa. *O liberalismo radical de Frei Caneca*. Rio de Janeiro: Tempo Brasileiro, 1978.
MORAES, Dênis. *O rebelde do traço* — A vida de Henfil; Rio de Janeiro: José Olympio, 2016.
OLIVEIRA, Flávio Francisco Franoli. *Teotônio Vilela, a terra do menestrel*. Teotônio Vilela: e/a, 2015.
OLIVEIRA, Jorge. *Curral da morte*. Rio de Janeiro: Record, 2010.
SIMON, Pedro. *Entrevistas*. Brasília: Centro Gráfico do Senado Federal, 2014.
TENÓRIO, Douglas Apprato. *A tragédia do populismo* — *O impeachment* de Muniz Falcão. Maceió: Edufal, 2007.
VILELA, Maria Fernanda. *Lenita*. Maceió: Fundação Teotônio Vilela, [s.d.].
VILELA, Teotônio. *A pregação da liberdade*. Andanças de um liberal. Porto Alegre: L&PM, 1977.
_____. *Confronto com o fado*. Brasília: Centro Gráfico do Senado Federal, 1983.
_____. *O libelo democrático*. Brasília: Centro Gráfico do Senado Federal, 1982.
_____. *Presença do Nordeste*. Discursos e apartes. 2ª ed. Brasília: Centro Gráfico do Senado Federal, 2004.
_____. *Projeto Emergência*. Rio de Janeiro: Codecri, 1983.
VILELA, Teotônio; MAGALHÃES, Raphael de Almeida. *Projeto Brasil*. Brasília: Centro Gráfico do Senado Federal, 1978.
VV. AA. *Álbum do centenário* — Viçosa. Brasília: Plátano, 2008.
VV. AA. *Tributo a Teotônio*. Depoimentos. Maceió: Fundação Teotônio Vilela, 1987.

MÍDIA DIGITAL

"Grandes vultos que honraram o Senado". CD. Brasília: Senado Federal.

PALESTRA

BERNARDES, Dênis Antônio de Mendonça. "A ideia do pacto social e o constitucionalismo em Frei Caneca". Instituto de Estudos Avançados, Universidade de São Paulo, São Paulo, 14/6/1996.

REVISTAS

Acervo digital da *Veja*, São Paulo.
Acervo digital da *IstoÉ*, São Paulo.
"Diário da viagem do capitão João Blaer a Palmares em 1645". *Revista do Instituto Arqueológico, Histórico e Geográfico Pernambucano*, n° 56, Fundação Joaquim Nabuco, Recife, 1902, p. 87-96.

TRABALHOS ACADÊMICOS

COSTA, Rodrigo José da. "O golpe civil-militar em Alagoas: o governo Luiz Cavalcante e as lutas sociais (1961-1964)". Dissertação de mestrado, Centro de Filosofia e Ciências Humanas, Universidade Federal de Pernambuco, 2013.

MACEDO, Francisco Barbosa de. "A greve de 1980: redes sociais e mobilização coletiva dos metalúrgicos de São Bernardo do Campo". Dissertação de mestrado, Faculdade de Filosofia, Letras e Ciências Humanas, Universidade de São Paulo, 2010.

MAURÍCIO, Maria Laura de Albuquerque. "Aboio, o canto que encanta: uma experiência com a poesia popular cantada na escola". Dissertação de mestrado, Universidade Federal da Paraíba, 2006.

SILVA, André Luiz Martins da. "Ser-para-o-mundo, salvação pela política: um estudo sobre a vontade de salvação pela política no Movimento Ecumênico em Belém-PA". Dissertação de mestrado, Instituto de Filosofia e Ciências Humanas, Universidade Federal do Pará, 2008.

Índice onomástico

Abraão Fidélis de Moura, 129, 134, 135
Abreu Sodré, 140
Abynada Lyro, 366, 367
Adam Smith, 99, 285
Adaucto Lúcio Cardoso, 95
Adhemar de Barros, 93, 94, 144
Adolf Hitler, 383
Adriana de Holanda, 34
Aécio Neves, 349
Afonso Arinos de Melo Franco, 95, 105, 106
Afonso Camargo, 395
Afrânio Lages, 93, 94
Airton Soares, 251, 273, 276, 280, 307, 312, 324, 325, 333-335
Alberto Goldman, 251
Alceu Collares, 224
Alceu de Amoroso Lima, ver Tristão de Ataíde
Aldo Rebelo, 74, 363, 389
Aldyr Blanc, 292
Alemão, 312
Alencar Furtado, 210, 223, 224
Alexandre (coveiro), 48
Alexandre Dumas, 54

Alfredo Brandão, 36, 420
Alfredo Buzaid, 179
Aliomar Baleeiro, 95
Almino Affonso, 26, 29,
Almir Pazzianotto, 247-249, 251, 253, 307-309, 314, 319
Aloísio Lorscheider, 266
Altemar Dutra, 82
Álvaro Lins, 64
Alysson Paulinelli, 189
Amaral Peixoto, 244
Amaury Muller, 210
Américo Vespúcio, 33
Ana Lúcia Arraes, 291
André Vidal de Negreiros, 410
Andréa (filha de Maria Luíza Fontenele), 339
Andréa da Cunha Neves, 349
Antônia (empregada doméstica), 46
Antônio Cândido, 301
Antônio Carlos de Carvalho, 346
Antônio Carlos Magalhães, 365,
Antônio Carlos Pereira, 251
Antônio de Freitas Cavalcanti, ver Freitas Cavalcanti

Antônio de Pádua Chagas Freitas, *ver*
  Chagas Freitas
Antônio Guedes de Miranda, 116, 117
Antônio Houaiss, 230
Antônio Lamenha Filho, *ver* Lamenha
  Filho
Antônio Leite, 77, 78, 94
Antônio Mariz, 195
Antônio Moreira, 129
Antônio Pé d'Água, 50
Apolônio de Carvalho, 301
Argeu Egídio dos Santos, 245-247, 249
Ariano Suassuna, 230
Aristide Camio, 356, 358
Armando Nogueira, 32
Armando Pinheiro, 196
Arnoldo Jambo, 131, 132
Arnon de Mello, 92, 94, 127, 131, 133, 147, 148, 158, 280
Arthur Gondim, 417
Artur Bernardes, 105
Ary Pitombo, 134
Astrojildo Pereira, 112
Augusto Nunes, 32
Aureliano Cândido Tavares Bastos, *ver*
  Tavares Bastos
Aureliano Chaves, 356
Aurélio Buarque de Hollanda, 64, 272

Barbalhão, 23
Barbosa Lima Sobrinho, 346, 382
Benício Alves Oliveira, 115, 117, 119
Benjamim Farah, 243
Beroaldo Maia Gomes Rego, 135
Bete Mendes, 274, 275
Betina Viany, 282
Betinho, 291, 385
Bituca, *ver* Milton Nascimento
Blota (segurança de Fafá de Belém), 32

Boy (empregado da usina), 175
Brigadeiro Eduardo Gomes, 105
Byron Sarinho, 290

Caetano de Mello e Castro, 73
Caio Prado Júnior, 169
Camila Vilela de Holanda, 417
Camilo Castelo Branco, 54
capitão Filinto Müller, 64, 159, 160
capitão Heitor de Aquino Ferreira, 318
capitão Jan Blaer, 37, 38
capitão Quintiliano Vital dos Santos, 44
capitão Ramón Franco, 59
Capitão Sinhô, 11, 45, 46, 48, 52, 60, 61, 64, 65, 108, 231, 384
capitão Theotonio Torquato Brandão, 43
capitão Wilson Luiz Chaves Machado, 345, 348, 349
Carlos Castello Branco, 255
Carlos Chagas, 235
Carlos Gomes de Oliveira, 116
Carlos Lacerda, 95, 120, 130, 141, 142, 147, 149, 154
Carlos Lamarca, 268
Carlos Lessa, 221, 230
Carlos Marighella, 268, 269
Carlos Medeiros e Silva, 263
Cazuza, 19
Celina (filha de José Carlos Dias), 313
Celso Furtado, 140, 226, 398
Chagas Freitas, 243, 297
Charles Burke Elbrick, 268
Chico Buarque de Holanda, 82, 282, 307, 405
Chico Pinto, 401
Cícero Gomes, 417
Clara Ant, 392
Claudenor Lima, 115, 117, 118, 129
Cláudio Bardella, 320

Cláudio Humberto Rosa e Silva, 417
coronel Arnaldo Braga, 309, 326-330, 334
coronel Chico União, 53
coronel Dalterdimas Rigonatto, 327-329
coronel Dickson Grael, 348
coronel Epaminondas Gracindo, 43, 45
coronel Erasmo Dias, 196, 287
coronel João Mendes, 136
coronel Mário Lima, 111
Cristiane Torloni, 282
Cristina Tavares, 29, 357, 358, 388
Cristóvão Lins, 34
Cypriano Barata, 101

Dalmo de Abreu Dallari, 230, 311-313, 319
Daniel Krieger, 116-118, 150, 154, 156-160, 420
Danton Jobim, 186, 243, 244
David Rockefeller 217
Delfim Netto, 177, 209, 258, 323, 364
Délio dos Santos, 274
Delmiro Gouveia, 51
Dênis Agra, 281, 371
Dênis Carvalho, 282
Denise Goulart, 264
Dênis de Moraes, 421
Devanir Ribeiro, 312
Dílson Funaro, 320
Dina Sfat, 26, 282
Dinarte Mariz, 158, 274, 275
Divaldo Suruagy, 370, 379
Djalma Marinho, 95, 156, 192, 285, 287
Djalma Souza Bom, 312
Djavan, 18
Dom Adelmo Machado, 128
Dom Avelar Brandão Vilela, 45, 46, 106-111, 178, 179, 368, 387
Dom Cláudio Hummes, 319, 326, 327, 347
Dom Helder Câmara, 31, 179

Dom João III, 34
Dom Pedro I, 43
Dom Pedro II, 73, 137
Dom Pero Fernandes Sardinha, 42
Dom Vicente Zico, 358
Domingos Jorge Velho, 38, 41, 71-73
Domingos Fernandes Calabar, 35
Dona Bilinha, *ver* Isabel Brandão Vilela
Duarte Coelho Pereira, 34

Edgar Góes Monteiro, 91
Edmund Burke, 7
Edson Magnotti, 312
Eduardo Seabra Fagundes, 346
Elias Brandão Vilela, *ver* Capitão Sinhô
Elias Brandão Vilela (filho de Teotônio), 27, 82, 89, 122, 174, 175, 388, 405, 417
Elio Gaspari, 210, 234, 235, 254, 265, 294, 305, 318
Elis Regina, 292
Elizabeth Savalla, 282
Elke Maravilha, 282
Enílson Simões de Moura, *ver* Alemão
Ênio Lins, 281, 371-373, 406
Eraldo Gueiros, 178
Ernani Satyro, 273, 286-288
Euclydes Scalco, 274
Eurico Andrade, 290
Euryclides de Jesus Zerbini, 263
Expedito Soares Batista, 312

Fafá de Belém, 12, 16-32, 409, 418
Família Caiado,105
Família Konder, 105
Felício Castelano, 196
Felipe Camarão, 410
Félix de Athayde, 203
Fernando Ayres da Mota, 275
Fernando Brant, 17-20, 22, 409

Fernando Collor de Melo, 29, 280, 282, 379
Fernando Gabeira, 289
Fernando Henrique Cardoso, 12, 25, 26, 29, 56, 164, 169, 199, 228, 230, 232-234, 240, 241, 250, 251, 253, 276, 297, 307, 308, 311, 327, 330, 380, 384, 395, 396, 400, 401, 409, 413, 417
Fernando Moraes, 311
Flaubert Torres, 89
Flávio Bierrenbach, 309,
Flávio Franoli Oliveira, 417, 421
Flores da Cunha, 105
Florestan Fernandes, 169, 199
Francis Charles Montague, 100
Francisca Brandão Vilela, 46
Francisco Alves, 175
Francisco Cuoco, 282
Francisco Julião, 293
Francisco Leite Chaves, 383, 384
Francisco Oliveira, 366
Franco Montoro, 25, 26, 28, 29, 198, 224, 229, 230, 232, 235, 239, 240, 244, 251, 297, 298, 312, 322, 324, 353, 354, 379, 384, 392, 393, 399- 401, 409, 413
François Gouriou, 356, 358
Frank Sinatra, 82
Frederico Pessoa da Silva, 318, 417
frei Betto, 308
frei Caneca, 56, 100-102, 365, 421
frei Joaquim do Amor Divino Caneca, *ver* Frei Caneca
Freitas Cavalcanti, 92, 133
Freitas Nobre, 324

Gama e Silva, 164-166, 168
Ganga Zumba, 72
Gaspar Veloso, 116
general Arthur da Costa e Silva, 150, 153, 155, 156, 158, 159, 164-168, 171, 285

general Edmundo Murgel, 347
general Ednardo D'Ávila Melo, 210
general Emílio Médici, 166, 170, 177, 179, 180, 190, 235, 244, 258
general Ernesto Geisel, 13, 110, 166, 180 - 182, 184, 186-191, 194-197, 200, 202, 204, 205, 208-213, 217, 223, 226, 234, 235, 256, 258, 264, 269, 288, 289, 303, 370, 411
general Euler Bentes Monteiro, 189, 230, 232-235, 253-256, 266
general Euryale de Jesus Zerbini, 263
general Francisco Franco, 59
general Golbery do Couto e Silva, 190, 262, 264, 272, 293, 294, 299, 301 - 303, 305, 307, 313, 315, 318, 321, 322, 331, 347, 350, 351
general Henrique Teixeira Lott, 134
general Jayme Portella, 168
general João Figueiredo, 13, 19, 166, 195, 235, 255, 256, 258, 266, 269, 271, 277, 282, 283, 286, 287, 288, 289, 294, 300, 302 - 304, 314, 322, 323, 331, 333, 336, 341, 342, 343, 345, 347, 350, 352, 353, 355, 356, 362, 363, 393, 395-399, 406
general Luís Alves de Lima e Silva, 330
general Luiz Cavalcante, *ver* Major Luiz
general Milton Tavares de Souza, 308, 311, 318, 319, 322,
general Mourão Filho, 143
general Octavio Aguiar de Medeiros, 318, 331
general Pedro Aurélio Góes Monteiro, *ver* Góes Monteiro
general Pery Constant Bevilacqua, 265
general Reynaldo Mello de Almeida, 235, 277
general Sylvio Frota, 213, 235, 383
general Walter Pires de Albuquerque, 318

Geraldo Bulhões, 195
Geraldo Gomes de Barros, 173, 176
Geraldo Mesquita, 244
Geraldo Sampaio, 133
Geraldo Vandré, 331
Gerson Camata, 379
Getúlio Vargas, 23, 90, 91, 93, 105, 113, 120, 137, 164, 220, 253, 290, 292, 299
Gilberto Azevedo, 156, 157
Gilberto Freyre, 40, 56
Gilberto Gil, 122, 123
Gilberto Mestrinho, 353, 379
Gilson Menezes, 312
Giocondo Dias, 292
Giovanni Enrico Bucher, 275
Glênio Perez, 210
Góes Monteiro, 91, 94, 116, 120, 134
Goffredo da Silva Telles, 230
Gonzaga, 315, 318, 321, 322
Gonzaguinha, 349
Gregório Bezerra, 292
Guilherme Karam, 282
Guilherme Palmeira, 43, 135, 370, 379, 417

Haroldo Lima, 19, 276-277, 365
Harro Schacht, 80
Hebe Camargo, 404
Helena Quintella Brandão Vilela (Lena), 83, 122, 123, 368, 375, 376, 404, 408-411, 418
Helena Quintella Cavalcanti, *ver* Lenita Vilela
Hélio Fernandes, 341
Hélio Garcia, 156, 157
Hélio Gueiros, 23
Hélio Silva, 289
Henfil, 12, 30, 31, 200, 201, 203, 239, 240, 291, 326, 385, 388-390, 402-409, 421
Henfil Brandão Vilela, *ver* Henfil

Henrique Córdova, 195
Henrique Santillo, 297
Henrique Souza Filho, *ver* Henfil
Heráclito Fortes, 417
Heráclito Sobral Pinto, 292
Herbert de Souza, *ver* Betinho
Hermano Alves, 155, 168
Hermé Quintella Cavalcanti, 81
Hermes Lima, 105
Hugo Carvana, 282
Humberto Mendes, 127, 129

Ibrahim Abi-Ackel, 319, 321, 347, 358
Inês Etiènne Romeu, 275, 345
Irene Ravache, 26
Iris Rezende, 353, 379
Irma Passoni, 392,
Isabel Brandão Vilela, 11, 45, 46, 62, 108
Ismar Góes Monteiro, 91-93
Israel Pinheiro, 147, 182
Itamar Franco, 198, 239
Ivaldo de França Vilela, 417
Ivan Cosenza, 418
Ivete Vargas, 299, 302
Ivo Arzua, 230
Ivo Silveira, 147

Jáder Barbalho, 23, 353, 357, 358, 379
Jaime Miranda, 139, 144
Jaison Barreto, 297
Janice Quintella Brandão Vilela (Nice), 82, 367, 389, 413, 418
Jarbas Passarinho, 219, 230, 231, 347
Jarbas Vasconcelos, 290, 291
Jean-Jacques Rousseau, 11, 12, 54, 55, 101
João Araújo, 19, 31
João Arruda, 104
João Artacho Jurado, 23
João Batista dos Santos, 312

João Bosco, 292
João de Seixas Dória, *ver* Seixas Dória
João Dória, 26
João Fernandes Vieira, 410
João Leitão de Abreu, 179
João Lúcio da Silva, 117
João Mangabeira, 105
João Tenório, 370
João Vicente Freitas Neto, 281
Joaquim de Magalhães Cardoso Barata, 22, 23
Joaquim dos Santos Andrade, *ver* Joaquinzão
Joaquim Figueiredo, 23, 24
Joaquim Nabuco, 380
Joaquinzão, 245, 400
Joel Barcelos, 282
John Locke, 98, 99, 101, 285
John Neschling, 282
Jorge Bastos Moreno, 227, 242, 418
Jorge Faraj, 77
Jorge Holanda, 366, 367, 374, 376, 387, 418
Jorge Pacheco, 174
José Aloysio Brandão Vilela, 46, 75
José Américo de Almeida, 105
José Aprígio Brandão Vilela, 27, 45, 82, 148, 170, 174, 366, 367, 388, 405
José Arnaldo Amaral, 31
José Carlos Dias, 230, 311, 319, 418
José Costa, 281, 371, 378, 379
José de Moura Cavalcanti, 216
José Dilermando, *ver* Ratinho
José Domingues, 52, 63, 64
José Eduardo Prado Kelly, 191
José Figueiredo, 74
José Genoíno, 340
José Guilherme Merquior, 97
José Guiomard, 244
José Kairalla, 131

José Lins do Rego, 64
José Luiz (esposo de Helena Vilela), 368, 369
José Machado, 195
José Maria de Almeida, 312
José Marques da Silva, 92, 93, 115, 118, 119, 129
José Martins Ferreira, 42, 43
José Moura Rocha, 371, 378, 379
José Onias, 129
José Quintella Cavalcanti, 80
José Ribamar de Freitas, 346
José Richa, 198, 353, 379, 380
José Sales de Oliveira, 289
José Sarney, 144, 177, 226, 239, 288
José Serra, 221, 230
José Venâncio de Souza, 312
Juarez Távora, 94, 105
Júlio Prestes, 105
Juracy Magalhaes, 105, 130

Karl Marx, 56, 97, 112

Laércio Barbalho, *ver* Barbalhão
Lamenha Filho, 127, 147
Lars Grael, 348
Lenita Vilela, 12, 79-83, 122-124, 243, 368, 369, 382, 387, 405
Leonel Brizola, 109, 149, 261, 262, 266, 278, 288, 290-301, 336, 341, 352-355, 362, 377, 379, 382, 393, 399, 401, 413
Lindolfo Silva, 292
Lino de Matos, 116
Louise Cardoso, 282
Lucélia Santos, 282
Lúcio Flávio Pinto, 356
Luís Antônio da Gama e Silva, *ver* Gama e Silva

Luís Antônio dos Santos Nunes, 356
Luís de Moura Carvalho, 23
Luís dos Santos, *ver* Lulinha
Luísa (empregada doméstica), 46
Luiz Campos Teixeira, 127
Luiz Carlos Prestes, 261, 263, 278, 288, 292, 293
Luiz da Câmara Cascudo, 111
Luiz Eduardo, 65
Luiz Gonzaga Belluzzo, 230
Luiz Malta Gaia, 129
Luiz Travassos, 293
Luizinho (vaqueiro), 65 - 67, 78
Luiz Inácio Lula da Silva, 13, 28, 29, 246-251, 253, 291, 293-295, 299, 301, 305, 307-309, 311, 312, 315-319, 321, 352, 355, 362, 377, 409, 416
Lulinha, 246
Lyda Monteiro, 346
Lysâneas Maciel, 210, 363

Machado de Assis, 54, 201
Magalhães Pinto, 233, 294, 295, 300
major Carlos Alberto Brilhante Ustra, 268
major Luiz, 57, 133, 134, 136-138, 143, 144, 146, 176, 231, 332
Mané Vaqueiro, 65-67
Manoel Fiel Filho, 210
Manoel Pedro Pimentel, 400, 401
Manuel Bandeira, 54
Manuel Francisco, 41, 42
Manuel Vilela, 90
marechal Humberto de Alencar Castello Branco, 145, 146, 153, 235, 263
Marcelo Gatto, 210, 263
Marcelo Caetano, 180
Marcelo Cerqueira, 28, 95, 225, 230, 263, 273-275, 278-279, 313, 343-346, 348, 357, 358, 380, 388, 389, 402, 404, 405, 409, 413, 418
Marcelo Picchi, 282
Márcio Moreira Alves, 129, 154, 168, 285
Márcio Thomaz Bastos, 230
Marco Antônio Castelo Branco, 196, 221
Marcos Freire, 31, 198, 216, 291, 295, 297, 298
Marcos Klassman, 210
Marcos Tito, 210
Maria da Conceição Tavares, 221, 230
Maria de Fátima Palha de Figueiredo, *ver* Fafá de Belém
Maria Fernanda Quintella Brandão Vilela (Nanda), 82, 126, 370, 421
Maria Luíza Fontenele, 12, 238, 264, 275, 276, 279, 338-340, 364, 418
Maria Prestes, 292
Maria Silva, 52
Maria Loureiro Brandão Rego (Mariinha, tia de Fernando Henrique Cardoso), 384
Marina (amiga de Lenita), 81
Mário David Andreazza, 61, 62, 63, 165-168, 171
Mário Covas, 166, 168, 240, 413
Mário de Andrade, 54, 68
Mário Henrique Simonsen, 246, 258
Mário Lago, 282
Mário Lodders, 275, 276
Mário Martins, 243
Mário Pedrosa, 301
Mário Sérgio Duarte Garcia, 312
Mário Soares, 299
Matias de Albuquerque, 35
Mauro Senise, 24
Maximiliano (genro de Miguel Arraes), 291
Mestre André, 47, 48

Mestre Valentim, 344
Michelangelo, 108
Miguel Ângelo, *ver* Michelangelo
Miguel Arraes, 139, 143, 144, 146, 149, 165, 240, 241, 261, 263, 278, 288, 290, 291, 292, 293, 297, 298, 327, 395, 396, 409
Miguel de Cervantes, 54
Miguel Gonçalves Vieira, 40
Miguel Reale Júnior, 230, 401
Milton Campos, 95, 105, 127, 142, 154, 158, 160, 192, 204, 375
Milton Nascimento, 17, 25, 282, 409, 411
Miro Teixeira, 19-22, 388, 405, 409
Miúcha, 282
Monsenhor Walfrido Gurgel, 147
Monteiro Lobato, 81
Montesquieu, 97
Mora Guimarães, 395, 396
MPB-4, 282
Muniz Falcão, 92 - 95, 115, 116, 119, 128, 130, 131, 133-136, 147, 154, 409
Murilo Badaró, 156, 157
Murilo Macedo, 248, 308, 332

Nabor Júnior, 379
Nadir Rossetti, 210
Nair Brandão Vilela, 46
Nat King Cole, 82
Negrão de Lima, 147, 243
Nelson Carneiro, 109, 243, 244, 274
Nelson Costa, 173
Nelson Werneck Sodré, 292
Nereu Ramos, 116, 127
Newton Teixeira, 77
Ney Latorraca, 282
Ney Lopes, 210
Nicolau Maquiavel, 96, 198
Nilson Amorim de Miranda, 144
Nísio Tostes, 16, 17, 411, 412

Nivaldo Leme, 334
Noaldo Dantas, 280, 281
Noel de Carvalho, 402
Nylda Quintella Cavalcanti, 81

Octavio Brandão Rego, 112, 113, 384
Octavio Gonzaga Júnior, *ver* Gonzaga
Olga Benário, 159
Oliveira Salazar, 180
Orestes Quércia, 186, 198, 251, 324
Orlando Geisel, 180
Oscar Niemeyer, 230, 292, 382
Oscar Passos, 243, 244
Oséas Cardoso, 120, 121, 127
Osmar Pereira Campos, *ver* Osmarzinho
Osmar Prado, 282
Osmarzinho, 312, 333-335
Osório de Olivares, *ver* José Aloysio Brandão Vilela
Oswald de Andrade, 54
Oswaldo Brandão Vilela, 46, 124, 125, 366
Oswaldo Manicardi, 238
Otávio Ianni, 199
Otávio Mangabeira, 105
Otávio Soares Gago, 48

papa João Paulo II, 312
papa João XXII, 33
papa Paulo VI, 107
Paul Singer, 199
Paulinho da Viola, 282
Paulo André Barata, 24, 25
Paulo Autran, 405
Paulo Azevedo, 28
Paulo Bahia, 174, 418
Paulo Brossard, 12, 186, 190, 198, 216, 227, 233, 234, 298
Paulo César Farias, 282
Paulo de Almeida Machado, 189

Paulo Egydio, 195, 196, 210, 248
Paulo Egydio Martins, *ver* Paulo Egydio
Paulo Francini, 320
Paulo Gracindo, 43
Paulo José, 282
Paulo Kobayashi, 196, 221, 230
Paulo Maciel, 216
Paulo Maluf, 26, 196, 240, 311
Paulo Roberto Jabur, 271, 289, 418
Paulo Salim Maluf, *ver* Paulo Maluf
Paulo Vanzolini, 242, 243
Paulo Vidal, 245, 246, 252
Pe. Antônio Gonçalves, 55
Pedro Aleixo, 105
Pedro Álvares Cabral, 34
Pedro Collor de Mello, 282
Pedro Malan, 230
Pedro Moura Palha, 23
Pedro Simon, 12, 16, 17, 192, 224, 225, 230, 243, 291, 297, 298, 394, 395, 409, 411-414, 418
Petrônio Portella, 13, 190, 194, 195, 199, 211, 277, 282, 302, 303, 322, 383, 384
Píndaro, 54
Plácido de Castro, 410
Plínio Salgado, 94
Plutarco, 54
Pôncio Pilatos, 119
Princesa Isabel, 44

Ramalho Ortigão, 54
Raphael de Almeida Magalhães, 156, 157, 200, 220, 221, 224, 230, 240, 253, 255, 286, 296, 297, 363, 383
Ratinho, 328, 329
Raul Pilla, 105, 133
Raymundo de Oliveira, 274
Regina Duarte, 26
rei Jugurta, 117

Renan Calheiros, 74, 317, 379
Renata Sorrah, 282
Renato Archer, 168, 240, 395
Renato Rabelo, 406
Renildo Calheiros, 74
Reza Pahlevi, 184
Ricardo Carvalho, 290, 415
Risoleta Neves, 400
Roberto d'Ávila, 380
Roberto Freire, 263, 273, 278, 418
Roberto Saturnino, 186, 230, 232, 253
Romeu Tuma, 13, 308, 309, 316-318, 321, 331, 333, 334
Rômulo Almeida, 248
Ronald Reagan, 364
Rosa Fonseca, 264, 279
Rosana Quintella Brandão Vilela (Zana), 82, 124,125, 367-369, 387, 418
Rubão, 246, 322
Rubens Brandão Vilela, 46
Rubens Paiva, 410
Rubens Teodoro de Arruda, *ver* Rubão
Rui Palmeira, 92, 133, 135, 147, 148, 158, 170, 293, 370,
Ruth Cardoso, 395
Ruth Escobar, 26
Ruy Barbosa, 103

Sadoc Reis, 357
Sampaio Dória, 221
Samuel Wainer, 120
Santo Agostinho, 45
Sargento Guilherme Pereira do Rosário, 345, 348-350, 352
Sargento Magno Cantarino Mota, 346
Sebastião Muniz Falcão, *ver* Muniz Falcão
Seixas Dória, 144
Sérgio Brito, 26
Sérgio Buarque de Hollanda, 230, 301

Sérgio Kobayashi, 418
Sergio Leone, 129
Sérgio Moreira, 395, 418
Sérgio Paranhos Fleury, 268
Severino Alves da Silva, 312
Severo Gomes, 12, 196, 200, 230, 232-234, 244, 253, 263, 274, 383
Shigeaki Ueki, 209
Silo Meireles, 105
Silvestre Péricles, 91-93, 127, 131, 133-135, 148
Silvestre Péricles de Góes Monteiro, *ver* Silvestre Péricles
Sílvio Caldas, 77, 175
Sizenando Nabuco, 130
Solon Borges dos Reis, 196
Sônia Braga, 282
Stepan Nercessian, 282

Tancredo Neves, 12, 29, 32, 212, 227, 229, 232, 235, 239, 240, 242, 248, 253, 266, 275, 294, 295, 298, 300, 301, 336, 349, 350, 352-355, 362, 363, 379, 383, 384, 393-396, 399, 400, 409, 413
Tarcísio Delgado, 273, 420
Tárik de Souza, 201, 418
Tavares Bastos, 101, 102
tenente-coronel Theotonio Santa Cruz de Oliveira, 43
tenente César Wachulec, 348
tenente João Alberto, 103
Téo, *ver* Teotônio Brandão Vilela Filho
Teódulo de Albuquerque, 195
Teotônio (tropeiro), 65
Teotônio Brandão Vilela Filho, 12, 27, 30, 75, 82, 89, 108, 208, 316, 317, 366, 388, 418
Teotônio Vilela, 11-13, 15-22, 27-32, 36, 38, 40, 42, 43, 45-57, 59-83, 85, 87, 89-96, 101, 102-113, 118, 120-126, 129-137, 139-154, 156-158, 160, 161, 165, 168, 170-180, 185-192, 194-204, 206, 208, 209, 211, 213-228, 230-234, 237-243, 246, 251-256, 271, 273-283, 285, 286, 288, 291, 293, 295-303, 307, 314-332, 334, 337 340, 343-345, 351, 355, 357-359, 361-391, 394-414
Thales Ramalho, 195, 255, 298
Theo Brandão, 111, 112, 373
Theobaldo de Nigris, 315
Theodomiro Romeiro dos Santos, 277, 287
Theotônio Vilela Brandão, *ver* Theo Brandão
Therezinha de Godoy Zerbini, 263, 264
Thiago Jabur, 271
Thomas Green Morton, 19, 20, 27, 389, 402, 404
Thomas Jefferson, 7, 104
Thomaz Green Morton de Souza Coutinho, *ver* Thomaz Green Morton
Tito Costa, 248, 251, 312, 314, 322,
Tônia Carrero, 405
Torben Grael, 348
Tristão de Ataíde, 64, 213

Ulysses Guimarães, 12, 29, 110, 223-235, 237-240, 242-244, 248, 251, 253, 254, 264, 274, 291, 297-299, 301, 302, 312, 319, 335, 347, 358, 362, 263, 374, 384, 388, 393- 401, 406, 409, 412, 420

Válter Mendes, 129
Vanda Lacerda, 282
Viana Moog, 125
Vicente Celestino, 175
Vicente Scherer, 266
Vilma (dançarina de cabaré), 63
Virgílio Arinos de Melo Franco, 105

Virgílio Barbosa, 129
Vladimir Carvalho, 407
Vladimir Herzog, 210, 287, 383, 420
Vladimir Palmeira, 43, 293

Wagner Tiso, 18, 19, 24
Waltel Blanco, 32
William Thomas Green Morton, 390
Wilson Campos, 210
Wilson Gonçalves, 158
Wilson Leite Passos, 120
Wilson Martins, 379
Winston Churchill, 135

Yukishigue Tamura, 167

Zé do Cavaquinho, 77, 80, 371-373
Ziraldo, 202, 203
Zumbi dos Palmares, 71-73

Este livro foi composto na tipologia Minion Pro
Regular, em corpo 11,5/16, e impresso em
papel off-white no Sistema Cameron da
Divisão Gráfica da Distribuidora Record.